重庆近代城市历史
研 究 丛 书

"十三五"重庆市重点出版物出版规划项目

重庆市出版专项资金资助项目

多维视野下的重庆工业

1876--1949

张守广　著

重庆大学出版社

图书在版编目（CIP）数据

多维视野下的重庆工业:1876—1949 / 张守广著.
—重庆:重庆大学出版社,2021.10
（重庆近代城市历史研究丛书）
ISBN 978-7-5689-1809-1

Ⅰ.①多… Ⅱ.①张… Ⅲ.①工业史—研究—重庆—
1876—1949 Ⅳ.①F429.719

中国版本图书馆 CIP 数据核字（2019）第 206040 号

多维视野下的重庆工业
1876—1949

DUOWEI SHIYE XIA DE CHONGQING GONGYE
1876—1949

张守广 著

策划编辑:雷少波 张慧梓
责任编辑:张慧梓 许 璐 版式设计:张慧梓
责任校对:邹 忌 责任印制:张 策

*

重庆大学出版社出版发行
出版人:饶帮华
社址:重庆市沙坪坝区大学城西路 21 号
邮编:401331
电话:（023）88617190 88617185(中小学)
传真:（023）88617186 88617166
网址:http://www.cqup.com.cn
邮箱:fxk@cqup.com.cn（营销中心）
全国新华书店经销
重庆俊蒲印务有限公司印刷

*

开本:720mm×960mm 1/16 印张:26.5 字数:411 千
2021 年 11 月第 1 版 2021 年 11 月第 1 次印刷
ISBN 978-7-5624-1809-1 定价:128.00 元

重庆近代城市历史研究丛书

编 委 会

总主编

周 勇

编 委（以姓氏笔画为序）

王川平　　刘志英　　杨宇振　　何智亚　　张　瑾

张守广　　胡道修　　黄晓东　　蓝　勇

学术顾问（以姓氏笔画为序）

苏智良　　李长莉　　何一民　　张利民　　陈国灿

高中伟　　涂文学　　熊月之

总　序

为城市存史

中国城市史学科肇始于 20 世纪 70 年代末、80 年代初，是在改革开放的大潮中伴随着中国经济体制改革从农村向城市的转移而逐步发展起来的。迄今 40 年了。

那时，我们国家工作的重心开始了从以阶级斗争为纲到以经济建设为中心的伟大转折。在中央高层的酝酿下，提出以重庆为突破口，将国家经济体制改革的进程从农村推向城市。这涉及管理体制的重大变革，其中一个设想就是，让重庆市脱离四川省，以新体制来承担改革重任。这在当时是一件很秘密的事。因此重庆市委对外只能提"如何正确认识重庆在社会主义现代化建设中的地位和责任，更好地发挥重庆这个经济中心城市的作用"。围绕这个主题，1982 年 3 月，以中共重庆市委研究室和重庆市经济学会的名义，召开了"发挥重庆经济中心作用讨论会"。会议的议题只有一个涉及历史——"近代以来重庆作为经济中心所发挥的作用"，希望以此论证由重庆承担国家城市经济体制改革重任的历史逻辑。会议组织者专门约请专家学者撰写了《重庆经济中心的形成及其演进》一文，用近代以来重庆城市由军政中心转变成为经济中心的历史，对重庆在当时国家经济社会发展全局中的作用进行了初步的论述。随后，《重庆日报》全文发表。由党报发表一篇城市经济史论文，不同寻常，加上坊间传闻的"重庆直辖"消息，引起了轰动。这是近代重庆城市历史研究的先声。大约一年之后，1983 年 2 月，中央批准重庆市为全国第一个经济体制综合改革试点大城市。为了搞好这次试点，发挥重庆作为长江上游经济中心的作用，从 1984 年起，国家对重庆市实行经济计划单列体制，从此拉开了中国经济体制改革从农村到城市转变的大幕。

40 年来，伴随着重庆城市的改革开放、发展进步，重庆城市历史研究取得了巨大的进步，在中国城市史研究领域里独树一帜。出版了《重庆开埠史》《近代重庆城市史》《重庆：一个内陆城市的崛起》《重庆通史》《权力、冲突与变革：1926—1937 年重庆城市现代化研究》《当代中国城市发展丛书——重庆卷》《中国和世界历史中的重庆》《重庆历史地图集》《重庆古旧地图研究》，以及《一个世纪的历程——

重庆开埠 100 周年》、《国民政府重庆陪都史》、"重庆抗战丛书"、《重庆抗战史：1931—1945》、《抗日战争时期重庆大轰炸研究》[1]、《走向平等：战时重庆的外交界与中国现代外交的黎明曙光（1938—1946）》[2] 等。

40 年中，成立了重庆市地方史研究会，秉持"弘扬优秀传统文化精神，推进地方历史文化研究"的宗旨，团结培养了一大批在中国史（尤其是巴渝、三峡、移民、抗战历史文化）和中共党史、专门史等领域里成就卓著的中青年专家学者，形成了"讲政治，崇学术，重团结，推新人，出成果，走正路"的优良传统，为重庆历史文化研究的繁荣发展贡献良多。

集 40 年之经验，我以为，以城市史研究和以城市历史研究为己任的学者，只有与城市的命运紧密相连，休戚与共，才会有蓬勃的生命力和持续发展的动力。

近年来，重庆大学出版社提出编辑出版"重庆近代城市历史研究丛书"，并被批准为"十三五"重庆市重点出版物规划项目，获重庆市出版专项资金资助。这是重庆历史学界，尤其是近现代史学界的一件大好事，是面向下一个 40 年，重整行装再出发，继续为中国的城市发展提供历史借鉴和学术支撑的重大举措。

"重庆近代城市历史研究丛书"首先确立学术性的定位，即以科学的态度、求实的精神、学术的理论方法来研究城市的历史，努力揭示其发生发展的规律，而不是宣传性、普及性读物。第二，强调原创性的品质。努力开拓研究的新领域，史料的新披露，理论和方法的新运用。不炒冷饭，不做已有成果的简单重复，努力在现有基础上再探索、再深入、再创新。第三，坚持高水平的追求。确立以原创为目标，以研究为基础，以创新为追求的丛书特色，严格审稿标准，实行匿名评审，保证公正和高水准。这是为了在新的历史条件下展现重庆近现

---

[1] 该书随后获国家社科基金中华学术外译项目资助，以《重庆大轰炸研究》为名，2016 年在日本岩波书店出版日文版。
[2] 该书英文版，2018 年由荷兰博睿出版社出版。

代历史研究在新观点、新材料、新方法方面的新担当、新作为、新水平，努力贡献新时代的标志性成果。这种高水平的追求，还有助于在重庆形成包括文献、国际、建筑、文物、影像视角在内的不同的研究群体，完善重庆历史研究的学科结构，进而形成重庆历史学界的新版图。

"重庆近代城市历史研究丛书"，在选题上继续关注传统史学的重大领域，尤其关注那些至今尚没有系统成果的重要领域，比如城市空间、金融、新闻、地图、国际文化交流等；从微观视角入手，研究那些具有典型重庆个性现象的历史领域，比如防空洞、码头、兵工企业等；还从新的史学研究前沿切入，比如用影像史学、数字史学、心理史学、遗址遗迹考据的方法等，研究重庆近现代历史；还期待对独特的城市档案（如巴县档案）和海外史料新发掘基础上的选题。

"为城市存史，为市民立言，为后代续传统，为国史添篇章"是我们研究城市历史的理念，也是我们 40 年前出发的初心。

不忘初心，方得始终。

与作者们共勉。

2018 年 7 月 23 日

于十驾庐

目　录

导言

重庆大学出版社策划出版一套重庆近代城市史,从各个层面系统、深入地研究重庆近代的历史,这是很有学术眼光和学术魄力的一项文化事业。根据相关安排,由我负责重庆近代工业史的撰写,这大概是此前我出版了《抗战大后方工业研究》一书的缘故。不过抗战大后方工业研究与重庆近代工业史有很大的不同,要研究重庆近代工业史,首先遇到的问题是:重庆的近代史从何时开始? 周勇教授主编的《重庆通史》以英国据 1876 年《烟台条约》规定可以"派员驻寓"重庆的条款,并派倍伯尔为英商代理人常驻重庆为标志,作为重庆近代史的开端。[1] 这个判断是能够成立的。欧风美雨率先袭掠我国的沿海[2],然后西潮沿江上溯,抵达重庆到底是需要一些时间的。因此,本书所述重庆近代工业史,就以 1876 年为起点。

光绪十六年(1890 年),中国与英国签订《中英烟台条约续增专条》,被迫允许重庆成为通商口岸,第二年在重庆设立海关。光绪二十一年(1895 年),中国与日本签订《马关条约》,被迫允许日本在重庆享有设厂经商的权利。光绪二十二年(1896 年),中日协定重庆的日本租界地面。光绪二十七年(1901 年),经商定,《重庆日本商民专界约书》以王家沱为日本租界,以 30 年为期。从史实上看,重庆的王家沱租界从来没有出现过真正的繁荣,并在 1931 年为重庆地方当局收回。从这一点来看,重庆作为一个条约口岸,与上海、广州、天津等城市相比,有很大的不同之处。在早期现代机器大工业发生、发展的问题上,重庆有许多独特的地方值得认真研究和深入思考。

1929 年 3 月,重庆市政府成立,潘文华为市长,重庆近代工业和城市建设开始有了较为显著的发展。1937 年 11 月 20 日,国民政府发布移驻重庆宣言,从此重庆成为全面抗战时期中国的战时首都。1939年,重庆改为行政院直辖市。1940 年 9 月 6 日,国民政府又以重庆为陪都。[3] 全面抗战的爆发使重庆这座长江上游的港口城市,在政治、

---

[1] 周勇主编:《重庆通史》第 2 卷,重庆:重庆出版社,2002 年,第 276-277 页。
[2] 陈旭麓著:《近代中国社会的新陈代谢》,上海:上海人民出版社,1992 年,第 214-220 页;
　　蒋梦麟著:《西潮·新潮》,长沙:岳麓书社,2000 年,第 274 页。
[3] 傅润华:《序例》,傅润华、汤约生主编:《陪都工商年鉴》,张研、孙燕京主编:《民国史料丛刊》(605 册),郑州:大象出版社,2009 年,第 27-28 页。

经济、文化上凸显出许多鲜明的独特性。正如著名历史学家刘大年教授所说的那样：

> 重庆在抗日战争中政治环境独特。它是国民政府和国民党中央所在地，又是中共中央南方局和八路军驻渝办事处所在地。第二次国共合作奠定了中国取得抗日战争胜利的基础，而第二次国共合作的相当一部分活动则是在重庆进行与展开的，其中包括毛泽东同蒋介石的会面和谈判。抗战期间，重庆本身的政治、军事、经济、文化也有研究整理出来，供人了解的价值。谈论抗日战争，少不了要讲重庆的种种活动，就像少不了要讲延安的种种活动一样。历史给予了这两大城市极大的光荣。[1]

现代机器工业的突出发展与巨大贡献，也是全面抗战时期重庆城市的光荣。不过重庆工业史的独特之处，首先在于其作为工业区的地域或地理范围问题。根据有关资料，1928 年初步划定的重庆市区范围，西起化龙桥，顺江而下到黄花园、天心桥，与旧城孤老院接界。右滨长江，由鹅公岩、黄沙溪起，顺流向下到燕喜洞，与旧城南纪门接界。之后沿浮图关（国民政府内迁以后，浮图关改为复兴关）到关外福建茶亭，共计纵长约 4.5 公里[2]，面积 8 平方公里。新市区的开辟由沿江趋向内陆公路，车站与轮船码头互争雄长。1929 年，重庆市政府正式成立，1933 年重划市区，将巴县城郊、江北附郭及南岸五塘，划归市政府管辖。由此，市区范围扩大为水陆面积 93.5 平方公里。具体范围为巴县自红岩嘴起，经姚公场、山岩洞，到长江边，南岸从千金岩沟起，经南坪、海棠溪、龙门浩、弹子石，到苦竹林江边为止。江北从溉澜溪、德棠庙起，经江北县城、刘家台、廖家台、简家台，到香国寺嘉陵江边止。1937 年年底，国民政府迁至重庆办公。1938 年、1939 年，日军对重庆的大轰炸愈演愈烈，市区人口和各种事业的疏散必要而紧迫。在此情形下，重庆市区于 1940 年得到计划性的进一步扩展。经过此次扩展，重庆市区面积达到约 300 平方公里。具体范围大致东抵江北梅子岚垭和巴县大兴乡，南到巴县龙洞，西到歌乐山高店子，北到巴县渡溪沟

---

[1] 刘大年著：《我亲历的抗日战争与研究》，北京：中央文献出版社，2000 年，第 346 页。
[2] 因本书所涉及年代的"公里"等"公"字头单位较为常用，故书中未作更改。

和江北马厂、华民桥。这300平方公里的市区当时还被划分为17个区,另加上一个水上区,合为18个区。不过,重庆市的中心区域,无疑为半岛所在的1—3区。市区之外,重庆附郭的迁建区范围更广,北连北碚,南到南温泉,东起广阳坝,西抵白市驿,形成大陪都(大重庆)城市群的初步形态,面积更达到约1940平方公里。[1] 1948年,时人在讨论与工业相关问题时说:"我们所谓的重庆(工业)区,其范围大于重庆市的辖境。重庆为全面抗战期的首都,以市区为心脏,以江、巴及北碚为护卫,形势上,成了一种大重庆的局面,故我们对工潮的分析,除市区外,还包有江、巴及北碚各地的工潮在内。"[2]当代学人研究重庆工业史,也经常突破重庆市的行政范围。如重庆市档案馆原馆长陆大钺、唐润明编著的《抗战时期重庆的兵器工业》就指出:该书所指的重庆,指的是重庆工业经济区的概念,包括当时重庆行政辖区的部分,也包括与重庆辖区有着千丝万缕联系的,在经济上与行政辖区的重庆密不可分的巴县、江北县、綦江县、长寿县的部分地区。[3] 在重庆近代工业史研究中,以重庆工业区取代行政上的重庆,在方法上是可取的。在这种前提下,重庆近代工业史自然就是重庆工业区的工业发展史,当然重庆主城仍然是重点,这是没有疑义的。

全面抗战时期,重庆迅速发展成以兵工业、机械工业、重化工业著称的现代工业中心城市。对此,学术界不仅长期关注,而且进行了大量系统深入的研究。其中,通论性著作《近代重庆城市史》(隗瀛涛主编,四川大学出版社,1991年)、《重庆通史》(周勇主编,重庆出版社,2001年)等对近代重庆工业发生、发展、演变作了相应的论述。专题性著作中,代表性的有《抗战时期重庆的兵器工业》(陆大钺、唐润明编著,重庆出版社,1995年)、《抗战时期重庆的经济》(韩渝辉主编,重庆出版社,1995年)、《抗战时期重庆的科学技术》(程雨辰主编,重庆

---

[1] 陪都建设计划委员会编:《陪都十年建设计划草案》,陪都建设计划委员会,1947年,第9-14页;傅润华、汤约生主编:《陪都工商年鉴》,张研、孙燕京主编:《民国史料丛刊》(605册),郑州:大象出版社,2009年。

[2] 杨及玄:《复员期中重庆的工潮》(1948年),重庆市档案馆、重庆师范大学合编:《中国战时首都档案文献·战时工业》,重庆:重庆出版社,2014年,第331页。

[3] 陆大钺、唐润明编著:《抗战时期重庆的兵器工业》,重庆:重庆出版社,1995年,第28-29页。

出版社,1995 年)、《抗战大后方工业研究》(张守广著,重庆出版社,2012 年)。地方志、厂矿志类著作有《重庆市志·第四卷(上、下册)》(重庆市地方志编纂委员会编,重庆出版社,1999 年;西南师范大学出版社,2004 年)、《重钢志(1938—1985)》(重钢志编辑室编,1987 年)、《天府矿务局志(1933—1985)》(天府矿务局志编审委员会编纂,1991 年)等,此类著作从总体或某一个局部对重庆近代工业史进行了相关的研究和详细的记录。资料性著作主要有《四川经济参考资料》(张肖梅编著,中国国民经济研究所,1939 年)《陪都工商年鉴》(傅润华、汤约生主编,文信书局,1945 年)、《近代重庆经济与社会发展:1876—1949》(周勇、刘景修译编,四川大学出版社,1987 年)、《抗战后方冶金工业史料》(重庆市档案馆、四川省冶金厅、《冶金志》编委会合编,重庆出版社,1988 年)、《吴蕴初企业史料·天原化工厂》(上海市档案馆编,档案出版社,1989 年)、《吴蕴初与中国天字化工企业》(重庆市档案馆、重庆天原化工厂合编,科学技术文献出版社重庆分社,1990 年)、《中国近代兵器工业档案史料(三)》(《中国近代兵器工业档案史料》编委会编,兵器工业出版社,1993 年)、《中国战时首都档案文献·战时工业》(重庆市档案馆、重庆师范大学合编,重庆出版社,2014 年)、《国民政府抗战时期厂企内迁档案选辑》(上、中、下册,中国第二历史档案馆编,重庆出版社,2016 年)《中国战时首都档案文献》中的《战时经济》《战时科技》《战时交通》(郑洪泉、常云平总主编,西南师范大学出版社,2017 年)等,这些资料为系统深入研究全面抗战时期的重庆工业奠定了重要的资料基础。

此外,成立于 1946 年 2 月初的陪都建设计划委员会,出于规划战后重庆各项建设的目的,曾经通过实地考察以及广泛搜集资料,进行整理研究,于当年 4 月 28 日编成《陪都十年建设计划草案》,并于 1947 年由重庆市政府造产委员会印刷厂刊印成册。该计划草案对重庆城市史的各个方面,尤其是全面抗战时期重庆的发展变化,尽管着墨有限,但也有所涉及,是研究重庆近代工业史、城市史的重要资料。

现代社会是工商社会,现代文明是工业文明,工业化是产业革命后近现代社会历史演进的总趋势。冯友兰的《新事论》有一个副题叫《中国到自由之路》。什么是"自由之路"呢?冯友兰说:"自由之路"

"就是工业化"。[1] 冯氏又说："产业革命就是工业化。我用了马克思在《共产党宣言》中说过的一句话——产业革命的结果是乡下靠城里，东方靠西方。我说：这是一句最精辟的话。所谓东方和西方的差别，实际上就是乡下与城里的差别。一个国家里有城乡的差别，世界上也有城乡的差别。世界上的乡下就是那些殖民地，世界上的城里就是那些统治和剥削殖民地的国家。"[2] 学术界普遍的看法是：中国经济近代化就是工业化。[3]

本书作为重庆大学出版社筹划的重庆近代城市历史研究的一个组成部分，力图在充分利用资料的基础上，高度关注重庆近代工业发展中的普遍性规律和独特性现象，并高度关注工业文明的兴起在重庆近代城市化、现代化变迁中的作用。

---

[1] 冯友兰著：《冯友兰自述》，北京：中国人民大学出版社，2004 年，第 198 页。

[2] 冯友兰著：《三松堂全集》第 10 卷，郑州：河南人民出版社，2001 年，第 582-583 页。

[3] 虞和平主编：《中国现代化历程》第 1 卷，南京：江苏人民出版社，2007 年，"绪论"第 1 页。

重庆近代工业的近代化历程

根据光绪二年(1876年)9月13日签订的中英《烟台条约》相关条款,英国指派倍伯尔为英商代理人,常驻重庆,这被认为是重庆进入近代的标志性事件。光绪十七年(1891年),根据《中英烟台条约续增专条》,重庆正式成为中国近代被迫对西方列强开放的商埠之一。随后,根据光绪二十一年(1895年)中日《马关条约》,重庆商埠被迫对日开放。随着被迫开放的历史进程,重庆城市及其周边的手工业开始发生深刻的变化,具有近代意义的手工业工场逐步产生并得到迅速发展。全面抗战爆发后,随着为数可观的厂矿企业迁渝并重建,以机器大工业为主体的工业化进程终于被开启。抗战胜利后,尽管工业复员对重庆工业造成相当大的震荡,一些厂矿企业停业、歇业,但也有一批工业企业在调整中被集中到重庆,重庆的工业设备和生产能力从总体上并无大的减少和降低,反而有所增加和增强,重庆以兵工业、机器工业、重化工业为主,以纺织业为辅的工业特色得以稳固。

第一章

─────

近代早期的重庆工业（1876—1937）

1876 年到 1891 年,重庆一步步被纳入由西方强加的不平等条约体系之中。1891 年 3 月 1 日,由英国控制的重庆海关成立,重庆正式开埠。重庆开埠,加上轮船航运的开辟,对重庆发展的影响十分深远。资料载:"重庆在清光绪十七年(1891 年),因为中英《烟台条约》辟为商埠,商业逐年俱盛。"[1] 当时输入货物以棉纱、棉布、海产、颜料为大宗,输出货物以丝绸、药材为主,贸易总额达数千万两。[2] 外国洋行,计有福记洋行、义昌洋行、吉利洋行、瑞记洋行、隆茂洋行、正记洋行、惠利洋行等 10 多家欧美商人所设的洋行,也有瑞和洋行、新利洋行、日森洋行、太和洋行、有邻洋行、东华洋行等六七家日商洋行。当时的外国商人,多聚居于重庆朝天门对岸弹子石一带,以致这里"俨然成为他们的势力范围"[3]。江北原隶巴县,后改为江北厅、江北县,在重庆经商或做事的人,往往选江北为住地,因为这里生活费较为低廉,由此人口日增。资料又载:开埠前的重庆,不过是四川省内二三等小城市,人口不过数万,市区仅在江岸的陕西街、林森路一带,面积仅约 4 平方公里,"自辟为商埠,长江通行轮船后,即扶摇直上"[4]。开埠使重庆迅速成为长江上游的航运中心和商业中心。[5] 在西方资本主义经济势力进逼、近代轮船航运业逐步开辟的情形下,重庆的工业生产从组织形态和生产力状况上看,在传统手工业盛衰消长的同时,具有近代、现代意义的工场手工业、机器工业先后产生,并得到不同程度的发展。

一、城市工场手工业的兴起

1876 年以前,手工工场在重庆已经零星出现。特别是 1891 年重庆开埠后,近代手工工场在火柴业、丝纺业、棉织业、玻璃业、采矿业、航运业、电灯业等行业得到逐步发展。进入 20 世纪 20 年代,具有手

---

[1] 周传儒编:《四川省一瞥》,商务印书馆,1926 年,第 31 页。

[2] 周传儒编:《四川省一瞥》,商务印书馆,1926 年,第 31 页。

[3] 周传儒编:《四川省一瞥》,商务印书馆,1926 年,第 33 页。

[4] 陪都建设计划委员会:《陪都十年建设计划概述》,《西南实业通讯》第 13 卷第 5—6 期,1946 年 6 月 30 日,第 24 页。

[5] 隗瀛涛主编:《近代重庆城市史》,成都:四川大学出版社,1991 年,第 118 页。

工工场性质的"小机械工业亦稍发达"[1]。到 1937 年全面抗战爆发前,手工工场是重庆城市近代工业的主要形态。

（一）玻璃业

同治元年(1862 年),有一广东人在南纪门外开办了第一家玻璃作坊,以珊瑚坝上的白色鹅卵石为原料,生产窗用玻璃、亮瓦等产品[2],这是重庆近代最早的玻璃作坊。该作坊创办后,获利甚大,引起仿效。到光绪十八年(1892 年),这种采用土法生产的玻璃作坊达到 7 家,每家约 18 名工人,其产品尽管是"最普通和最脆弱的,但也行销全省"[3]。光绪三十一年(1905 年),随着东华等玻璃厂的相继创办,重庆的玻璃作坊增加到 10 多家。[4] 光绪三十二年(1906 年),从日本习得玻璃制造技艺归国的何鹿篙,集资 11.2 万元,雇用日本技师,在重庆江北刘家台创办鹿篙玻璃厂。该玻璃厂出产花瓶、灯罩、玻罐以及彩绘玻璃器,在川渝地区有广大市场。1906—1917 年,鹿篙玻璃厂连年获利,1917 年以后则风雨飘摇。[5]

1912 年到 1921 年,除鹿篙玻璃厂外,又有若干家小型玻璃厂相继创办,其中"各种灯罩主要是熔化破玻璃来制造。窗玻璃是綦江的 6 个厂和合州的两个厂制造"[6]。这些试图生产窗用玻璃的厂家可能最终以失败告终。1922 年到 1931 年,重庆的玻璃器制造业又有新厂陆续成立,厂数从原有的 6 家增加到 12 家。洋灯罩、花瓶、酒瓶及其他玻璃器都能生产,但仍不能生产窗用玻璃。[7] 1934 年,重庆又有太

---

[1] 重庆中国银行编印:《重庆经济概况》(1922—1931 年),1934 年,第 3 页。

[2] 胡道修:《开埠前的重庆经济与社会》,孟广涵、周永林等主编:《一个世纪的历程——重庆开埠 100 周年》,重庆:重庆出版社,1992 年,第 210 页。

[3] 重庆关税务司好博逊:《概述(1892 年)》,周勇、刘景修译编:《近代重庆经济与社会发展:1876—1949》,成都:四川大学出版社,1987 年,第 63 页。

[4] 重庆市地方志编纂委员会编著:《重庆市志·第四卷》(下),重庆:西南师范大学出版社,2004 年,第 43 页。

[5] 何鹿篙:《鹿篙玻璃厂四十年的回顾》,中国民主建国会重庆市委员会、重庆市工商业联合会合编:《重庆工商史料选辑·第 2 辑》(内部发行),1962 年,第 177-189 页。

[6] 重庆关署理税务司古绿编:《概述(1912—1921)》,周勇、刘景修译编:《近代重庆经济与社会发展:1876—1949》,成都:四川大学出版社,1987 年,第 345 页。

[7] 重庆关署理税务司李规庸:《概述(1922—1931)》,周勇、刘景修译编:《近代重庆经济与社会发展:1876—1949》,成都:四川大学出版社,1987 年,第 362-363 页。

平洋等玻璃厂先后创办。当时在长江上游川渝地区的玻璃制造厂中，重庆的太平洋玻璃厂、鹿篙玻璃厂和四川彭县的崇华玻璃厂是最著名的3家。[1]

（二）纺织业

1.棉织业

清同治、光绪之际，重庆棉织尚为农家副业，城郊农民从事此业者甚多，所用织机为丢梭木机，所织布匹，质粗幅窄，但厚重耐用，因此可行销云南、贵州等处。随后，扯梭木机自外省传入重庆。此种纺织机械，制造简单，仿造容易，但生产效率则"倍增于丢梭木机"，而且能仿制洋布。于是织布之家，相率舍丢梭木机而用扯梭木机。[2] 光绪十四年（1888年），熊汉臣在江北沙湾河街创办的协兴布厂是重庆近代第一家手工棉织工场。该布厂有扯梭木机10台，24名工人，用脚踏手抛梭木机生产土布、毛巾、棉袜等，产品在重庆销售。[3] 20世纪初，随着铁轮织机的出现，重庆手工棉织业大兴。[4] 据有关资料统计，仅1900年至1905年，重庆开办的手工织布厂就占全国同期创办的织布厂总数的30%以上，全年可生产各类布品（宽窄土布、胶布、呢布等）100万匹以上。[5] 光绪三十一年（1905年），曾应之在江北簸箕石创办复原布厂，有湖北制铁轮机50台。[6] 该厂出品"甚易销售，并且号称不亚于输入品"[7]。随后，富川布厂（曾应元创办）、协利布厂（苏炳章创办）分别于重庆南岸呼归石、弹子石创办。富川布厂创办时，有

---

［1］ 张肖梅编著：《四川经济参考资料》，中国国民经济研究所，1939年，第R128页。

［2］ 张肖梅编著：《四川经济参考资料》，中国国民经济研究所，1939年，第R1页。

［3］ 重庆市地方志编纂委员会编著：《重庆市志·第四卷》（下），重庆：西南师范大学出版社，2004年，第203、222页。

［4］ 傅润华、汤约生主编：《陪都工商年鉴》，张研、孙燕京主编：《民国史料丛刊》（605册），郑州：大象出版社，2009年，第157页。

［5］ 重庆市地方志编纂委员会编著：《重庆市志·第四卷》（下），重庆：西南师范大学出版社，2004年，第204、211页。

［6］ 张肖梅编著：《四川经济参考资料》，中国国民经济研究所，1939年，第R1页。 说明：该厂于1913年停办。

［7］ 重庆关署理税务司斯泰老：《概述（1902—1911）》，周勇、刘景修译编：《近代重庆经济与社会发展：1876—1949》，成都：四川大学出版社，1987年，第159页。

日式铁轮机 30 台。[1] 宣统元年(1909 年),复原布厂改为复新布厂,铁轮机增加到 105 台。[2] 1909 年,一家创设于江津的夏布工厂,"生产品质优良的细夏布和花纹美观的印花夏布"[3]。

民国初年,重庆土布业发展显著。1912 年,璧山人廖荣光集资白银千两,在重庆南岸弹子石创办裕华染织布厂,后逐渐扩充。1926 年织机达到 120 台,后最多发展到 300 多台,成为重庆第一大手工棉织厂。[4] 1919 年到 1921 年前后,"重庆以外之四乡,盗匪横行,富绅多迁居来渝","投资设厂者较众"。因此,在此数年之间,重庆"棉织之厂数激增"[5] 。1921 年年底重庆关署理税务司报告称,土棉布是"重要性日益增长"的工业,"这 10 年间各城市和乡区产生了为数众多的小厂。或用机器,或用木制织机,以输入的纱线,有时以输入生棉在本地纺成的纱线,织造各种棉布"[6]。

1926 年到 1933 年年初,重庆手工棉织工业达到极盛,市内及郊外 30 里范围内,铁木机大小厂和木机小厂,合计约 3000 家,铁木机、木机数量达 24000 台,宽窄布产量合计约在百万匹以上。当时,重庆土布销路北达陕甘,南至滇黔,西及康藏。[7] 在这 3000 家手工布厂中,最著名者为裕华布厂和骏业布厂。裕华布厂不仅规模最大,而且所产之布,"以紧实耐用著称"[8]。对于重庆手工织布业演变的轨迹和 20 世纪二三十年代重庆织布业的繁盛状况,曾经任职于国民政府主计处,熟悉川渝经济数据的李紫翔说:

重庆手工布业在前清光绪以前,完全是农家的副业形式,所用织

---

[1] 张肖梅编著:《四川经济参考资料》,中国国民经济研究所,1939 年,第 R1 页。

[2] 张肖梅编著:《四川经济参考资料》,中国国民经济研究所,1939 年,第 R1 页。 说明:该厂于 1913 年停办。

[3] 重庆关署理税务司斯泰老:《概述(1902—1911)》,周勇、刘景修译编:《近代重庆经济与社会发展:1876—1949》,成都:四川大学出版社,1987 年,第 159 页。

[4] 张肖梅编著:《四川经济参考资料》,中国国民经济研究所,1939 年,第 R1 页。

[5] 张肖梅编著:《四川经济参考资料》,中国国民经济研究所,1939 年,第 R1 页。

[6] 重庆关署理税务司古绿编:《概述(1912—1921)》,周勇、刘景修译编:《近代重庆经济与社会发展:1876—1949》,成都:四川大学出版社,1987 年,第 344 页。

[7] 张肖梅编著:《四川经济参考资料》,中国国民经济研究所,1939 年,第 R1 页。《重庆市纺织业概况》(1944 年 6 月),重庆市档案馆、重庆师范大学合编:《中国战时首都档案文献·战时工业》,重庆:重庆出版社,2014 年,第 611 页。

[8] 张肖梅编著:《四川经济参考资料》,中国国民经济研究所,1939 年,第 R2 页。

机是一种古老的丢梭木机。至清末与机纱的输入同时，亦从外省输入了拉梭木机。产量因之大增，且能仿制宽幅洋布，因此在农家副业之外，又发生了手工织布工厂，每家织机有多至三四十架者，布疋销路且能远达邻省。民八以后，铁轮机又代木机而兴，十九年三峡染织工厂复输入电力全铁织机，又为川省棉织工业开一新纪元。据云重庆棉织业最盛时，大小厂达三千家，铁轮机、木机合计有二万四千台，年产布百万疋以上。二十年以后，渐趋衰落，据二十三年调查，重庆市共有铁轮机厂一六七家，铁轮织机一八九三台，木机厂四九六家，木织机二二九四台；其中有丢梭木机厂七家，丢梭木机二七台。但铁轮机停工者占百分之四十，木机停用者更占百分之六十。[1]

　　1933 年年初以后，重庆手工棉织工厂迅速衰落，但仍有相当的规模。据 1934 年的有关调查，重庆重要棉织手工工厂情况见表 1-1。

表 1-1　重庆重要棉织手工工厂一览表

厂名	厂址	创办时间	组织形式	厂长经理	铁轮机（台）	商标	备注
吉厚祥布厂	江北沙湾	1900 年	独资	印用卿	24	五福	原用木机，1919 年改用铁轮机
三余布厂	江北沙湾	未详	独资	印廷辉	24	—	开办甚早，1920 年移设江北
幼稚染织工厂	南岸觉林寺	1904 年	独资	李春林	100	宝塔	1928 年改用铁轮机，另有袜机、提花机
富川	南岸呼归石	1904 年	—	曾应元	30	—	民国初年停办
复原布厂	江北簸箕石	1905 年	—	曾应之	105	—	1913 年停办
协利	南岸弹子石	1908 年	独资	苏炳章	12		
裕华染织布厂	南岸弹子石	1912 年	股份制	廖荣光	305	仙鹤	另有葛巾机、袜机等
蜀华布厂	江北刘家台	1912 年	股份制	刘锡光印树庭	62	双凤	原用木机，1919 年改用铁轮机

　　[1] 李紫翔：《抗战以来四川之工业》（1943 年 12 月），《四川经济季刊》第 1 卷第 1 期，1943 年 12 月 15 日，第 18-19 页。

厂名	厂址	创办时间	组织形式	厂长经理	铁轮机（台）	商标	备注
爱新	江北沙湾	1912 年	独资	熊汉成	20	—	原用木机，1919 年改铁轮机
吉利生布厂	江北沙湾	1913 年	独资	胡声之	30	松鹤	原设璧山，1922 年迁设江北
魏金廷	南岸弹子石	1917 年	独资	魏金廷	12	—	
民生	江北簸箕石	1918 年	独资	董炳森	12	—	
义泰布厂	江北沙湾	1921 年	独资	李芳成郑国璋	22		
简文	南岸弹子石	1921 年	合伙	姜海林	10	—	1911 年原有铁轮机 30 台
庆华工厂	南岸海棠溪	1921 年	股份制	张希颜罗香浦	38	富贵寿	提花木机
嘉陵布厂	江北上关厢	1923 年	独资	刘伟光	46	英雄、独占	原用木机，1926 年改用铁轮机
福川	南岸弹子石	1923 年	独资	文济川	22	—	
锦新布厂	江北上关庙	1924 年	股份制	彭亮清	24	金狮	
荣森	江北刘家台	1924 年	独资	李珍级	16	—	原用木机，1926 年改铁轮机
骏业染织工厂	江北刘家台	1925 年	股份制	郭德敷王子英	34	天马	
贫民二厂	江北沙湾	1926 年	市政府经办	徐伯定李明诚	12	—	另有木机 10 台
怡和	江北大水井	1926 年	独资	魏和兴	33	—	
涂山工业厂	南岸海棠溪	1927 年	股份制	张义荣丁敦五	41	山字	提花机等
义兴布厂	江北簸箕石	1930 年	股份制	黄海清	30	—	
骏泰布厂	江北刘家台	1932 年	独资	鲜伯良	30	—	
新华	江北簸箕石	1934 年	合伙	曾辉绪连庙昌	10	—	

续表

厂名	厂址	创办时间	组织形式	厂长经理	铁轮机（台）	商标	备注
崇新染织布厂	江北三洞桥	1932年	合伙	蓝瑞丰	20	七夕	
德新	江北沙湾	1933年	独资	雷鸿音 秦安荣	22	战争	
荣森	江北刘家台	1933年	独资	郭福义	16	—	
益身	南岸弹子石	1933年	独资	淦玉林	15	—	
唯一	江北简家台	1933年	—	赵金华	14	—	1935年停办
袁鸿春	江北水府宫	1933年	独资	袁鸿春	30	—	
同心公布厂	南岸弹子石	未详	独资	李德同	28	双狮、球牌	
冯树臣	江北簸箕石	未详	独资	冯树臣	12	—	
彭绍臣	江北水府宫	未详	独资	彭绍臣	10	—	采用改良扯梭木机
杨义臣	江北城内	未详	独资	杨义臣	30	—	采用扯梭木机
江绍全	江北	未详	独资	江绍全	29	—	已停
刘炳林	江北城内	未详	独资	刘炳林	27	—	已停
胡双合	江北	未详	独资	胡双合	26	—	已停
童兴盛	江北城内	未详	独资	童兴盛	20	—	采用扯梭木机，已停

资料来源：张肖梅编著，《四川经济参考资料》，中国国民经济研究所，1939年，第R3-R5页。

上表中各厂绝大部分为手工工场，其资本来源有政府、商会拨款者，如贫民二厂等；有私人募集股份组织者，如裕华、蜀华、骏业、骏泰、义兴、锦新等；有合伙组织者，如益身、简文、新华、崇新等；有独资经营者，如吉利生、吉厚祥、福川等。其中以政府拨款及股份制两种为数较多，资本较为充实。到全面抗战爆发的1937年前后，重庆大小手工棉织工场约有 1300 家。[1] 其中开工 38 家,有布机 1236 架。[2] 若加上停工的布机,合计布机有近 3000 架。[3]

2.丝织业

晚清时期,重庆磁器口、合川太和镇、璧山等处,缫丝业开始有了一定的发展。光绪二十八年(1902 年)合川县举人张森楷发起集股,在合川创办四川蚕桑社,自任社长,"意在开拓利源,讲求实业"[4]。在张森楷等人的倡导下,合川、铜梁、巴县、璧山、江津、潼南、江北、綦江等县,种桑养蚕渐成风气。[5] 清末到 20 世纪 30 年代,合川县太和镇和其城郊各处先后创办缫丝工厂多家,如四川第一经纬丝厂(1907年)、惠工丝厂(1912 年)、裕华丝厂(1916 年)、蜀华丝厂(1916 年)、利合丝厂(1916 年)、怀仁丝厂(1924 年)、广益丝厂(1926 年)、聚合丝厂(1928 年)等年产生丝 5600 多担。[6] 利合丝厂有女工 140 多人,资本约 25000 元,年产生丝百余箱。怀仁丝厂女工 200 多人,资本 3 万多元,年产生丝 120 余箱。[7] 此外,还有小型缫丝作坊 50 余家。以磁器口等地为中心,主要有蜀眉丝厂(1907 年)、恒源丝厂(1908 年)、诚成丝厂(1910 年)、又新丝厂(1915 年)、同孚丝厂(1916 年)、生泰丝厂(1917 年)、谦吉祥丝厂(1919 年)、丽华丝厂(1922 年)、肇兴丝厂(1922 年)、淑和渝丝厂(1925 年)、蜀兴丝厂(1926 年)、蜀华丝厂(1927 年)等 12 家丝厂[8],丝车 3476 台,年产生丝 3300 多担。[9] 在上

---

[1] 张肖梅编著:《四川经济参考资料》,中国国民经济研究所,1939 年,第 R2 页。

[2] 《工矿调整处重庆办事处办理迁川工厂有关事宜一至十三号报告》,中国第二历史档案馆编:《国民政府抗战时期厂企内迁档案选辑》(下),重庆:重庆出版社,2016 年,第 1161页。

[3] 《重庆市政府等筹划武汉迁渝女工处置办法有关函呈》(1938 年 8—10 月),中国第二历史档案馆编:《国民政府抗战时期厂企内迁档案选辑》(下),重庆:重庆出版社,2016 年,第1175 页。

[4] 重庆市地方志编纂委员会编著:《重庆市志·第四卷》(下),重庆:西南师范大学出版社,2004 年,第 240 页。

[5] 重庆市地方志编纂委员会编著:《重庆市志·第四卷》(下),重庆:西南师范大学出版社,2004 年,第 240-241 页。

[6] 重庆市地方志编纂委员会编著:《重庆市志·第四卷》(上),重庆:重庆出版社,1999 年,第 5 页。

[7] 张肖梅编著:《四川经济参考资料》,中国国民经济研究所,1939 年,第 R24 页。

[8] 重庆市地方志编纂委员会编著:《重庆市志·第四卷》(下),重庆:西南师范大学出版社,2004 年,第 240 页。

[9] 重庆市地方志编纂委员会编著:《重庆市志·第四卷》(下),重庆:西南师范大学出版社,2004 年,第 240-241 页。

述丝厂中,中日合资的又新丝厂"是这一业里最成功的一家"[1]。1930年,重庆的谦吉祥、同孚、同太、肇兴、大有、天福、华康等9家丝厂在银行界提议之下,合组久和公司。一年多以后,久和公司又遭失败。[2] 大华生丝公司,由11家铁机丝厂联合组织而成,宁芷村任总经理,该公司经营一年多,同样遭受失败。

1936年3月底,四川生丝贸易公司正式成立。1936年冬,范崇实加入四川生丝贸易公司,那时的生丝公司是设庄购茧,租厂缫丝,业务范围很小,丝厂又因债务牵制,无法扩大再生产。范崇实得到卢作孚、何北衡、刘航琛等人的支持赞助,在原生丝公司的基础上,改组成四川丝业公司,准备恢复和发展四川的蚕丝事业。[3]

(三)火柴业

光绪十五年(1889年),卢干臣集资5万银两,在南岸王家沱创办森昌泰火柴厂,雇工1200人,用手工方式生产黄磷火柴,年产12.6万箱(每箱7200盒,每盒70根),这是川渝地区最早的火柴厂。光绪十七年(1891年),卢干臣又集股3万银两,雇工三四百人,在大溪沟开办森昌正火柴厂。光绪十八年(1892年),森昌泰、森昌正两厂,营业额约25万银两。资料载,当时重庆的这两家火柴厂,"工头是宁波人。磷、玻粉等料来自上海,木材和硫磺取自当地。作火柴盒是雇用很多妇女儿童。火柴质量低劣,不足抵制外货"[4]。光绪二十七年(1901年),温友松与日商宫版九郎各出3万银两合资6万两,在王家沱创办有邻火柴公司。光绪二十八年(1902年),丰裕火柴厂在江北溉澜溪创办开业。光绪三十一年(1905年),聚昌、东华、惠利等火柴厂也相

[1] 重庆关署理税务司李规庸:《概述(1922—1931)》,周勇、刘景修译编:《近代重庆经济与社会发展:1876—1949》,成都:四川大学出版社,1987年,第363页。
[2] 中国民主建国会重庆市委员会、重庆市工商业联合会合编:《重庆工商史料选辑·第2辑》(内部发行),1962年,第52页。
[3] 周晦若、吴孟辉、范谛真:《范崇实与四川蚕桑事业》,四川省政协文史资料委员会编:《四川文史资料集粹》第3卷,成都:四川人民出版社,1996年,第180页。
[4] 重庆关税务司好博逊:《概述(1876—1891)》,周勇、刘景修译编:《近代重庆经济与社会发展:1876—1949》,成都:四川大学出版社,1987年,第63页。

继创办。[1] 1911 年冬至 1912 年，爕和、集义、福星等火柴厂在江北县开业，合裕等火柴厂在合川开业。1912 年到 1921 年，重庆城内的火柴工厂增加到 9 家，火柴质量较次。1922 年到 1931 年，重庆城内的火柴厂从 9 家减少到 6 家。海关报告称："（重庆）火柴工业，所制货品，质地欠佳，销路不广，惨遭失败。期初尚有 9 家，今则近存 6 家。每年可制火柴 3400 箱（每箱 50 盒）。"[2] 1931 年，经营上海裕昌火柴厂的孙树培，因遭火灾将剩余设备运到重庆，租森昌泰厂旧址，以资本 8 万元开办华业火柴厂。当年 9 月开工生产安全火柴以及硫化磷火柴、响火火柴等。该火柴厂是当时川渝地区规模最大，并采用机械生产的火柴厂。1933 年，诚信火柴厂在重庆龙门浩开业，设备中有日式排梗机 6 架。[3] 到 1936 年，重庆全市有 16 家火柴厂（见表 1-2），职工近 4000 人，月产火柴 2400 箱左右。除华业、诚信两厂有部分机器生产外，其他各厂均用手工生产。[4]

表 1-2　全面抗战爆发前重庆全市火柴厂概况表

资本：万元；人数：人

厂名	地址	创办时间	负责人	资本	产品种类	商标	月产量	工人数	备注
丰裕	江北	1902	尹焕庭	1.0	硫磺、响火等	佛桃、鹰钟	150（大箱）	440	含童工 200 人
福兴	市区	1919	徐成之	0.3	硫磺、响火等	石榴、雄鸡	50（大箱）	120	
江巴	江北	1925.9	王令诚	0.5	响火、硫磺等	英雄、独立等	40（大箱）	100	
爕业	涪陵	1926 夏	伍鉴明	1.88	硫磺	福寿桃	80（箱）	260	
民济	合川	1928.5	郑集成	1.6	硫磺	大鹏	250（箱）	400 多	

[1] 重庆关署理税务司斯泰老：《概述（1902—1911）》，周勇、刘景修译编：《近代重庆经济与社会发展：1876—1949》，成都：四川大学出版社，1987 年，第 159 页。

[2] 海关总税务司署统计科编：《民国十一年至二十年最近十年各埠海关报告》（1935 年），中国第二历史档案馆、中国海关总署办公厅，茅家琦、黄胜强、马振犊主编：《中国旧海关史料》第 157 册，北京：京华出版社，2001 年，第 637 页。

[3] 重庆市地方志编纂委员会编著：《重庆市志·第四卷》（下），重庆：西南师范大学出版社，2004 年，第 26 页。

[4] 张肖梅编著：《四川经济参考资料》，中国国民经济研究所，1939 年，第 R119-123 页。

续表

厂名	地址	创办时间	负责人	资本	产品种类	商标	月产量	工人数	备注
民兴	永川	1929	傅吉安	1.0	硫磺	福寿	110（大箱）	75	
新明	合川	1930.5	赖季英	1.0	安全、硫化磷等	碗雀、吉祥等	150（大箱）	200	
利济	长寿	1930.11	熊春林	1.0	硫磺、响火等	佛手、船牌	60（箱）	200	
华业	市区	1931.5	孙树培	3.0	安全、硫化磷等	新鹰球、双鹤等	600（大箱）	640	
合裕	合川	1931	王鼎成	1.7	硫磺	孔雀	240（箱）	400	
诚信	南岸	1933.3	吴敦诚	0.5	安全、响火	大雄飞、金鸟等	50（大箱）	60	
惠利	江北	1933.3	艾方谷	0.4	硫磺	白象、桥牌	77（大箱）	154	含走工140人
瑞星	合川	1935.3	向守中	1.0	硫磺	马牌、雀牌	200（箱）	300多	
民生	巴县	1935.11改组	李盈廷	0.6	安全、响火等	凤凰、金鱼等	60（大箱）	118	
明明	市区	1935.12改组	冯征麟	1.0	安全、响火等	鹿牌、双鹿等	150（大箱）	230	
光明	合川	1935.12	艾松龄	1.09	硫磺	大鹿	160（箱）	200	

资料来源：张肖梅编著，《四川经济参考资料》，中国国民经济研究所，1939年，第R119-123页。

从厂数和生产量上看，重庆是川渝地区，也是西南地区火柴业生产中心。值得注意的是，当时川渝地区38家火柴厂中，能够生产安全火柴的3家火柴厂全部在重庆区域。[1] 不过，从只有少数厂家能生产安全火柴、拥有工人数量众多的情形看，重庆地区火柴生产技术和生产力水平整体上尚处于十分落后的状态。

（四）矿冶业

綦江铁矿位于重庆南部的綦江，开采历史悠久。其矿区在县南90华里的东溪镇附近，主要矿场有土台、麻柳滩、大罗坝、白石塘、苏家井

---

[1] 张肖梅编著：《四川经济参考资料》，中国国民经济研究所，1939年，第R124页。

等五处。其中土台矿区民国初年年产铁矿约 1.8 万吨，1936 年约产 1.26 万吨。[1] 其铁厂、铁矿以东溪镇东源公司和谦虞铁矿公司为主。

据有关资料：当时綦江矿山中的采运工人，俱为当地农民。农暇时到山上采矿，农忙时归家耕种，平时到矿工作者千余人。在包工制下，采矿工人每月可得 9 元左右，搬运工人每月可得 7 元左右。工作时间分昼夜两班，每班 10 小时，春节前后停工 10 天，停工期间没有工资。[2] 铁矿开采后，售于本地铁厂，冶炼为生熟铁后再售于外地。本地铁厂兴盛时期有 33 家，最衰败的时候只剩五六家，后恢复到 25 家。除东源公司 13 家铁厂之外，每家资本平均不过万元。各厂重要设备大致相同，有厂房、炉灶、堰道。每日夜能冶铁 2 吨左右。设备的价值，厂房 500～1000 元，炉子 600 元，堰道 50～200 元，共计 1150～1800 元。其中，东源实业股份有限公司属于比较新式的工厂组织，董事长由董事会选举，总公司设于重庆，分公司设于东溪。总公司设总经理、协理各一人，分公司设经理一人，下设总务、会计、工务、业务四股。工务股管理 13 厂制造事业。各厂设厂务主任一人，其下又分事务、管矿、冶工等。[3] 其他公司皆极为简单，不过在东溪设一经理，厂内设一管事，管理一切事务、工务。销路方面，除东源公司外，各厂十分之四为在江津自设的锅厂使用，十分之二销售到重庆，其余销售到泸州。[4]

天成铁厂位于江北县林子口，炼铁高炉建于光绪二十年（1894年），时开时停。1922 年曾经开炉炼铁，因经营不善，两年后再次停炼。1936 年冬季，众股东以股东制（分 15 股）方式，再次集股 2 万元股本炼铁，自办采矿及烧木柴，其中以 7000 元整理矿厂，以 8000 元整理炼厂。由林子口到大田坎运输生铁与毛铁"全恃人力"，从大田坎到

---

［1］重庆市档案馆、四川省冶金厅、《冶金志》编委会合编：《抗战后方冶金工业史料》，重庆：重庆出版社，1988 年，第 13 页。

［2］陈建棠：《战时綦江铁矿业及炼铁业概况》，《经济动员》创刊号，1938 年 6 月 15 日，第 14-19 页。

［3］陈建棠：《战时綦江铁矿业及炼铁业概况》（续），《经济动员》第 2 期，1938 年 6 月 30 日，第 56 页。

［4］陈建棠：《战时綦江铁矿业及炼铁业概况》（续），《经济动员》第 2 期，1938 年 6 月 30 日，第 60 页。

白庙子可利用北川铁路。[1]

天福铁厂炼炉约修建于 19 世纪 70 年代,主要业务是铸锅,三四年后就因为经营不善而停炼。1929 年起,张才生等任财东,于每年冬季开炼。每次开炉炼铁,该铁厂不仅运铁"全恃人力",甚至炼铁的铁矿石也"全恃人力挑运","每百斤(50 两称)约需挑费 9000 文(约合 4 角),每天每人只能挑一次,每次最多不过 50 斤"[2]。挑夫生活、工作的艰辛,可以想见。

重庆北碚附近的金刚碑有土法生产的苏钢。相传苏钢冶炼方法为清初江苏人所创,清政府以苏钢可以制造利器,遂悬为厉禁,并缉拿制造者。[3] 在四散逃跑者中,有黄姓人逃入重庆,时间约在清乾隆时期。黄姓人最初创设的苏钢生产作坊在重庆南岸海棠溪,后迁移到嘉陵江三峡内如璧山县、白鹿坡等地,有 10 多家。进入民国后,又发展到北碚金刚碑等地,开始时有 20 多家,到 1935 年前后,尚有 6 家。[4] 苏钢因生产工艺墨守成规,产量不多,主要用于犁头、锄头等农业用具。

(五)猪鬃加工业

重庆的猪鬃加工业,肇始于英商立德乐(Archibald Little,又译为李德乐、尼德罗)。1891 年重庆开埠,立德乐随即在南岸创设猪鬃加工厂(洗房),质量标准高,打开了国际市场,获得丰厚利润,并吸引外商纷纷投资,使猪鬃成为重庆主要的出口产品之一。进入民国以后,重庆猪鬃业有进一步的发展。1921 年,猪鬃加工厂商(洗房)达 60 多家。[5] 在重庆的猪鬃商号中,古青记为佼佼者。古青记开办于 1925 年,资本 6 万两,开办者是古槐青,掌柜是古槐青之子古耕虞。[6]

[1] 重庆市档案馆、四川省冶金厅、《冶金志》编委会合编:《抗战后方冶金工业史料》,重庆:重庆出版社,1988 年,第 32-33 页。
[2] 重庆市档案馆、四川省冶金厅、《冶金志》编委会合编:《抗战后方冶金工业史料》,重庆:重庆出版社,1988 年,第 35 页。
[3] 张肖梅编著:《四川经济参考资料》,中国国民经济研究所,1939 年,第 R52 页。
[4] 重庆市档案馆、四川省冶金厅、《冶金志》编委会合编:《抗战后方冶金工业史料》,重庆:重庆出版社,1988 年,第 44 页。
[5] 隗瀛涛主编:《近代重庆城市史》,成都:四川大学出版社,1991 年,第 192-193 页。
[6] 王慧章著:《猪鬃大王——古耕虞》,北京:中国文史出版社,1991 年,第 17 页。

（六）制革业

1912 年到 1921 年，是重庆制革手工业的初创时期，发展较快。到 1921 年年底，重庆有 16 家革制品厂[1]，如惠丰、日新、振华、中华、美实、中兴、复兴等。20 世纪二三十年代，重庆制革业经过了一个繁荣和迅速萎缩的过程。其主要手工工场厂家见表 1-3。

表 1-3　20 世纪二三十年代重庆制革业手工工场一览表

厂名	厂址	负责人	资本额（元）	组织	创办时间	产品及年销售额
复兴制革厂	菜园坝	罗香甫	10000	独资	1916 年	制造红药皮、鞋帮皮 年销售额约 8 万元
中华制革厂	玛瑙溪	杨云森	20000	股份制	1916 年	制造红药皮、鞋帮皮 年销售额约 10 万元
泉鑫制革厂	海棠溪	朱云光	5000	独资	1926 年	制造红药皮、鞋帮皮 年销售额约 5 万元
义成兴制革厂	海棠溪	林高桥	20000	独资	1930 年	制造白药皮、鞋帮皮 年销售额约 10 万元
求精制革厂	龙门浩	陈光烈	5000	独资	1930 年	制造白药皮、鞋帮皮、皮鞋 年销售额约 5 万元
肇华制革厂	大溪沟	何保三	6000	独资	1932 年	制造红药皮、鞋帮皮、皮鞋 年销售额约 3 万元
龙华制革厂	海棠溪	戴世兴	5000	独资	1933 年	制造鞋帮皮 年销售额约 4 万元
瑞华制革厂	大溪沟	龙吉庆	5000	股份制	1933 年	制造帮皮、皮鞋 年销售额约 3 万元
精华制革厂	大溪沟	陈鑫泉	1000	独资	1933 年	制作革皮、帮皮 年销售额约 1 万元
新华制革厂	涂山沟	戴万泉	2000	独资	1934 年	制造鞋帮皮 年销售额约 1 万元
华安制革厂	大溪沟	刘俊安	2000	股份制	1934 年	制造皮鞋及帮皮 年销售额约 1 万元
利兴制革厂	大溪沟	王青云	2000	股份制	1934 年	制造皮鞋及帮皮 年销售额约 1 万元

---

[1] 重庆关署理税务司古绿编：《概述（1912—1921）》，周勇、刘景修译编：《近代重庆经济与社会发展：1876—1949》，成都：四川大学出版社，1987 年，第 345 页。

厂名	厂址	负责人	资本额（元）	组织	创办时间	产品及年销售额
和祥制革厂	海棠溪	张维邦	10000	股份制	1935 年	制造红白药皮、鞋帮皮 年销售额约 5 万元
大华制革厂	大溪沟	张子均	5000	股份制	1935 年	制造红药皮、鞋帮皮、皮鞋 年销售额约 2 万元
元丰制革厂	大溪沟	曹定元	2000	股份制	1935 年	制造皮鞋及帮皮 年销售额 8000 元

资料来源：张肖梅编著，《四川经济参考资料》，中国国民经济研究所，1939 年，第 R118-119 页。

到全面抗战爆发前，重庆制革工业"完全是手工业时代，机器制皮厂，仅求新制皮公司一家，全市总计亦不过卅家，工人不过三百人，资本更说不上"[1]。

（七）其他

1.瓷业

1912—1921 年，重庆蜀瓷工厂制造的瓷器是重庆工业上的重要成就之一。蜀瓷工厂创立于 1918 年，资本 3 万元，雇佣工人约 100 名，用磁器口生产的黏土制造各种瓷器，诸如碟、杯、盘、瓶等。[2]

2.桐油

19 世纪下半叶，重庆、万县能够榨桐油的土榨油坊陆续兴起。1903 年，重庆万县榨制的桐油开始出口美国。[3] 在 20 世纪 20 年代，重庆输出的桐油是"毛油"。1928 年 8 月，美商在万县开设施美洋行，为业务需要，租赁万县聚渔沱美孚洋行油池，设立施美洋行油厂，从事毛油制炼。1930 年，美商生利洋行在南岸徐沱创设生利油厂，有榨油、熬油等设备，职工 15 人。聚兴诚银行贸易部油厂也在 1930 年创办，

---

［1］徐崇林：《抗战以来之重庆制革工业》，《中国工业（桂林）》第 28 期，1945 年 7 月 20 日，第 21 页。

［2］重庆关署理税务司古绿编：《概述（1912—1921）》，周勇、刘景修译编：《近代重庆经济与社会发展：1876—1949》，成都：四川大学出版社，1987 年，第 345 页。

［3］重庆市地方志编纂委员会编著：《重庆市志·第四卷》（下），重庆：西南师范大学出版社，2004 年，第 311 页。

厂址在万县聚渔沱东首,有蒸汽油泵机、蒸锅炉、熬榨油脚器具等设备,职工 10 多人。中国植物油料厂渝万分厂设于 1936 年 7 月,厂址在万县麻柳桥,有蒸汽油泵机、蒸锅炉、熬榨油脚器具等设备。[1] 重庆、万县的新式桐油炼制事业,多为出口行家兼营。至于旧式油厂,重庆、万县也有若干家。

3.电池

1926 年到 1931 年,生产手电筒用的干电池制造业在重庆得到发展,先后出现 10 家厂商。[2] 其中,创办于 1926 年的光明电池厂最早,该厂由来自上海的钱仲荣、周炳言、何绍昆等 12 人集资创办[3],地址在会仙桥,生产单凤牌手电筒用电池。1933 年,爱国电池厂由沪迁渝。光明电池厂和爱国电池厂不仅生产电池,还为重庆培养了不少制造电池的技术人才。正是这些人,又相继在重庆创办了恒丰、永年、利名、群力等电池厂。到 1936 年,重庆已经有 11 家生产手电筒电池的厂家。[4]

4.五金

1922 年到 1931 年,五金作坊渐多,重庆及其附近就有约 22 家。有些作坊只有最基本的工具,另一些有较好的各种机器。常年营业总额估计为 60 万元。各地方军阀也自己办有较大的机械修理所。[5]

二、在艰难中起步的近代机器工业

全面抗战爆发前,重庆已经出现了若干采用机器生产的厂矿,主要集中在电力、冶金、兵工、机械、水泥、缫丝、制革、棉织、面粉、采煤等

---

[1] 张肖梅编著:《四川经济参考资料》,中国国民经济研究所,1939 年,第 R75-77 页。
[2] 重庆关署理税务司李规庸:《概述（1922—1931）》,周勇、刘景修译编:《近代重庆经济与社会发展:1876—1949》,成都:四川大学出版社,1987 年,第 363 页。
[3] 重庆市工业局:《重庆市私营工业重点行业调查·电工器材业调查报告》,第 157 页,1955 年 5 月,重庆档案馆馆藏,档案号 1091-3-377。
[4] 重庆市工业局:《重庆市私营工业重点行业调查·电工器材业调查报告》,第 157 页,1955 年 5 月,重庆档案馆馆藏,档案号 1091-3-377。
[5] 重庆关署理税务司李规庸:《概述（1922—1931）》,周勇、刘景修译编:《近代重庆经济与社会发展:1876—1949》,成都:四川大学出版社,1987 年,第 363 页。

工业部门。重庆近代机器工业,在内忧外患中蹒跚起步。

(一)能源工业

1.嘉陵江矿区的煤矿

重庆到合川之间的嘉陵江区域,包括江北县、巴县、合川县,煤藏丰富,"土法挖掘之煤坑,大江夹岸,丘陵之间,所在都有"[1]。其中,"江北县之龙王洞及金刚骨两地,则其佼佼者也"[2]。《四川经济参考资料》也称,江北县属的龙王洞、西山(观音峡)及温塘峡煤田为嘉陵江流域著名煤田。[3] 周氏家族经营的江北复兴隆煤矿即位于温塘峡煤田之中,该矿原名甲子洞煤窑,创办于乾隆六年(1741年),该矿所出煤炭在质量上为嘉陵江流域最优。道光二十八年(1848年),正式命名为兴隆公炭厂。1904年至1933年,演变为复兴和、崇记复兴和、竣记复兴和。1934年改组为复兴隆煤矿股份有限公司。[4]

光绪三十年(1904年)英国人立德乐组织华英公司(又称江北煤矿),租得江北龙王洞矿区60多平方公里,准备进行大规模的开采。由于当地人士提出反对,经过交涉,光绪三十四年(1908年)由清廷在川东道拨库银15.39万两赎回,成立保富公司。宣统元年(1909年),江北煤矿转让给商办江合矿务有限公司。该江合公司全厂工人130多人,矿区位于复兴场之东山龙王洞。[5]

1912年,全济煤矿公司成立。1921年同兴煤厂成立(北碚文星枧槽沟)。1923年,重庆黄锡滋家族投资经营的三才生煤矿公司成立(江北县),资本20万元。1928年,宝源实业股份有限公司成立(缙云

---

[1] 海关总税务司署统计科编:《民国十一年至二十年最近十年各埠海关报告》(1935年),中国第二历史档案馆、中国海关总署办公厅编,茅家琦、黄胜强、马振犊主编:《中国旧海关史料》第157册,北京:京华出版社,2001年,第639页。
[2] 海关总税务司署统计科编:《民国十一年至二十年最近十年各埠海关报告》(1935年),中国第二历史档案馆、中国海关总署办公厅编,茅家琦、黄胜强、马振犊主编:《中国旧海关史料》第157册,北京:京华出版社,2001年,第639页。
[3] 张肖梅编著:《四川经济参考资料》,中国国民经济研究所,1939年,第Q55页。
[4] 周家鼐、周还浦、周文祥、周毓光:《复兴隆煤矿史略》,中国民主建国会重庆市委员会、重庆市工商业联合会合编:《重庆工商史料选辑·第2辑》(内部发行),1962年,第87-93页。
[5] 张肖梅编著:《四川经济参考资料》,中国国民经济研究所,1939年,第Q62页。

山西坡),资本 30 万元。在此前后,遂川煤矿公司成立,资本 3 万元。1928 年至 1934 年,南起嘉陵江白庙子(属巴县),北到大田坎(属合川),全长 16.8 公里的北川铁路建成通车。1933 年 6 月,北川铁路沿线枧槽沟的同兴厂、老龙洞的福利厂、石荀沟的又新厂、芦梯沟的天泰厂、后丰岩的和泰厂、麻柳湾的公和厂等 6 家小矿合并,并邀集民生实业公司、北川民业铁路公司参加投资,组成天府煤矿股份有限公司,额定股本 24 万元,推举卢作孚为董事长,先后聘任刘宗涛、邓少琴、黄云龙为经理。[1]

全面抗战爆发前,上述煤矿基本上采用土法开采,但天府煤矿因为有北川铁路作为主要运输手段,从而在一定意义上与纯粹的手工工场有了重大的区别。

2.电力工业

光绪三十四年(1908 年),由刘沛膏、赵资生、李觐枫等人发起,并由重庆商会集资 30 余万元,在试办电厂原址安装 2 台德制 200 千瓦直流蒸汽发电机组,筹建烛川电灯公司。[2] 宣统元年八月初一(1909 年 9 月 14 日),烛川电灯公司建成发电,"始行设灯所,用者不过通衢大道及大商号几家,并局署数处"[3]。这是川渝地区最早的民族资本的电力事业。不过,烛川电灯公司因经营不善,被认为是重庆"最无成效的企业"。1921 年打算将烛川电灯公司抵押给慎昌洋行,抵借款项 3 万元,"但由于股东们强硬反对,合同旋即废除。灯光时常是很弱的"[4]。

1932 年,重庆市府以 24 万元(一说 30 万元)的价款收购烛川电灯公司。1933 年 8 月,重庆市政府遵照四川善后督办刘湘之命成立重庆

[1] 天府矿业股份有限公司编:《天府煤矿概况》,大东书局,1944 年,第 4-5 页,原件藏重庆图书馆。
[2] 重庆市地方志编纂委员会编著:《重庆市志·第四卷》(上),重庆:重庆出版社,1999 年,第 5、155 页;傅友周:《解放前的重庆电力公司》,中国民主建国会重庆市委员会、重庆市工商业联合会合编:《重庆工商史料选辑·第 1 辑》(内部发行),1962 年,第 69 页。
[3] 重庆关署理税务司斯泰老:《宣统二年(1910)重庆口华洋贸易情形论略》(1911),中国第二历史档案馆、中国海关总署办公厅编,茅家琦、黄胜强、马振犊主编:《中国旧海关史料》第 54 册,北京:京华出版社,2001 年,第 283 页。
[4] 重庆关署理税务司古绿绿:《概述(1912—1921)》,周勇、刘景修译编:《近代重庆经济与社会发展:1876—1949》,成都:四川大学出版社,1987 年,第 345-346 页。

电力厂筹备处,由重庆市长潘文华兼处长,刘航琛(川康银行总经理)为副处长,石体元(市府秘书长)、康心如(美丰银行总经理)、傅友周(当时任市工务局局长)为筹备委员,分掌总务、财务、工务等事务。资金方面由刘航琛的川康银行认借 70 万元、康心如的美丰银行认借 80 万元作为建设基金,并将设计、施工、建厂、订机等承包给华西公司,兴建大溪沟电厂。1934 年夏新厂建成,输电线路安装就绪。7 月 20 日 3 套 1000 千瓦汽轮发电机组投产发电。投产后,深受工商界和居民欢迎,业务发展顺利。1935 年 1 月 1 日起,重庆电力厂筹备处、大溪沟电厂临时营业处奉令合组官商合办重庆电力股分(份)有限公司。[1] 1935 年 2 月 1 日,重庆电力厂筹备处及临时营业部宣告结束,正式成立重庆电力股份有限公司筹备处,推定刘航琛、潘文华、石体元、康心如、傅友周、胡仲实、胡叔潜七人为发起人,以重庆市长潘文华任董事长,刘航琛任总经理,资本额定为 200 万元,分为 2 万股,每股 100 元。[2] 年底,经公司决议:股本由 200 万元增资为 250 万元。1936 年 7 月,重庆电力股份有限公司(以下简称重庆电力公司)经南京国民政府中央建设委员会注册立案,同年 12 月取得电气事业经营执照。[3] 据后来的调查,重庆电力公司"有 1000 千瓦透平发电机 3 部,4500 千瓦透平发电机 2 部,设备尚具规模"[4]。尽管上述发电机组一时间尚未安装完毕,但全部安装完毕后,共有 12000 千瓦发电能力。[5] 1937 年 9 月 18 日,翁文灏、钱昌照联名密函致送负责民营厂矿内迁工作的林继庸,提醒其在考虑迁移工厂厂址问题时,要考虑"开工时供电问题",并附赣鄂湘川各地电厂供给迁移工厂电力容量一览表,见表 1-4。

［1］ 傅友周:《解放前的重庆电力公司》,中国民主建国会重庆市委员会、重庆市工商业联合会编:《重庆工商史料选辑》第 1 辑,1962 年,第 70-71 页;重庆市地方志编纂委员会编纂:《重庆市志·第四卷》(上),重庆:重庆出版社,1999 年,第 155-157 页。

［2］ 中国民主建国会重庆市委员会、重庆市工商业联合会编:《重庆工商史料选辑》第 1 辑,1962 年,第 74 页。

［3］ 重庆市地方志编纂委员会编纂:《重庆市志·第四卷》(上),重庆:重庆出版社,1999 年,第 166 页。

［4］《经济部工矿调整处第一次全年工作报告》(1938 年 12 月),中国第二历史档案馆编:《国民政府抗战时期厂企内迁档案选辑》(中),重庆:重庆出版社,2016 年,第 557 页。

［5］《林继庸呈报厂矿迁移监督委员会驻渝办事处办理工厂迁移工作一至十二号报告》(1938 年 1 月 24 日－3 月 5 日),中国第二历史档案馆编:《国民政府抗战时期厂企内迁档案选辑》(下),重庆:重庆出版社,2016 年,第 1092 页。

表 1-4　全面抗战爆发前后赣鄂湘川各地电厂情况

电厂名称	现有容量（千瓦）	可供给新设工厂之余力（千瓦）
武昌电厂	4700	2000（日间）500（晚间）
武昌第一纱厂	3760	800（日夜）
汉口既济水电公司	12000	2000（日夜）
宜昌永耀电灯公司	1240	500（日夜）
沙市电灯厂	400	100（日夜）
九江电厂	1100	300（日夜）
南昌电厂	5000	2000（日夜）
萍乡电厂	3200	500（日夜）
长沙电灯厂	12000	2000（日夜）
衡阳电厂	500	1938 年发电
湘潭湘江电厂	4000	1938 年发电
株洲电厂	2000	1938 年发电
重庆电力股份有限公司	12000	（现有）500（日夜）（最近）5000（日夜）
成都启明电气公司	3300	1000（日夜）

资料来源：《翁文灏等抄送赣鄂湘川电力容量表盼与迁移各厂通盘筹划设厂地点密函稿》（1937 年 9 月 18日），中国第二历史档案馆编，《国民政府抗战时期厂企内迁档案选辑》（中），重庆：重庆出版社，2016 年，第 549 页。

　　翁文灏、钱昌照密函稿中还提到，武昌新电厂 1 万千瓦发电机组正在筹设，希望 1938 年夏可以发电。从上述数据看，当时长江中上游能够提供较多工厂用电的首推武汉，其次是长沙，再次是重庆。但就电厂个体而言，重庆电力公司能够提供的工业用电是最多的。

　　除重庆电力公司外，合川和万县先后有电灯厂创办。由民生实业公司创办的合川电厂又称民生电灯公司。1926 年 4 月民生实业公司成立电灯部[1]，同月正式发电并营业。电厂所发电力，可供 500 盏电灯照明，16 支光灯每月租费 1 元 2 角。[2] 万县电厂（万县市电业股份有限公司）创办于 1931 年，资本 40 万元，创办人为王陵基。该公司每

---

[1] 佚名：《民生简史》（上），《民生实业公司简讯》第 1036 期，1950 年 7 月 21 日，第 3 版。
[2] 陈雨生：《电灯自来水厂史略》，《新世界》1932 年第 1 期，1932 年 7 月 12 日，第 15 页。

月收入约 5000 元,支出约 4000 元。[1]

(二)冶金工业

重庆市第一个近代有色金属加工厂是重庆铜元局,创建于光绪三十一年(1905 年),1913 年建成投产,日产铜元 40 万枚,银元 8 万～10 万枚。[2] 1919 年,熊克武督川,接受任鸿隽建议,筹办重庆电力炼钢厂,初以铜元局为厂址,计划投资白银 90 万两,并派任鸿隽于 1920 年赴美考察并购买设备。1921 年 8 月,所购设备陆续运回上海。因政局变动,工程停顿,所购设备一部分运回重庆,大部分仍留在上海。1922 年川军司令兼省长刘湘继续筹办该厂,又因政局动荡而搁置。1931 年,刘湘以四川省善后督办名义设立炼钢厂清理委员会,自任委员长,延请从法国国立圣太田矿冶大学毕业的熊天祉等技术人员从事整理。1934 年,刘湘委任杨吉辉组织重庆电力炼钢厂筹备委员会,选定重庆磁器口文昌宫附近为新厂址。另筹资 50 余万元,从德国礼和洋行、捷克斯克达工厂、美国莫尔工厂购置新式机器,计划建成年产 1 万吨钢的现代化炼钢厂。[3] 刘湘在办理重庆电力炼钢厂的过程中,限于地方财力,深感经费筹集困难。1936 年南京国民政府决定以八折收兑,整理 2000 余万元四川地方银行钞票,并表示所余二成 540 余万元可拨充四川建设经费。刘湘以重庆电力炼钢厂为川省重大建设事业,1936 年 9 月 26 日呈请南京国民政府划拨 180 万元作为完成该厂建设专款,并表示:"如以职经办有年,令其勉竭棉薄,暂行继续办理,以待钧筹,自亦不敢辞劳。"[4] 1936 年 10 月 3 日,蒋介石电复刘湘表示:"炼钢厂事关大计,自以国营为宜,可由行营接办。所有计划书、预算表及合同各件,容即后交专门人员从速审核踏查,再定进行步骤。已挪借

[1] 张肖梅编著:《四川经济参考资料》,中国国民经济研究所,1939 年,第 K7 页。
[2] 重庆市地方志编纂委员会编著:《重庆市志・第四卷》(下),重庆:西南师范大学出版社,2004 年,第 445 页。
[3] 重庆市档案馆、四川省冶金厅、《冶金志》编委会合编:《抗战后方冶金工业史料》,重庆:重庆出版社,1988 年,第 132-145 页;张肖梅编著:《四川经济参考资料》,中国国民经济研究所,1939 年,第 R51 页。
[4] 重庆市档案馆、四川省冶金厅、《冶金志》编委会合编:《抗战后方冶金工业史料》,重庆:重庆出版社,1988 年,第 148 页。

垫付及尚欠未付之价款,自应由行营查明分别拨还或续付,俾轻该公署之负担。筹备该厂之专门人员亦可一并录用。"[1] 南京国民政府接手重庆电力炼钢厂后,初议交资源委员会接办,后又改隶兵工署。兵工署旋即成立重庆电力炼钢厂筹备处,加委杨吉辉为筹备处处长负责接收,另派该署技正王怀琛赴渝监督接收事宜。[2] 1937 年 1 月 8 日,该厂第一座 3 吨莫尔氏电炉通电试熔炼钢 4 炉获得成功。炼出的钢,"系半硬性炭素工具钢,熔炼成绩尚佳,钢质亦可应用"。该莫尔氏电炉即被命名为"甫澄炉"。[3] 全面抗战爆发前,重庆电力炼钢厂有一定规模。[4] 该厂是后来兵工署第 24 厂的前身。

官商合办的华联钢铁厂创建于 1935 年,资本 60 万元,计分设计、滚钢、铸造、机械、磨锻 5 组,有电气炼钢炉 1 座,机器 30 余部(原有机器 100 余部,去年十月已将近百部工具机售予兵工署)。[5] 该厂后来成为中国兴业公司的前身。[6]

(三)兵器工业

早在 20 世纪 30 年代初期,重庆海关就注意到重庆军政当局的兵工事业,海关报告称:"军事机关所设之大机器工厂,亦有多处。"[7] 到全面抗战爆发前夕,重庆兵器工业主要有重庆武器修理所、川康绥靖主任公署子弹厂、华西兴业公司华兴机器厂等。

---

[1] 重庆市档案馆、四川省冶金厅、《冶金志》编委会合编:《抗战后方冶金工业史料》,重庆:重庆出版社,1988 年,第 149 页。

[2] 重庆市档案馆、四川省冶金厅、《冶金志》编委会合编:《抗战后方冶金工业史料》,重庆:重庆出版社,1988 年,第 150 页。

[3] 重庆市档案馆、四川省冶金厅、《冶金志》编委会合编:《抗战后方冶金工业史料》,重庆:重庆出版社,1988 年,第 151 页。

[4] 李志亲:《试论四川钢铁工业》,《西南实业通讯》第 16 卷第 4、5、6 期,1947 年 12 月 31 日,第 85 页。

[5] 《工矿调整处重庆办事处办理迁川工厂有关事宜一至十三号报告》(1938 年 4—9 月),中国第二历史档案馆编:《国民政府抗战时期厂企内迁档案选辑》(下),重庆:重庆出版社,2016 年,第 1151 页。

[6] 宁芷邨:《华西兴业公司始末》,四川省政协文史资料委员会编:《四川文史资料集粹》第 3 卷,成都:四川人民出版社,1996 年,第 157-172 页。

[7] 海关总税务司署统计科编:《民国十一年至二十年最近十年各埠海关报告》(1935 年),中国第二历史档案馆、中国海关总署办公厅,茅家琦、黄胜强、马振犊主编:《中国旧海关史料》第 157 册,北京:京华出版社,2001 年,第 637 页。

1.重庆武器修理所

1928 年春,蓝田玉接受刘湘委任,负责以重庆临江门外杨家花园为厂址创办重庆武器修理所。该所使用 21 军部拨发的 8 部机器,招募 60 余名工匠,从当年 3 月份开始修理枪械工作。同时,试造 825 炮及弹、掷弹枪、枪榴弹等军械。经过几个月的试验,取得成功并奉令制造,该修理所实际上成为兵工厂。随着刘湘在"安川之役"中获胜,重庆武器修理所的设备通过拆迁成都原四川兵工厂的设备得到充实。该所机器增加到 400 多部,工人也发展到二三千人。至 1938 年被兵工署接收前这 10 年中,该所研制并生产的武器及数量颇多,计有械弹15 种:"825 迫击炮 750 门、825 迫击炮弹 17 万余发、枪榴弹 10 万发、掷弹枪 1000 枝、4 生 7 迫击炮 2800 门、4 生 7 迫击炮弹 32 万余发、冲锋枪 4700 余枝、手榴弹 39 万余颗、捷克式机枪 2000 余挺、137 迫击炮56 门、137 迫击炮弹 5000 余发、137 短管炮 12 门、60P 飞机弹 3000 余发、120P 飞机弹 180 发、步枪 2 万枝"[1]。据兵工署派员考察,该所"设备虽属简陋而出品尚称精良"[2]。

2.川康绥靖主任公署子弹厂

川康绥靖公署子弹厂的前身是位于重庆南岸铜元局的四川省铜元局。[3] 由于铜元局炼铜、铸币设备可以生产子弹,刘湘占据重庆后,1929 年将其改为子弹厂,1930 年更名第 21 军子弹厂,主要生产 79步机枪弹。1935 年初刘湘署理川康绥靖公署主任,该厂改名为川康绥靖主任公署子弹厂。[4] 该厂占地面积 373 亩,有铜壳机、弹头机、底火机、子夹机、装较机、轧片机及修理工具、机器等 431 部制造枪弹的成套机器设备和材料、工具、半成品、药品、器具、船只等资产,并有厂房、库房、办公室、职员住宅、职员宿舍、工人宿舍、营房、学校及公用房

[1] 陆大钺、唐润明编著:《抗战时期重庆的兵器工业》,重庆:重庆出版社,1995 年,第 5-6 页。
[2] 《兵工署驻渝办事处处长胡霨为接收重庆武修所给命大维代电》(1938 年 5 月 13 日),《中国近代兵器工业档案史料》编委会编,《中国近代兵器工业档案史料》(三),北京:兵器工业出版社,1993 年,第 400-401 页。
[3] 《第二十工厂厂史(摘选)》(1948 年 5 月),《中国近代兵器工业档案史料》编委会编:《中国近代兵器工业档案史料》(三),北京:兵器工业出版社,1993 年,第 1189 页。
[4] 陆大钺、唐润明编著:《抗战时期重庆的兵器工业》,重庆:重庆出版社,1995 年,第 6 页。

屋等66座。[1] 该厂工人近700人[2]，每月可产子弹100万发[3]，后成为兵工署第20兵工厂的前身。[4]

3.华西兴业公司华兴机器厂

华西兴业股份有限公司成立于1932年，由四川广安人胡仲实(光杰)、胡叔潜(光麃)兄弟创办，并得到刘湘支持，主要经营技术工程业务。据陆大钺、唐润明研究，1933年，华西兴业公司购买上海中国铁工厂的生产设备，以重庆大溪沟为厂址，创办华兴机器厂。该厂有工人700余人，规模大，设备先进。华兴机器厂在生产上分一般生产与特种生产，一般生产制造民品，特种生产制造轻机枪。1934年到1936年，该厂承造启拉利轻机枪6000余挺。[5] 该厂是迁渝后第21兵工厂机枪厂的前身。[6]

除上述各兵工厂外，刘湘于1936年制订了在合川创设每月造8门炮、每日生产300发炮弹炮厂的计划。为此，刘湘曾派人赴法与士乃德厂订购105山炮样炮1门、炮弹500发，并购买了相关图样、参考文件及设备等。后因种种原因，特别是全面抗日战争爆发，只有小部分机器运渝，大部分设备则搁置在法国。刘湘去世后，原经办人向兵工署提出以相当代价移交。兵工署考虑到机器笨重、运输不易，决定在云南境内设厂，即52兵工厂，利用已有设备生产手榴弹、破坏剪、药包、圆锹等。[7]

---

[1]《第二十工厂厂史(摘选)》(1948年5月)，《中国近代兵器工业档案史料》编委会编：《中国近代兵器工业档案史料》(三)，北京：兵器工业出版社，1993年，第1189页。

[2] 陆大钺、唐润明编著：《抗战时期重庆的兵器工业》，重庆：重庆出版社，1995年，第7页。

[3]《工矿调整处编制内迁工厂厂名地址及复工情形一览表》(1939年8月)，中国第二历史档案馆编：《国民政府抗战时期厂企内迁档案选辑》(中)，重庆：重庆出版社，2016年，第785页。

[4]《第二十工厂厂史(摘选)》(1948年5月)，《中国近代兵器工业档案史料》编委会编：《中国近代兵器工业档案史料》(三)，北京：兵器工业出版社，1993年，第1187页。

[5] 陆大钺、唐润明编著：《抗战时期重庆的兵器工业》，重庆：重庆出版社，1995年，第7-8页。

[6]《第二十工厂厂史(摘选)》(1948年5月)，《中国近代兵器工业档案史料》编委会编：《中国近代兵器工业档案史料》(三)，北京：兵器工业出版社，1993年，第1189页。

[7]《第五十二工厂史料》(1943年)，《中国近代兵器工业档案史料》编委会编：《中国近代兵器工业档案史料》(三)，北京：兵器工业出版社，1993年，第1265页。

（四）机械工业

重庆最早的机械工业是为丝纺、玻璃、矿业、电灯等行业进行设备维修、装配和生产少量零配件而建立的一些作坊式加工生产厂、点。光绪三十一年（1905年），重庆铜元局正式开工生产，这是重庆最早的机械厂。该厂从英国和德国购进发电和铸造机器设备100余台，每天可化铜6吨，产铜币7吨至8吨。[1] 1913年，重庆第一家主要为电工设备修理服务的重庆艺新垣翻砂厂创立。[2]

1928年冬，民生机器厂初步建成。该厂此时屋仅一椽，人仅10余[3]，机器也不过数部，只能修理小型轮船。后来民生公司不断发展扩充，特别是全面抗战爆发，上海、武汉沦陷以后，民生机器厂不仅承担民生公司所有轮船的修理工作，还能适应需要，承制新船，成为后方技术力量十分雄厚的著名机器厂。[4]

天成机器厂也是一家具有一定规模的机器厂，资本10万元，有机器、搪瓷、炼油3部，工具机及工作机24部。[5]

据20世纪30年代初的海关报告，重庆"制造机器工业，近十年来殊形进展。重庆附近，现设有该项工厂22家，制造简单机器，兼形修理及配置零件。小规模者，仅有简陋修理工具，其较大者始置有各项机器，以为制造之用。营业总额，年达60万元"[6]。到1937年全面抗

[1] 重庆市地方志编纂委员会编著：《重庆市志·第四卷》（上），重庆：重庆出版社，1999年，第321页。
[2] 重庆市地方志编纂委员会编著：《重庆市志·第四卷》（上），重庆：重庆出版社，1999年，第325页。
[3] 疏狂：《谈谈民生机器厂》，《新世界》1932年第3期，1932年8月12日，第15页。
[4] 周茂柏：《抗战第六年之民生机器厂》，民生公司1942年8月1日印，第1页；疏狂：《谈谈民生机器厂》，《新世界》1932年第3期，1932年8月12日，第5页；《民生实业公司大事记》，《新世界》1935年第65期，1935年3月1日，第90页。
[5] 《工矿调整处重庆办事处办理迁川工厂有关事宜一至十三号报告》（1938年4—9月），中国第二历史档案馆编：《国民政府抗战时期厂企内迁档案选辑》（下），重庆：重庆出版社，2016年，第1152页。
[6] 海关总税务司署统计科编：《民国十一年至二十年最近十年各埠海关报告》（1935年），中国第二历史档案馆、中国海关总署办公厅编，茅家琦、黄胜强、马振犊主编：《中国旧海关史料》第157册，北京：京华出版社，2001年，第637页。

战爆发前,"重庆逐渐发展出60多家私营小型机器修理厂、店"[1]。其中较大的民营铁工业见表1-5。

表1-5 重庆市原有民营铁工业概况一览(1938年7月调查)

厂名	创办时间	厂址	负责人	组织	资本(元)	设备(台)	生产情形
安泰机器翻砂厂	1919年	南岸下龙门浩	孙生贤	独资	4500	车床5、钻床1、刨床1	修理汽船及自来水公司营业
天成机器厂	1922年	牛角沱	何肇中		100000	车床11、铣床6、刨床3、钻床3	车床及其他、机枪零件、步枪、马枪、飞机弹壳
民生机器厂	1928年	江北青草坝	陶建中	公司	100000	车床44、刨床7、钻床7、铣床3、1/5吨汽锤1	修理补充公司轮船机件,建造轮船、汽船
励志机器厂	1929年	江北觐阳门顺成街	赵桐君	合资	7000	车床5、铣床1、钻床1、刨床1、虎钳12	修理轮船、汽船及添配机器零件
三星机器厂	1929年	黄家垭口	杨葆泉	独资	2000	车床3、刨床1、电焊机1	装配修理教育仪器
龙飞机器厂	1930年	黄家垭口	张葆三	独资	2000	车床4、刨床1、钻床1	制造保险柜、铁床
甡泰翻砂厂	1934年	黄家垭口纯阳洞	周兰生	独资	4000	车床4、钻床2、红炉3	机器零件、兵工工作
华联钢铁厂机器部	约1934年	大溪沟	萧万成唐之肃	公司	550000	车床16、刨床4、钻床4、铣床3	车、铣等床及其他工作母机、兵工零件
通惠实业工厂	1937年10月	大溪沟94号仁里	刘桂卿	合资	5000	车床21、铣床3、钻床3、刨床1	兵工工作
复昌铁工厂	1937年10月	黄家垭口中一支路63号	李耀峰	合资	5000	车床4、刨床1、钻床2	修理轮船(民生公司、邮局),兵工署定货

资料来源:汪泰经,《工矿调整处重庆办事处办理迁川工厂有关事宜一至十三号报告》(1938年4—9月),中国第二历史档案馆编:《国民政府抗战时期厂企内迁档案选辑》(下),重庆:重庆出版社,2016年,第1158页。

---

[1] 重庆市工业局编:《1955年私营工业重点行业调查·重庆市机器制造工业报告》,1955年11月,第118页。重庆市档案馆馆藏,卷宗号1091-3-377。

上述机器厂、翻砂厂规模不大，但与其他行业相比，技术却是较为先进的。

（五）水泥工业

1934 年，重庆华西兴业公司派常务董事宁芷村到上海、北平考察。在上海参观龙华水泥厂时，宁芷村一行得到刘鸿生的热情接待，决定创办四川水泥厂股份有限公司。华西兴业公司创办四川水泥公司的计划，得到国民政府军事委员会委员长行营的支持。1935 年 11 月 2 日，吴受彤（川盐银行董事长）、潘昌猷（重庆银行总经理）、刘航琛（四川省财政厅厅长）、胡叔潜（华西兴业公司总经理）、宁芷村（华西兴业公司董事）等作为筹备员，议定集资成立四川水泥股份有限公司玛瑙溪制造厂，成立筹备处于万丰大楼，以宁芷村为筹备主任，以康心如、卢作孚、何北衡、胡仲实等为发起人，先后集资 120 万元（其中商股 96 万，官股 24 万）。[1] 在四川水泥厂筹备和建厂过程中，刘鸿生始终给予热情而切实的帮助，他告诉四川水泥厂有关人员：你们需要什么人才，我可以支持什么人才，需要多少，可以供给多少。1936 年 10 月 22 日，四川水泥厂股份有限公司正式成立。[2] 原计划 1937 年 4 月开工，预计每日制水泥 150 桶。[3] 1937 年 10 月 10 日，四川水泥公司建成投产，资本 200 万元，每日出产水泥 900 桶，每桶重 170 公斤，每桶 10 元。[4] 该厂产品的数量和质量，符合设计标准，商标为"川牌"。[5] 除 2 个月的整修期外，全年以 10 个月计算，年产量为 45900

[1] 张肖梅编著：《四川经济参考资料》，中国国民经济研究所，1939 年，第 R110-R111 页。

[2] 张肖梅编著：《四川经济参考资料》，中国国民经济研究所，1939 年，第 Y34 页。

[3] 海关总税务司署统计科税务司阿泽本：《民国二十五年（1936 年）海关中外贸易报告》，中国第二历史档案馆、中国海关总署办公厅编，茅家琦、黄胜强、马振犊主编：《中国旧海关史料》第 120 册，北京：京华出版社，2001 年，第 394 页。

[4] 海关总税务司署统计科税务司阿泽本：《民国二十六年（1937 年）海关中外贸易报告》，中国第二历史档案馆、中国海关总署办公厅编，茅家琦、黄胜强、马振犊主编：《中国旧海关史料》第 124 册，北京：京华出版社，2001 年，第 461 页。

[5] 宁芷村：《回忆四川水泥厂》，中国民主建国会重庆市委员会、重庆市工商业联合会合编：《重庆工商史料选辑·第 1 辑》（内部发行），1962 年，第 60 页。

吨(27万桶)。[1] 该厂主要职员、技术人员、熟练工人都是来自刘鸿生的上海龙华水泥厂。[2]

（六）纺织工业

1.棉织染业

1921年,由私人集资在南岸海棠溪开办的大同袜厂,在创办之初,只有很少的几部手摇机。1928年该厂扩充设备,添设了1部蒸汽机和10部美国生产的织袜机。1929年这种织袜机增加到25部。全部开工时,该厂能在24小时内生产长袜、短袜220打。[3]

1928年,江、巴、璧、合四县特组峡防团务局创办了试验性的织布工场,是当时重庆郊区规模较大的同类工场。1930年,卢作孚在出川考察过程中,一面派人在上海学习棉纺织技术,一面从上海购进电织机2部。1930年10月,卢作孚在原有峡防局工务股织布工场基础上,改组成立三峡染织厂,资本5万元。该厂设备除两部电织机外,还有30架铁制手织机和20架木织机,每月出产布匹的品种在10种以上,产量总共700~800匹。[4] 1934年12月,该厂又添建一最新式的锯齿平房布厂,厂中各织机"均用马达拖动"。1935年7月,三峡染织厂正式建成开工,此厂在川渝地区,被认为是"最新式者"。[5] 就是这样一家由织布工场为基础演变而来的织布厂,因为率先试验、引进了电力和机器织布[6],在重庆棉纺织工业发展进程中有了标志性的意义。

渝德染厂,1927年创办于重庆,置有德国及上海所制机器,并有提塞尔引擎一架,雇佣工人150名,聘请德国技师指导染色,所用染色粗

---

[1] 中国民主建国会重庆市委员会、重庆市工商业联合会合编:《重庆工商史料选辑·第1辑》（内部发行）,1962年,第58页;《年度报告（1937）》,周勇、刘景修译编:《近代重庆经济与社会发展:1876—1949》,成都:四川大学出版社,1987年,第465页。
[2] 宁芷村:《我对四川水泥厂的回忆》,《中华文史资料文库》第12卷,北京:中国文史出版社,1996年,第299页。
[3] 重庆关署理税务司李规庸:《概述（1922—1931）》,周勇、刘景修译编:《近代重庆经济与社会发展:1876—1949》,成都:四川大学出版社,1987年,第362页。
[4] 重庆关署理税务司李规庸:《概述（1922—1931）》,周勇、刘景修译编:《近代重庆经济与社会发展:1876—1949》,成都:四川大学出版社,1987年,第362页。
[5] 张肖梅编著:《四川经济参考资料》,中国国民经济研究所,1939年,第R16页。
[6] 张肖梅编著:《四川经济参考资料》,中国国民经济研究所,1939年,第R2页。

市布等,百分之六十为舶来货物,其余为重庆本埠布厂制品。平均每日染布 120 匹,每日染量可达 160 匹。[1]

2.缫丝业

以重庆为中心的川东地区,是长江上游川北、川南、川东三大蚕丝区域之一。[2] 川东养蚕缫丝的地区包括合川、铜梁、巴县、璧山、綦江、万县等地。

晚清末叶,重庆开始有新式丝厂的创设。第一家机器缫丝厂——蜀眉厂建于光绪三十四年(1908 年),设于重庆南岸界石乡,采用日本进口蒸汽缫丝机从事缫丝。该厂创办人石青阳设厂目的并不在于发展工业,而在于以此为奔走革命的掩护场所。[3]

随后重庆又陆续有诚成丝厂、旭东丝厂、黻川丝厂以及日商又新丝厂创办。其中,又新丝厂为日商新利洋行买办陈瑶章创办,厂址在重庆日租界窍角沱附近。黻川丝厂创办于 1912 年,厂址在重庆南岸簸箕石,创办人和投资人为熊克武,以童子钧为经理,一度改厂名为裕蜀丝厂。第一次世界大战期间,重庆丝业有较大的发展。1916 年,重庆著名纱商黄德宣在磁器口文昌宫创办同孚丝厂,由其子黄勉旃经营。1917 年,重庆纱商杨泰阶在千厮门创办生泰丝厂(后改同泰丝厂)。1919 年,重庆匹纱商杨懋堂出资,在磁器口创办华康丝厂(后改名善顺),由温晞谷任厂长。1919 年,重庆匹纱商刘静修与聚兴诚银行杨家弟兄合资,在磁器口创办谦吉祥丝厂。[4] 到 1921 年年底止,重庆有缫丝厂 10 家,雇佣工人约 3000 人,以女性为主,设备"全属现代机器",年缫丝约 1000 担。[5] 1922 年重庆盐商、纱商陈丽生在菜园坝创办丽华丝厂。周伯初(中国银行重庆分行行长周宜甫之子)在江

[1] 海关总税务司署统计科编:《民国十一年至二十年最近十年各埠海关报告》(1935 年),中国第二历史档案馆、中国海关总署办公厅编,茅家琦、黄胜强、马振犊主编:《中国旧海关史料》第 157 册,北京:京华出版社,2001 年,第 636 页。
[2] 张肖梅编著:《四川经济参考资料》,中国国民经济研究所,1939 年,第 N13 页。
[3] 温少鹤:《回顾重庆生丝业》,中国民主建国会重庆市委员会、重庆市工商业联合会合编:《重庆工商史料选辑·第 3 辑》(内部发行),1963 年,第 3 页。
[4] 温少鹤:《回顾重庆生丝业》,中国民主建国会重庆市委员会、重庆市工商业联合会合编:《重庆工商史料选辑·第 3 辑》内部发行,1963 年,第 4-5 页。
[5] 重庆关署理税务司古绿绵:《概述(1912—1921)》,周勇、刘景修译编:《近代重庆经济与社会发展:1876—1949》,成都:四川大学出版社,1987 年,第 344 页。

北香国寺创办淑和渝丝厂等。此外还有大江、肇兴等厂。[1]

20 世纪 20 年代末到 30 年代初，缫丝业陷入困境。重庆有汽机丝厂 9 家，较 1921 年减少 1 家。[2] 重庆的同孚、大有（华商李敬之集资接收又新丝厂后改组而来）、天福、肇兴、同泰、华康、谦吉祥等丝厂合组久和公司，联合经营。一年多后，久和公司的联合经营失败。1933年 3 月，重庆的同孚、善顺、大江、丽华、大有等 5 家丝厂和四川乐山的华新，三台的稗农，南充的德合、同德、六合，江津的几江等 11 家丝厂，在川丝整理委员会推动下合组大华生丝公司，企图通过集中经营，提高产品质量谋求发展。大华公司经营一年多，仍归失败。[3] 1935 年，刘湘任四川省政府主席，先后任命刘航琛、卢作孚分掌财政、建设两厅。为谋复兴蚕丝业，卢作孚等在重庆约集丝业筹集资金 20 万元，力图通过推动联合合组四川生丝股份有限公司，把川渝"所有大规模之机器铁机丝厂，全部加入四川丝业公司，就全省之蚕桑区域统一经营"[4]，实行改良蚕丝统制政策，对于公司的商股，省政府担负保息责任，公司则负有向农民无偿赠送改良蚕种、按照官价收购改良蚕丝的义务。[5] 肇兴、天福、谦吉祥、同泰等四家丝厂拒绝加入，四川省政府乃通过没收大华公司所属 11 厂，并以 70 多万元连同四川省建设厅筹建的桑园地亩作为投资的办法，成立四川丝业股份有限公司。[6] 1936 年 3 月 18 日，四川生丝股份有限公司在重庆丝业公会召开发起人会，4 月正式成立，[7] 何北衡为董事长。1937 年 5 月 8 日，四川丝

[1] 温少鹤：《回顾重庆生丝业》，中国民主建国会重庆市委员会、重庆市工商业联合会合编：《重庆工商史料选辑·第 3 辑》（内部发行），1963 年，第 4 页。

[2] 海关总税务司署统计科编：《民国十一年至二十年最近十年各埠海关报告》（1935 年），中国第二历史档案馆、中国海关总署办公厅编，茅家琦、黄胜强、马振犊主编：《中国旧海关史料》第 157 册，北京：京华出版社，2001 年，第 637-638 页。

[3] 温少鹤：《回顾重庆生丝业》，中国民主建国会重庆市委员会、重庆市工商业联合会编：《重庆工商史料选辑》第 3 辑，1963 年，第 4、10-11 页。

[4] 范崇实：《四川蚕丝与农村经济》，《西南实业通讯》第 12 卷第 3、4 期，1945 年 10 月 30日，第 33 页。

[5] 范崇实：《四川丝业公司成立经过》，《西南实业通讯》第 9 卷第 5 期，1944 年 5 月 31 日，第 2 页。

[6] 范崇实：《四川丝业公司成立经过》，《西南实业通讯》第 9 卷第 5 期，1944 年 5 月 31 日，第 2 页；温少鹤：《回顾重庆生丝业》，中国民主建国会重庆市委员会、重庆市工商业联合会合编：《重庆工商史料选辑·第 3 辑》（内部发行），1963 年，第 12-13 页。

[7] 温少鹤：《回顾重庆生丝业》，中国民主建国会重庆市委员会、重庆市工商业联合会合编：《重庆工商史料选辑·第 3 辑》（内部发行），1963 年，第 13 页。

业公司在重庆川康银行举行创立会,推举何北衡为董事长,范崇实为总经理,总公司设在重庆陕西街 92 号[1],股额 140 万元(原生丝公司资本 20 万元,大华 11 厂财产 63 万元,四川省政府 40 万元,新股 17 万元)。该公司拥有北碚、巴县、仁和等蚕种厂 10 处(见表1-6),以及原大华生丝公司所属 11 家缫丝厂。[2]

表1-6　全面抗战爆发初期重庆新式丝厂概况表

厂名	厂址	采用丝车类别	丝车数(架)
儿江丝厂	江津	再缫丝车	300
同孚丝厂	重庆市区	直缫丝车	336
谦吉丝厂	重庆市区	直缫丝车	256
天福丝厂	重庆市区	直缫丝车	312
善顺丝厂	重庆市区	直缫丝车	324
大江丝厂	重庆市区	再缫丝车	284
华新丝厂	重庆市区	直缫丝车	256
同泰丝厂	重庆市区	直缫丝车	240
骰川丝厂	重庆市区	直缫丝车	470
丽华丝厂	重庆市区	再缫丝车	266
大有丝厂	重庆市区	再缫丝车	414
日新丝厂	万县	直缫丝车	160
仪象丝厂	万县	直缫丝车	120
合计			3738

资料来源:赵永余,《战时四川省之丝业》,《经济动员》第 2 期,1938 年 6 月 30 日,第 65 页。

上述丝厂中,天福丝厂是重庆巨商黄锡滋入股重庆旭东丝厂后,改其牌名而来;丽华丝厂为重庆四大盐商之一天锡生的股东兼掌柜(经理)陈丽生独资经营。重庆温氏家族中的温友松、温希谷也都开设丝厂。又据著名经济学者张肖梅的统计,当时川渝地区备有新式机械、按现代新法创设的缫丝厂只有 20 家,共有丝车 6258 架。[3] 可见

[1]《广告·四川丝业股份有限公司》,《西南实业通讯》第 11 卷第 1、2 期合刊,1945 年 2 月 28 日。
[2] 赵永余:《战时四川省之丝业》,《经济动员》第 2 期,1938 年 6 月 30 日,第 64-65 页。 温少鹤:《回顾重庆生丝业》,中国民主建国会重庆市委员会、重庆市工商业联合会合编:《重庆工商史料选辑·第 3 辑》(内部发行),1963 年,第 15 页。
[3] 张肖梅编著:《四川经济参考资料》,中国国民经济研究所,1939 年,第 R21 页。

重庆一地丝厂数目已占川渝地区的半数，丝车数目则超过半数，说明重庆地区的丝厂在规模上较四川其他地方要大一些。

（七）面粉工业

1909 年，长寿出现了一家名叫禁烟改种纪念公司的面粉厂，命名源自当年禁种罂粟、烟田改种小麦的事实。小麦用机器磨砻，所产面粉质优而洁白，销路甚畅，价格是制钱 70 文 1 斤，比平常面粉贵约 20 文。[1] 1912 年至 1921 年，该公司虽仍继续磨制面粉，却绝未真正繁荣。尽管本地出产的面粉质量优良，输入面粉的需求还是日益增大。[2]

1922 年到 1931 年，重庆"面粉工业，颇形蓬勃"[3]。除长寿所设面粉厂外，本埠增设 3 厂。其中新丰面粉厂于 1926 年创办，资本 4 万元，日产面粉 100 袋。该厂为天津人单松年在重庆牛角沱独资创办，是重庆主城第一家机制面粉厂。1928 年该厂增资至 10 万元，改组为股份有限公司，推鲜特生为董事长、单松年为经理，鲜特生、鲜伯良兄弟是新丰面粉厂的主要股东。先农面粉厂于 1928 年由邹烈三集资在江北香国寺创办，资本 8 万元，日产面粉 200 袋。岁丰面粉厂于 1930 年由留学日本学生从日本购回机器，在重庆南岸窍角沱创办。该厂资本 10 万元，日产面粉 250 袋。上述面粉，每袋重 38 斤，品质优良，销谓颇健。[4] 1934 年 7 月，新丰面粉厂改组为复兴面粉厂，资本 11 万元，鲜特生任董事长，鲜伯良任总经理。该厂月产面粉7730余包，工人

[1] 重庆关署理税务司斯泰老：《概述（1902—1911）》，周勇、刘景修译编：《近代重庆经济与社会发展：1876—1949》，成都：四川大学出版社，1987 年，第 159 页。
[2] 重庆关署理税务司古绿编：《概述（1912—1921）》，周勇、刘景修译编：《近代重庆经济与社会发展：1876—1949》，成都：四川大学出版社，1987 年，第 345 页。
[3] 海关总税务司署统计科编：《民国十一年至二十年最近十年各埠海关报告》（1935 年），中国第二历史档案馆、中国海关总署办公厅编，茅家琦、黄胜强、马振犊主编：《中国旧海关史料》第 157 册，北京：京华出版社，2001 年，第 636 页。
[4] 海关总税务司署统计科编：《民国十一年至二十年最近十年各埠海关报告》（1935 年），中国第二历史档案馆、中国海关总署办公厅编，茅家琦、黄胜强、马振犊主编：《中国旧海关史料》第 157 册，北京：京华出版社，2001 年，第 636 页；佚名：《重庆面粉工业的剖视》，《新世界》1944 年第 11 期，第 27 页。

35人。[1] 以上3家面粉厂,海关报告称均"出品质量良好,行销顺利"。[2] 不过在工业家厉无咎看来,这3家面粉厂,"每日出粉仅千余袋,以经营欠善,品质欠佳,再加平民少用面食,故营业并不顺利"[3]。

（八）其他

1919年,求新制革厂以股份有限公司的组织形式开始募集股份并筹备建厂。1921年,该公司在弹子石大佛寺的厂房建成,资本10万元。1922年开始生产,职工50多人,经理吴受彤,主要生产红白药皮及鞋帮皮,"概机械制造"。1923年又开始创设皮件和靴鞋车间。该厂虽然仅有10万元资本,但其主要产品轻重革及各种皮件靴鞋,"行销西南各地,颇有声誉",全年销售额在全面抗战前已有25万元,职工发展到300多人。[4]

中国植物油料厂股份有限公司由南京国民政府实业部发起创办。当时,实业部与四川、湖南、湖北、浙江、安徽等省政府及聚兴诚等银行、商户共同集资200万元,先收100万元,1936年8月15日在庐山召开创立会宣告成立,实业部长吴鼎昌为董事长,中国银行的张嘉铸为总经理,在汉口设立总办事处,在上海、汉口、长沙、常德、重庆、万县等地设立油厂。[5]

三、全面抗战爆发前重庆工业的整体考察

以上两节,考察了1876年到1937年全面抗战爆发前重庆近代工

---

[1] 佚名:《重庆面粉工业的剖视》,《新世界》1944年第11期,第28页;张肖梅编著:《四川经济参考资料》,中国国民经济研究所,1939年,第R90页。

[2] 重庆关署理税务司李规庸:《概述(1922—1931)》,周勇、刘景修译编:《近代重庆经济与社会发展:1876—1949》,成都:四川大学出版社,1987年,第362页。

[3] 厉无咎:《重庆面粉工业之危机》,《西南实业通讯》第12卷第1—2期,1945年8月31日,第5页。

[4] 张肖梅编著:《四川经济参考资料》,中国国民经济研究所,1939年,第R118页;重庆市工业局编:《电力机械设备制造文字报告》,1955年11月,第244页,重庆市档案馆藏,档案号1091-3-377。

[5] 张忠民、朱婷著:《南京国民政府时期的国有企业:1927~1949》,上海:上海财经大学出版社,2007年,第109页。

场手工业和大机器工业发生发展的具体情形,本节将从整体层面考察这一时期重庆近代工业发展演变的主要轨迹。

（一）三个发展阶段

1937 年全面抗战爆发前,重庆近代工业有三个特征显著的发展阶段。

（1）1876 年到 1891 年重庆开埠为第一阶段,在这一阶段,受有关条约及溯江而上的西方经济的影响,具有近代意义的城市手工工场在玻璃、纺织、火柴、矿冶、猪鬃加工、制革等行业迅速兴起。在这些行业中,煤炭开采、苏钢冶炼历史较为悠久,玻璃、纺织、火柴、猪鬃加工、制革等大体上属于新兴行业。

（2）1892 年到 1927 年为第二阶段,在城市手工工场继续发展的同时,重庆近代机器工业开始出现。重庆关税务司好博逊（H. E. Hobson）在其 1892 年的海关报告中指出,由于"具有宽裕的银行便利,作为货物集散中心地,重庆城的重要性是无可否认的,但就当地的工艺制造而言,它却处于真正的第二级地位"[1]。重庆作为长江上游商品集散地的地位日益显著,城市手工工场在棉纺、缫丝等领域得到显著的发展。

（3）1928 年到 1937 年为第三阶段,城市工场手工业盛极而衰,近代机器工业得到一定程度的发展。刘湘集团开始在重庆兴办兵工事业,同时民间资本也开始向近代工业流动。特别是南京国民政府势力入川,对重庆工业发展的环境产生了重要的影响。

国民政府资源委员会（简称资源委员会）作为战前负责国防重工业规划和建设的主要机构,在布置后方工业方面扮演重要角色。资源委员会在全面抗战爆发前创办、合办、管理的经济单位有 34 个,其中与重庆有关者 4 个,见表 1-7。

---

[1] 重庆关税务司好博逊:《概述（1892）》,周勇、刘景修译编:《近代重庆经济与社会发展:1876—1949》,成都:四川大学出版社,1987 年,第 62 页。

表 1-7　全面抗战爆发前重庆与资源委员会相关经济事业

序号	厂矿名称	筹备时间	所在地
1	重庆临时炼铜厂	1937 年	四川重庆
2	四川油矿探勘处	1937 年	四川巴县
3	万县煤矿	1937 年	四川万县
4	龙溪河水电厂	1937 年	四川万县

资料来源：陈真编，《中国近代工业史资料》第三辑，北京：生活·读书·新知三联书店，1961 年，第 842-843、868-869 页；郑友揆、程麟荪、张传洪著，《旧中国的资源委员会（1932—1949）——史实与评价》，上海：上海社会科学院出版社，1991 年，第 34-41 页；薛毅著，《国民政府资源委员会研究》，北京：社会科学文献出版社，2005 年，第 200 页；《国民党政府的中央机器厂》，《历史档案》1982 年第 3 期，第 60-66 页。

　　由工商部改组成立于 1931 年的实业部，是国民政府主管经济建设的重要机构之一，到 1937 年全面抗战爆发，该部由接收及投资等途径而直接掌管的经济单位达 20 家以上，其中与重庆工业有关的是中国植物油料厂股份有限公司。该公司实际负责人张嘉铸自 1932 年 5 月起就以中国银行襄理身份被派到四川，在极短的时间内就开办了中国银行万县分行，迅速开展业务。接着张嘉铸又在重庆四牌坊设立中国银行办事处，专门做猪鬃、生丝、山货、药材、颜料、纸张等出口业务，400 万元资本，几个月时间业务就做到 1300 万元。其间中国银行川渝分支机构还与重庆工商界的童少生和陈叔敬等人建立了联系，筹备成立了中国国货介绍所。[1] 在这个过程中，张嘉铸与在川渝实业界、文化界、军政界均有很大影响力的卢作孚建立了很好的个人关系，这也为中国植物油料厂股份有限公司在重庆开展业务奠定了很好的基础。

　　1931 年"九一八"事变及 1932 年"一·二八"事变后，鉴于沿海兵工企业易受到战争威胁，国民政府军事委员会参谋本部制订兵工整理计划，提出应该迁移沿海军事前沿和靠近军事前沿的兵工厂，扩充国防上位置较适宜区域的兵工厂。该计划得到国民政府最高当局的批准而实施。据此，上海兵工厂、上海龙华火药厂、济南兵工厂等兵工企

---

[1] 张禹九先生演讲：《入川来之工作》（1932 年 11 月 1 日），《新世界》1932 年第 10、11 期合刊，1932 年 12 月 1 日，第 29-30 页。

业先后迁移合并于汉阳兵工厂和重庆的四川第 1 兵工厂。[1] 1935 年华北事变后,兵工厂在布局上进一步内移。其中,1937 年 1 月兵工署接管并成立重庆炼钢厂筹备处。

（二）发展基本状况

对重庆近代工业进行一个基本的评估,有助于我们形成同一时期重庆近代工业发展状况的总体概念。一个影响很大的统计数字是:全面抗战爆发前后,西南西北地区(即全面抗战时期的大后方地区主要部分)拥有工厂约 300 家,而其中真正具有一定规模的工厂实际不到 20 家。[2] 具体到重庆,即 1 家电力厂,1 家水泥厂,3 家面粉厂,1 家机器厂而已。陪都建设计划委员会 1947 年编成的《陪都十年建设计划草案》对晚清以后重庆近代工业的发展有过一个简要的回顾,也认为:自清光绪末叶重庆纺织业采用铁轮机以后,缫丝、冶铁、印刷、造纸以及交通各业,始逐渐采用近代工业设备。1912 年到全面抗战爆发之前,军需工业颇有发展,创设于重庆的机器工业数量已达 60 多家,但其大多设备简陋。规模较大者,仅有民生机器厂、华兴机器厂、武器修理所及铜元局数家而已。至于基础性的重工业,可说尚未产生。[3]

不过,重庆市档案馆的陆大钺、唐润明对全面抗战爆发前重庆近代工业发展水平有较高的评价,他们认为:全面抗战爆发前,重庆冶炼、机械、水泥等基础工业在整个工业结构中的比重已经超过了轻纺工业。已经建成投产的华联钢铁厂、重庆电力炼钢厂、华西兴业公司华兴机器厂,均颇具规模。这在当时的全国,也是不多见的现象。[4] 这个结论与此前的结论可以说大相径庭。

韩渝辉教授曾系统考察过重庆抗战时期的经济,认为:全面抗战爆发前,工场手工业在重庆众多技术水平要求不高的工业领域有了显

---

[1] 黄立人著:《抗战时期大后方经济史研究》,北京:中国档案出版社,1998 年,第 124-127 页。

[2] 经济部统计处编:《后方工业概况统计》,经济部统计处 1943 年刊,第 3 页;吴文建:《我国战时民营工业之鸟瞰》,《西南实业通讯》第 8 卷第 4 期,1943 年 10 月 31 日,第 11 页。

[3] 陪都建设计划委员会编:《陪都十年建设计划草案》,陪都建设计划委员会,1947 年,第 43 页。

[4] 陆大钺、唐润明编著:《抗战时期重庆的兵器工业》,重庆:重庆出版社,1995 年,第 10 页。

著的发展。火柴业、棉织业、针织业、丝织业、皮革加工业、造纸业、皂烛业、卷烟业乃至于煤铁矿的开采,都有相当程度的发展。[1] 这个评价较为看重抗战前重庆工场手工业的发展。

在估计全面抗战爆发前重庆近代工业发展的时候,显然有必要把手工工场和近代机器工厂加以区别。实际上,隗瀛涛教授在《近代重庆城市史》中已经清楚地注意到这个问题,并进行了有区别的统计,得出了重庆在全面抗战前有 77 家近代工厂的可靠结论。[2] 笔者认为:从开埠到 1937 年全面抗战爆发前,重庆近代机器大工业从总体上看尚处于草创阶段。同时应该注意的是,重庆的军需工业相对有所发展,规模较大,设备较为先进。当时已经初步建成的重庆电力公司和正在兴办的水泥厂颇具规模。以民生机器厂为代表的机器厂以修造机器为主,设备简陋,规模不大,家数不少。重庆这些尚处于草创阶段的机器大工业如果与成都乃至西部其他城市相比,其发展程度又是最高的,而且其强劲发展的端倪已经隐约可见。兵工及钢铁机器业中规模较大的有刘湘创办的武器修理所、桂香阁步枪厂、磁器口钢铁厂、民生机器厂等。为配合这些较大机器厂的修配需要,还逐步发展出 60多家设备简陋、技术落后的小型机器修理店。[3] 当时重庆的小规模工厂也常引起人们的高度关注。如 1935 年 4 月初厉无咎到重庆和北碚参观了当时在川渝地区已经颇为有名的三峡染织厂及重庆办事处,当时该厂有资本 10 万元,工人 300 多人。厉无咎记述道:

> 民生实业公司所办三峡染织工厂,为川中有数之制造工业,厂址在北碚镇,设营业处于重庆小梁子街。营业处陈列各色布匹、毛巾、大毯等,琳琅满目,极惹人注意。

> ……厂外墙上,书有极大标语曰:"大胆生产,小心享用。"统观全厂,规模极小,出品亦不甚精良,特在川中,能如此已属可贵也。[4]

此外还有颇具规模且为数众多的手工工场。这一现象表明,以机

[1] 韩渝辉主编:《抗战时期重庆的经济》,重庆:重庆出版社,1995 年,第 19-20 页。
[2] 隗瀛涛主编:《近代重庆城市史》,成都:四川大学出版社,1991 年,第 208-209 页。
[3] 重庆市工业局:《私营工业重点行业调查·四川省重庆市钢铁机器业调查综合分析报告》,第 2 页,1955 年 11 月,重庆档案馆馆藏,档案号 1091-3-377。
[4] 厉无咎:《北碚三峡染织厂参观记》,《朝气》第 11 期,1936 年 6 月,第 9-11 页。

器大工业为主体的重庆近代工业在艰难而着实地向前推进。重庆近代机器工业在全面抗战爆发前虽然有所发展,但发展得相当困难,主要有以下几方面的因素起着重要的作用:

首先,虽然高山、峡谷、丘陵为主的地理环境严重制约了交通运输,但又有地处长江黄金水道上游、近代轮船航运开辟、社会开放程度较高和教育文化发展程度相对较高等有利于工业发展的社会文化因素,错综复杂、交互作用,导致重庆近代工业在艰难中发生发展。

其次,地方军阀主导下的防区制严重阻碍了社会经济的发展与进步,交通等城市基础设施的建设受到严重制约。同时,为维持防区以及当局在地方的统治,以刘湘为首脑的重庆当局,对发展以兵工为核心的近代工业又极为重视,重庆武器修理所实际上就是颇具规模的兵工厂。地方人士对近代工业也着力推进,各显身手。华西兴业公司、民生公司等是其代表。

最后,近代工业需要金融业的有力配合,重庆银行业尽管在全面抗战爆发前已有了相当显著的发展,但不能适应工业发展的需要,"比期制度"尤为代表。这种制度在民国初年的钱庄开始出现。所谓比期,就是半月定期。比期制度出现后,推行日广,相沿成风,甚至在重庆的新式银行兴起后,业务也仍唯钱庄马首是瞻,按照钱庄办法从事比期的存放款业务。根据此种金融惯行,每个月有两个比期,月半存入月底到期的叫月半比期,月底存入下月半到期者为月底比期。这种比期存款利率特别高,通常月息在二分以上。每月两个比期,每年就有二十四次金融的骚动。[1] 这种金融制度,能在一定程度上适应农业社会的需要,却不利于现代工业金融的开展。

（三）企业家和工业家

到目前为止,尚未引起学术界足够注意的重要问题是,全面抗战爆发前,重庆作为长江上游的码头城市,产生了包括杨粲三、康心如、康心之、吴晋航、潘昌猷、刘航琛、卢作孚、温少鹤、宁芷村、胡仲实、胡

---

[1] 赵之敏:《论比期存款与当前金融政策》,《西南实业通讯》第 4 卷第 5、6 期, 1941 年 12 月, 第 24-25 页。

叔潜、胡子昂、古耕虞等一批有活力、有能力、有影响的金融家、实业家，他们极其欢迎沿海、沿江的工矿企业到重庆和四川。

1926年到1930年的几年间，是以重庆为活动舞台的华西财团（又称四川财团）初步形成的时期，而刘航琛、杨粲三、康心如、卢作孚等人则是这一时期华西财团的主要代表人物。1931年到1937年，华西财团的经济力量和社会影响得到初步发展。川渝地区长期处于军阀混战的状态，而地方军阀混战刚结束，便是全面抗战爆发和不利于工商业发展的经济统制政策的实施，重庆工商界自始至终面对的都是不利的社会经济环境。对此，重庆企业家、金融家只能依靠自身的不懈努力以求生存和发展，表现出了巴渝文化中固有的韧性与活力。刘航琛以一介书生的身份敢于上书刘湘要求取消不合理的税收，卢作孚以8000元起家的小公司创造出1937年初川江枯水期三段航运的奇迹。学徒出身的杨粲三不仅把聚兴诚银行发展成为川帮银行的首脑，而且通过练习生制度为聚行总行以及分支行甚至四川金融界培养了大量经理、管理和业务骨干，有"无聚不成行"之说。以卢作孚、杨粲三、康心如、康心之、吴晋航、苏汰余、古耕虞为代表的一批巴渝金融家、企业家都是非常具有专业素质和企业精神的经营者。

进入20世纪30年代，地区局势和国际局势均发生急剧的变化。就地区局势而言，1930年以后，重庆地区的政局大体上趋于稳定，以金融为中心的华西资本财团逐渐形成。就国际局势而言，1931年日本军国主义发动"九一八"事变侵占中国东北，引起中国社会的强烈不安，巴渝社会各界也同样在密切关注着国际和国内事态的发展。卢作孚主持经营的民生实业公司的现代企业建设和北碚建设试验，在20世纪20年代后期和30年代初获得了较为顺利的进展。为借鉴沿海地区的经验，并加强与沿海社会各界的联系，卢作孚一方面自己走出去考察学习，另一方面请沿海有关团体、人士到四川考察，就增进了解沟通而言，取得了显著的成效。

1930年6月到8月，卢作孚率领由民生公司、峡防局有关人员组成的考察团，到华东的江浙沪地区，华北的青岛、平津和东北3省进行了3个多月的考察。其间卢作孚与蔡元培、李石曾、丁文江、翁文灏、张伯苓、张季鸾、任叔永等教育、文化、科学界著名人士建立了多种联系,争取到了相关人士和团体的理解与支持。考察中,卢作孚一方面对日本人做事的科学态度和科学方法高度重视,另一方面对日本人对我国东北的侵略企图产生了高度的警觉。这次出川考察,对卢作孚的事业有很大的推动。后来有人问他:"你要把北碚建设成南通吗?"他回答说:"与其说我要把北碚建设成南通,不如说我要把它建设成'南满'。"[1]他要用日本人的方法,把北碚建设成一个新兴的现代工业城市,以抵抗日本的侵略。

为增进外界对四川的了解,卢作孚积极邀请沿海各界人士到四川考察。在卢作孚的努力奔走下,中国科学社第18届年会于1933年8月17日到22日在重庆召开。中国科学社这次四川之行,参观了四川许多地方,他们看到了四川山川秀丽、名胜众多、物产丰富、城市繁盛,也看到民国以来四川军阀混战、田粮预征、捐税繁重状况下,社会失序、土匪横行、农村经济破产、鸦片盛行、哀鸿遍野、民气消沉的社会惨状。在四川社会的惨状中,社员们又透过北碚看到了四川的希望。其间,卢作孚还与部分代表在重庆召开会议,一致主张代表们回到上海后组织一个委员会,帮助四川做各方面的工作:帮助派人调查四川地上和地下的各种物产,帮助计划一切,帮助介绍事业上需要的专门人才,帮助对外接头[2]。这次年会之后,卢作孚和四川实业界又开始积极推动中国工程师学会、经济学会、中华职业教育社来四川开会、考察,以便解决四川发展中的各种问题。事后,卢作孚讲了他努力促成中国科学社第18届年会在四川召开的意义。他说:我们现在正在用力做的工作,就是推动省外的人以至国外的人都到四川来,把科学家吸引到四川来帮助我们探察地上和地下的出产,把工程师吸引到四川来,利用四川所有的出产帮助我们确定生产的计划,把金融界有力量的人吸引到四川来,帮助我们前去经营和开发各种事业。不仅如此,还要让世界上的人都到四川来,或来考察,或来游历。使世界上的科学家都到四川来,世界上的工程师都到四川来,世界上的金融界或实

---

[1] 中国民主建国会重庆市委员会、重庆市工商业联合会文史资料工作委员会合编:《重庆工商史料第三辑——重庆工商人物志》,重庆:重庆出版社,1984年,第106-107页。
[2] 卢作孚、朱樹屏:《九月廿四日周会中之工作报告》,《工作月刊》第13、14期,1933年10月12日,第3、4页。

业界有力量的人都一齐到四川来。这样,"各方面都集中精力来创造,来建设,把四川的各个地方布满铁路之网,布满电线之网,一切大规模的工业都次第举办起来,集中生产大批出口,使原来贫穷的人都会变为有钱的富家翁了。这样一来,不单是可以把'魔窟'转变为'桃源',而且是也要把'天府'造成一个'天国'"[1]。由于此后卢作孚在四川经济界和社会上的影响不断提高,他的这种思想和主张,特别是实际行动,对加强当时沿海地区和内地的各种联系、交流产生了重要的影响。

在卢作孚和四川各界的努力下,1933 年 8 月下旬,中国工程师学会于武汉举行年会期间,四川实力派人物刘湘正式发函电邀请该学会第二年的年会到四川举办。中国工程师学会在年会上作出决议:不必开年会,而是由董事会慎选人才组织考察团前往四川,分组视察,进行规划,提出建议。随后,中国工程师学会董事会又决议由该会会员、电业专家恽震筹备组织考察团事宜。经过半年多筹备,1934 年 4 月 15 日到 28 日,中国工程师学会四川考察团筹备完成,考察团分 9 个组,共有包括两名国防设计委员会专门委员在内的 25 位专家为团员,湖南大学校长、冶金专家胡庶华任团长,四川善后督办刘湘负责解决 3 万元考察经费。4 月 15 日民生公司派专轮"民贵号"到上海迎接考察团成员,28 日考察团到达重庆。此后考察团在重庆乘汽车于 5 月 1 日到达成都,于 5 月 7 日各组分别出发,到 6 月 15 日各组团员调查事毕,陆续从重庆出川。[2] 中国工程师学会组织这次四川考察的成果之一,是当年下半年就写出了《四川考察团报告》。该报告从各个方面详细地介绍了四川的物产和产业发展状况,并提出了许多意见和建议。1934 年 10 月,考察团团长胡庶华在该报告的总论中写道:"第二次世界大战迟早无可避免,长江下游物产虽丰,而无险可守,西北可以自固,而残破不堪,苏俄各项重要工业及国防工业多设于距海甚远万山丛集之险要地方,虽运道艰难亦所不计。若以此例吾国,则将来重工业所在,以四川为最适宜之地点,且以天时地利两擅优胜之故,可为将

---

[1] 卢作孚、朱树屏:《九月廿四日周会中之工作报告》,《工作月刊》第 13、14 期,1933 年 10 月 12 日,第 6-9 页。

[2] 恽震:《中国工程师学会四川考察团筹备经过及考察行程》,《四川考察团报告》,中国工程师学会,1936 年,第 1-5 页。

来复兴整个中华民族之根据地。愿吾国人勿忘四川,更愿四川不失其为民族生命线之四川也。"[1]《四川考察团报告》通过对四川经济情况的实地考察而得到的材料,以及该报告主张把四川作为"复兴整个中华民族之根据地"、把四川建设成为"民族生命线之四川"的主张与看法,对于沿海社会各阶层特别是企业界重新认识、深入了解四川经济、社会发展的状况起到了非常重要的作用。这次考察的成果也为全面抗战爆发后国民政府把沿海厂矿迁往以四川为中心的后方地区提供了重要的科学依据。全面抗战初期负责厂矿内迁具体事务的林继庸说:"关于四川的实业情形,中国工程师学会四川实业考察团于二十三年所撰的调查报告,曾供给我们以许多宝贵的参考资料。"[2]

1934 年夏,卢作孚在江西庐山访晤中国经济学社的马寅初,协商邀请该社到成都举办年会。当时国民政府军事委员会在江西庐山举办庐山暑期训练团培训各地军官,马寅初应邀在训练团讲学。据马寅初记述:"四川大实业家卢作孚先生因公上山,乘便访余,嘱余代邀中国经济学社同人在成都举行一次年会,并询余意见,余极端赞成,即以此意转告学社理事部,经理事部一致通过,原定二十六年九月在成都举行第十届年会。"[3]后因成渝铁路尚未完成,路途遥远,交通不便,年会改在福州举行。

1935 年年底,卢作孚多方设法促请经济学者张肖梅入川协助策划经济调查。次年张禹九、张肖梅入川,很快确定了经济调查的计划,并展开工作。调查工作最突出的成就是张肖梅主编的以《四川经济参考资料》(中国国民经济研究所,1939 年 1 月)、《贵州经济》(中国国民经济研究所,1939 年 1 月)、《云南经济》(中国国民经济研究所,1942 年6 月)为主的西南经济资料丛书在全面抗战爆发后相继出版,为全面抗战时期的西南经济建设提供了重要的科学依据和参考资料。

卢作孚之外,重庆的华西兴业公司也在努力争取与沿海企业界的联系与合作。1934 年华西兴业公司派常务董事宁芷村到上海、北京考

---

[1] 胡庶华:《中国工程师学会四川考察团报告总论》,《四川考察团报告》,中国工程师学会,1936 年,第 3 页。
[2] 林继庸:《民营厂矿内迁纪略》,新新出版社,1942 年,第 24 页。
[3] 孙大权、马大成编注:《马寅初全集补编》,上海:上海三联书店,2007 年,第 299 页。

察,寻找合作伙伴。在上海参观龙华水泥厂时,宁芷村一行得到刘鸿生的热情支持,决定创办四川水泥厂。1935 年 10 月四川水泥厂集资 120 万元,在重庆南岸玛瑙溪开始建厂。在四川水泥厂筹备和建厂过程中,刘鸿生始终给予热情而切实的帮助。[1]

卢作孚与华西兴业公司的努力代表了四川社会和企业界的主导性倾向,表明四川社会在努力争取外部社会的了解和认可,表明以重庆为中心的四川工商界正在努力争取与沿海工商界的经济合作。只是在全面抗战爆发之前,这种努力所取得的成效十分有限。

企业家和工业家为重庆近代工业发展开辟道路的不懈努力,是全面抗战爆发后沿海厂矿得以顺利迁入重庆的重要因素。

---

[1] 宁芷邨:《我对四川水泥厂的回忆》,《中华文史资料文库》第 12 卷,北京:中国文史出版社,1996 年,第 299 页。

第二章
_____

全面抗战爆发后沿海沿江厂矿迁渝

全面抗战爆发后，南京国民政府以工业动员的名义，发动和组织了一场颇具规模的厂矿内迁运动。根据稍后经济部工矿调整处的工作报告，厂矿内迁"原定计划，各厂迁移，除应军用品上之需要亟须在汉复工者外，悉数迁移入川"[1]。但由于战事瞬息万变，内迁厂矿实际上又千头万绪，内迁行政机构不得不根据战局变化及各厂矿的情形重新考虑，采取经宜昌迁川、循湘江迁湘桂、经常德迁湘西、由铁路迁陕西宝鸡4路进行的迁移路线。[2] 尽管有此重大改变，但重庆仍然是沿海沿江厂矿内迁最主要的目的地。内迁厂矿从大的方面看包括兵工厂系统厂矿、部会及国家行局相关厂矿、民营厂矿等，本章即据此线索加以考察和叙述。

一、兵工厂

兵工企业有自身的特殊性，其内迁有较强的隐蔽性，享有运输上的优先权，内迁过程比较快捷，运输数量巨大。对此，内迁结束后不久就有人明确指出："其实最伟大的最完整的工业内迁，还不是沿海的民间工业，而是散布在南京、武汉、山西、河南及广东各地的兵工工业。兵工厂的单位不算很多，每一个兵工厂的器材却是很多。兵工署让每一个兵工厂自己拆自己的厂，自己搬自己的厂，连职员工人和他们的家人整个都搬，所以那些职员和工人都把自己的厂当作自己的家了，拼着命拆卸机器，搬运材料，从厂里到站上，从站上到码头上，再从码头上到船上，无不用尽了他们的全力。""凡是内地所买不出来的，都是他们所不肯放弃的，所以他们的运量最大。兵工厂的运量超过了其他一切国营、民营工厂联合起来的运输总量。"[3]

---

[1]《经济部工矿调整处第一次全年工作报告》(1938年12月)，中国第二历史档案馆：《国民政府抗战时期厂企内迁档案选辑》(中)，重庆：重庆出版社，2016年，第555页。

[2]《经济部工矿调整处第一次全年工作报告》(1938年12月)，中国第二历史档案馆：《国民政府抗战时期厂企内迁档案选辑》(中)，重庆：重庆出版社，2016年，第555页。

[3] 佚名：《战时后方工业是如何建立的》，《新世界》1944年复刊号，1944年3月15日，第12页。

兵工企业内迁由军政部兵工署直接负责进行,内迁路线分多条。[1] 到 1940 年年底兵工厂内迁结束时,兵工署直辖的 17 家兵工厂中,有 11 家位于重庆。其中除 2 家为原有者外,内迁来渝者有 9 家。若将大部分并入第 1 工厂的原巩县兵工厂、并入钢铁厂迁建委员会的兵工署第 3 工厂也考虑进来,则实际上迁渝的兵工单位超过 10 家。[2] 其经过概况见表 2-1。

表 2-1 全面抗战爆发后迁渝兵工厂一览表

序号	厂名	前身	重庆区厂址所在地	负责人	迁渝经过
1	第 1 工厂	汉阳兵工厂	重庆鹅公岩、张家溪	丁天雄	汉阳—湖南辰溪—重庆
2	第 2 工厂	汉阳火药厂	重庆鸡冠石（纳溪沟）	熊梦莘	汉阳—湖南辰溪—重庆
3	第 10 工厂	炮兵技术研究处及附属炮弹厂	重庆忠恕沱（空水沱）	庄权	株洲—重庆
4	第 11 工厂	巩县兵工厂	四川铜罐驿	李待琛	河南巩县—湖南长沙—重庆、湖南辰溪
5	第 21 工厂	金陵兵工厂	重庆簸箕石	李承干	南京—重庆
6	第 25 工厂	炮兵技术研究处枪弹厂	重庆张家溪	丁天雄	株洲—重庆
7	钢铁厂迁建委员会	上海兵工厂所属的上海炼钢厂兵工署第三兵工厂等	重庆大渡口	杨继曾	汉阳—重庆
8	第 30 工厂	陕一厂	重庆王家沱	李世琼	济南—西安—重庆
9	第 40 工厂	桂厂	綦江赶水镇	刘守愚	柳州—重庆
10	第 50 工厂	广东第二兵工厂	重庆郭家沱	江杓	广东清远—重庆

资料来源:《抗战中期大后方各兵工厂主要事项一览表》(1941 年 4 月),重庆师范大学、重庆市档案馆合编,《中国战时首都档案文献·战时工业》,重庆:重庆出版社,2014 年,第 463-464 页;陆大钺、唐润明编著,《抗战时期重庆的兵器工业》,重庆:重庆出版社,1995 年,第 55-56 页。

汉阳兵工厂是晚清时期张之洞在湖北创办的一家大型兵工企业,初名湖北枪炮厂,生产步枪、枪弹和山炮,是当时规模最大的兵工厂之一。1938 年 6 月该厂奉命迁湖南辰溪,11 月改称第 1 工厂。1940 年

---

[1] 戚厚杰:《抗战时期兵器工业的内迁及在西南地区的发展》,《民国档案》2003 年第 1 期,第 103 页。

[2] 陆大钺、唐润明编著:《抗战时期重庆的兵器工业》,重庆:重庆出版社,1995 年,第 54 页。

春该厂奉命迁重庆。资料载：1942 年 2 月调任李维城为厂长，"迁建工作大部完成，各制造所先后开工制造中正式步枪及各式炮弹手榴弹等品。后又将手榴弹停制，改造枪榴弹及六公迫击炮弹。至三十四年间，每月出步枪 4000 余支、各式炮弹万余枚及武器零件铜条等项甚多"[1]。

汉阳火药厂的前身是张之洞在湖北创办的汉阳钢药厂，一度并入汉阳兵工厂，1932 年从汉阳兵工厂分离出来，称为汉阳火药厂。1938 年 5 月该厂迁辰溪，7 月改称第 2 工厂。1940 年 2 月该厂奉令由湘迁渝设厂，1943 年 5 月重庆厂建成复工。[2]

湖南株洲炮兵技术研究处成立于 1936 年 3 月，是全面抗战爆发前兵工署在株洲筹办大规模现代化兵工厂的筹备机构，圈购厂址面积 5439 亩，成立后接收了汉阳兵工厂制炮厂，主要生产各种火炮以应国防需要。为保密起见，对外称炮兵技术研究处，由兵工署任命庄权为处长。1938 年 6 月 1 日，以炮兵技术研究处为名义的株洲兵工厂奉命迁移重庆，经派员到重庆设立办事处，并勘定江北忠恕沱，同时办理征收地亩，设计建筑。[3] 重庆忠恕沱新厂共征地 1500 市亩，办公房屋于 1938 年 9 月底建筑完工，炮技处正式迁入新厂，积极筹造，以 2 厘米及 3.7 厘米步兵炮弹为主要出品。1939 年 4 月渝厂主要厂房大部建筑完工，遂即安装机器。惟以主要材料多滞留越、缅、昆明等地，运输迂缓，到达厂者甚少，以致无法正式开工。为尽量利用机力人力起见，代署属各厂制造零件及压制梯恩梯药包。1940 年 9 月该处以渝厂筹建已成，业务渐入制造阶段，而历次修正的编制运用不灵，窒碍实多，遂再予以修正，使其粗具一正式的厂型，以配合业务。1941 年 1 月 1 日炮技处奉令结束，就其迁建之渝厂改组为第 10 工厂，仍任庄权为厂长。[4]

---

[1]《兵工署第一工厂内迁纪略》(1948 年 2 月)，重庆市档案馆、重庆师范大学合编：《中国战时首都档案文献·战时工业》，重庆：重庆出版社，2014 年，第 109-110 页。

[2]《兵工署第二工厂迁渝纪略》(1948 年 6 月)，重庆市档案馆、重庆师范大学合编：《中国战时首都档案文献·战时工业》，重庆：重庆出版社，2014 年，第 112 页。

[3]《兵工署第十工厂沿革概略》(1948 年 5 月)，重庆市档案馆、重庆师范大学合编：《中国战时首都档案文献·战时工业》，重庆：重庆出版社，2014 年，第 487-488 页。

[4]《兵工署第十工厂沿革概略》(1948 年 5 月)，重庆市档案馆、重庆师范大学合编：《中国战时首都档案文献·战时工业》，重庆：重庆出版社，2014 年，第 489 页。

巩县兵工厂创办于1921年,有步枪厂、炮弹厂、火工厂等分厂。1937年11月该厂奉命迁移,到达湖南长沙后设立临时工厂复工生产。1938年6月改为第11工厂。1938年10月武汉沦陷后,该厂先后迁移湖南安化县烟溪镇、沅陵等地建厂复工。1940年春,该厂迁重庆,10月拨归由汉阳兵工厂改组成立的第1工厂,将汉阳兵工厂迁移湖南辰溪的枪弹厂划归第11工厂。

金陵兵工厂源于清末李鸿章在南京创办的金陵机器局,1929年改名金陵兵工厂,由兵工署直辖。到全面抗战爆发前,该厂有1000多台机器设备,2800名员工,能生产重机枪、迫击炮、迫击炮弹等兵工器械。1937年9月该厂拆迁枪弹厂,运到重庆合并于四川第1兵工厂(后来改为兵工署第10兵工厂)。1937年11月15日该厂全面拆迁,所有机器设备材料4300多吨,迅速运出南京,经汉口运到重庆,1938年3月在重庆复工,改称第21兵工厂。

上海炼钢厂是上海兵工厂的一部分,1929年划归兵工署直辖。全面抗战爆发后,该厂从1937年11月起分批迁往武汉,是全面抗战爆发后最早内迁的兵工厂。1938年3月该厂归并钢铁厂迁建委员会,之后迁到了重庆。

湖南株洲炮兵技术研究处所属枪弹厂,1938年4月奉兵工署令运渝安装,筹办第25工厂,专门制造枪弹及木柄手榴弹。1938年4月12日,筹备处在重庆成立,勘定张家溪一带为厂址,征收地亩,设计建筑,从湖南株洲迁运机器等。1939年元旦,第25工厂奉令正式成厂,龚积成被委任为厂长。同年4月,部分设备开始生产。此后,规模续有扩大,且建成山洞工厂。[1]

国民政府军政部兵工署、经济部资源委员会钢铁厂迁建委员会成立于1938年3月1日,系由上海内迁武汉的上海钢铁厂、汉阳铁厂和大冶铁厂奉命合组而成,兵工署署长杨继曾为主任委员,6月开始拆运。8月,选定重庆大渡口为厂址。选择该地的主要原因,一因交通便

---

[1]《第二十五兵工厂成立及其历年业务概况》(1948年2月17日),中国第二历史档案馆编:《国民政府抗战时期厂企内迁档案选辑》(中),重庆:重庆出版社,2016年,第901-902页。

利,二因煤炭资源来源可靠,三因原料及产品购销便利。[1] 根据要求,钢铁厂迁建委员会先后拆运迁移包括 100 吨炼铁高炉在内的各种器材、设备 56800 吨[2],到 1939 年年底完成拆运迁移。1940 年 1 月 1 日,与兵工署第 3 兵工厂合并,成为大型钢铁联合工厂。关于拆卸及迁运之经过情形,资料载:

甲、拆卸工作 汉阳铁厂原已停工 10 数年,机器炉座,大都陈旧腐坏,零件缺损尤多,就地修理复工,已非易事;拆卸远迁重建,多数专家认为难能。且此厂建造之始,机件尽属舶来,安装系外人,我国技术人才之参加此项建造工作者,现已不复存在,本会于组织成立后,特结集分约散在鄂湘沪港各地之专家,参加此项艰巨工作,细心筹划,大胆施工,计自民国 27 年 3 月开始,迄 10 月 28 日武汉撤守前截止,在此期内,拆卸之重要器材、计为下列六项:

乙、迁运工作 我国公私各运输机构,对于长江上游之大量运输,甚少经验,大件笨重器材之装卸设备,极感缺乏。本会迁运之初,值时局紧急,敌机狂炸,船只调用,困难尤多,旋定分段抢运之法,颇见功效。及武汉撤守,鄂西危急,多数重要器材,竟被阻拦于藕池外封锁线以下,幸经多数得力员工,详加探查,冒死上行,卒将封锁线通过,安达宜昌。宜昌以上,又复分段转运,始渐达目的地。计自民国 27 年 6 月初开始迁运,于 28 年年底告竣,其概略如左:

(1)运输吨位 由汉阳、汉口、谌家矶、大冶、岳州、监利、长沙、香港等处,分途迁运之器材,[共]56800 余吨,其中专属本会暨两矿应用者,占 37200 余吨(内计沿途因战事损失与空袭炸毁者约 2000 余吨)。余则兵工署所属各厂、处、库及有关厂所委托代运者,几达 2 万吨。

(2)运输工具 当时在汉宜、宜渝等处由本会先后征雇自行指挥利用之运输工具,计有海轮 11 艘,江轮 27 艘,炮舰二艘,铁驳船 4 艘,拖轮 17 艘,木驳船 280 只,板木船 7000 只,此外,并陆续交由汉宜、宜渝两段之商轮,附带运输。

[1] 重庆市档案馆、四川省冶金厅、《冶金志》编委会合编:《抗战后方冶金工业史料》,重庆:重庆出版社,1988 年,第 65 页。
[2] 重庆市档案馆、四川省冶金厅、《冶金志》编委会合编:《抗战后方冶金工业史料》,重庆:重庆出版社,1988 年,第 67 页。

（3）转运地点　各项器材，由武汉西运，抵达宜昌后，即卸存转载运川，当因时局紧张，航运困难，沿途分囤三斗坪、庙河、巴东、巫山、奉节、万县、涪陵、九龙坡等处，经次第转运，始达大渡口厂地。[1]

济南兵工厂创设于清末的济南新城，当时称为新城修械所。1925年扩充为新城兵工厂，内设机器厂和枪弹厂，增设炸弹厂。1928年该厂被南京政府收归国有，1929年改称济南兵工厂，主要生产枪弹和手榴弹。"七七"事变发生后，济南兵工厂于当年9月奉令内迁陕西西安，10月完成迁移任务，内迁机件设备3000多吨。11月初济南兵工厂改称陕西第1兵工厂筹备处，准备复工。1938年3月，由于晋南战事危殆，陕西受到威胁，该厂奉命迁移重庆。于是，该厂经过平汉铁路先抵武汉，然后装船入川，在重庆南岸王家沱设厂，初称陕厂迁渝筹备处，11月复工，主要生产小型弹械、掷弹筒、木柄手榴弹等。1939年元旦该厂改称第30工厂，其原有的枪弹厂设备和职工合并于第20兵工厂。[2]

广西兵工厂前身为1920年广西地方政府筹设的南宁机械厂，全面抗战爆发前夕，已经有包括炸弹厂、机枪厂、第3机械厂、制弹厂、火药厂、轻机枪厂、迫击炮弹厂、硫酸厂、手榴弹厂等9个分厂。全面抗战爆发后，各厂由广西省政府移交兵工署。兵工署乃设立广西兵工厂筹备处，对各厂进行调整，于1938年2月把各厂合并为第40工厂。1939年11月，该厂迁建到四川綦江，并入第21工厂，成为第21工厂綦江分厂。

广东第2兵工厂前身为陈济棠在1935年创办的广东㟖江兵工厂，是当时国内唯一制造火炮的兵工厂，1936年6月为国民政府兵工署接收，改为广东第2兵工厂，并拟扩大规模。全面抗战爆发后，兵工署把株洲炮厂和南京百水桥样板厂机器暨精确测验仪器先后归入该厂。1938年春，该厂奉命迁移到重庆，内迁设备机件有2000多吨，

---

[1]　重庆市档案馆、四川省冶金厅、《冶金志》编委会合编：《抗战后方冶金工业史料》，重庆：重庆出版社，1988年，第66-67页。

[2]　《兵工署第三十工厂迁渝纪略》（1947年），重庆市档案馆、重庆师范大学合编：《中国战时首都档案文献·战时工业》，重庆：重庆出版社，2014年，第109页。

1938 年 5 月改称为第 50 工厂，年底复工，生产炮弹，修配火炮[1]、战车防御炮、迫击炮等。

兵工管理机构、兵工科研机构、兵工学校的内迁和迁渝，也是值得注意的。

此外，中央南昌飞机制造厂在抗战爆发后内迁到四川、离重庆 20 里的南川丛林沟海孔洞，利用天然石洞设立发动机、机工、装配、机身、机翼、钳工、木工、工具、白铁、电镀等车间，以及飞机库、办公楼等。1939 年该厂改组为空军第 2 飞机制造厂。该厂在抗战时期先后制造了 E-15 双翼驱逐机、E-16 单翼驱逐机、重型轰炸机等苏式飞机，以及教练机、小型运输机、滑翔机等。[2]

二、部会及国家行局厂矿的内迁

资源委员会是全面抗战爆发前国家资本经营工矿电企业的总枢，会属 18 家内迁企业中，有工业企业 7 家，矿业企业 5 家，电力企业 6 家。钢铁厂迁建委员会是资源委员会厂矿中运输量最大的厂矿，已如上述。1938 年 6 月，资源委员会结束长沙一吨铜厂，机件材料装运内迁重庆，并入资源委员会重庆炼铜厂，该厂后来发展成资源委员会电化冶炼厂。[3]

在资源委员会迁移的厂矿中，还有一家特殊的厂矿——中英合资的中福煤矿。中福煤矿系河南中原股份有限公司与英国福公司合办的大型煤矿，1915 年创办，原称为福中新公司，1933 年改名为中福两公司联合办事处（简称中福公司），由于管理不善，债台高筑，濒临倒闭。应公司英方要求，国民政府任命翁文灏为中福公司整理专员，孙

---

[1]《兵工署第五十工厂概况》（1942 年），重庆市档案馆、重庆师范大学合编：《中国战时首都档案文献·战时工业》，重庆：重庆出版社，2014 年，第 464 页；《兵工署第二十工厂历史沿革》（1944 年 1 月），同上引书，第 468 页。

[2] 李祺：《南昌中意飞机制造厂的创建与西迁》，《中华文史资料文库》第 12 卷，北京：中国文史出版社，1996 年，第 206 页。

[3]《资源委员会电化冶炼厂沿革概况》（1943 年 9 月），中国第二历史档案馆编：《国民政府抗战时期厂企内迁档案选辑》（中），重庆：重庆出版社，2016 年，第 827 页。

越崎为中福公司总工程师进行整理,以两年为期。经过孙越崎的努力,从 1934 年冬开始的整理工作迅速取得明显成效。1935 年生产和销售煤炭 100 万吨,实现盈利 100 万元。1936 年生产销售煤炭 150 万吨,实现盈利 150 万元,中福公司由此迅速成为全国第 3 大煤矿公司。[1] 1937 年 1 月国民政府军事委员会任命翁文灏、孙越崎分别担任中福公司董事长和总经理。全面抗战爆发后,孙越崎克服各种困难,从 1937 年底到 1938 年初,把中福公司设备器材 4000 多吨,运到武汉、湘潭,后又辗转运到四川,成为全面抗战时期唯一一家内迁的大型煤矿。[2]

军事交通机械修造厂成立于 1929 年 10 月,隶属陆海空军总司令部交通处,该厂的无线电工场就是军政部电信机械修造厂的前身。1930 年 1 月该工场与有线电工场合并,改称电信工场。1931 年 12 月,该厂改隶军政部并扩编改称为电信工厂。1937 年 8 月,该厂从南京迁移到长沙。1938 年 1 月 1 日,该厂从交通机械修造厂脱离,改组成立电信机械修造厂。同年春,迁移到重庆,在化龙桥租地建厂,5 月正式复工。[3] 1939 年,该厂奉令增设电池厂、有线电厂、修理厂。1940 年元旦上述各厂成立,4 个厂分别生产无线电机及配件、干电池及蓄电池、有限电机及配件、修理各种通信器材。1943 年在南岸土桥征地扩建分厂。[4]

兵工署汽车制造厂,前身为陆海空军总司令部交通兵团修理所,1929 年改组为总司令部交通处机械修理厂,主管处长邱炜兼厂长。1931 年年底改隶军政部并改称军政部交通机械修造厂。1937 年 7 月中旬到 8 月初,增设 4 个修车分厂及 4 个电信移动修理所。11 月迁出南京,先后转移到长沙、沅陵、贵阳。1938 年 1 月,电信工厂分出、独立建制,专任军用汽车修理制造业务部分,成立电信机械修造厂。1939

[1]薛毅著:《工矿泰斗孙越崎》,北京:中国文史出版社,1997 年,第 55 页。
[2]薛毅著:《国民政府资源委员会研究》,北京:社会科学文献出版社,2005 年,第 203-206 页。
[3]《军政部电信机械修造厂概况》(1944 年 8 月 31 日),中国第二历史档案馆编:《国民政府抗战时期厂企内迁档案选辑》(中),重庆:重庆出版社,2016 年,第 838 页。
[4]《军政部电信机械修造厂概况》(1944 年 8 月 31 日),中国第二历史档案馆编:《国民政府抗战时期厂企内迁档案选辑》(中),重庆:重庆出版社,2016 年,第 838-839 页。

年 10 月电信机械修造厂迁移到綦江。1940 年 6 月,各种机器设备安装完毕。1941 年 5 月,修理、制造业务分开,修理汽车业务部门成立军政部军用汽车修理总厂,军车配件及修车工具制造业务部分成立军政部交通机械制造总厂。1944 年 10 月,改隶后方勤务部并改称后方勤务部交通机械制造总厂。1945 年 3 月改称军政部第一交辎器材制造厂,5 月改称兵工署汽车制造厂。[1] 该厂发展方向为汽整车制造。

国家行局所属工厂中迁渝最著名者为中国银行所属豫丰纱厂。豫丰纱厂原设郑州,于 1919 年由著名棉纺工业家穆藕初创办,规模宏大,设备新而齐全。1922 年,该厂在第一次直奉战争中遭受重大损失,加上欧战结束后遭遇经营困难无法解决,所有权转移到了中国银行之手,由银行家潘仰山驻厂负责经营。1938 年 2 月 19 日豫丰纱厂开始拆迁,当时"寇迫黄河,飞机时袭。从事拆迁的员工,数约三千余人,于敌机狂炸之下,不顾生死,昼夜分班工作,卒于二十日内,地下水管,墙土玻璃,悉随机器拆除殆尽,分装机箱十一万八千余件"[2]。经武汉运重庆,拆迁费用多达 2728000 多元,是战前设立一家新厂的费用。[3] 迁渝的豫丰纱厂资本达 1500 万元以上,迁出器材 9000 余吨,有 6 万余枚纱锭,在后方主要纱厂中是资金最为雄厚、规模最大的纱厂。尽管该厂在当时是以民营厂矿名义内迁的,但我们有充分的理由将其归于国家资本厂矿之中。

军政部军需署第一纺织厂,原为日商在汉口设的泰安纱厂,原有纺纱机 25000 锭,力织机 300 台。全面抗战爆发后,日侨撤走,由武汉市府保管。1937 年 12 月军政部接办,改名军政部汉口临时军用纺织厂。1938 年春,奉令派员到重庆,会同四川军需局勘定小龙坎土湾为厂址。5 月改名为军政部纺织厂,8 月奉令迁移,将全部机件材料运送重庆。因厂房建筑尚未竣工,临时在厂址旁建筑布场一所,安装力织机 100 台,以汉口运来纱支织布,并呈准购置南岸弹子石大有丝厂房

---

[1]《兵工署汽车制造厂沿革》(1947 年 11 月),中国第二历史档案馆编:《国民政府抗战时期厂企内迁档案选辑》(中),重庆:重庆出版社,2016 年,第 899-900、753-754 页。

[2] 佚名:《从原料中心迁出的豫丰纱厂》,《新世界》1944 年第 6 期,1944 年 6 月 15 日,第 18-19 页。

[3] 佚名:《从原料中心迁出的豫丰纱厂》,《新世界》1944 年第 6 期,1944 年 6 月 15 日,第 17-20 页。

屋,安装纺纱机1万锭。不久,土湾临时布场被炸,损失颇重。1941年春,土湾厂房完成,开始安装机件。1941年7月,奉令改组土湾厂为军需署第一纺织厂,南岸弹子石厂为第二纺织厂。机件被炸后,仅有纺织机1万锭、力织机280台及原动发电设备。为避免再遭轰炸,呈准购置杨公桥36军妇女职业社场房,分装纺织机5000锭,并将临时布场的力织机80台移装大场,在临时布场安装木织机,改为手织场。1943年冬,因空袭减少,呈准将杨公桥纺机迁并土湾厂,手织场改为工人宿舍,将木织机装于杨公桥场,命名为军政部军需署第一纺织厂杨公桥织布场。1945年春,奉令接收军政部抗属工厂,改装手织机,名为军政部军需署第一纺织厂覃家岗纺布场;5月奉令改为军政部军需署第一纺织厂;9月奉令将覃家岗场房借与第五仓库,将该场织机迁并于杨公桥,1946年1月奉令将第二纺织厂归并本厂;7月,奉令更改番号为联合勤务总司令部重庆被服总厂纺织厂;10月底,将第二厂机件迁并完成,并奉准将该厂原有手织场撤销,将全部房屋移交江津被服厂第一分厂,同时,奉准将杨公桥织布场撤销,将房屋移交与重庆被服总厂染织厂。[1]

军政部军需署第一制呢厂,前身为1907年创办于北平清河镇的溥利呢革股份有限公司,该公司为官商合办。1915年收归官办,改名陆军呢革厂,1917年改名陆军制呢厂。1926年因局势混乱,军队占据厂房,员工星散而停工。1928年,南京国民政府军政部筹划恢复,改为军政部第一制呢厂,委张乃恒为厂长。1932年奉令改名为军政部北平制呢厂。经张乃恒肇划经营,规模扩大,产量增加,并于1935年筹设武昌分厂,向英国订购哔叽纱锭1080枚。1936年春,哔叽机器运抵武昌,与张之洞创办的武昌毡呢厂合并,设分厂于武昌官布局旧址,派蔡德明主持。1937年武昌分厂建成开工的同时,北平总厂沦于敌手,损失颇巨。1938年4月,奉准将武昌分厂改为军政部制呢厂,仍由张乃恒负责,蔡德明调兰州筹设第一分厂。为策安全,遂将该厂武汉各项器材迁移重庆,租定磁器口谦吉祥丝厂为厂址。1939年6月,又在嘉

[1]《军政部军需署第一纺织厂沿革》(1946年1月31日),中国第二历史档案馆编:《国民政府抗战时期厂企内迁档案选辑》(中),重庆:重庆出版社,2016年,第878-879页。

定筹设第二分厂。1940年附设纺织机器制造厂于磁器口斧头岩，同年十一月，张乃恒调职，厂务由曹述文接替。1941年4月，奉令复名军政部第一制呢厂，兰州分厂改称第二制呢厂，嘉定分厂奉令撤销。1943年6月，曹述文他调，梁克鉴主持厂务。在梁任内，正式收购谦吉祥厂房。1945年1月，改派戴郛为厂长，附设纺织机器制造厂，改隶军需署。8月奉令改称军政部军需署第一制呢厂。1946年7月，奉令改名为联合勤务总司令部重庆被服总厂制呢厂。10月，戴郛奉调他职，刘曾箕奉派主持厂务。[1]

此外尚有招商局机器厂，1914年创办，1939年迁重庆。

三、民营厂矿

民营厂矿就数量而言，在全面抗战爆发后的内迁中沿海工厂居多数，据有关统计，仅1937年11月到1938年1月，迁到重庆的工厂就有37家，见表2-2。

表2-2　沿海工厂迁入重庆概况统计（1937年11月—1938年1月）

序号	厂名	迁往地点	物资吨数（吨）	随行人数（人）	备注
1	大成纱厂	重庆北碚	374.8		
2	美亚绸厂	重庆	110.0		
3	中华铁工厂	重庆	144.0	5	
4	大鑫钢铁厂	重庆	728.0		
5	合作五金公司（厂）	重庆	23.0		
6	家庭工业社	重庆	16.0		
7	新亚药厂	重庆	12.5		
8	中国实业厂	重庆	101.0	25	
9	达昌机器厂	宜昌	6.5	5	?
10	中新铁工厂	重庆	5.0		
11	永利钍厂	重庆	200.5	3	
12	中法药房	重庆	9.9	2	

---

[1]《刘曾箕拟军需署第一制呢厂沿革》（1946年10月31日），中国第二历史档案馆编：《国民政府抗战时期厂企内迁档案选辑》（中），重庆：重庆出版社，2016年，第882-883页。

序号	厂名	迁往地点	物资吨数(吨)	随行人数(人)	备注
13	天盛陶器厂	重庆	60.5		
14	中国无线电社	重庆	113.0	38	
15	大公铁工厂	重庆	48.0	15	
16	精华机器厂	重庆	11.2	10	
17	中央化学玻璃厂	重庆	29.8	6	
18	康元制罐厂	重庆	29.0	10	
19	上海机器厂	重庆	65.0	70	
20	顺昌铁工厂	重庆	191.0	53	
21	陆大铁工厂	重庆	101.7	64	
22	生活书店	重庆	15.5		
23	开明书店	重庆	25.0		
24	汇明电池厂	重庆	18.2		
25	益丰搪瓷厂	重庆	25.7		
26	京华印书馆	重庆	187.5		
27	徐兴昌铸铜厂	重庆	3.5	7	
28	张瑞生电焊厂	重庆	5.0	15	
29	精一器械厂	重庆	16.1	35	
30	华光电化厂	重庆	2.5	8	
31	三北船厂	宜昌	150.0		后迁抵重庆
32	中国铅笔厂	宜昌	105.3		后迁抵重庆
33	建委会电机厂	宜昌	109.0	13	
34	天原电化厂	四川自流井	169.0		
35	工商谊记橡胶厂	昆明	137.3	62	
36	民营化学社	贵阳	19.4	27	
37	中国建设公司	广西桂林	8.0		
合计	37		3377.4	473	

资料来源:刘阶平,《西南新工业的建设》,《经济动员》第 7 期,1938 年 9 月 15 日,第 304-305 页。

到 1939 年 8 月,工矿调整处统计的迁渝工厂厂名、地址及复工情形见表 2-3。

表 2-3　1939 年 8 月迁渝民营工厂一览表

编号	厂名	负责人	迁入地址	复工情形
1	大鑫钢铁厂	余名钰	重庆	1938 年 2 月复工，分铸钢、机器、翻砂等部分
2	永利公司铁工部	侯德榜	四川五通桥	先迁入重庆土湾复工，旋迁四川五通桥
3	恒顺机器厂	周茂柏	重庆	复工后赶制煤气机
4	顺昌铁工厂	马雄冠	重庆	1938 年 4 月复工，以生产制纸机著称
5	美艺钢铁厂	朱文奎	重庆	1939 年 2 月复工，生产军用品及保险箱
6	合作五金公司	胡叔常	重庆	1938 年 9 月复工，生产炸弹引信、军用纽扣等
7	中华职校实习工厂	贾观仁	重庆	1938 年 8 月复工，生产各种工具机
8	中华实业机器厂	宋明德	重庆	1938 年 8 月复工，生产中文打字机
9	上海机器厂	颜耀秋	重庆	1938 年 4 月复工，生产水力旋动机
10	陆大铁工厂	陆之顺	重庆	1938 年 9 月复工，承造手榴弹、引信、地雷等
11	三北造船厂	叶竹	重庆	1939 年 3 月复工，修理船舶
12	复兴铁工厂	薛明剑	重庆	1938 年 7 月复工，生产军用品
13	新民机器厂	胡厥文	重庆	1938 年 2 月复工，生产工具机，承造机枪、交通工具
14	大公铁工厂	林美衍	重庆	1938 年 6 月复工，以生产工具机著称
15	震旦机器厂	薛威麟	重庆	1938 年 4 月复工，专业生产救火机
16	达昌机器厂	任之泉	重庆	1938 年 7 月局部复工，生产切面机
17	洪发利机器厂	周云鹏	重庆	迁渝后与原渝分号合并复工
18	新昌机器厂	温栋臣	重庆	1938 年 1 月复工
19	精一科学机械厂	胡允甫	重庆	1938 年 7 月复工，生产仪器、机枪零件
20	洽生工业公司	蕉世昌	重庆	1938 年 10 月复工，生产兵工零件
21	毓蒙联华公司	林忠诚	重庆	1938 年年底复工，以生产弹花机著称
22	姜孚制造厂	李本立	重庆	1939 年 3 月复工，生产植物油灯
23	协益机器厂	毛子富	重庆	1939 年 3 月复工，承造防毒面具接头
24	精华机器厂	张邵梅卿	重庆	1938 年 4 月复工，生产各种针织机
25	福泰翻砂厂	薛凤翔	重庆	1939 年 3 月复工
26	中国建设工程公司	陈祖光	重庆	1938 年 11 月复工，生产电器用品
27	永丰翻砂厂	樊于珍	重庆	
28	广利砂砻厂	尹宏道	重庆	1939 年 1 月复工
29	东升机器厂	赵秀山	重庆	
30	中新工厂	刘鹤卿	重庆	

编号	厂名	负责人	迁入地址	复工情形
31	复鑫祥机器厂	周云鹏	重庆	与永和机器厂合作,组建建华厂,1939年5月复工
32	永和机器厂	周家清	重庆	与复鑫祥机器厂合作,组建建华厂,1939年5月复工
33	耀泰五金厂	严光耀	重庆	1939年复工,承造手榴弹引信
34	启文机器厂	李翊生	重庆	1938年年底复工,承造机枪标尺
35	老振兴机器厂	欧阳润	重庆	1938年9月复工,主要业务为修理机器
36	徐兴昌翻砂厂	徐惠良	重庆	1938年5月复工,与上海机器厂合作
37	张瑞生电焊厂	张瑞生	重庆	1938年9月复工,承接雷焊业务
38	合成制造厂	王锡富	重庆	1939年3月复工,生产油灯头
39	萧万兴铜器厂	萧正启	重庆	1939年3月复工,生产瓶盖
40	华新电焊厂	蔡井耕	重庆	1939年1月复工
41	毛有定铁工厂	毛清	重庆	1938年年底复工
42	鼎丰制造厂	沃鼎臣	重庆	1938年8月复工
43	兴明机器厂	董志广	重庆	
44	大来机器厂	温渭川	重庆	
45	启新电焊厂	任伯贤	重庆	1938年7月复工
46	万声记机器厂	万武忠	重庆	
47	大中针织厂	尹致中	重庆	
48	上海振华机器厂	陈歆馥	重庆	1939年1月在桃源复工,旋迁渝并筹备复工
49	姚顺兴机器厂	姚掌生	重庆	1938年10月在常德复工,承造海军制品,旋迁渝
50	华丰机器厂	王瑞棠	重庆	1938年年底在常德复工,旋迁渝
51	秦鸿记机器厂	秦鸿奎	重庆	1939年2月在常德复工,旋迁渝
52	周复泰机器厂	周春山	重庆	1939年1月在常德复工,旋迁渝
53	汉口振华机器厂	高观春	重庆	1939年2月在常德复工,旋迁渝
54	新华机器厂	王云甫	重庆	1938年10月在常德复工,旋迁渝
55	黄运兴五金厂	黄运连	重庆	1938年2月在常德复工,旋迁渝
56	周义兴机器厂	周仪臣	重庆	1938年2月在常德复工,旋迁渝
57	方兴发机器厂	方家国	重庆	1938年10月在常德复工,旋迁渝
58	杨正泰冷作厂	杨同喜	重庆	1938年10月在常德复工,旋迁渝
59	洪昌机器厂	张祖良	重庆	1939年1月在常德复工,旋迁渝
60	联益汽车修理厂	江沅生	重庆	1939年1月在常德复工,旋迁渝

编号	厂名	负责人	迁入地址	复工情形
61	杜顺兴翻砂厂	杜伯臣	重庆	1939 年 1 月在常德复工，旋迁渝
62	胡洪泰铁工厂	胡树林	重庆	1939 年 3 月在常德复工，旋迁渝
63	邓兴发翻砂厂	邓忠堂	重庆	1939 年 1 月在常德复工，旋迁渝
64	汤洪发铁工厂	汤建银	重庆	1939 年 1 月在常德复工，旋迁渝
65	王鸿昌机器翻砂厂	王金元	重庆	1939 年 2 月在常德复工，旋迁渝
66	田顺兴铁工厂	田玉卿	重庆	1939 年 2 月在常德复工，旋迁渝
67	汉口机器厂	周昌善	重庆	1939 年 1 月在常德复工，旋迁渝
68	汉口顺昌铁工厂	祝金元	重庆	1939 年 1 月在常德复工，旋迁渝
69	华生电器厂	曹竹铭	重庆	1938 年 10 月复工，生产无线电、发动机
70	中国无线电业公司	王永昌	重庆	1938 年 5 月复工，生产收发无线电报机
71	中华无线电社	邵雅言 吕高岩	重庆	1938 年 11 月复工，生产收发报机
72	中国蓄电池厂	胡国光	重庆	
73	永川电器厂	乐颂云	重庆	重庆建华电器厂前身
74	永耀电器公司	唐绍其	重庆	
75	沙市电器厂	吴继贤	重庆	
76	龙章造纸厂	庞赞臣	重庆	
77	天原电化厂	吴蕴初	重庆	
78	天利淡厂	吴蕴初	重庆	
79	天盛陶器厂	吴蕴初	重庆	已局部复工
80	汉昌肥皂厂	余叔瞻	重庆	
81	大中华火柴厂	周术初	重庆	1939 年 7 月复工，与本地华业火柴厂合作
82	建华制漆厂	林圣凯	重庆	1939 年 2 月复工，生产厚漆磁漆
83	中国铅丹厂	吴纪青	重庆	与建华制漆厂合作
84	汉中制革厂	魏雅平	重庆	局部复工
85	家庭工业社	庄茂茹	重庆	1938 年 2 月复工，生产牙粉、墨水
86	民康实业公司	刘洪源	重庆	1939 年 6 月纱布部复工，药棉部正筹备复工
87	新亚药厂	施泽光	重庆	
88	中法药厂	林鸿藻	重庆	1938 年 5 月复工，为军医署生产大量时疫水
89	科学仪器馆化学厂	张德明	重庆	与国立药专合作制造硝酸银、硫酸镁等
90	海普制药厂	季德馨	重庆	1939 年 3 月复工，生产注射剂，"五三、五四"轰炸中被毁

编号	厂名	负责人	迁入地址	复工情形
91	国华精棉厂	陆绍云	重庆	
92	华光电化厂	李鸿寿	重庆	
93	益丰搪瓷厂	王自辛	重庆	1938 年 8 月与福华合作,生产各种搪瓷品
94	瑞华玻璃厂	姜惠周	重庆	1938 年 8 月复工,生产化学仪器、日用玻璃器皿
95	汉口车光玻璃厂	郑竹影	重庆	
96	豫丰和记纱厂	潘仰山	重庆	1939 年 2 月复工,开 7000 纱锭
97	裕华纱厂	苏太余	重庆	1939 年 7 月复工,开 3000 纱锭
98	纱市纱厂	萧伦豫	奉节	先迁奉节,旋迁重庆
99	申新纱厂	章剑慧	重庆	1939 年 1 月局部复工,渐增到 5000 纱锭
100	大成纱厂	刘丕基	北碚	与大明染织厂合作
101	震寰纱厂	刘为生	重庆	与裕华纱厂合作
102	美亚织绸厂	虞幼甫	重庆	1938 年 4 月复工,开织机 60 台,试制降落伞
103	隆昌织染厂	倪麒时	北碚	与大明染织厂合作
104	大明染织公司	朱希武	北碚	1939 年 2 月复工,与军需署订有织布合同
105	苏州实业社	徐治	重庆	1938 年 6 月复工,生产军用布、毛巾、手巾
106	亚东布厂	杨云樵	重庆	
107	和兴染织厂		重庆	
108	隆和染厂		万县	
109	南洋烟草公司	陈容贵	重庆	1939 年 3 月复工,5 月 12 日遭轰炸,损失惨重
110	正明面粉厂	余克明	重庆	
111	豫明米厂		重庆	
112	大有丰米厂		重庆	
113	京华印书馆	王毓英	重庆	先在重庆复工,旋迁北碚
114	时事新报	崔唯吾	重庆	1938 年 4 月复版
115	华丰印刷铸字所	乔雨亭	重庆	1938 年 9 月复工,以铸铅字为主要业务
116	正中书局印刷厂	王旭东	重庆	1938 年 6 月复工
117	武汉印书馆	王序坤	北碚	

续表

编号	厂名	负责人	迁入地址	复工情形
118	新华日报馆	熊瑾玎	重庆	1938 年 9 月复刊
119	大公报馆	曹谷冰	重庆	1938 年年底复刊
120	商务印书馆	涂傅杰	重庆	1939 年 2 月复工
121	大东书局印刷厂	杨锡荪	重庆	1939 年 2 月复工
122	白鹤印书馆		重庆	
123	汉光印书馆		重庆	
124	劳益印刷所	葛少文	重庆	1938 年 10 月复工
125	时代日报印刷所	胡秋原	重庆	1938 年 11 月复工
126	申江印刷所	周文斌	重庆	1938 年年底复工
127	汉口正报馆	谢正字	重庆	1939 年 1 月复工
128	七七印刷厂	程远	重庆	1939 年 1 月复工
129	振明印务局	周振明	重庆	1938 年 10 月复工
130	汉口新快报		重庆	1939 年 1 月复工
131	中国铅笔厂	吴羹梅	重庆	1939 年 1 月复工
132	丽华制版所	王汉仁	重庆	
133	华成印书馆	张叔良	重庆	
134	六合建筑公司	李祖贤	重庆	正建筑天原及龙章厂房
135	馥记营造厂	陶桂林	重庆	
136	大同五金号	俞兆麟	重庆	五金材料
137	建业营造厂	周敬熙	重庆	承建金城大楼工程
138	杨子建筑公司	陈星坦	重庆	承造建筑工程
139	寿康祥锯木厂	王佑霖	重庆	1939 年 2 月复工
140	梁新记牙刷厂	梁守德	重庆	
141	华兴制帽厂	余国柱	合川	1938 年 2 月在渝复工,旋迁合川
142	中兴珠轴公司	黄铁明	重庆	运售钢质珠轴
143	精益眼镜公司	王翔欣	重庆	1939 年 1 月复工,磨镜片,制眼镜
144	孙丹眼镜公司	应顺祺	重庆	1939 年 1 月复工,磨镜片
145	中福煤矿	孙越崎	北碚白庙子	与天府煤矿合作,月产煤约 350 吨
146	利华煤矿	黄师让	重庆	
147	湘江煤矿	陆苞吾	重庆	

资料来源:《工矿调整处:内迁工厂厂名地址及复工情形一览表》(1939 年 8 月),重庆市档案馆、重庆师范大学合编,《中国战时首都档案文献·战时工业》,重庆:重庆出版社,2014 年,第 87-92 页。

厂矿内迁运动历时 3 年半,取得显著的迁移成绩。从最终的结果看,有约 40 家国营厂矿、647 家民营厂矿内迁。[1] 这一大规模的工业大移动,是中国民族工业发展史上煌煌不朽的一页。就 647 家民营厂矿论,计有钢铁工业 2 家,机械工业 230 家,电工器材工业 41 家,化学工业 62 家,纺织工业 151 家,饮食品工业 54 家,教育文化工业 81 家,矿业 8 家,其他工业 54 家;内迁器材 12 万吨。[2] 内迁民营厂矿在迁入地的分布上,以四川 250 多家为最多,湖南 220 多家居次,广西、陕西、云南等省又次之,共有 200 家左右。其中,国营厂矿的分布已如上述,迁渝民营厂矿的具体情况见表 2-4。

表 2-4 迁渝民营厂矿名称及地址一览表

序号	厂名	原设地点	负责人	迁移地点	备注
冶炼					
1	大鑫钢铁厂	上海	余名钰	重庆沙坪坝	改名渝鑫钢铁厂
机械工业					
2	周恒顺机器厂	汉阳	周茂柏	重庆南岸李家沱	改名恒顺机器厂
3	顺昌铁工厂	上海	马雄冠	重庆猫儿石	1937 年 11 月在汉口复工后迁渝
4	美艺钢器厂	上海	朱文奎	重庆化龙桥	1937 年 10 月在汉口一度复工后迁渝
5	合作五金公司	上海	胡叔常	重庆小龙坝正街	1937 年 10 月在汉口一度复工后迁渝
6	中国实业机器厂	上海	宋明德	重庆李子坝	1938 年 8 月复工
7	上海机器厂	上海	颜耀秋	重庆沙坪坝	1937 年 10 月在汉口复工后迁渝
8	复旦机器厂	上海	薛威麟	重庆	1938 年 3 月在汉口复工后迁渝

---

[1] 在内迁民营厂矿的统计中,其实包括了若干大型国家资本厂矿。如煤矿业中的中福煤矿公司,属于资源委员会企业。纺织业中的豫丰纱厂,是中国银行所属企业,并且是内迁纱厂中资本和设备规模最大的企业。西北制造厂是阎锡山创办的山西省属西北实业公司中兵工厂的骨干企业。这些企业无论怎么说都大体上属于国营、公营厂矿。

[2] 翁文灏:《中国经济建设概论》,见《中国经济建设与农村工业化问题》,上海:商务印书馆,1946 年,第 19 页;张公权著、杨志信摘译:《中国通货膨胀史(1937—1949 年)》,北京:文史资料出版社,1986 年,第 133 页。

序号	厂名	原设地点	负责人	迁移地点	备注
9	公益铁工厂	无锡	荣伊仁	重庆下南区马路	曾改名复兴铁工厂。有宝鸡分厂
10	美孚铁工厂	上海	李本立	重庆南纪门国珍街	
11	洽生工业公司	上海	焦世昌	重庆南岸猫背沱	自行内迁
12	协昌机器厂	上海	毛子富	重庆神仙洞新街	自行内迁，上海聚麟工厂并入合作
13	福泰翻砂厂	上海	薛凤翔	重庆中四路 80 号	1938 年 1 月在汉口复工后迁渝
14	陆大铁工厂	济南	陆之顺	重庆黄沙溪榨房沟	
15	三北造船厂	上海	叶竹	重庆江北头塘	1938 年 5 月在汉口复工后迁渝
16	新民机器厂	嘉定	胡厥文	重庆小龙坝正街	1937 年 10 月在汉口复工后迁渝
17	大公铁工厂	上海	林美衍	重庆小龙坝正街	
18	达昌机器厂	上海	任之泉	重庆大溪沟三元桥	1938 年 3 月在汉口复工后迁渝
19	新昌机器厂	上海	温栋臣	重庆复兴岗下	
电器工业					
20	中国建设工程公司	上海	陈祖光	重庆沙坪坝	
21	华生电器厂	上海	叶友才	重庆陈家大湾	1938 年 1 月在汉口复工后再迁渝
22	中华无线电社	上海	陶胜百	重庆沙坪坝	1937 年 11 月在汉口复工后再迁渝
23	永川电器厂	上海	乐颂云	重庆	改名建华电器厂
24	电声电器厂	上海	李玉青	重庆	
25	益丰电池厂	上海	贺师能	重庆	
26	大陆电业公司	上海	吕嵩若	重庆	
27	神明电池厂	汉口	唐伯辰	重庆	
28	义华电器工厂	汉口	刘鸿章	重庆	
29	中国无线电业公司	上海	王瑞骧	江北相国寺	归并为中国兴业公司电业部

序号	厂名	原设地点	负责人	迁移地点	备注
30	中国蓄电池厂	上海	胡国光	重庆	已结束机器出售
31	永耀电器公司	汉口	唐绍箕	重庆	迁川后转售与资源委员会
32	沙市电灯厂	沙市	吴继贤	重庆	迁川后转售与资源委员会
33	孙立记电池厂	上海	戴石清	重庆	失去联络
34	谭泮记电池厂	上海	霍伯华	重庆陈家大湾	已停办，内迁时改名永华贸易公司
35	中益电工制造厂	南京		重庆	
化学工业					
36	天原化工厂	上海	吴蕴初	重庆江北猫儿石	
37	华光电化厂	上海	李鸿寿	重庆	
38	建华油漆厂	汉口	唐性初	重庆	
39	天盛耐酸陶器厂	上海	吴蕴初	重庆江北猫儿石	
40	瑞华玻璃厂	汉口	李文彬	重庆	
41	汉中制革厂	汉口	魏雅平	重庆	
42	龙章造纸厂	上海	庞赞臣	重庆江北猫儿石	售与财政部改名为中央造纸厂
43	永新化学公司	南通	赵春咏	重庆	
44	汉昌肥皂厂	汉口	余叔瞻	重庆	
45	中法制药厂	上海	林鸿藻	重庆	
46	振西搪瓷厂	上海	李开云	重庆	
47	光华制药厂	上海	张汉武	重庆	
48	大鑫火砖厂	上海	谢诗箓	重庆沙坪坝	为渝鑫钢铁厂所办
49	光华油漆厂	上海	吴龚梅	重庆菜园坝	
50	中央化学玻璃厂	上海	徐新之	重庆	改名为中国化学玻璃厂
51	勉记砖瓦厂	南京	牟鸿恂	重庆	
52	中国植物油料厂	上海	刘瑚	重庆江北	
53	允利化学公司	无锡	薛明剑	重庆	改名为允利实业公司
54	光大瓷业公司	江西九江	杨之屏	重庆	一说宜宾，并分设曲靖分厂

序号	厂名	原设地点	负责人	迁移地点	备注
55	大利华制钙厂	上海	吴又鲁	重庆	主持人离去未复工
56	益丰搪瓷厂	上海	葛纪元	重庆	与福华益记搪瓷厂合作
57	海普制药厂	上海	季德馨	重庆	在渝复工后，1939 年 5 月被炸毁
58	中国铅丹厂	上海	吴纪青	重庆	与建华油漆厂合作
59	中国化学工业社	上海	李祖谦	重庆李家沱	
60	大中华火柴厂	九江	刘鸿生	重庆	与当地华业火柴厂合作仍名华业
61	家庭工业社	上海	庄茂如	重庆	一说负责人为庄茂如
62	天利氮气厂	上海	吴蕴初	重庆江北猫儿石	仅部分迁出未复工
63	科学仪器馆化学厂	汉口	张德明	重庆	与国立药专合作
64	民康实业公司	汉口	刘洪源	重庆弹子石	分设渝陕二厂
65	三星工艺社	上海	彭劼旭	重庆	
66	祥光皂烛厂	汉口	应云从	重庆	
67	光原锰粉厂	汉口	孙祥康	重庆	失去联络
68	中国工业炼气公司	上海	李允成	长寿	1939 年 11 月复工
69	新亚药厂	上海	许冠群	重庆	
70	汉光玻璃厂	汉口	查子诚	重庆	迁渝途中机料沉没未复工

纺织工业

序号	厂名	原设地点	负责人	迁移地点	备注
71	豫丰纱厂	郑州	潘世经	重庆沙坪坝	分厂设合川
72	裕华纱厂	汉口	苏汰余	重庆窍角沱	
73	申新纱厂第四厂	汉口	李国伟	重庆窍角沱	共分重庆、宝鸡、成都分厂三厂
74	沙市纱厂	沙市	肖伦豫	重庆李家沱	
75	美亚织绸厂	上海	高事恒	重庆	一说迁乐山，另设分厂于五通桥
76	章华毛纺厂	上海	刘鸿生	重庆李家沱	改组为中国毛纺织公司
77	苏州实业社	上海	徐元章	重庆弹子石	分厂设遂宁北门外

序号	厂名	原设地点	负责人	迁移地点	备注
78	五和织造厂	上海	周福泰	重庆	由内迁厂投资新组建之厂
79	亚东洋记织造厂	汉口	杨云樵	重庆	迁常德复工后迁渝
80	和兴染织厂	汉口	张清成	重庆	
81	新新实业社	南京	顾鼎勋	重庆	
82	新昌棉织厂		罗孟泉	重庆	
83	大成纺织厂	常州	查济民	重庆北碚	改名为大明染织厂
84	七七袜厂	汉口	程远	重庆	
85	林长兴织带厂等六厂	杭州	林崇熹	重庆	一说迁川西
86	隆昌织染厂	汉口	倪麒时	重庆北碚	合组改名为大明染织厂
87	迪安针织厂	上海	魏卜孚	重庆	改组为实兴袜厂
88	泰中电器机工业社	汉口	赵善夫		受炸后未复工
89	国华精棉厂	汉口	陆绍云	重庆	改组为维昌纺织厂
90	福星染厂	长沙	范新度	重庆、桂林	内迁机器部分归重庆染厂，部分并入桂林广西纺织机器厂
91	湖北麻织厂	湖北	田镇瀛	重庆	
92	震寰纱厂	汉口	刘笃生	重庆窍角沱	纱绽分租与西安大华及重庆裕华纱厂
饮食品工业					
93	福新面粉厂	汉口	章剑慧	重庆	内迁机器部分设重庆、宝鸡二厂
94	南洋烟草公司	汉口	陈容贵	重庆弹子石	
95	天厨味精厂	上海	吴蕴初	重庆江北猫儿石	1940年设立四川工厂，1941年7月总公司迁渝
96	振兴糖果饼干厂	汉口	李炳炎	重庆	
97	全华食品化学工业社	南京	范旭东	乐山	一说迁乐山，负责人为范旭东

序号	厂名	原设地点	负责人	迁移地点	备注
98	冠生园罐头厂	上海	冼冠生	重庆	1937 年在汉口及桃源复工后再迁渝
99	正明面粉厂	汉口	余克明	重庆	机器租与福民面粉公司开工
100	康元制罐厂	上海	项康元	重庆	一说迁内江
101	五丰面粉厂	汉口	施昌沚	湖南桃源转迁渝	售与中国粮食公司
教育用具工业					
102	中国标准铅笔厂	上海	吴羹梅	重庆菜园坝	另设分厂于南温泉
103	华丰铸字所	南京	乔雨亭	重庆	
104	大业凹凸印刷厂	上海	张星联	重庆	设厂先迁香港、仰光再迁渝
105	丽华制版厂	上海	王汉仁	重庆	
106	京华印书馆	南京	王毓英	重庆	
107	振明印书馆	上海	周振明	重庆	
108	正中书局印刷厂	南京	王旭东	重庆	
109	申江印刷所	上海	周文斌	重庆	
110	大东书局印刷厂	汉口	杨锡荪	重庆	
111	白鹤印书馆	汉口	蔡怀民	重庆	
112	汉光印书馆	汉口	陈庆生	重庆	
113	劳益印刷所	汉口	葛少文	重庆	
114	时事新报印刷厂	上海	崔唯吾	重庆	
115	新华日报印刷厂	汉口	熊瑾玎	重庆	
116	大公报印刷厂	上海	曹谷冰	重庆	1937 年 9 月在昆明复工，再迁渝
117	华南印刷厂	汉口	郝秉乾	重庆	
118	时代日报印刷厂	南京	胡秋原	重庆	
119	生活书店印刷厂	汉口	徐伯昕	重庆	
120	开明书店印刷厂	上海	童雪舟	重庆	
121	民生印刷公司	上海	叶波澄	重庆	迁川以后改组为南方印书馆
122	建国教育用品厂		范鼎仁	重庆	

序号	厂名	原设地点	负责人	迁移地点	备注
123	惠民墨水厂	南京	杨泽霖	重庆	
124	上海印刷公司	沙市	白志芳	重庆	机器已出售于振明印书馆
125	七七印刷厂	汉口	程远	重庆	被炸后停办
126	汉口新快报印刷所	汉口	万克哉	重庆	
127	商务印书馆	上海	涂溥杰	重庆	
128	美丰祥印刷公司	南京	徐守箴	重庆	失去联络
129	中华印书馆	汉口	徐嘉生	重庆	已停业
130	武汉印书馆	汉口	王序坤	重庆	合组京华印书馆
131	华成印书馆	汉口	张叔良	重庆	失去联络
其他工业					
132	友联皮带厂	汉口	李友庭	重庆	
133	梁新记牙刷厂	上海	梁宇德	重庆	1937 年 11 月在汉口复工后迁渝
134	豫明机制煤球厂	沙市	吴冰澄	重庆	迁渝后改组为裕民机制煤球厂
135	寿康祥锯木厂	汉口	王佑霖	重庆	
136	华兴制帽厂	汉口	金国柱	重庆	1938 年 9 月在渝复工后迁合川
137	精益眼镜厂	汉口	王翔欣	重庆	
138	孙舟眼镜厂	汉口	应顺祺	重庆	
139	六合建筑公司	上海	李祖贤	重庆道门口	
140	馥记营造厂	上海	陶桂林	重庆化龙桥	
141	建筑营造厂	上海	周敬熙	重庆	昆明、贵阳设有分厂
142	杨子建业公司	上海	陈星垣	重庆	
143	金刚机器制鞋厂	江苏	胡觉清	重庆	曾在沅陵复工后再迁川失去联络
144	大同五金厂	上海		重庆	迁渝后改为商号
145	中奥珠轴公司	上海	黄铁明		迁川后改为商号
矿业					

序号	厂名	原设地点	负责人	迁移地点	备注
146	中福煤矿公司	河南	孙越崎	重庆北碚	与当地天府煤矿公司合作
147	利华煤矿	大冶	黄师让	重庆	机器迁川后转售与裕华纱厂

资料来源：张朋园、林泉访问，林泉记录，《林继庸先生访问纪录》，"中央"研究院近代史研究所 1983 年，第 146-189 页；孙果达著，《民族工业大迁徙——抗日时期民营工厂的内迁》，北京：中国文史出版社，1991年，第 209-252 页。

    1939 年迁渝厂矿的数字和 1940 年内迁结束时的数字相同，但实际上，两个统计都存在种种缺陷，有一些未呈报的内迁厂自然没在统计之中，如北平华北制球厂迁重庆后与人合作，改组为华北强身体育用品制造厂，并于 1939 年 4 月复工生产。[1]

    除存在未予呈报的情况外，还存在迁移地点变动的问题。如从上海内迁的迪安针织厂在前一表中把迁入的地点确定在四川泸州，但在后一表中却在重庆，并说明改组为实兴袜厂。这种情况不一而足，有迁入重庆再迁他处者，也有先迁他处再迁到重庆者，也有反复迁移者。又有迁入后遭受轰炸，被炸毁后没有恢复的，如海普制药厂迁入重庆后在大轰炸中被炸毁。也有迁入重庆，没有被列入的。如亚浦耳电器厂，不仅迁入重庆，而且变成 6 个工厂。合并复工的情况，也有不少。两个表中厂家的名称有不少差异，反映出迁渝厂矿的实际数量要多出统计的数字，至于多出多少则难以做出确实的判断。但从迁川 250 多家厂矿中迁重庆 147 家看，数量占 58.8%。如果我们再看资本、规模，则所占比例更大。

    沿海沿江厂矿迁渝的过程曲折复杂。上海大鑫钢铁厂于 1934 年 1 月在上海杨树浦齐物浦路建厂，同年 9 月建成投产，主要设备有炼钢电炉、熔铁电炉、各种工作机及相关机件。主要产品为铸钢，铸铁，马铁，耐火、耐酸、耐磨等合金原料及各种工业机器，深受各方面欢迎。

---

[1] 《重庆商务日报关于华北强身制球厂迁渝复工讯》（1940 年 6 月 2 日），中国第二历史档案馆编：《国民政府抗战时期厂企内迁档案选辑》（中），重庆：重庆出版社，2016 年，第 753 页。

"八一三"事变前一月的 7 月 14 日,该厂总经理余名钰,就呈文蒋介石请求内迁。[1] 但呈文"呈转费时,奉批未及"。负责迁移的林继庸在8 月 6 日给翁文灏的签呈中,也注意并提及大鑫钢铁厂"极愿意搬迁"[2]。8 月 7 日,该厂奉令着手迁移。[3] 复经行政院核准,拨付迁移费 10 万元。大鑫钢铁厂迅速完成报关迁移手续。[4] 9 月,该厂300 多名职工抵达汉口,并择定武昌簸箕山为厂址。10 月初,该厂机件运抵武汉,又奉令将炼钢炉迁大冶,安装炼钢。[5] 11 月 28 日,该厂又奉军事委员会第三部训令,转迁重庆。[6] 11 月 29 日,资源委员会在汉口召集的工厂迁移事项谈话会上,讨论了大鑫钢铁厂呈请拨款迁渝等事项。[7] 接着,大鑫厂与民生公司达成合资营业合同[8],机件由民生公司运渝,运费充抵投资款。厂名初定大鑫钢铁厂渝厂股份有限公司,旋据部令改为渝鑫钢铁厂。但原拟装载渝鑫钢铁厂机件的民生公司运输船旋又被扣[9],12 月初才得以起运。1938 年 1 月,渝鑫钢铁厂"人员机件,陆续抵渝,在民生江北堆栈成立临时工厂,继续工

[1] 张小雁、朱琪选编:《抗战时期工厂内迁史料选辑(一)》,《民国档案》,1987 年第 2 期,第 40-41 页。

[2] 《林继庸赴沪接洽办理迁厂经过情形致翁文灏签呈》(1937 年 8 月 6 日),中国第二历史档案馆编:《国民政府抗战时期厂企内迁档案选辑》(上),重庆:重庆出版社,2016 年,第 95页。

[3] 《大鑫钢铁厂陈述迁汉后经过及今后困难情形恳缓办迁移补助造册手续函》(1937 年12 月 20 日),中国第二历史档案馆编:《国民政府抗战时期厂企内迁档案选辑》(上),重庆:重庆出版社,2016 年,第 259 页。

[4] 《上海工厂迁移监督委员会林继庸关于在沪办理工厂迁移历次工作报告》(1937 年 8 月 30日—11 月 19 日),中国第二历史档案馆编:《国民政府抗战时期厂企内迁档案选辑》(上),重庆:重庆出版社,2016 年,第 108 页。

[5] 《军政部电信机械修造厂概况》(1944 年 8 月 31 日),中国第二历史档案馆编:《国民政府抗战时期厂企内迁档案选辑》(中),重庆:重庆出版社,2016 年,第 838 页。

[6] 《大鑫钢铁厂陈述迁汉后经过及今后困难情形恳缓办迁移补助造册手续函》(1937 年12 月 20 日),中国第二历史档案馆编:《国民政府抗战时期厂企内迁档案选辑》(上),重庆:重庆出版社,2016 年,第 260 页。

[7] 《资源委员会关于工厂迁移事项历次谈话会纪要》(1937 年 11 月 29 日—12 月 8 日),中国第二历史档案馆编:《国民政府抗战时期厂企内迁档案选辑》(上),重庆:重庆出版社,2016 年,第 30-31 页。

[8] 重庆市档案馆、四川省冶金厅、《冶金志》编委会合编:《抗战后方冶金工业史料》,重庆:重庆出版社,1988 年,第 390 页。

[9] 《资源委员会关于工厂迁移事项历次谈话会纪要》(1937 年 11 月 29 日—12 月 8 日),中国第二历史档案馆编:《国民政府抗战时期厂企内迁档案选辑》(上),重庆:重庆出版社,2016 年,第 31 页。

作"[1]。余名钰后来回忆大鑫厂迁渝的经过,真是百感交集。[2]

颜耀秋任经理的上海机器厂股份有限公司,创办于 1930 年,"八一三"全面抗战爆发后迁武汉,1938 年迁渝,初设禹王庙,为避免轰炸后迁建于重庆沙坪坝中渡口。[3]

马雄冠为经理的上海顺昌铁工厂创办于 1931 年,历年扩充,在"机器制品业中,早著声誉"。上海"八一三"全面抗战爆发后第九天,就开始迁移工厂,经过曲折努力,1938 年 4 月即在重庆复工[4],其迁渝的经过也艰难曲折:

> 盖本厂自卢沟桥事起,即知抗战之必行,而淞沪首当国防要冲,资力后移为事所当然,故筹备迁移最早。一经工厂迁移监督委员会之扶助指导,于"八一三"后九日首批机器物资即迁离危险地带;于九月十一日即由长江封锁后,第一艘镇汉间复航之武林轮装运到汉;其后经不断努力,又继续迁移二、三两批,前后共迁移机器、仪器、材料物资共300 余吨。运移路径,均系用民船经内河运抵镇江,再行转装轮船到汉。在此时期中,厂址附近以及民船航行途中,虽屡经敌机轰炸扫射,幸工作人员与物资均无所损。本厂由沪迁出物资于十月中旬即全部陆续抵汉,当以后方生产刻不容缓,即在口地方租屋开工。后以鉴于抗战必须持久,武汉亦非安全之区,乃计划再度西移,于十二月七日即将首批机件运离汉口,其中一部分于同月二十日即运抵重庆。但以当时经济枯竭,不能全部早日移动,幸得经济部工矿调整处借款协助,始能成行。时武汉工厂区屡遭空袭,职工除冒险从事本厂迁移工作外,并为重庆炼钢厂抢搬汉阳钢铁厂机器 500 吨,致不幸有工友 5 人牺牲于敌机肆虐之下。其员工备历艰险,凡 3 月始先后抵宜,到宜后又经多时之搁置,方得轮运来渝。本厂于迁渝计划决定后,即派员来渝物

---

[1]《上海大鑫钢铁厂略历》(1938 年),重庆档案馆馆藏四联总处渝分处档案,卷宗号 0292-1-397。

[2] 重庆市档案馆、四川省冶金厅、《冶金志》编委会合编:《抗战后方冶金工业史料》,重庆:重庆出版社,1988 年,第 397-398 页。

[3]《上海机器厂股份有限公司概况》(1943 年 12 月),重庆市档案馆、重庆师范大学合编:《中国战时首都档案文献·战时工业》,重庆:重庆出版社,2014 年,第 351 页。

[4]《顺昌公司重庆铁工厂》(1942 年 2 月),重庆市档案馆、重庆师范大学合编:《中国战时首都档案文献·战时工业》,重庆:重庆出版社,2014 年,第 347 页。

色厂基,觅定化龙桥对岸江北猫儿石某玻璃厂址,租用加以修葺,并与电力公司商妥,安设过江杆线接通电流,至四月十日而能局部复工,五月间方将全部迁移机器装竣开用。[1]

商务印书馆重庆分厂迁建经过更是曲折,资料载:

"八一三"战后,本馆为了贯彻"为文化而奋斗,为国难而牺牲"的宗旨,在既定计划下由沪厂分出一部分铅石印机器内迁湖南长沙。当时因交通尚无大阻,由沪宁路而镇江,由镇江而汉口,再由粤汉路直下长沙,路上虽经敌机不断袭乱,但大体尚称顺利,全部于二十六年十月间迁竣,十二月间开工,这就是本馆长沙分厂,也就是本厂的前身。

二十七年双十节后,武汉战事一天吃紧一天,不久广州被迫弃守,时局急剧地在变化,使长沙的地位起了很大的变化。那时候,长沙已人心惶惶,十室九空,敌人亦开始由粤汉路向南推进,敌机更不断地飞长沙上空窥扰,这些证明长沙不久将成为战场。本厂迁川计划虽早已决定,但并没有急急地进行,主要原因是由于交通困难,因水路运输既被统制,陆路运输又受汽车商人高抬运价,而局势一天紧一天,战争的火焰已燃着了眉梢,似乎一刻也不容等待。

我们除在两个月前由水路运出一些纸张,由公路运出一部英式印刷机器外,其他大部分重要的机器及材料都无法搬运。这时候摆在面前有两个迫不及待的问题:搬运机器材料,调遣工人。最严重的还是机器搬运问题,因为活人还可以靠着脚走,几十吨机器却没办法使他装上翅膀飞到重庆。于是第一步先把不必留的工人全部遣走,每人随身带了一些便于携带的零件工具,剩下的便是笨重的机器,只有等待汽车装运。

长沙原无汽车可租,不得已,连夜赶到桂林,因为那里尚有车行数家,或可租到。

到了桂林,就四出找寻汽车。……结果只租到两辆汽车。

但局势一天紧一天,只得临时改变计划,在湘桂的中途湖南祁阳设立一个临时运输站。先将全部机器材料,由长沙抢运至祁阳,俟运

---

[1]《上海顺昌铁工厂迁川复工经过》(1940年9月),重庆市档案馆、重庆师范大学合编:《中国战时首都档案文献·战时工业》,重庆:重庆出版社,2014年,第93页。

竣后，再运往桂林，这样分段抢运，时间可节省一半，当时又和汽车司机约好，如能于一星期内抢运完毕，当有重赏。

谁也没想到，这个计划正执行了三天，长沙还没有见到敌踪，却被误国者误之于火，把长沙烧得一干二净，全部机器只运出二分之一，可惜又复可叹！

在无可奈何，总算尽了最后最大的努力，保了一部分机器，也是不幸中之小幸，如果再迟三天的话，恐怕全部机器都将付之一炬！

这一部分仅存的机器材料，在运输途中，也并没一帆风顺，在桂林待运的时候，适逢敌机狂炸，险遭牺牲，最后于二十八年二月中旬全部安抵重庆。但这时又传来恶耗，由长沙经宜水路运出的一部分材料白报纸驶过秭归时撞沉了。又牺牲了一大批的纸张，真太可惜！

在重庆经过一个多月的筹备部置(署)，本厂始于二十八年三月在重庆全部开工。[1]

冠生园食品公司是上海著名餐饮企业，其迁渝过程也历经艰辛：

本公司始创于民国七年，从事食品制造之研究与改良，在上海漕河泾曾购地40余亩，设立较大规模工厂及农场一所，经三年之经营，耗资20万，装有日产6000磅饼干之新式机器及制罐头糖果等机器，并于天津、汉口、武昌、牯岭、杭州、南京等地，遍设支店。二十七年筹设重庆、昆明、贵阳等分店。"八一三"事变前夕，本公司总经理冼冠生在南京与军需当局商定承制军用食品，大量制造乙磅听装黄豆牛肉（订价每听2角），并奉命迁厂武昌。沪战发生，星夜拆卸机器，将全部罐头机器迁达武昌。至饼干机器因拆卸需时，经内河转运，迫抵安徽和县，而芜湖告急，为免资敌计，全数沉于江底，计机器及原料数十吨，为精华损失最大之一页。其武昌罐头厂，于二十六年十二月开始制造军用罐头，黄豆牛肉一百数十万听。至二十七年秋，战争迫近，奉令迁厂湘西桃源，二十八年六月，以制罐白铁来源断绝停工。随即西迁来

　　[1]《商务印书馆重庆分厂迁建艰难经过概述》（1942年2月），重庆市档案馆、重庆师范大学合编：《中国战时首都档案文献·战时工业》，重庆：重庆出版社，2014年，第100-102页。

渝,在李子坝自建厂屋,继续制造罐头食品。[1]

周恒顺机器厂是汉阳著名机器工厂,1898 年(一说 1895 年)由周仲宣(1904—1967)在祖业周恒顺炉房的基础上创办。1938 年武汉战事危迫,周恒顺机器厂自雇船只拆迁机器设备内迁,把这些设备运抵宜昌后就无力再运,于是与重庆民生实业公司协商合作,商定周恒顺机器厂机器设备作价 25 万元,民生公司投入 25 万元,改组为恒顺机械厂股份有限公司,卢作孚担任董事长。此后民生实业公司调配运力,把恒顺机器厂设备器材运到重庆。1939 年 6 月 20 日,恒顺机器厂在重庆南岸李家沱新厂复工。[2]

申新纱厂从武汉内迁,也遇到重重困难。资料载:

二十七年九月,抗战烽火及于华中。本厂鉴于沦陷诸地各工厂,机械被拆,物资被掠。乃在政府督助之下,毅然内迁,以维军需,藉为 2000 余员工共负抗战之责,即以一部分迁陕西宝鸡,一部分迁重庆。溯本厂于民国十一年十月,创立于汉口宗关。初只有纱锭万枚,至二十六年,陆续增至纱锭 5 万余枚,布机 1200 百台,漂染整理厂日出色布 2000 匹,完成自纺自染之工程。

惟在军务紧急之际,运输船只,全应军政之用。本厂机件由汉达宜昌后,一时无法内运,搁存三月。时敌机复日来侦察,继即轰炸,军公物品,损失堪重,本厂机件,存于隔江,亦遭轰炸,幸损失尚轻。感于轮运难谋,乃在重庆招雇木船驶宜,抢运来渝。蜀道之难,向为旅行者所畏。第一批木船 4 艘,于十一月二十五日由宜上驶,行经青滩下游牛肝马肺峡处,失吉 1 艘,全船机物,随波沉没。第二、三、四批各 4 艘,相继而行,每至激流险滩,辄有船漏绳断之报,并在巫山、万县两地设临时办事处,为运输木船之联络站,随时报道各批船只之行程。历尽艰辛,各批木船相继达渝,惟重要机物,均受湿损,幸押运员均无恙。

运输机件,计有纱锭万枚,力织机 80 台,木布机 100 台,染布机 4

---

[1]《冠生园食品公司沿革简介》(1942 年 1 月),重庆市档案馆、重庆师范大学合编:《中国战时首都档案文献·战时工业》,重庆:重庆出版社,2014 年,第 636 页。

[2]《恒顺机器股份有限公司》(1945 年),重庆市档案馆、重庆师范大学合编:《中国战时首都档案文献·战时工业》,重庆:重庆出版社,2014 年,第 355 页。

对(布机及染布机主要机件在宜昌均遭炸毁),即勘定南岸猫背沱兴建厂房。当时建筑材料之采购、经济之筹划,处于各业迁建,竞争时间之中,倍感困难。纱厂部分于二十八年一月开工,为迁川各纱厂第一生产者,至二十九年二月始全部装竣。复工后曾一度改称庆新实业公司,二十九年三月始更今名。[1]

　　厂矿迁移大体上在 1940 年结束。但也有一些很有影响的工厂是在 1940 年以后迁渝的,如中国毛纺织厂、天厨味精总厂等,还有一些未来得及在经济部登记的工厂。1939 年 6 月,刘鸿生开始筹建重庆毛纺织厂,1939 年 12 月 26 日在重庆国民政府经济部召开了筹备会。设备部分来自拆迁的上海浦东章华厂机件,部分购自海外。当时,上海已被日军占领,刘鸿生指示尚留上海的刘念智和章华厂经理程年鹏设法将浦东章华厂机件内运重庆。他们通过瑞士籍犹太冒险家 E.惠特勒(E.Widlen),以 50 万法币的代价,用 6 个月时间把浦东章华厂机件合计 500 吨偷运到了浦西租界。之后这批机件通过越南海防,于 1940 年转运到缅甸仰光、腊戍。在仰光、腊戍,尚有从国外购置的机件,除去运输途中的损失,两项机件合计 700 吨。刘念智在香港买进几辆美制道奇牌载重卡车,每辆可装载 4 吨多机件,组织力量自力抢运。到 1942 年春,先后有 300 余吨机件陆续运抵重庆。[2] 7 月,中国毛纺织厂在李家沱工业区正式投产。[3]

　　再如武汉陈泰记机器营造厂,原设湖北宜昌县福绥路门牌第 50 号,经营近 20 年,专营土木建筑机器工厂。在厂矿内迁的洪流中,曾将一部分材料、机器、工具、生财等件陆续移储鄂西青滩镇、川东碚石、与丰都县属白沙沱三处,准备完全移设重庆。无奈因交通困难,人力、物力缺乏等种种原因,未及运完。1940 年 6 月 12 日宜昌沦陷,尚有的一部分材料、机器、工具、生财等件连同所有营业执照、注册证件等亦

[1]《章剑慧拟申新第四纺织公司重庆分厂迁川记》(1948 年 10 月),重庆市档案馆、重庆师范大学合编:《中国战时首都档案文献·战时工业》,重庆:重庆出版社,2014 年,第 113 页。

[2] 中国第二历史档案馆编:《国民政府抗战时期厂企内迁档案选辑》(中),重庆:重庆出版社,2016 年,第 1005 页。

[3]《部分机器到厂,正式开工生产》,上海社会科学院经济研究所编:《刘鸿生企业史料》(下),上海:上海人民出版社,1981 年,第 192 页。

被毁,业主张和泰设法脱离虎口,于 1942 年 1 月逃出,经枝江、松滋绕道宜都,抵鄂属三斗坪,最后抵达重庆。该业主拟将存储上述沿途青滩、碚石、丰都与原在三游洞的机器、冰厂机器、材料、工具、生财等件赶速再予西迁,恢复生产,觅就江北县头塘青草坝正街第 45 号为厂址,林森路第 9 号义记五金号三楼为驻渝办事处。[1]

迁川厂矿有一个很显著的特点,就是"多系规模较大之重要厂矿"。这些厂矿中"重要者有化学工厂之制碱、造纸及制革等项,重工业之炼钢及电器制造,轻工业之纺织,此外则各种机械工厂及煤矿业,均极属重要"[2]。同时,不应该被忽略的是,重庆的民生公司在沿海沿江厂矿迁川迁渝过程中发挥了重要作用。到 1939 年底迁川所有器材约有 16 万余吨,其中除其他航业公司承运 5700 余吨外,余数概由民生公司运入四川。其中兵工器材 9.6 万余吨,航委会器材 1.5 万余吨,公物 2.7 万余吨,迁厂器材 1.6 万余吨,械弹 6870 余吨,服装辎重 3780 余吨。此外还有部队输送,1938 年曾达 30 万人以上,1939 年亦达 8.8 万人。[3] 当然,这只是武汉沦陷以后长江上游特别是川江运输的情形。

[1]《中国战时生产促进会转陈泰记机器营造厂迁存鄂西川东器材经过拟运渝复工请免税放行公函》(1942 年 6 月 6 日),中国第二历史档案馆编:《国民政府抗战时期厂企内迁档案选辑》(上),重庆:重庆出版社,2016 年,第 403-404 页。

[2]《经济部工矿调整处第一次全年工作报告》(1938 年 12 月),中国第二历史档案馆编:《国民政府抗战时期厂企内迁档案选辑》(中),重庆:重庆出版社,2016 年,第 555 页。

[3]《民生公司 1939 年止运输器材数量统计》(1940 年),中国第二历史档案馆编:《国民政府抗战时期厂企内迁档案选辑》(上),重庆:重庆出版社,2016 年,第 407 页。

第三章
———————
全面抗战时期的重庆工业

由于厂矿的迁建以及扩建、改建、新建，在全面抗战时期，重庆的工业企业迅速增加，生产能力迅速提高，初步形成以军事工业为中心、门类较为齐全的工业体系，重庆也因此成为大后方最重要的工业中心区域。全面抗战时期的重庆工业既受抗战工业迁建影响，又与中国工业化、城市化发展的方向一致；但它与和平时期的工业形态终究不同，浓厚的战时特性无处不在。

一、国营、公营工矿的勃兴

1940年3月下旬，时任国民政府经济部长的翁文灏在呈交给蒋介石的经济建设计划中说："目前政府对于重工业之经营，系由资源委员会负责，而民营各厂则由工矿调整处督促辅导进行，其生产计划及工作方针，均系就建设国防之需要充分努力。"[1]

（一）重庆及周围的兵工业

兵工业是全面抗战时期重庆工业中兴起、发展最为迅速的工业门类。除少数是在原有基础上改建、扩建而来外，大部分是从沿海沿江地区迁移而来的。到1938年10月，重庆已有7家兵工厂，其概况见表3-1。

表3-1　重庆兵工厂一览表（1938年10月）

序号	名称	地址	序号	名称	地址
1	第20兵工厂	重庆南岸铜元局旧址	5	炮兵技术研究处	江北空水沱
2	第21兵工厂	江北簸箕石裕蜀丝厂旧址	6	重庆炼钢厂筹备处	巴县磁器口
3	第25兵工厂	巴县张家溪	7	陕厂迁渝筹备处	重庆南岸王家沱
4	第50兵工厂	重庆江北郭家沱			

资料来源：《抗战初期兵工署在川各厂地址表》（1938年10月），重庆市档案馆、重庆师范大学合编：《中国战时首都档案文献·战时工业》，重庆：重庆出版社，2014年，第117页。

在兵工厂相继迁建、扩建的过程中，兵工署不断进行相应的调整，

---

[1] 陈谦平编：《翁文灏与抗战档案史料汇编》（上册），北京：社科文献出版社，2017年，第17页。

一些兵工原材料生产厂也相继建立。到 1941 年,重庆及附近各兵工厂的情形略见表 3-2。

表 3-2　重庆及附近兵工厂一览表(1941 年)

序号	厂名			所在地	负责人	主要产品
	现名	代名	旧名			
1	第 1 工厂	汉兴公司	汉厂	重庆鹅公岩、张家溪	丁天雄	枪弹、手榴弹、甲雷、机枪
2	第 2 工厂	天成公司	汉药厂	重庆纳溪沟	熊梦莘	发射药、黑药
3	第 10 工厂	忠恕林场	炮技处	重庆空水沱	庄权	小炮弹、药包
4	第 11 工厂	巩固商行	巩厂	四川铜罐驿	李待琛	炮弹、步机枪、手榴弹
5	第 20 工厂	川益公司	川一厂	重庆铜元局	李维城	枪弹、甲雷、铜皮
6	第 21 工厂	宁和号	宁厂	重庆簸箕石	李承干	步机枪、迫炮弹、迫炮
7	第 24 工厂	莲光别墅	渝钢厂	重庆磁器口	杨吉辉	钢料、手榴弹
8	第 25 工厂	念吾农场		重庆张家溪	丁天雄	枪弹、手榴弹、铜皮
9	第 26 工厂			长寿	周宗祥	炸药
10	第 30 工厂	济川公司	陕一厂	重庆王家沱	李世琼	手榴弹、掷弹筒、掷榴弹
11	第 40 工厂	柳丝农场	桂厂	綦江	刘守愚	枪弹掷、弹筒掷、榴弹
12	第 50 工厂	务实林场	粤二厂	重庆郭家沱	江杓	炮弹、炮样板
13	钢铁厂迁建委员会	沪汉公司		重庆大渡口	杨继曾	钢铁、兵工器材
14	航空兵器技术研究处	万能林场		万县	刘东	枪、掷弹筒、弹

资料来源:《抗战中期大后方各兵工厂主要事项一览表》(1941 年 4 月),重庆市档案馆、重庆师范大学合编,《中国战时首都档案文献·战时工业》,重庆:重庆出版社,2008 年,第 463-464 页。

　　根据军政部统计核实的资料,到 1945 年 8 月抗战胜利前后,大后方区域有 27 个兵工厂(含厂本部 21 个,分厂 6 个,未含福建、湖南桂东所在东南区 5 分厂)。其中,厂址在重庆的兵工厂多达 15 个(包括厂本部 13 个,分厂 2 个)。[1] 各厂具体情况见表 3-3。

表 3-3　重庆兵工各厂概况表(1945 年 8 月 20 日)

序号	厂名	所在地及情形	主要产品	员	工	兵	夫	合计	机器
				人数					
1	第 1 工厂	重庆,迁建	步枪、七五炮弹	468	4161	390	52	5071	1703
2	第 2 工厂	重庆,迁建	无烟药、黑药、酒精	312	1617	305	13	2247	357
3	第 10 工厂	重庆,迁建	三七炮弹、六〇迫击炮及炮弹	379	2198	162	—	2739	712
4	第 20 工厂	重庆,改建	枪弹、甲雷	501	3319	450	104	4374	1131
5	第 21 工厂	重庆,迁建	步枪、机枪、迫击炮及炮弹	723	8939	621	87	10370	3424
6	第 21 工厂綦江分厂	綦江,迁建	枪弹、八二迫击炮弹	254	2014	193	98	2559	767
7	第 23 工厂重庆分厂	重庆,新建	视需要而定军用各件	30	279	35	—	344	56
8	第 24 工厂	重庆,改建	钢料、枪榴弹筒	330	3774	357	10	4471	893
9	第 25 工厂	重庆,迁建	枪弹、手榴弹	362	2590	281	34	3267	1430
10	第 26 工厂	长寿,新建	氯酸钾	172	961	136	16	1285	199
11	第 27 工厂	万县,新建	枪榴弹、药包	272	2449	424	45	3190	677
12	第 28 工厂	重庆,新建	合金钢、矽铁	148	804	49	17	1018	130
13	钢铁厂迁建委员会	巴县,迁建	钢料、生铁	1219	9891	911	197	12218	1796
14	第 30 工厂	重庆,迁建	手榴弹、掷榴弹	355	3031	348	28	2762	515
15	第 50 工厂	重庆,迁建	炮弹、迫击炮、战防炮等	462	2995	394	39	3890	740

资料来源:《军事委员会兵工厂库整理计划》(1945 年 8 月 20 日),《中国近代兵器工业档案史料》编委会编,《中国近代兵器工业档案史料》(三),北京:兵器工业出版社,1993 年,第 131-133 页;《抗战胜利后方区各兵工厂现状调查表》(1945 年 8 月),重庆市档案馆、重庆师范大学合编,《中国战时首都档案文献·战时工业》,重庆:重庆出版社,2014 年,第 475-477 页。

上述 15 家兵工厂可以分成以下四种情况。

第一种是内迁兵工厂,通过迁建、改建、扩建得到发展,此类兵工

---

[1]《军事委员会兵工厂库整理计划》(1945 年 8 月 20 日),《中国近代兵器工业档案史料》编委会编,《中国近代兵器工业档案史料》(三),北京:兵器工业出版社,1993 年,第 131-133 页。 按:陆大钺、唐润明编著《抗战时期重庆的兵器工业》(重庆出版社,1995 年),根据的似为上述同一材料,但重庆兵工厂的数字却统计为 17 个,并说明包括 13 个厂本部,4 个分厂,见该书第 228 页,不知其根据何在。

厂有 9 家,即兵工署第 1 工厂、第 2 工厂、第 10 工厂、第 21 工厂、第 21 工厂綦江分厂、第 25 工厂、钢铁厂迁建委员会(即后来的第 29 工厂)、第 30 工厂、第 50 工厂。

兵工署第 1 工厂,前身是汉阳兵工厂的一部分。全面抗战爆发后,经湖南辰溪迁重庆鹅公岩,期间因运输关系,与其他兵工厂机器设备有复杂的拨交关系。1942 年,该厂制造所先后开工,制造中正式步枪及各式炮弹、手榴弹、枪榴弹、迫击炮弹、武器零件等。[1]

兵工署第 2 工厂原为汉阳火药厂,经湖南辰溪迁渝,选定巴县纳溪沟为厂址,1943 年 5 月复工生产。[2]

兵工署第 10 工厂,原为湖南株洲炮兵技术研究处临时枪弹厂,1938 年 6 月奉令迁渝,选重庆忠恕沱为厂址。1941 年 1 月正式改组为第 10 工厂。该厂原为制造二公分与三七炮弹之专厂。1943 年 2 月 21 日,第一门六公分迫击炮试造成功。[3]

第 21 工厂及綦江分厂,是当时重庆政府兵工厂中著名的枪械厂。

第 21 工厂前身为金陵兵工厂,1937 年 9 月中旬,奉令将枪弹厂西迁重庆与四川第 1 兵工厂合并。10 月中旬,又奉令将其余厂部西迁重庆。1938 年 3 月在重庆江北簸箕石全部复工,不久改称第 21 工厂。1938 年 7 月,第 21 工厂接收汉阳兵工厂所属步枪厂,1939 年 1 月步枪厂在渝复工。1939 年 1 月 14 日接管第 20 工厂所属轻机关枪厂。同年 2 月,第 21 工厂奉准增设步枪厂、轻机关枪厂,员额编制 717 员。1941 年 7 月,接收重庆武器修理所,并于轻机关枪厂内。1940 年 11 月开始把轻机关枪、迫击炮、工具三厂疏散至铜罐驿,利用成渝路山洞隧道为工场,1941 年 3 月迁装完工,在铜罐驿开工。1940 年 7 月在江北藕塘湾设立第 21 兵工厂医院。1943 年 1 月设立热处理所,同年 9 月试办宁和中学,同年 10 月设重迫击炮厂。1944 年 7 月在会计处下增设新工计算课。同年 11 月奉令将第 40 工厂归并第 21 兵工厂,改

[1]《第一工厂厂史》(1948 年),《中国近代兵器工业档案史料》编委会编:《中国近代兵器工业档案史料》(三),北京:兵器工业出版社,1993 年,第 1174-1175 页。

[2]《第二工厂厂史》(1948 年 6 月),《中国近代兵器工业档案史料》编委会编:《中国近代兵器工业档案史料》(三),北京:兵器工业出版社,1993 年,第 1176 页。

[3]《第十工厂沿革》(1949 年),《中国近代兵器工业档案史料》编委会编:《中国近代兵器工业档案史料》(三),北京:兵器工业出版社,1993 年,第 1182-1185 页。

称第 21 兵工厂綦江分厂,仍在原地开工,编制照原第 40 工厂不变。1945 年 4 月奉令接并兵工署废品整理工厂,改称第 21 兵工厂火工厂,其编制及员额暂并附 21 厂。同年 7 月兵工署材料储整处自第 20 工厂拨移 21 厂管辖,10 月间又将兵工署属汽车运输处交第 21 厂接收。[1]

第 21 兵工厂綦江分厂前身为广西南宁、柳州、梧州、融县等县兵工厂。1937 年 9 月,广西省政府将上述兵工各厂移交兵工署。兵工署在 1937 年 9 月前往接收,并就柳州制弹厂设立广西兵工厂筹备处,对各厂进行调整,1938 年 2 月把各厂合并改称第 40 工厂。1939 年 11 月该厂迁建到重庆附近的綦江,1944 年 12 月奉令并入第 21 兵工厂,改称第 21 兵工厂綦江分厂。该厂厂区面积 1367 亩,有岩洞厂房和洞外厂房,各式机器 780 部,总计 518 吨,员工兵役合计 3362 人,生产能力较强。[2]

第 25 工厂前身为湖南株洲炮兵技术研究处所属枪弹厂,1938 年 4 月奉兵工署令运渝安装,制造枪弹以及木柄手榴弹。同年 4 月 12 日,筹备处在重庆成立,勘定张家溪一带为厂址,征收地亩,设计建筑,并从湖南株洲迁运机器等。1939 年元旦,奉令正式成立第 25 工厂,龚积成被委任为厂长。同年 4 月部分设备开始生产。此后,规模续有扩大,先后征地达 1200 余亩,且建成山洞厂房 40 座。唯该厂枪弹机,均为 1937 年以前购自德国者汇集而成,除少数能利用,大部分均已陈旧不堪,早已超过使用年限,因此产品质量与产品数量受到较大影响。[3]

由炮兵技术研究处枪炮厂从湖南株洲迁到重庆成立的第 25 兵工厂,在重庆张家溪先后征地 2800 亩为厂址,遵令先行兴建山洞厂房,安置熔铜、轧铜设备以及职工生活,先后完成山洞 40 座。1939 年 4 月

[1]《兵工署第二十一工厂沿革概况》(1948 年 2 月),重庆市档案馆、重庆师范大学合编:《中国战时首都档案文献·战时工业》,重庆:重庆出版社,2014 年,第 478-479 页。

[2]《第四十工厂史料》(1948 年),《中国近代兵器工业档案史料》编委会编:《中国近代兵器工业档案史料》(三),北京:兵器工业出版社,1993 年,第 1250 页。

[3]《第二十五工厂厂史》(1948 年),《中国近代兵器工业档案史料》编委会编:《中国近代兵器工业档案史料》(三),北京:兵器工业出版社,1993 年,第 1219-1220 页;《第二十五兵工厂成立及其历年业务概况》(1948 年 2 月 17 日),中国第二历史档案馆编:《国民政府抗战时期厂企内迁档案选辑》(中),重庆:重庆出版社,2016 年,第 901-902 页。

部分开工生产,1942 年 10 月全面开始兵工生产。出品以枪弹为主,加造木柄手榴弹,代造各种铜皮、雷管、拉火帽等。[1] 其历年生产情况见表 3-4。

表 3-4　第 25 兵工厂历年生产情形

年月	产品名称	产量(发)	备注
1939 年 4—12 月	圆步弹	1020 余万	
	尖步弹	500 余万	
	木柄手榴弹	8.1 万	
1940 年	圆步弹	1410 余万	
	尖步弹	1900 余万	
	木柄手榴弹	18.5 万	
	机弹	100 万	
	空色弹	160 余万	
1941 年	圆头弹	1300 余万	
	尖头弹	2050 余万	
	木柄手榴弹	35.9 万	
	11 公厘手榴弹	10 万	
	空色弹	10 万	
1942 年	各种枪弹		月生产能力 600 万～800 万发以上制造子弹外,尚可代造友厂制造各种铜皮、手榴弹雷管等
1943 年			山洞 40 座竣工,机器设备大部分安装完毕
1944 年			7 月奉令制造 79 圆步弹 200 余万粒

资料来源:《兵工署第二十五工厂沿革概况》(1948 年 2 月),重庆市档案馆、重庆师范大学合编,《中国战时首都档案文献·战时工业》,重庆:重庆出版社,2014 年,第 485-486 页。

为拆迁汉阳钢铁厂设备以及六河沟谌家矶炼铁炉,资源委员会和兵工署于 1938 年 2 月初奉蒋介石令合组钢铁厂迁建委员会,以兵工署署长杨继曾为主任委员。3 月 1 日,杨继曾等借汉阳上海炼钢厂办公,组织拆迁,同时筹划在重庆设厂事宜,并在南川、桐梓一带开采煤矿,在綦江开采铁矿。4 月设立南桐煤矿、綦江铁矿两筹备处。5 月,选定重庆大渡口地方为厂址,先后征地 3334 亩。6 月开始迁运,到 1939 年年底迁运完毕。全厂分设第 1—7 共计 7 个制造所,运输码头

---

[1] 《兵工署第二十五工厂沿革概况》(1948 年 2 月),重庆市档案馆、重庆师范大学合编:《中国战时首都档案文献·战时工业》,重庆:重庆出版社,2014 年,第 484-485 页。

6 处,山洞 18 处,房舍 34 座、员工住宅以及轮船、驳船、木船,并有附属南桐煤矿、綦江铁矿等。[1]

第 30 工厂前身为济南兵工厂,1937 年 9 月奉令迁陕,11 月 11 日改为陕西第 1 兵工厂筹备处。之后又奉令迁渝,1938 年 4 月 16 日在重庆南岸王家沱设厂,改为陕厂迁渝筹备处,11 月开始出品。不久该厂奉令专造小型弹类及其发射器,包括木柄榴弹、掷榴弹、掷弹筒、导火索四种,并将所属枪弹厂全部机器材料及全体职工归并四川第一兵工厂接办。1939 年元旦,该厂正式改称第 30 工厂,并将机料疏散安装于王家沱、大佛寺、茅溪三处,所属有第一到第七制造所。[2]

第 50 工厂由原广东第 2 兵工厂和南京精确研究所内迁后合并而成。广东第 2 兵工厂为广东国民革命军第一集团军总司令陈济棠创办,1933 年 8 月成立筹建工厂办事处,邓演存为主任。1935 年 12 月 1 日,改为广东第 2 兵器制造厂,邓演存为厂长。1936 年 7 月,该厂为南京国民政府接收。1937 年 6 月 1 日,改为广东第 2 兵工厂。1938 年春,由粤迁渝,改为第 50 工厂,选重庆江北郭家沱为厂址建厂,占地4800 多亩,并在郭家沱对岸大兴场购地 676 亩。[3] 1939 年 6 月 17日,兵工署第 50 工厂接收原刘湘所有的重庆武器修理所。7 月,原重庆武器修理所制造捷克式轻机枪的部分,并入第 21 工厂轻机关枪厂。[4] 第 50 工厂复工后不久,鉴于三七战车防御炮为战场迫切需要的武器装备,便开始整绘图样,订购材料,筹制刀具、夹头等筹备生产。1941 年春第 1 门样炮告成,试验结果圆满。经过准备,于 1941 年 8 月开始大量制造三七战车防御炮,初期每月可产 2 门,最后改进工作制度,出品有所增加,到 1942 年每月产量可达 5 门。除三七炮外,该厂于 1941 年夏季奉命筹制六公分迫击炮,随即参照法国布朗特迫击炮设计绘制全套图样,并筹制样板工具,当年秋试造成功。1942 年 7 月,

[1]《钢铁厂迁建委员会史料》(1941 年),《中国近代兵器工业档案史料》编委会编:《中国近代兵器工业档案史料》(三),北京:兵器工业出版社,1993 年,第 1230-1233 页。
[2]《第三十工厂厂史》(1947 年),《中国近代兵器工业档案史料》编委会编:《中国近代兵器工业档案史料》(三),北京:兵器工业出版社,1993 年,第 1235-1237 页。
[3]《第五十工厂厂史》(1948 年 3 月),《中国近代兵器工业档案史料》编委会编:《中国近代兵器工业档案史料》(三),北京:兵器工业出版社,1993 年,第 1255-1260 页。
[4]陆大钺、唐润明编著:《抗战时期重庆的兵器工业》,重庆:重庆出版社,1995 年,第 27 页。

也开始大量出品,每月可出 100 门。炮弹方面,该厂先后设计制造了各种七五炮弹、三八式野炮弹、十年式及克式山炮弹及 15 公分迫击炮弹等。1941 年 7 月经呈准主管机关部署,把该厂成都技工学校改为分厂,专造 6 公分迫击炮弹,经多方研究、积极筹制,该项炮弹也有大量出品。[1]

第二种是原有兵工厂,经过迁建、扩建,发展成大规模的兵工厂,此类兵工厂有 2 家。

兵工署第 20 工厂,前身为重庆南岸川康绥靖公署子弹厂,最早为四川省铜元局,1937 年 8 月由国民政府军政部兵工署接管。接收的范围包括子弹厂的枪弹机器近 4 套,如铜壳机、弹头机、底火机、子夹机、装较机、轧片机及修理工具、机器等 431 部,其他材料、工具、半成品、药品、器具、船只等资产,并有房屋 66 座。全厂地基面积 373 亩。接收后,改称兵工署四川第 1 兵工厂,任命兵工署制造司考工科科长李维城任厂长,9 月 1 日开工。1937 年 10 月,金陵兵工厂内迁枪弹机器运渝并入该厂,1938 年 2 月 1 日复工制造。1937 年 10 月,第 20 工厂还接收了华西公司华兴机器厂,改为四川第 1 兵工厂机枪厂。1938 年 4 月陕西省兵工 1 厂筹备处枪弹机器奉令运渝,拨归第 20 工厂,到 1941 年 5 月 1 日,全部迁装完毕。由于先后迁并宁、陕两厂枪弹机器,原有厂房不敷使用,加上防控需要,1938 年该厂拓展厂址至西南面康家湾、赵家湾及两处中间地段,先后征地 1849 亩为新厂区,扩大区域为原厂区 5 倍。随着规模的不断扩大,第 20 工厂计划建设 9 个制造所,到抗战胜利为止,建成第 1—7 共计 7 个制造所。[2] 第 20 工厂是当时后方最大的专业枪弹生产厂家,对抗战贡献甚大。[3]

兵工署第 24 厂前身为重庆电力炼钢筹备处,筹办于全面抗战爆发前。重庆电力炼钢厂动力炼钢炉、轧钢机在 1936 年先后安装完毕,1937 年 1 月 1 日改隶属国民政府兵工署,更名为重庆炼钢筹备处,继续扩充,当年 1 月 8 日出钢。1939 年 1 月,正式改名为军政部兵工署

[1]《兵工署第五十工厂概况》(1942 年),重庆市档案馆、重庆师范大学合编:《中国战时首都档案文献·战时工业》,重庆:重庆出版社,2014 年,第 464 页。

[2]《第二十工厂厂史(摘选)》(1948 年 5 月),《中国近代兵器工业档案史料》编委会编:《中国近代兵器工业档案史料》(三),北京:兵器工业出版社,1993 年,第 1187-1197 页。

[3] 陆大钺、唐润明编著:《抗战时期重庆的兵器工业》,重庆:重庆出版社,1995 年,第 26 页。

第 24 工厂,添设火砖部,生产耐火材料。1943 年,该厂收购嘉陵煤矿,更名合川煤矿。[1] 该厂主要生产的是钢料。其历年生产情况见表 3-5 及表 3-6。

表 3-5　兵工署第 24 厂历年钢锭、铸钢产量统计表(1937—1945)

单位:吨

年份	电炉钢锭	转炉钢锭	铸钢	合计
1937	22.483	—	312.582	344.065
1938	783.680	—	306.412	1090.092
1939	2406.116	—	30.938	2437.054
1940	2306.274	—	31.947	2338.221
1941	2373.741	—	272.602	2646.343
1942	2634.588	240.710	50.365	2925.663
1943	2585.915	349.807	67.261	3003.033
1944	3025.072	545.093	80.681	3650.846
1945	3745.196	899.253	84.451	4458.900
合计	19883.065	2034.863	1237.239	22894.217

资料来源:重庆市档案馆、四川省冶金厅、《冶金志》编委会合编,《抗战后方冶金工业史料》,重庆:重庆出版社,1988 年,第 176 页。

表 3-6　兵工署第 24 厂历年钢条、钢板、丝钉产量统计表

单位:吨

年份	钢条	钢板	钢丝	洋钉	合计
1937	2.596	—	—	—	2.596
1938	730.401	—	—	—	730.401
1939	1911.000	—	—	—	1911.000
1940	1609.249	—	—	—	1609.249
1941	1631.446	—	—	—	1631.446
1942	2722.087	50.000	—	—	2772.087
1943	1933.690	129.735	27.129	2.345	2092.899
1944	2776.995	511.835	104.958	30.821	3424.609
1945	2438.037	1378.648	99.749	26.475	3942.909
合计	15755.501	2070.218	231.836	59.641	18117.196

资料来源:重庆市档案馆、四川省冶金厅、《冶金志》编委会合编,《抗战后方冶金工业史料》,重庆:重庆出版社,1988 年,第 177 页。

---

[1]《第二十四工厂沿革》(1949 年),《中国近代兵器工业档案史料》编委会编:《中国近代兵器工业档案史料》(三),北京:兵器工业出版社,1993 年,第 1218 页。

从统计数字可见，兵工署第 24 厂经过不断扩充，年产钢料达 4000 多吨，年产钢材最高近 4000 吨，成为全面抗战时期后方最大的兵工用钢生产厂。不仅如此，全面抗战时期，该厂经过多次试验，在原料替代品方面取得成功，能自制机器、改良设备。后来该厂厂长杨吉辉说，全面抗战时期，该厂在遭受日机 8 次轰炸的情况下，"械弹原料之尽量供应与技术上之改进，有足堪告慰之事实"[1]。该厂确实对全面抗战时期的兵工生产作出了重要贡献。

第三种情况是新建兵工厂，此类兵工厂有 4 家，包括第 23 工厂重庆分厂、第 26 工厂、第 27 工厂、第 28 工厂。

第 23 工厂原为巩县兵工分厂，1937 年 11 月奉令内迁四川泸县，1938 年 4 月改称第 23 工厂，10 月复工。其重庆分厂成立于 1943 年 5 月，由第 23 工厂接收应用化学研究所开封实验工场以及收购重庆汉中制革厂设备，合并而成。[2]

为求利用国产原料创制高级军用炸药，军政部派技正周宗祥主持先行研究和制订计划，发现乃思氯酸钾炸药威力强大，制造较易，所需原料均可国产，取用不竭。1939 年 10 月，军政部决定成立第 26 工厂筹备处，周宗祥为处长，租重庆德兴里 36 号为处址，开始办公。后经调研发现长寿有水电之利，又经过反复实地勘察，于 1940 年 1 月选定并征用长寿近郊邓家湾及新湾一带民地 2713 市亩为厂址，并租长寿上东街傅家大楼为临时办公地点。建厂工程到 1944 年 3 月完成，1944 年 7 月机件安装完毕，1945 年 2 月第 26 工厂正式建厂。1945 年 3 月、5 月各制造氯酸钾 30 吨，7 月造 10 吨，其余各月均造 20 吨。[3]

第 27 工厂前身为航空兵器技术研究处，1937 年春奉令成立于南京，负责处理有关航空兵器的技术研究，如各种飞机炸弹、燃烧弹、化学弹、信号弹及其附属器材的设计、试造、试验、改造、研究、改良、检

---

[1] 重庆市档案馆、四川省冶金厅、《冶金志》编委会合编：《抗战后方冶金工业史料》，重庆：重庆出版社，1988 年，第 199 页。

[2]《第二十三工厂厂史》(1948 年)，《中国近代兵器工业档案史料》编委会编：《中国近代兵器工业档案史料》(三)，北京：兵器工业出版社，1993 年，第 1210-1211 页。

[3]《第二十六工厂沿革》(1948 年)，《中国近代兵器工业档案史料》编委会编：《中国近代兵器工业档案史料》(三)，北京：兵器工业出版社，1993 年，第 1223-1224 页。

验、监造等事项。限于经费，当时只在龙蟠里设有一小规模工场。后商准借用中央大学工学院实习工场作为临时实验工场，开始试造及试验各种新兵器、改配各种炸弹挂箍与弹尾等。1937 年 11 月迁武汉，此时业务分为 3 组：第 1 组主管研究、设计、改良等项，主任为拉力果夫；第 2 组主管工人行政及试造监造等项，主任为赵民；第 3 组主管文书、会计、购置等项，主任为张万容。1938 年夏迁万县，选购万县沱口仪象丝厂为厂址，设立临时分厂于长沙、柳州。1939 年 2 月，该厂外籍技师拉力果夫开始试验其新设计的枪榴弹，取得满意效果；6 月呈准增设厂房，添补工徒，从事训练和试造。9 月中旬，该厂将原有万县工场划分为第 1 工场及第 2 工场，分担机械与火工任务，除仍代航委会修造械弹器材外，将试造完成的枪榴弹定名为 28 式枪榴弹，正式投产，供各战场上使用。同年长沙工厂迁并柳州工厂。1940 年春，柳州工厂奉令迁万县。此时本厂发明的枪榴弹，奉令大量制造，业务骤增。为管理上的便利，该厂将第 1、2 工场名义取消，分设 8 所改隶第 2 组，而第一组原负研究、设计等工作，划归技师室担任，以专责成。经拟具补充设备与扩充组织计划呈奉邀准，该厂还开办煤矿场，自炼煤焦，以供制造之需。1943 年，该厂订购杉木，开办制板场，就地锯制枪榴木箱及木柄用料，成效显著，兵工署曾通令各厂仿效。同时，该厂设计的照明、信号、黄磷等枪榴弹及手枪信号弹、战车燃烧瓶，代航委会改装的 50 公斤至 500 公斤各式飞机炸弹及承造的 16 公斤黄磷飞机炸弹及机场照明烛、返光镜等品先后试制成功。1942 年 11 月 1 日奉令扩编为第 27 工厂。[1]

兵工署材料试验处鉴于各兵工厂急需特种钢材，于 1941 年 2 月奉令筹设合金制造工厂，3 月 1 日成立筹备处。[2] 筹备处选择磁器口量家碑柴庐后山一带为厂址，9 月征地 490 余亩建厂，1942 年 4 月建成炼钢厂，6 月建成轧钢厂，7 月建成坩埚炼钢厂，8 月建成电冶厂，9

[1]《第二十七工厂沿革》(1947 年)，《中国近代兵器工业档案史料》编委会编：《中国近代兵器工业档案史料》(三)，北京：兵器工业出版社，1993 年，第 1226-1228 页。
[2]《第二十八工厂沿革》(1942 年)，《中国近代兵器工业档案史料》编委会编：《中国近代兵器工业档案史料》(三)，北京：兵器工业出版社，1993 年，第 1228 页。

月建成临时制钨厂。经批准，11 月正式成立第 28 工厂[1]，材料试验处处长周志宏任厂长。该厂设有电冶（第 1 制造所）、罐钢（第 2 制造所）、翻砂及吹风炼钢（第 3 制造所）、制钨（第 4 制造所）、电炉炼钢（第 5 制造所，未建成）、锻轧钢（第 6 制造所）、修造（第 7 制造所）、水电（第 8 制造所）等下属单位。出品的改良产品主要有锋钢、冲模钢、磁钢、纯钨、坩埚等，研制成功若干中国原来不能生产的合金产品[2]，是后方军用特种钢生产厂。

第四种情况，内迁重庆后经过改组、调整后消失的兵工厂。

上海炼钢厂原为上海兵工厂的一部分，1929 年 6 月，改由军政部兵工署直接管理。[3] 后改称第 3 兵工厂，再后来演变成为钢铁厂迁建委员会第 7 制造所。再如第 30 工厂成立时，并入南昌火工作业厂，成为该厂第 3 所主体部分。[4]

当时迁渝的除兵工厂外，还有一批重要的兵工署研究院所，如弹道研究所等。弹道研究所成立于南京汤山，兵工署署长俞大维兼任所长。1937 年冬，弹道研究所迁重庆，所址建在磁器口，丁天雄、汪公瑾先后任所长，对协助设计新炮、制备射表、国产原料炸药的推动有很大的贡献。[5] 成立于全面抗战前的汉阳兵工专门学校，也在 1938 年迁移重庆，1939 年 12 月改称军政部兵工学校。[6] 到 1945 年抗战胜利前后，兵工署直辖的 5 个兵工研究机构和 1 所兵工学校，除应用化学研究所不在重庆外，其余弹道研究所、材料试验处、军用特种车辆零件试造研究所、兵器陈列所和兵工学校均设于重庆。[7]

［1］ 重庆市档案馆、四川省冶金厅、《冶金志》编委会合编：《抗战后方冶金工业史料》，重庆：重庆出版社，1988 年，第 206、223-224 页。

［2］ 重庆市档案馆、四川省冶金厅、《冶金志》编委会合编：《抗战后方冶金工业史料》，重庆：重庆出版社，1988 年，第 223 页。

［3］ 《第三工厂前身上海炼钢厂史料（1935 年）》《中国近代兵器工业档案史料》编委会编：《中国近代兵器工业档案史料》（三），北京：兵器工业出版社，1993 年，第 1180 页。

［4］ 《第三十工厂厂史》（1947 年），《中国近代兵器工业档案史料》编委会编：《中国近代兵器工业档案史料》（三），北京：兵器工业出版社，1993 年，第 1236 页。

［5］ 《兵工研究院史料》（1949 年），《中国近代兵器工业档案史料》编委会编：《中国近代兵器工业档案史料》（三），北京：兵器工业出版社，1993 年，第 1293 页。

［6］ 《兵工学校史料》（1948 年），《中国近代兵器工业档案史料》编委会编：《中国近代兵器工业档案史料》（三），北京：兵器工业出版社，1993 年，第 1296-1297 页。

［7］ 陆大钺、唐润明编著：《抗战时期重庆的兵器工业》，重庆：重庆出版社，1995 年，第 107 页。

重庆以其战时首都的政治以及地理、交通、资源等条件，成为全面抗战时期大后方的兵工生产基地和武器改进、研发中心。[1]

（二）经济部所属工矿电事业

经济部是全面抗战时期的经济行政机构，其所属资源委员会是负责管理和经营大后方国家资本工矿电事业的主要组织，所属矿冶研究所、中央工业试验所也先后创办了若干带有试验性质的工厂。资料载，全面抗战时期，经济部在重庆及附近的工矿企业见表3-7。

表3-7　重庆附近经济部所属工矿事业表（1943年）

序号	名称	地址	主持人	主管机关	备考
1	钢铁厂迁建委员会大渡口炼铁厂	重庆大渡口	杨继曾	资源委员会	与兵工署合办
2	资和钢铁冶炼公司	重庆小龙坎对岸石门	林可仪	资源委员会	与商股合办
3	资渝炼钢厂筹备处	重庆小龙坎甘家碑	郑保成	资源委员会	独办
4	江炼铁厂	重庆董家溪	朱玉	资委会及矿冶研究所	合办
5	电化冶炼厂	綦江		资源委员会	独资
6	资渝钢铁厂	巴县		资源委员会	独资
7	资蜀钢铁厂	巴县		资源委员会	独资
8	中国兴业公司	重庆中四路	傅汝霖	工矿调整处	合办
9	重庆耐火材料厂	重庆寸滩黑石子	郁国城	资源委员会	独办
10	建川煤矿公司	巴县白市驿	潘铭新	资源委员会	与商股合办
11	四川矿业公司	总公司在成都 煤矿在江北桶井镇 钢厂在璧山登第场	史维新	资源委员会	与川省及商股合办
12	天府矿业股份有限公司	北碚		资源委员会	主办
13	四川油矿勘探处	巴县石油沟	王□□	资源委员会	独办
14	动力油料厂	重庆小龙坎土湾	徐名材	资源委员会	与兵工署合办

---

[1] 戚厚杰、奚霞：《抗战中重庆兵器工业基地的形成及意义》，《抗日战争研究》2005年第2期，第141-146页。

序号	名称	地址	主持人	主管机关	备考
15	中央电工器材厂渝二支厂	重庆南岸黄桷垭	高远春	资源委员会	独办
16	中央电工器材厂渝四支厂	干电池厂在重庆化龙桥 蓄电池厂在重庆董家溪	高嵩	资源委员会	独办
17	中央无线电器材厂渝分厂	重庆小龙坎	马师亮	资源委员会	与湘省政府及广播处合办
18	北泉酒精厂	北碚三花石	齐熨	资源委员会	与液体燃料管委会合办
19	试验洗焦厂	江北县白庙子麻柳湾	俞再麟	矿冶研究所	与天府公司合办
20	机械制造实验厂	重庆沙坪坝对岸盘溪	顾毓琭	中央工业试验所	独办
21	窑业燃料示范实验工厂	重庆沙坪坝对岸盘溪	郑仁、孙法仁	中央工业试验所	独办
22	制革鞣料示范实验工厂	重庆沙坪坝对岸盘溪	王毓绮、杜春晏	中央工业试验所	独办
23	电气仪器修造实验工厂	重庆沙坪坝对岸盘溪	施汝砺	中央工业试验所	独办
24	油蜡实验工厂	北碚杜家街	顾毓珍、简实	中央工业试验所	独办
25	纯粹化学品制造实验工厂	北碚杜家街	李尔康、沈增祚	中央工业试验所	独办
26	淀粉及酿造示范实验工厂	北碚杜家街	金培松	中央工业试验所	独办
27	建成水炭厂股份有限公司	巴县珞璜场	刘鸿生	工矿调整处	合办
28	李家沱给水公司	重庆南岸	徐谟君	工矿调整处	合办
29	经纬纺织机制造公司	重庆江家巷	黄口培	工矿调整处	合办
30	云南麻织厂股份有限公司	北碚	江汉罗	工矿调整处	合办
31	四川榨油厂	四川江北紫云台	都越周	工矿调整处	合办

序号	名称	地址	主持人	主管机关	备考
32	龙溪河水力发电厂工程处	长寿县桃花溪	黄育贤	资源委员会	合办
33	万县水电厂	万县三马路	黄舒培	资源委员会	合办
34	巴县炼油厂	巴县		资源委员会	独资
35	北碚焦油厂	北碚		资源委员会	独资
36	重庆酒精厂	重庆		资源委员会	独资
37	重庆耐火材料厂	重庆		资源委员会	独资
38	天原电化厂股份有限公司	重庆			参加
39	巴县工业区电力厂	巴县			参加
40	富源水力发电公司	北碚			参加

资料来源:《重庆附近经济部所属各企业设立地点分区表》(1943年),重庆市档案馆、重庆师范大学合编,《中国战时首都档案文献·战时工业》,重庆:重庆出版社,2014年,第134-135页;资源委员会经济研究室《资源委员会经办事业一览表》,见《资源委员会公报》第10卷第3-4期,1946年4月,第68-75页;章伯锋、庄建平主编,《抗日战争》第5卷,成都:四川大学出版社,1997年,第364-377页。

上述40个经济事业单位,遍布工矿电各个领域。

钢铁冶炼领域,全面抗战爆发后,为满足后方钢铁供应问题,钢铁界有识之士有多兴小高炉的主张,经济部矿冶研究所决定筹办试验铁厂试验此种小高炉。1939年3月,在经济部支持下,矿冶研究所从科研经费中划出16.625万元,以嘉陵江下游童家溪码头高地为厂址,创办试验炼铁厂,后资源委员会又投资50万元。经过一年半的反复试验和失败,1941年3月15日,该厂自行设计的5吨小型炼铁炉再次点火,次日出铁,试验获得成功。1941年8月,经济部和资源委员会决定将该试验炼铁厂改为陵江炼铁厂。[1] 余名钰曾在江北石门坎购地50余亩筹建每日出铁15吨的协和炼铁厂,因材料缺乏、资金不敷被迫停工。1941年,资源委员会与民生公司加入股份。4月30日,协和钢铁厂正式改组为资和钢铁冶炼公司,以林可仪为总经理。1942年4月,

---

[1] 重庆市档案馆、四川省冶金厅、《冶金志》编委会合编:《抗战后方冶金工业史料》,重庆:重庆出版社,1988年,第274-277页。

该公司正式建成,开始冶炼。[1] 1941 年 11 月,资源委员会在巴县井口乡甘家碑筹办资渝炼钢厂。1942 年 4 月,筹备中的资渝炼钢厂收购杨树棠等人创办的大华铸造厂并开始铸钢。同年 12 月炼钢厂建成,正式出产钢锭铸件。[2] 1944 年 3 月,资源委员会为集中管理,将陵江炼铁厂、资和钢铁冶炼公司、资渝炼钢厂合并,改称资渝钢铁厂,郑葆成为厂长,全厂员工 1319 人。[3] 该厂拥有炼铁厂两所,产品主要为生铁、元钢、角钢、扁钢、轻磅钢轨等,1945 年 10 月停工。威远钢铁厂为资源委员会收购新威炼铁厂资产改建而成,1941 年 1 月基本建成,12 月投产,有炼铁工厂、炼焦工厂、动力工厂、修造工厂等部门,日均产铁 10 吨,生产时停时续,到 1945 年 11 月最后停产。

资蜀钢铁厂是资源委员会在 1944 年 8 月接收江北县民营小型人和钢铁冶炼公司改建而成的一家钢铁厂,分炼铁、炼焦、炼钢等部门。[4]

电化冶炼厂是 1941 年 7 月由资源委员会重庆炼铜厂、綦江纯铁炼厂、綦江炼锌厂合并改组而成,设有第 1 厂(炼铜厂)、第 2 厂(纯铁炼厂)、第 3 厂(电冶合金钢厂)、第 4 厂(平炉炼钢厂)等,1944 年 1 月该厂部分投产,每月产钢 20 吨左右。1945 年年初该厂平炉炼钢厂投产,每月产钢可达 60 吨。1945 年 8 月该厂全面建成投产。

1937 年下半年,为供应兵工及电工器材的需要,资源委员会在长沙创办临时炼铜厂,但该厂产品纯度未能达到兵工及电工器材所需要的标准。1938 年 2 月,已经迁到长沙的资源委员会冶金室主任叶渚沛奉资源委员会之命,利用冶金室原有机器在湖南长沙创办一吨精铜炼厂。7 月开工出货,日出一吨。未足一月,约出 20 吨,即受战局影响奉令结束,机器设备全部迁渝,在化龙桥建重庆炼铜厂,仍以叶渚沛为厂

[1] 重庆市档案馆、四川省冶金厅、《冶金志》编委会合编:《抗战后方冶金工业史料》,重庆:重庆出版社,1988 年,第 299 页。

[2] 重庆市档案馆、四川省冶金厅、《冶金志》编委会合编:《抗战后方冶金工业史料》,重庆:重庆出版社,1988 年,第 282 页。

[3] 重庆市档案馆、四川省冶金厅、《冶金志》编委会合编:《抗战后方冶金工业史料》,重庆:重庆出版社,1988 年,第 306-307 页。

[4] 重庆市档案馆、四川省冶金厅、《冶金志》编委会合编:《抗战后方冶金工业史料》,重庆:重庆出版社,1988 年,第 318-320 页。

长。1939 年 4 月,资源委员会电化冶炼厂建成出货,具有日产电铜 3 吨以上的生产能力。[1] 1939 年 3 月,资源委员会派叶渚沛兼任拟办的纯铁炼厂厂长,5 月选定綦江三溪大田坝为厂址,1943 年建成试炼。其间,1940 年春,资源委员会又令重庆炼铜厂兼炼纯锌,随后选定綦江三溪纯铁厂附近为厂址,并于 1941 年年底建成投产。1941 年 6 月,资源委员会因上述三厂均属于电化冶炼性质,特将三厂合并,改称电化冶炼厂,厂设綦江三溪,仍以叶渚沛为总经理。电化冶炼厂分设立纯炼铁厂、炼铜厂、炼锌厂、炼钢厂、铁合金及电石厂、电力厂等。[2] 由此,开创了中国有色金属冶炼的新时期。

电工电器方面,资源委员会创办的中央电工器材厂于 1939 年 7 月 1 日在昆明正式成立,恽震为总经理,负责制造电工器材,供应后方电工需要。到抗战胜利前后,中央电工器材厂有五个分厂、三个支厂,共八个生产制造单位。其中管泡厂为第二厂,设于重庆,生产真空管及电灯泡。电机厂为第四厂,设在昆明,生产各种旋转电机、手摇电机变压器、开关设备及各种干电池、蓄电池等。电机厂还在重庆。[3] 中央无线电器材厂原为中央无线电机制造厂,成立于 1938 年 4 月,总厂在 1938 年 11 月迁设桂林,先后创办共计八个制造厂,专制无线电有关各项机件,其中,渝二支厂(制造电灯泡)、渝池支厂设于重庆。[4]

化工方面,1939 年与兵工署在重庆小龙坎合办动力油料厂,另在北碚设立北碚焦油厂。在重庆设立有重庆耐火材料厂,制造耐火砖,年产百万吨以上。[5]

煤炭业方面,资源委员会先后创办、参加投资的有 25 个单位,以重庆附近天府矿业股份有限公司影响力最大。天府煤矿是全面抗战时期后方唯一堪称大型的煤矿,位于嘉陵江矿区。该煤矿在战前基本上靠人工采掘。全面抗战爆发后,鉴于大批厂矿企业内迁,重庆人口

[1] 重庆市档案馆、四川省冶金厅、《冶金志》编委会合编:《抗战后方冶金工业史料》,重庆:重庆出版社,1988 年,第 230-231 页。
[2] 重庆市档案馆、四川省冶金厅、《冶金志》编委会合编:《抗战后方冶金工业史料》,重庆:重庆出版社,1988 年,第 235-236 页。
[3] 傅润华、汤约生主编:《陪都工商年鉴》,张研、孙燕京主编:《民国史料丛刊》(605 册),郑州:大象出版社,2009 年,第 106 页。
[4] 章伯锋、庄建平主编:《抗日战争》第 5 卷,成都:四川大学出版社,1997 年,第 391 页。
[5] 章伯锋、庄建平主编:《抗日战争》第 5 卷,成都:四川大学出版社,1997 年,第 321 页。

激增，燃料供应将成为严重问题，天府煤矿董事长卢作孚认识到要扩大生产、增加产量，必须更新设备，采用机械化生产。为此，卢作孚在汉口商请经济部部长翁文灏，要求找一家接近前线的大型煤矿公司撤退到重庆，与天府煤矿公司合作。在这种情况下，中福煤矿公司总经理孙越崎与卢作孚于 1938 年 3 月初在汉口翁文灏寓所相遇。据孙越崎回忆：卢作孚与他见面时，谈起上海一带工厂和兵工厂等上运重庆建厂，川江轮船运输紧张，缺乏煤炭是个大问题。孙越崎于是提出，中福煤矿机器材料及技术管理人员和技工都在汉口，如与天府煤矿合作，可解决问题。卢作孚闻之大喜，立即同意合作，并允负责把中福机器设备优先运输入川。1938 年 3 月 11 日，孙越崎和中福公司总代表贝安澜、原中福联合处李河煤矿矿长张莘夫等一行 4 人专程从汉口到重庆。随后孙越崎一行在当时天府煤矿公司经理黄云龙陪同下，考察了天府煤矿的采煤情况。孙越崎等人发现，天府煤矿的上山煤已经开采完毕，全靠开采下山煤，而且采掘全用人工，工人死亡率很高。同时，孙越崎等人也看到天府煤矿拥有若干优势，包括有一条 17 公里长的轻便铁路从矿区直达嘉陵江边，煤层较厚储量丰富，从嘉陵江运煤到重庆不到 100 公里，运输便利。[1] 孙越崎很快决定与天府煤矿合作，并作了初步规划，将总处、电厂和机修厂设在位置适中的后峰岩。一周后，孙越崎回到汉口再次与卢作孚洽商，提出需将北川铁路与天府煤矿合并，实行路矿合一，得到卢作孚同意。于是，双方初步商定了合作的具体办法：一方面天府、北川合并，以矿区和铁路作价入股；另一方面中福公司以机器材料作价入股，合组天府矿业股份有限公司。1938 年 5 月 1 日天府煤矿公司、北川铁路公司与中福公司正式合并为天府矿业股份有限公司，资本共为 220 万元，其中北川铁路和旧天府煤矿股本占 80 万，中福公司股本占 80 万，向经济部借款 60 万。[2]新组建的天府矿业公司，由卢作孚担任董事长，孙越崎担任总经理，原天府煤矿公司经理黄云龙担任协理。新公司成立后，半年内开始发

---

［1］孙越崎著：《孙越崎文选》，北京：团结出版社，1992 年，第 28-29 页。

［2］《北川天府中福合资经营共资本二百廿万》，《嘉陵江日报》1938 年 5 月 1 日，第 3 版；天府煤矿公司编：《天府公司概况》，大东书局，1944 年 1 月，第 1-41 页。

电,经过 3 年左右建设,坑内外工程完成,采煤完全应用机器。[1] 天府煤矿采用机械化采煤后,年产量增加到 50 万吨,占重庆全年用煤的一半左右。后来中福公司还与民生公司合作,合办了嘉阳、威远、石燕等煤矿公司,也由孙越崎任总经理。

有色金属矿业企业方面,有重庆电化冶炼厂等精炼工厂。重庆电化冶炼厂筹备于 1938 年,成立于 1939 年 3 月,主要业务是电炼川康两省存铜供兵工需要,后于 1941 年 7 月改称电化冶炼厂。

电业方面,龙溪河水力发电厂位于重庆下游 40 公里,水力发电资源丰富。设在该处的龙溪河水力发电工程处在 1941 年 9 月完成了桃花溪水力发电工程,装机容量为 876 千瓦。1943 年年底该工程处又完成了下清渊硐水电工程,安装 1000 马力水轮机两座。汉中电厂从 1937 年开始筹备,1939 年年底建成发电,资本3383000元,有发电机 3 部,发电容量 300 千瓦。[2] 万县电厂安装有两座小型水轮发电机,共计 520 马力,1940 年开始供电。

重庆李家沱及渔洞溪一带,工厂林立。为解决工厂用电问题,在经济部工矿调整处倡导下,区内各厂共同集资,于 1943 年初开始筹备设立发电厂。1944 年 3 月巴县工业区电力股份有限公司建成供电,董事长由工矿调整处张丽门担任,经理由张祖荫担任,员工 100 多人。该厂额定资本4000 万元,设备有 1000 千瓦透平发电机 1 套,每月可以发电 30 万度以上,依据投资比例分配各厂使用。[3]

经济部所属中央工业试验所迁重庆后,在 1939 年呈请经济部核拨资金,在重庆江北的盘溪设立了制革鞣料示范实验工厂,该厂于 1939 年 4 月 1 日开始筹备,1940 年 5 月 1 日建成投产,职员 30 多人,工人 200 左右,业务以制革、制鞣料、制造制革助料为主,产品主要供应第 42 兵工厂生产防毒面具。1939 年 9 月经济部中央工业试验所又在制革鞣料示范实验工厂开始筹设窑业原料示范工厂,1940 年 5 月建成投产,月产火砖 100 吨以上,火砖产量仅次于大渡口钢铁厂,产品供

[1]《天府矿业公司速写》,《新世界》1944 年复刊号,1944 年 3 月 15 日,第50-51 页。
[2]《资源委员会汉中电厂》,《工商调查通讯》第 277 号,1943 年 10 月 19 日,第 1-2 页。
[3]《巴县工业区电力厂股份有限公司》(交通银行贷放事业调查报告提要),重庆市档案馆馆藏,档案号:0288-1-160。

不应求。1939 年,中央工业试验所还在重庆附近的北碚筹备纯粹化学药品制造实验工厂,1940 年建成投产。1940 年秋该所还在北碚筹设了油脂实验 2 厂。[1]

(三)其他国营、公营及合资厂矿

除兵工署和经济部外,全面抗战时期,国民政府中央其他部会及行局也通过迁建、新建等途径,在重庆设立了一系列的国营或合资的厂矿企业。

1.交通部系统

根据相关研究,交通部此类工厂主要有中央汽车配件制造厂等,详见表 3-8。

表 3-8 全面抗战时期交通部系统所属主要后方企业

资本单位:万元

厂名	成立年月	资本	职工数	简况
中央汽车配件制造厂	1938.9	2000		与运输统制局合办,厂设重庆,生产汽车配件及合金钢
中央湿电池制造厂	1942.7	200	53	与金陵大学合办,厂设重庆,生产蓄电池、湿电池、电瓶等
钢铁配件厂	1942.1	130	195	厂设重庆,制造电信器材及各种钢铁配件
招商局机器厂	1914		230	经武汉、宜昌于 1939 年迁重庆,修理船舶

资料来源:许涤新、吴承明主编,《中国资本主义发展史》第 3 卷《新民主主义革命时期的中国资本主义》,北京:社会科学文献出版社,2007 年,第 388 页;陈真,《中国近代工业史资料》第三辑,北京:生活·读书·新知三联书店,1961 年,第 923-932 页。表中内容略有订正。

2.其他中央部会、行局投资的厂矿

主要有中国兴业公司、豫丰纱厂、中央农业机械公司等。

中国兴业公司总公司设于重庆,是后方规模最大的官商合办钢铁企业,仅次于完全国家资本的钢铁厂迁建委员会。中国兴业公司前身是华西兴业股份有限公司,成立于 1932 年。1936 年,华西公司与四川

---

[1]《经济部所属中央工业试验经营的四个工厂》,陈真编:《中国近代工业史资料》第三辑,北京:生活·读书·新知三联书店,1961 年,第 831-834 页。

实力派人物刘湘合办华联钢铁厂，由于资金不足而夭折。全面抗战爆发后，华西公司重新制订年产 30 万吨钢的建厂计划，并派经理胡子昂于 1937 年年底到汉口谒商资源委员会翁文灏、中国实业银行副董事长傅汝霖、财政部次长徐堪，向国民政府方面请求给予贷款协助，得到赞同。接着华西公司胡子昂、胡仲实、胡叔潜又拟具矿业、电气、钢铁 3 种事业扩展计划，与财政部多次商谈，得到孔祥熙赞成。于是 1939 年 2 月 24 日，在翁文灏主持下，于孔祥熙的公馆举行了筹备会，决定把华西公司矿业、电气、钢铁 3 个部分合组为中国兴业公司，资本 1200 万元，以重庆江北相国寺为厂址。原华西公司所属华联钢铁公司、华西公司矿业组与内迁的中国无线电公司合并，原有资产 200 万元作为股份参加，另有中央信托局、中国银行、交通银行、中国农民银行投资 738 万元，经济部投资 100 万元，四川省政府和四川省银行各投资 50 万元，其余由私人银行和个人投资，总计官股 85%，商股 15%，计划建设年产 120 万吨钢的大型钢铁企业。1939 年 7 月 10 日中国兴业公司在重庆召开创立会宣告成立，聘任傅汝霖为总经理（1944 年 3 月傅汝霖任董事长，胡子昂接任总经理），1942 年中国兴业公司资本扩大 6000 万元，1943 年再次增资为12000万[1]，成为后方资本额最大的公司，而实际资产超过资本额很多。中国兴业公司在组织上设有钢铁、电业、矿业、机器 4 部分，其中钢铁部设有炼铁、炼钢、轧钢、电炉、动力机、机器、火砖等厂，电业部设有电讯厂、内江华明电厂、灌县明明电厂、遂宁华宁电厂，矿业部设有彭水铁矿、涪陵铁矿、永铜煤矿、柳坪煤矿、叙永黏土矿，机器部设有人和湾机器厂，中心业务是钢铁生产。

从 1941 年到 1944 年中国兴业公司共计生产生铁 19490 吨，钢锭和钢铁铸件 9839 吨，钢材 7165 吨，钢和铁的产量，均占后方民营钢铁厂产量的三分之一。[2] 战时生产局成立后，中国兴业公司得到美籍专家技术指导，钢铁产量有比较大的增加，其中铁产量由每日 7～8 吨增加到 18～19 吨，钢产量由每月 100 多吨增加到 300 多吨，轧钢由每

[1] 重庆市档案馆、四川省冶金厅、《冶金志》编委会合编：《抗战后方冶金工业史料》，重庆：重庆出版社，1988 年，第 333、351、355 页。
[2] 《第三节 战时重庆部分工业典型分析》，周勇主编：《重庆通史》第 3 卷（近代史下），重庆：重庆出版社，2002 年，第 1031 页。

月 100 多吨增加到 300 吨左右,生铁铸件由每 20 多吨增加到1900吨。[1]

中国兴业公司除有直属 4 厂外,还投资内江华明电厂、遂宁华宁电厂、涪陵铁厂、北碚三才生煤矿、华川火砖厂、叙永火砖厂等。1944年 8 月,交通银行对中国兴业公司进行了调查,发现该公司业务虽然有好转,但是"负债累累,业务前途殊为黯淡",并认为该公司"组织庞大,管理散漫,虽屡经调整,仍为未切合实际需要,似应从速缩小范围,节省开支,减少可以暂时放弃之工作及不必要之事件,而全力集中于钢铁生产"[2]。

1945 年 3 月中国兴业公司进行了改组,取消内部各个机构,调整各个矿厂组织,改组后总公司下属计有钢铁厂、机器厂、窑业厂、永营铁厂、涪陵铁矿、柳坪煤矿、华明电厂、明明电厂、华宁电厂等 10 个生产单位,职员 475 人,工人 3147 人[3],仍然是抗战后方最大的公私合营钢铁企业。

豫丰纱厂创办于 1919 年,初设于河南郑州,原有美制电机 4 座,共 3500 千瓦,美制纱机 56448 锭,布机 234 台,国产并线机 5600 锭。迁渝实际生产者,计渝地(土湾)25000 纱锭,合川豫丰支厂 15000 纱锭,电机 2 座共 2000 千瓦。1937 年以前资本总额为 420 万,1941 年前后资产现值约 1900 万,而中国银行投资即达 1800 余万元,其能维持现状全赖中国银行的金融支撑。该厂股票,十之八九已售与中国银行,所以全厂的最高权力机关,为中国银行管理处。工人 3000 余,职员 200 余人。[4]

中央农业机械公司设于重庆,1943 年 12 月创办,为官商合办性质,资本 5000 万元,以制造、推广适合中国国情的农具、农产加工及农

---

[1] 胡子昂:《中国兴业公司三十四年度工作概况》,重庆市档案馆馆藏,档案号:0296-14-320。

[2] 《中国兴业公司第三次动态调查》(1944 年 8 月),重庆市档案馆馆藏,档案号:0288-1-158。

[3] 傅润华、汤约生主编:《陪都工商年鉴》,张研、孙燕京主编:《民国史料丛刊》(605 册),郑州:大象出版社,2009 年,第 115 页。

[4] 《豫丰纱厂概况》(1941 年),重庆市档案馆、重庆师范大学合编:《中国战时首都档案文献·战时工业》,重庆:重庆出版社,2014 年,第 606 页。

业运输工具,达成农业机械化、农村工业化为宗旨。资本雄厚,目标极大。该公司成立后,一方面与国内研究农具的学术机关合作,以从事国内农具的研究及改良,同时,合并贵州企业公司的中国机器厂为该公司贵州制造厂,租赁重庆化龙桥的华隆钢铁厂改组为华农制造厂,从事农具制造,创办农产加工实验厂。其贵阳制造厂和华农制造厂生产的农具,以动力机、灌溉机、农产加工机为主。[1]

以四川丝业公司、川康兴业公司等为代表的地方公营厂矿,在第六章叙述。

二、民营工业及其困难

重庆民营工业在全面抗战时期获得了突飞猛进的发展,是战时重庆工业的重要组成部分,一度发挥极为重要的作用,但从 1942 年起,特别是 1943 年以后,遭遇严重的危机。

(一)民营工业

1941 年 10 月,重庆民营工厂有 404 家,见表 3-9。

表 3-9　重庆民营工厂概览(1941 年)

业别	厂数	业别	厂数
机械工业	160	电机制造业	21
化学工业	122	饮食品工业	13
纺织工业	33	冶炼工业	7
教育用具工业	32	其他	16
总计	404		

资料来源:《抗战中期重庆市民营工厂厂数统计》(1941 年 10 月),重庆市档案馆、重庆师范大学合编,《中国战时首都档案文献·战时工业》,重庆:重庆出版社,2014 年,第 118 页。

到 1941 年年底,重庆市工厂情况见表 3-10。

---

[1] 马保之、方根寿、浦发:《中国农具前途之展望》,《西南实业通讯》第 12 卷第 5、6 期,1945 年 12 月 31 日,第 30 页。

表 3-10　重庆市呈准经济部登记工厂分类统计表(1941 年年底为止)

业别	厂数	备注
机器五金工业	210	
化学工业	108	酸碱盐 7，液体燃料 17，窑制品 8，水泥 1，橡胶 1，造纸 3，制革 29，油漆 4，颜料 2，火柴 2，药品 12，皂烛 17，油醋 4，化妆品 1
纺织及服装工业	42	
饮食品工业	34	碾米 4，麦粉 4，制糖 1，糖果饼干 2，罐头 1，烟草 2，调味品 3，印刷文具 17
电工器材工业	27	
冶炼工业	16	
其他工业	14	自来水 1，锯木 4，猪鬃 1，牙刷 7，煤球 1
总计	451	

资料来源:《1941 年度各种工矿事业生产情形》(1942 年),重庆市档案馆、重庆师范大学合编,《中国战时首都档案文献·战时工业》,重庆:重庆出版社,2014 年,第 120-124 页。

另有材料说到 1941 年年底,重庆在经济部登记的工厂有 451 家,占后方 1350 家工厂的 33.4%。[1] 到 1942 年年底,经济部民营工厂登记中,重庆的工厂已经达到 781 家。[2]

根据重庆市社会局工商登记,截至 1942 年 9 月,重庆民营工业资本总额为 178569708.36 元。具体行业分布见表 3-11。

表 3-11　重庆民营工厂概览(1942 年)

行业别	资本额(元)
纺织工业	35941141.40
饮食品工业	33679250.00
冶炼工业	25514000.00
机器工业	23197876.96
化学工业	23059500.00

[1] 袁梅因:《战时后方工业建设概况》(1944 年),重庆市档案馆、重庆师范大学合编:《中国战时首都档案文献·战时工业》,重庆:重庆出版社,2014 年,第 154 页。
[2] 翁文灏:《中国工商经济的回顾与前瞻》(1943 年),重庆市档案馆、重庆师范大学合编:《中国战时首都档案文献·战时工业》,重庆:重庆出版社,2014 年,第 140 页。

行业别	资本额(元)
电器工业	9577800.00
土木建筑工业	8314000.00
水电工业	4000000.00
文化工业	3836040.00
其他工业	11450100.00
合计	178569708.36

资料来源:建子,《川康区的民营工业》,《西南实业通讯》第8卷第5期,1943年11月30日,第23页。

根据重庆市社会局统计,到1942年9月,重庆民营工厂资本统计数字为178569708.36元。但是这个数字难以反映重庆民营工业资本的真实情况。因为重庆的民营工厂数比四川多138家,而且规模较大的民营工厂企业也多集中在重庆,资本反而占不到包括重庆在内的四川全省民营工厂资本总额418675281元的一半,于理不通。究其原因大概与币值变动、纳税有关。至于设备,经济部统计与工矿调整处资料显示,重庆民营工厂动力设备占后方动力设备总数的45%,工作机占后方工作机总数的55%。[1]

重庆市区包括南岸、江北、巴县。根据国民政府经济部工矿调整处1943年8月的调查,拥有新式设备的民营工厂有818家[2],其行业分布见表3-12。

表3-12 重庆民营工厂概况表(1943年)

序号	行业类别	家数(家)
甲	冶炼工业	14
1	炼钢厂	4
2	冶铁厂	8
3	炼焦厂	2

---

[1] 建子:《川康区的民营工业》,《西南实业通讯》第8卷第5期,1943年11月30日,第23页。

[2] 建子:《川康区的民营工业》,《西南实业通讯》第8卷第5期,1943年11月30日,第21页。

序号	行业类别	家数（家）
乙	机械工业	313
1	机器制造厂	131
2	翻砂厂	52
3	汽车修造厂	15
4	船舶修造厂	4
5	零件及修理厂	60
6	针钉锁厂	3
7	五金及工具厂	48
丙	化学工业	129
1	酸碱厂	18
2	酒精厂	12
3	颜料厂	2
4	炼油厂	13
5	火柴厂	11
6	造纸厂	4
7	皮革厂	21
8	橡胶厂	2
9	制药厂	8
10	搪瓷厂	4
11	皂烛厂	25
12	电石厂	1
13	其他化工厂	8
丁	电器工业	50
1	电机厂	6
2	电器厂	12
3	电料厂	32
戊	纺织工业	126
1	棉纺厂	6
2	棉织厂	59
3	缫丝及织绸厂	2
4	毛纺厂	4
5	漂染厂	6
6	针织厂	21
7	鞋帽及被服厂	21
8	其他纺织厂	7
己	土木建筑工业	13

序号	行业类别	家数（家）
1	水泥厂	1
2	砖瓦厂	3
3	锯木厂	2
4	木制品厂	2
5	陶瓷厂	2
6	玻璃厂	2
7	火砖厂	1
庚	饮食品工业	65
1	面粉厂	5
2	碾米厂	7
3	机制糖厂	3
4	榨油厂	1
5	调味品厂	1
6	制罐厂	2
7	制冰厂	1
8	卷烟厂	41
9	其他饮食品厂	4
辛	文化工业	95
1	印刷厂	76
2	文具厂	11
3	油墨厂	3
4	仪器厂	2
5	铸字及制版厂	3
壬	水电工业	2
1	电力厂	1
2	自来水厂	1
癸	杂项工业	11
1	牙刷厂	5
2	其他制造杂品工厂	6
	共计	818

资料来源：建子，《川康区的民营工业》，《西南实业通讯》第 8 卷第 5 期，1943 年 11 月 30 日，第 21-23 页。

全面抗战时期重庆民营工厂与后方各地民营工厂的比较见表 3-13。

表 3-13　全面抗战时期后方民营工厂分布地区概况表（1944 年）

单位：百万元

地区别	厂数	资本额	折合战前币值	工人数
重庆	1461	819.4	101.0	64701
四川	813	858.6	93.7	52146
贵州	183	100.1	6.0	6314
云南	142	246.6	21.5	9277
广西	343	202.2	12.7	13613
湖南	870	415.4	23.7	48400
陕西	325	217.6	28.7	23112
其他	627	265.4	28.8	37034
合计	4764	3125.3	316.1	254597

资料来源：许涤新、吴承明主编，《中国资本主义发展史》第 3 卷，北京：社会科学文献出版社，2007 年，第 411 页。

　　表 3-13 分布地区概况显示，川渝、湘桂、云贵以及陕西是全面抗战时期后方民营工业集中分布的地区，特别是川渝、湘桂两个区域的工厂数占整个后方民营工厂数的 90% 以上，反映战时中国工业布局发生了很大的变动。不过，1944 年正面战场豫湘桂战役失败，湘桂区工厂普遍遭到灭顶之灾。其他区域的民营工厂也由于后方工业的不景气而严重衰败，重庆工业则由于再次内迁得到进一步的充实。

　　此外，华侨企业虽数量不多，却对重庆战时工业产生了较大的影响。1940 年 4 月，南洋华侨归国慰问团成员、马来亚槟榔屿华侨胶业公司代表王振相、王金兴、庄怡生等人与中国茶业公司合资在重庆创办中南橡胶厂股份有限公司，资本 100 万元，其中华侨胶业公司出资 70 万元，中国茶业公司出资 30 万元，寿景伟任董事长，庄怡生任总经理，并派人在昆明、贵阳成立分厂。[1] 不久中国茶业公司退出，中南橡胶厂的股东变为以东南亚华侨为主，庄怡生担任董事兼总经理，资本 200 万元。1940 年 9 月昆明厂首先建成，1941 年又设立了贵阳、重庆、曲江等厂，专门翻制汽车轮胎及各种机器橡胶配件，供军工运输以及制造厂使用。1943 年，经过股东大会决议，该厂增加资本为 2000 万元，并在重庆化龙桥设立总厂。重庆总厂成立后，开始制造全新车胎

────────────

　　[1]《云南实业消息·工业》，《云南实业通讯》第 1 卷第 6 期，1940 年 6 月，第 135 页。

及各种机器橡皮配件。抗战胜利前后,该厂主要有重庆总厂及贵阳厂两处。[1]

1940 年创办于桂林的利华橡胶厂,创办之初以修补轮胎为主要业务,称利华补胎厂,职工仅有数人。该厂规模虽小,但发展颇快。1943年改名为利华橡胶工业股份有限公司,从事制造鞋底、球胆、胶管、胶滚及返修轮胎等业务,并在衡阳、柳州设立分厂,职工增加到一百七八十人。1944 年 9 月,湘桂战事危急,先后沦陷,利华厂内迁重庆,迁移中损失较大。但该厂迁到重庆后,又获得迅速发展。[2]

重庆工业合作事业开始于 1939 年 1 月,当年成立工业合作社 118所,有资金周转困难,当年解散 54 社,到 1943 年 8 月,存 30 社。[3] 其演变情况见表 3-14。

表 3-14　历年重庆工合社数目增减表　　　　　　　单位:个

年度	成立社数	解散社数	存在社数
1939	118	54	64
1940	10	46	28
1941	2	1	29
1942 年到 1943 年 8 月	1	——	30

资料来源:李在耘,《重庆工合之过去现在与将来》,《西南实业通讯》第 9 卷第 1 期,1944 年 1 月 31日,第 10 页。

上述尚存的 30 个工业合作组织中,纺织类 13 社,化学药品类 8 社,服装类 6 社,机械类 2 社,印刷类 1 社,其他 2 社。[4] 工合产品,大部分为棉织物,其余为肥皂、制革、制酸、玻璃、炼油等,1942 年各社生产总值为 13108605.09 元,盈余 2063117.69 元。[5]

---

[1]《中南橡胶厂调查报告》,《联合征信所调查报告书》征字第 89 号, 1946 年 5 月 25 日, 第1-3页。

[2]《西南区私营橡胶工业调查报告》, 第 1、6 页, 1952 年, 重庆市档案馆馆藏, 档案号 1091-3-419。

[3] 李在耘:《重庆工合之过去现在与将来》,《西南实业通讯》第 9 卷第 1 期,1944 年 1 月 31日, 第 10 页。

[4] 李在耘:《重庆工合之过去现在与将来》,《西南实业通讯》第 9 卷第 1 期,1944 年 1 月 31 日,第 10 页。

[5] 李在耘:《重庆工合之过去现在与将来》,《西南实业通讯》第 9 卷第 1 期,1944 年 1 月 31日, 第 12 页。

（二）中小工业危机及其原因

全面抗战后期出现的大后方工业危机，特别表现为中小工业的危机，并影响到规模较大的民营工矿。这场危机一直持续到抗战胜利之后，影响深远。

早在1941年6月，以重庆为中心的后方工业界已经感受到重重困难，中国西南实业协会、迁川工厂联合会、重庆国货厂商联合会联合撰文，在《中国工业》上刊出，就捐税、资金、原料、运输、管制等工业相关问题，提出相应的主张和建议。[1] 1941年12月太平洋战争爆发后，日军加紧了对沿海的经济封锁，后方工业与外界几乎完全隔绝，生产困难加剧。从1942年起，后方工业界不断开会研拟解决困难的办法。1943年2月迁川工厂联合会、中国西南实业协会、重庆国货厂商联合会、战时生产促进会联合组织全国生产会议促进会，每月开会商讨如何推动国民政府召开全国生产会议，从而解决后方生产中的困难问题。1943年6月初，终于促成了第二次全国生产会议的召开。会议上发表了《第二次全国生产会议宣言》，提出战时战后统筹并顾、产业合理化与科学管理、调整矿业统筹运销、粮棉增产与农田水利、人力动员与人力节约等五个方面的解决方案。但所有的方案都被束之高阁。

1943年8月17日上午8时，重庆附近的嘉陵江区煤矿业公会在北碚兼善公寓举行大会，出席会员150余人，代表嘉陵江区大小100多家煤矿矿商，国民政府社会部、经济部及国民党重庆市党部也派员到会，大会由嘉陵江区煤矿业公会理事长蓝绍侣主持并致开会词。蓝绍侣谓：本会会员于极度困难之环境中，努力增产，支持大后方工业，极为欣慰。唯关于煤业、运输及调整价格等问题，仍希望当局全国计划，以期配合发展。国民政府社会部、重庆市党部及经济部燃料管理处代表也先后讲话。旋即经过讨论并通过下列主要决议案：①请政府指拨专款，以简便手续，贷与矿商，以充裕矿业资金，促进生产案。②请继续举办存煤垫款以利各矿继济周转案。③请继续贷放食粮借

---

[1]《工业界之困难与期望》（1941年6月），重庆市档案馆、重庆师范大学合编：《中国战时首都档案文献·战时工业》，重庆：重庆出版社，2014年，第278-284页。

款,以便储购矿工食米案。④供给各矿生产材料及食粮稳定,以成本而维生产案。⑤请政府协助人力运输各矿合筑运道,改进运输设备,以利生产而节省人力案。⑥请政府有计划性地鼓励生产,并备款收购剩余产品案。⑦请延长本业采运工人缓役期限,并简便申请审查给证手续案。⑧请主管机关改善燃料分配办法案。⑨改良代收煤款办法以利各矿资金周转案。⑩政府统购统销物资应请尽量收购,以防产品积滞,影响生产案。⑪请依煤质优劣,分别定价案。⑫建造会所,以便推动会务案。⑬各管理机关向各矿收购煤焦,请预付全部货款,放宽条件,并准由各矿运至重庆交货,或由公会承办案。⑭本会各会应严格遵守限价,并请政府及时合理调整价格案等。下午继续开会,处理会务相关事宜,到5点散会。[1] 从决议案的内容看,煤矿业的主要问题是煤炭限价导致的资金困难。

1943年11月9日下午,重庆五工业团体在国货厂商联合会举行工业问题座谈会,钢铁、机器、酒精、炼油、小型棉纺各行业及金融界人士50余人到会,会议请章乃器发表对于当前工业界危机的意见。章氏首先强调目前工业之危机并不止于工业界本身,而是关系整个国民经济及中国工业化的问题。他警告说:目前工业界情况,若无改善希望,则战后能存在之工业恐为数极少。战时辛苦经营之大多数企业家均将一蹶不振,而支持将来中国工业化事业者必为三种势力,一为外国资本,一为沦陷区敌伪势力下之暴发户所变成之一种新买办阶级,一为后方投机取巧囤积居奇之辈。以由此类人物担任中国工业化之责,前途实堪忧虑。章氏继述解决方案:甲、关于工业自谋者:①加强组织力量,若干小工业可组织联营成工业合作,同业之间应加强联系。同时对于若干公共事业可组织联合企业公司,要求政府承受股票,以发展建设。②统一意志,国营民营各业以及对于技术成品之意见,官民双方亟须互相恳谈,切实商讨。若干管制配销方面之间题有互不了解之处,均可研究解决之。③工业界本身应注意技术与业务管理之改进。乙、希望政府之救助者:①所定方案不抽象,不空谈。②除救济之

<hr />

[1] 《〈大公报〉关于嘉陵江区煤业公会请求政府贷款以促进生产的报道》(1943年8月19日),重庆市档案馆、重庆师范大学合编:《中国战时首都档案文献·战时工业》,重庆:重庆出版社,2014年,第284-285页。

外,着重提倡。③官民的合作,各业亦加强组织力量。④制造轻磅铁轨及修理船舶以供国家之用。此事可联合起来,集中目标以达成。章氏最后论及物价,主张运用20000万美元,以稳定币值,则物价问题及工业困难均可解除。各代表专家发表意见甚多,均以解决钢铁销路为首要。其办法:①请求政府建设轻便铁路,修理船舶。各厂家联合组织企业公司,官商合办,欢迎民间投资,不必在国库支出,而由政府为其保息,则交通问题,钢铁销路均同时解决。②重工轻工业以及工业与农业须配合发展。各代表讨论热烈,1时开始,到6时才散会。[1]

面对工业危机,经济部工矿调整处于1943年3月制定了定制机器专案,拨款1亿元为定金,定制2亿元机器,这一定货规模,"约达民营各厂全部工作能力四分之一"[2],对于缓解民营机器厂产销中的困难起到了积极作用。时任国民政府经济部部长的翁文灏也在1943年表示:从1941年下半年开始,"因物价续涨,工业已渐见疲倦,嗣后实际困难与年俱进"[3]。

在日益严重的工业危机中,产品滞销现象日益严重。为谋自救,工业界集合若干工厂,按照各工厂性质或生产区域筹组联合企业机构,合作筹办推销、采购、运输等业务。大川机器制造厂生产钢丝、拉丝等产品,在大后方供不应求。太平洋战争后,拉丝钢料原料中断,大川机器制造厂被迫减产二分之一。遂有崔唯吾等联合大川公司、中国兴业公司等,发起创办重庆中国制钢公司,以生产炼制拉丝钢料为主要业务。1941年6月2日开创立会,聘请黎超海为经理,毕天德为总工程师,选牛角沱对岸江北董家溪为厂址,11月开始试炉,12月正式制钢,设计炼钢厂年产150吨,轧钢厂年产钢300吨。因为拉丝钢料月需仅二三十吨,所以该公司还生产3分到1寸2分各型钢料,12磅

---

[1]《章乃器谈目前工业界的危机及其解决办法》(1943年11月9日),重庆市档案馆、重庆师范大学合编:《中国战时首都档案文献·战时工业》,重庆:重庆出版社,2014年,第285-286页。

[2] 翁文灏:《后方工业现状及其困难》,《中国工业(桂林)》第23期,1944年1月,第37页。

[3] 翁文灏:《后方工业现状及其困难》(1943年12月17日),重庆市档案馆、重庆师范大学合编:《中国战时首都档案文献·战时工业》,重庆:重庆出版社,2014年,第286页。

到 16 磅轻磅钢轨,5 寸以下型锻钢料等。[1] 实际上在该厂成立之前的 1941 年初,重庆已有 20 多家工厂合组中国工业联合股份有限公司,其主要业务有:经售各厂产品、在国内外分设机构代办厂矿所需原料、陈列展览各厂产品、经营进出口贸易、承修电器机械、承办水电工程、调剂各厂材料机械等物资、出版刊物报导国内外工业界新闻和行市。[2] 经过酝酿,1944 年 1 月 6 日,中国工业联营股份有限公司在重庆举办典礼正式开业,该公司成立的宗旨是"在团结工业团体,使厂家紧密联系,对运销及原料等问题,谋取共同解决""为后方近年来所出现颖新之商业组织"[3]。该公司主要业务有:①联合经销,降低成本;②联合采购,在国内外重要都市设立特约机构,以便咨询和采购原料;③联合运输,办理运输以利联合外销;④设立陈列所,经常展览工矿产品,以便选购;⑤联合委托,设立委托部,承受多余、剩余的计件,互通有无;⑥联合广告,设立广告部,承揽报刊等广告;并代厂矿进行机器材料的购置、厂矿货物销售的介绍等。据报道,重庆市参加该组织的厂矿已经有 50 多家。该公司特约经销厂家有中国建设工程公司、允利实业公司、瑞华玻璃厂、民治纺织厂、维昌纺织厂、精一科学器材厂、宝星染织厂、新亚制药厂、中国化学工业社等 31 家。[4]

1944 年 11 月 16 日,国民政府仿照美国战时经济行政办法,成立了战时生产局,由经济部部长翁文灏兼任局长,直隶行政院并受军事委员会的指挥监督。其主要任务在于指挥监督并联系公私生产机构,并注意协调原料与运输的配合,以增加战时工业生产。该局内设秘书、优先、材料、制造、兵工、运输、采办、财务等八处,以及审议委员会等。审议委员会由外交、财政、军政、经济、交通等各部部长任委员,以

[1] 崔唯吾:《介绍中国制钢公司》,《工商新闻民国三十二年元旦特刊》,1943 年 1 月 1 日,第 70 页。

[2] 《实业动态·实业界新设施》,《西南实业通讯》第 9 卷第 1 期,1944 年 1 月 31 日,第 45 页。

[3] 《实业服务·中国工业联营股份有限公司开业》,《西南实业通讯》第 9 卷第 1 期,1944 年 1 月 31 日,第 53 页。

[4] 《实业服务·中国工业联营股份有限公司开业》,《西南实业通讯》第 9 卷第 1 期,1944 年 1 月 31 日,第 53-54 页。

该局局长为主席。[1] 战时生产局成立后不久,中国工业协会、迁川工厂联合会、中国战时生产促进会、中国西南实业协会、重庆国货厂商联合会五工业团体,于11月23日在中国工业协会内欢迎翁文灏、纳尔逊后,即召开座谈会,推举代表起草战时生产局成立后政府对于工业应有措施的建议,计划分别送请战时生产局局长翁文灏及纳尔逊参考。后该建议在《中央日报》全文刊载,内容包括工业再编组、集中支配生产要素、执行定货政策、充实资金来源、管制及物价政策、改善运输及税制等6个主要方面。其中关于工业再编组问题,建议主张对生产要素缺乏、生产条件不宜的工业,生产局应予以指导协助,或促使其改变生产目的或迁移它处;以全部国营民营工业为对象,严格执行精密分工,彻底合作,以达到产品标准化、工业化的目的;在此基础上,尽量动员小厂,逐渐充实其设备,培养工业领导人物,为接收敌伪产业及战后工业化作准备。关于集中支配生产要素问题,建议主张在"生产第一"原则下,集中电力支配,同时利用津贴制度,尽量动员小型发电设备厂,以裕电源;以全部国营民营工业为对象,集中现存稀有工业器材的管理及支配;集中租借物资项下工业器材的申请及支配,以减少不必要的输入;集中国产原料的采购,以期顺利进行并免除弊端。关于执行定货政策问题,建议主张政府对外申请租借物资及在国内定货事宜应全部集中于生产局,以便使两者密切合作、空运吨位达到最高效用,并保障必需工业器材能有适量输入,国内工业充分发挥其生产效能;推行定货政策可由简而繁,由小而大,早日开始解决工业艰困;定货须采取公开招标制,非因极端必须,不在价格上发生等差,以此策进管理及技术进步;定货中的定金可因承造者的申请,以制造上必须的器材作价付给,同时设法使其获得足资周转的资金。[2] 关于充实资金来源问题,建议主张对新增工业资本,经政府核定者,应予以保本保息特惠政策,以此引导游资投入生产,并提高金融界对于工业的信用;利用此时社会对于工业耳目一新之际,成立工业界渴望已久的产

---

[1] 傅润华、汤约生主编:《陪都工商年鉴》,张研、孙燕京主编:《民国史料丛刊》(605册),郑州:大象出版社,2009年,第47页。

[2]《战时生产局成立后政府对于工业应有之措施　五工业团体建议全文》(上),《中央日报》1944年11月30日,第3版。

业证券市场,以此吸收在黄金及外汇市场进行投机的游资;工业界在生产局督导下,组织联合仓库,统一管理、分散储存,巩固自身信用,以便获得资金;中央银行对于工业界在政府定货未付价款限度以内发行或承兑的票据,应予以重贴现的便利,使其可取得低利资金。关于管制及物价政策方面,建议主张管制手段须采取积极的协导方式,尽量减少消极的阻碍,管制机构必须对管制效果负责,如因管制不良更使生产停滞、来源减少,即需受应得处分;同业公会组织健全、能负一部或全部管制之责者,应赋予适度执行管制工作的权责,政府仅从旁加以督导,以期收到官民合作上下一心的效果;检讨现行物价政策,以利于生产的正常发展,除八种限价物品外,议价须尊重同业组织的正式意见,工业品必须平抑价格而又不能予以津贴者,应由政府以议价供应原料;工业交通器材及民生必需品,应设法大量由空运输入,实行以量控制,并将此项办法视为平价的主要手段,以此消灭黑市并保持法令尊严。关于运输及税制问题,建议主张生产所用交通工具必须与军事上所用者配合运用,统一管制,使能互济盈虚,军事上微而不用及用而不当者,须彻底纠正;除以生产机构为主要征收对象的所得利得税,代以综合所得税;层层转嫁节节重征之货物营业税须合并于消费税,以为平价之助,并减轻边远地区人民负担;免除或减轻工业原料捐税以减低生产成本为平价之助。[1] 该建议案内容全国而切实,其中有一些建议如果真能切实被采纳而施行,对于战时生产和战后复员以及战后经济建设,将有十分重要的作用。

战时生产局成立后,经济部管理物资的权力部分移该局管理,燃料管理处移该局改为煤焦管理处,工矿调整处也于 1945 年 1 月全部并入该局,旋即于 2 月裁撤,其业务则由该局办理。战时生产局内部组织分秘书、优先、材料、制造、军用器材、运输、采办、财务 8 个处,先后成立了审议、中美联合生产两个委员会以及钢铁制造、液体燃料、煤焦、电力、汽车配件、电工器材、汽车工业等顾问委员会。根据战时生产局组织法,该局为综理战时生产事务的最高机关,对公私战时生产

---

[1] 《战时生产局成立后政府对于工业应有之措施　五工业团体建议全文》(下),《中央日报》1944 年 12 月 1 日,第 3 版。

机关负指挥、监督和联系之责[1]，对于与战时生产相关的事项如军用民用物资的生产、国内外主要器材的购办、器材及工业人员的支配、器材运输的优先秩序、生产技术的改进、生产器材的节约、生产资金等，该局的决定均有效力[2]，希望以此发挥后方各生产机关的生产能力，服务抗战大局[3]。1945 年 8 月抗战胜利后，战时生产局被撤销。

战时生产局成立后，进一步强化了资助民营厂矿、订制工矿产品的业务，为此该局向中国、交通两银行和邮政汇业局、中央信托局透支 100 亿元作为业务费，到 1945 年 3 月底，战时生产局通过订货、垫款、储购器材及向各厂提供设备等方式，资助战时生产的款项已经达到 27.3 亿元。[4] 战时生产局的措施取得了若干成效。如督催酒精工厂扩充设备，加快生产，结果 1945 年上半年酒精产量与前一年同期相比"增加一倍"[5]。不过，战时生产局的成立并没有从根本上解决后方工业危机，后方工业生产指数在 1944 年和 1945 年猛烈下落[6]，而 1944 年则成为后方企业"衰落最甚的一年"[7]。

战时生产局成立后，"陪都各工厂多直接受经济部生产局指导及扶持，上下关系极为密切"[8]。虽在一定程度上有所缓和，但没有也不可能从根本上解决后方工业危机。据资料载，1945 年 1 月重庆市土布业公会理事长告记者称：花纱布管制局所发工缴系织机折旧及职工工资，实际不敷开支且在目前管制情形之下，无异为政府征用，厂商实无所得，为免增赔累起见，该会刻已备文呈财政部，请免缴所得税云。按本市工业厂销运商共1300余户，原有织机 5000 余台，自经花纱布管

---

[1] 佚名：《战时生产局特辑》，《工业问题丛刊》第 2 号，1945 年 3 月 1 日，第 1 页。

[2] 佚名：《中国战时生产局素描》，《新世界》1945 年第 3 期，第 2 页。

[3] 翁文灏：《战时生产局之组织及任务》，《战时生产局公报》第 1 卷第 1、2 期合刊，1945 年 2 月 1 日，第 45-47 页。

[4] 章伯锋、庄建平主编：《抗日战争》第 5 卷，成都：四川大学出版社，1997 年，第 273 页。

[5] 杨公庶：《酒精业之当前困难与补救意见》，《西南实业通讯》第 12 卷第 1、2 期合刊，1945 年 8 月 31 日，第 13 页。

[6] 李紫翔：《西南工业的生长》，《西南实业通讯》第 13 卷第 5、6 期合刊，1946 年 6 月 30 日，第 13 页。

[7] 李紫翔：《我国战时工业生产的回顾与前瞻》，《四川经济季刊》第 2 卷第 3 期，1945 年 7 月 1 日，第 27 页。

[8] 傅润华、汤约生主编：《陪都工商年鉴》，张研、孙燕京主编：《民国史料丛刊》（605 册），郑州：大象出版社，2009 年，第 90 页，注④。

制局管制后,各厂商因折合标准不敷成本,亏折过巨,先后停织者已过半数,现仅存 2000 余台,如花纱布管制局再不调整,则全部将有停业之危机。[1]

5 月,又有嘉陵江区煤炭业减产的报道。资料载:"煤荒声中记者费时一周前往北碚附近天府、三才生、宝元等大小煤矿参观,昨午返渝,根据实地所得印象,目前各矿均已有减产趋势,如天府本年三月份每日产煤 1600 吨,现只每日 1400 吨以下,三才生去年六、七、八等月份曾一度全部停工,本年二、三等月份每日 300 吨,现只 150 吨左右。各矿所最感困难者为煤价赶不上物价,尤其食米、木料及五金材料上涨太快。矿方周转不灵,矿工生活无从改善。各矿主持人均一致认为目前解决煤荒治标办法为贷款各大小矿场,治本办法为提煤价。"[2]

全面抗战时期重庆现代机器工业的大多数,是在迁渝工厂的基础上发展而来的。正如重庆顺昌机器铁工厂主持人马雄冠所说:"所有踊跃西迁的工厂,在动身的时候,对于迁移途中将要遇到的困难,迁到后怎样复工,怎样营业,都没有详细考虑,更说不上什么把握。对于自己的利益早已置之度外,只认为既然拥护抗战,就必将可能陷敌的工厂迁到后方。第一步目的在于避免资敌,第二步目的希望增加后方生产,加强抗战的力量。"[3]民间的力量,加上政府的力量,以及科技界的力量,共同促成了重庆工业的飞跃式发展。同时,这种因为战争爆发、政府推动的植入式现代工业,本身又有诸多内在的不足。

首先,缺乏一个与工业经济相适应的经济基础。重庆周边乃至于整个西南,仍处于较为落后的传统经济环境。在工业原料的生产,工业产品的销售,原料、成品的购销,以及金融市场,乃至农业等方面,都存在现代化变迁的问题,如工业原料的煤炭中掺假严重、电力不足问题。重庆电力公司有三个发电厂,其供电区域为第一厂供给城区及小

[1]《〈国民公报〉关于土布业半数停业的报道》(1945 年 1 月 21 日),重庆市档案馆、重庆师范大学合编:《中国战时首都档案文献·战时工业》,重庆:重庆出版社,2014 年,第 291 页。

[2]《〈国民公报〉关于重庆煤炭业减产的报道》(1945 年 5 月 1 日),重庆市档案馆、重庆师范大学合编:《中国战时首都档案文献·战时工业》,重庆:重庆出版社,2014 年,第 292 页。

[3]马雄冠:《胜利后后方机器工业之困难及其补救》,《西南实业通讯》第 12 卷第 1、2 期合刊,1945 年 8 月 31 日,第 3 页。

龙坎、江北;第二厂供给弹子石、窍角沱,上至龙门浩;第三厂供给化龙桥、沙坪坝、小龙坎、磁器口以至山洞等处。重庆电力公司总工程师吴锡瀛在星五聚餐会上承认重庆工业用电的供电严重不足。[1]

第二,重庆工业本身迁建仓促,许多设备陈旧落后,因陋就简,生产效率低下;"后方各厂机器多已陈旧"。[2] 在 1943 年 1 月 28 日重庆第 59 次星五聚餐会上,有人指出:"以重庆论,工业需上帝帮忙。"[3]到抗战结束后,重庆工业界有"机器已旧,资金已涸"[4]的感叹。

第三,迁建是在国民政府和工业团体的计划下进行的,其目的着重在战时的需要,与重庆乃至西南地区的建设需要和容量存在较明显的距离。工业经济难以符合经济原理或经济规律。不合理的紧急统制,包括善意的辅助,都常常成为工业发展中严重的障碍。筚路蓝缕,艰难创造,这是全面抗战时期重庆工业最主要的特点。就重庆钢铁工业而言,根据余名钰的说法,原料方面、动力方面、工业联系方面、市场方面均存在困难,以致生产费用浩大,产品成本高昂。他说,以上种种,"类皆不合工业经济之原则,而故仍愿随政府内迁,或在后方新建者,因其旨在抗战,非比平时,故不惜牺牲,而在极端困难之条件下,努力生产,以补救海运断绝后钢铁供应之缺乏"[5]。

第四,机器厂一般规模不大,资本不足,产品质次价高。根据有关资料,1944 年上半年,重庆机器业 346 家,就设备而言,大型者(主要作业机 50 架以上者)8 家占 2%,中型者(主要作业机 10 架以上)50 家占15%,小型者(主要作业机不足 10 架)262 家占 75%,宣告停业者 26 家

[1] 吴锡瀛:《重庆电力供应问题》,《西南实业通讯》第 7 卷第 5 期,1943 年 5 月 31 日,第 29 页。

[2] 白也:《胜利前后的后方纱厂》,《西南实业通讯》第 13 卷第 1、2 期合刊,1946 年 2 月 28 日,第 3 页。

[3] 高事恒、范资深:《滇省考察观感》,《西南实业通讯》第 7 卷第 2 期,1943 年 2 月 28 日,第 35 页。

[4] 厉无咎:《重庆面粉工业之危机》,《西南实业通讯》第 12 卷第 1、2 期合刊,1945 年 8 月 31 日,第 5 页。

[5] 余名钰:《后方钢铁工业之末日》,《西南实业通讯》第 12 卷第 1、2 期合刊,1945 年 8 月 31 日,第 2 页。

占 8%。[1] 除官营的军政部纺纱厂,广为人知的重庆四大纱厂有豫丰、裕华、申新、沙市,合计不超过 14 万锭,尚不及津沪一个大厂的锭数。[2] 战时生产局成立,曾经采取向银行贷款、向厂商定货的办法以求舒缓后方企业经营和维持的困难,担任局长的翁文灏后来回忆说:关于军械定货,曾经向私营工厂定造了一些铲、镐、刺刀等产品,数量很小,由杨继曾代表兵工署验收。杨认为不合规格,只好勉强接收,并非全可应用,"那时机器厂规模狭小,用银行贷款来造军械,事实上是很困难的"[3]。由于民营企业普遍规模很小,所以经过调整,问题仍然极为严重。有资料载:"有些老机械工人,蓄积了半生的血汗钱,再找亲友东拉西凑些,买几部工作母机,于是就变成了老板。他们多是随军辗转,从省外迁来,分为湖北和江浙二帮,这一类厂家少者二三人,多至数十人,在弹子石有 28 家,有的做模型,有的做翻砂,有的做车钳工。本来一部机器的生产过程,首先是绘图,其次木工做型,经过"红炉"翻砂,然后车工(包括车刨铣)和钳工精制成品。但是,本钱太小,一连串的生产过程,由许多小厂分担。"[4] 对此李烛尘在抗战胜利之初曾经指出:"现在后方许多小机器工厂,各自制造,实在是一件最不经济的事,成本高,产量低,品质劣,这种小厂在将来是难以维持(的)。"[5] 需要指出的是,不仅机器厂厂小不经济,后方各个现代经济领域都存在严重的厂小不经济的现象。到全面抗战末期,后方民营工矿业的荣枯几乎取决于经济行政当局,即战时生产局的经济政策和措施。史料记载"战时生产局成立后,放出大量现金,向各家订货,于

---

[1]《抗战后期重庆机器工业概况》(1944 年 6 月),重庆市档案馆、重庆师范大学合编:《中国战时首都档案文献·战时工业》,重庆:重庆出版社,2014 年,第 353-354 页。

[2]白也:《胜利前后的后方纱厂》,《西南实业通讯》第 13 卷第 1、2 期合刊,1946 年 2 月 28 日,第 1 页。

[3]中国人民政治协商会议全国委员会文史和学习委员会主编:《重庆战时生产局和美国经济援华政策》,《文史资料选辑》第 5 卷总第 17-19 辑,北京:中国文史出版社,2011 年,第 52 页。

[4]《〈国民公报〉关于"机器变成废铁"的报道》(1946 年 1 月 22 日),重庆市档案馆、重庆师范大学合编:《中国战时首都档案文献·战时工业》,重庆:重庆出版社,2014 年、第 311 页。

[5]《星五聚餐会工业问题座谈会纪录》,《西南实业通讯》第 12 卷第 1、2 期合刊,1945 年 8 月 31 日(实际应在 9 月底以后),第 23 页。

是后方工业始有转机"[1]。

正如马雄冠所说:1941 年、1942 年重庆机器工业繁荣时期,"盖各种困难紧紧束缚,以致难于加速进展,至属可憾。于此两年之间,困难至多,如技术员工之缺乏,因而有工厂挖工人跳厂之波动;电力之不足,因而使工作时作时辍,不能继续进行;设备之不良,因而使生产效率无法尽量发挥;运输之困难与材料之缺乏,因而使一部必需之制品不能动工;资金之不足,因而使各厂难于周转运用;税收方法之欠合理,因而使各厂加重其负担。凡此种种,无论其是否解决或待解决或竟迄未解决者,无不阻滞工业之进展"[2]。至 1942 年 9 月全面抗战中期,重庆市各业资本比较情况见表 3-15。

表 3-15　全面抗战中期重庆市各业资本比较表(1942 年 9 月)

类别	家数	资本额(元)	百分比
总计	27712	681611507.06	100.00
商业	25920	495352698.70	72.67
工业	1612	178569708.36	26.20
矿业	1	1000000.00	0.15
运输	165	5514100.00	0.81
农场	14	1175000.00	0.17

资料来源:《抗战中期重庆市各业资本比较表》(1942 年 9 月),重庆市档案馆、重庆师范大学合编,《中国战时首都档案文献·战时工业》,重庆:重庆出版社,2014 年,第 128 页。

最后,全面抗战中后期,重庆乃至于后方工业危机,实际上也有工业调整和升级的因素。因为真正的危机,是中小工业的危机。中小工业在国家资本迅速膨胀的情形下,在资金、技术、生产成本、产品质量等方面的劣势日益明显。翁文灏在 1943 年年底说:经济部为明了目前工业的实况起见,曾令由工矿调整处就工厂较多的重庆附近,于本年九月及十月间举行两次调查,就实际困难情况而推究原因所在。经过调查发现:"困难最为显著者,以机器业及钢铁业为尤甚。渝市附近

[1]《卷头语》,《西南实业通讯》第 12 卷第 1、2 期合刊, 1945 年 8 月 31 日, 第 1 页。

[2] 马雄冠等:《重庆民营机器工业概况》(1942 年), 重庆市档案馆、重庆师范大学合编:《中国战时首都档案文献·战时工业》, 重庆:重庆出版社, 2014 年, 第 344 页。

已登记之机器厂共 364 家,其中歇业者 55 家,停工者 13 家,共占总数 19%。但就厂内所用工具机之总数言之,则各厂全数共为 3135 部,歇业及停工者共为 365 部,即占总数 5%。又就机器之资本数量言之,则各厂全额共为 28000 万元,歇业及停工各厂资本共为 1500 万元,亦约占总数 5%。可见歇业及停工者,全为规模较小之各厂,其他各厂之生产能力并未因此而减少。故本年所出工具机部数,难较上年同期略为减少,但本年所出作业机之部数,则较上年增多 170% 以上。"[1]显然,翁文灏看到了问题的根本所在。

机器业"困难至多,如技术员工之缺乏,因此有工厂挖工、工人挑厂之波动。电力之不足,因而使工作时作时辍,不能继续进行。设备之不良,因而使生产效率无法尽量发挥。运输之困难与材料之缺乏,因而使一部必需之制品不能动工。资本之不足,因而使各厂难于周转应用。税收方法之欠合理,因而使各厂加重其负担"[2]。

（三）湘桂厂矿的内迁与迁渝

正当以重庆为中心的后方工业陷入越来越难以解决的困难和危机之际,1944 年 5 月,湘桂战事爆发。内迁湘桂的各厂,奉工矿调整处命令进行了第 3 次内迁。工矿调整处中南区办事处允诺协助交涉运输工具、酌情发放低利贷款、核发疏散证,让工厂免税内迁。当时发放的款项有 3300 万元,先后获得贷款的工厂有 79 家,其中衡阳 28 家,桂林 38 家,祁阳、柳州两处共 12 家,其他 1 家。[3] 5 月起衡阳迁出的 29 家工厂和 2800 吨机件以及 6 月从祁阳迁出的新中工程公司大部分设备内迁到了桂林,两地迁出工厂约占当地工厂数的一半。6 月起桂林各厂开始内迁,接受贷款的厂矿有 40 家,到 8 月底全部迁出。9 月中旬柳州一带工厂开始内迁,内迁机件有 1000 多吨。到 10 月底,各地拆迁内运到金城江的民营厂矿有 42 家,物资有 4000 多吨,其中新

---

[1] 翁文灏:《后方工业现状及其困难》(1943 年 12 月 17 日),重庆市档案馆、重庆师范大学合编:《中国战时首都档案文献·战时工业》,重庆:重庆出版社,2014 年,第 287 页。

[2] 傅润华、汤约生主编:《陪都工商年鉴》,张研、孙燕京主编:《民国史料丛刊》(605 册),郑州:大象出版社,2009 年,第 119 页。

[3] 秦柳芳:《当前工业界的苦闷》,《中国工业(桂林)》第 29 期,1945 年 8 月 20 日,第 15 页。

民机器厂祁阳分厂约 200 吨,华成电器厂约 500 吨,新中工程公司约 600 吨。由于战局迅速恶化,日军来势凶猛,加上仅有的陆路运输困难重重、工矿调整处组织不力等原因,上述机件,只有 775 吨运到独山,运到都匀的只有 71 吨。由于日军迅速攻到独山,所有运抵金城江、独山、都匀的工业器材来不及继续内运,被迫就地破坏,最后只有 92 吨运抵贵阳。[1] 新中工程公司、华成电器厂、中华铁工厂、中兴铁工厂等用了半年时间才陆续迁到重庆,新中工程公司从湘南祁阳内迁出发时的机器物资共有 2000 多吨,到达重庆时仅剩一卡车货物,几乎全军覆没。[2] 经此浩劫,湖南、广西两省工业"损失殆尽"[3],只有 40 多家厂矿的部分机件运到了重庆。当时经济部对湘桂工厂的内迁拨有巨款,结果只搬出些微物资。为此翁文灏曾经大发雷霆,说:"当初林继庸只用了五十六万元,却搬了十二万吨东西,林继庸呀! 林继庸在哪里呢!?"[4] 到抗战胜利前夕,40 家厂矿中的 17 家在重庆合并改组为衡联工厂和中南联合工厂,衡联工厂包括新中工程公司、华成电器厂等 7 家单位,中南联合工厂则包括大中机器厂、六河沟机器厂等 10 个工厂。[5] 湖南第三纺织厂辗转柳州、金城江、独山等地,损失巨大,少部分机件迁到重庆。1945 年 2 月 28 日互动会决定在长寿复工,购得前建国炼油厂厂屋及用地兴工改建,筹备开工生产。[6] 重庆《国民公报》1945 年 9 月 12 日报道载:

中国全国工业协会中南区分会,昨日招待新闻界,由胡厥之、胡安恺、樊景云、支秉渊、周锦水、沈宜甲等分别报告中南各厂去年奉令撤退时之损失情形,及目前所遭受之危机。据称:中南区厂矿共 136 家,物资共 10000 吨以上,且多属民营,去年五月奉令西迁者共 100 余家,

[1]《湘桂厂矿内迁经过》,《商务日报》1944 年 12 月 30 日,第 4 版。
[2] 中国社会科学院经济研究所主编:《上海民族机器工业》下册,北京:中华书局,1979 年,第 675 页。
[3]《本刊第六年头献词》,《西南实业通讯》第 11 卷第 1、2 期合刊,1945 年 2 月 28 日,第 1 页。
[4] 张朋园、林泉访问,林泉记录:《林继庸先生访问纪录》,台北:"中央"研究院近代史研究所,1983 年,第 210 页。
[5] 秦柳芳:《当前工业界的苦闷》,《中国工业(桂林)》第 29 期,1945 年 8 月 20 日,第 15 页。
[6]《湖南第三纺织厂内迁经过》(1945 年 7 月),重庆市档案馆、重庆师范大学合编:《中国战时首都档案文献·战时工业》,重庆:重庆出版社,2014 年,第 106-107 页。

中途受战事影响,而全部物资损失殆尽,到达陪都时仅剩新中厂 20 吨,华成厂 17 吨,随后仅有 23 家勉强复工,并贷款购置设备,接受生产局定货,而定货未制成四分之一,贷款利息尚未缴清,战事结束,定货停止,各厂不仅关闭在即,且负债累累不可收拾。[1]

湘桂厂矿在工业危机中奉令内迁,其迁渝的过程和迁渝后的遭遇,可谓凄凄惨惨。

根据有关资料记载,湘桂厂矿最终迁渝复工的有 40 多家,见表 3-16。

表 3-16 迁渝复工湘桂厂矿

序号	厂名	负责人	原厂地址	新厂地址	复厂概况 (截至 1945 年 5 月 17 日)
1	华成电器制造厂	周锦水	衡阳	重庆窍角沱	业已开业
2	金钱牌热水瓶厂	董之英	衡阳	重庆沙坪坝	正筹设中
3	华中实业公司油料厂	张宗祜	衡阳	江北	正筹设中
4	湖南第三纺织厂	聂光清	衡阳	长寿	正筹设中
5	北新工厂	张万祥	衡阳	重庆五桂路36号	七工厂合组衡联机器厂,已开工
6	庆大机器厂	龚维庆	衡阳		
7	彭宝泰机器厂	彭锡臣	衡阳		
8	众成铁厂	黄仲清	衡阳		
9	民生机器厂	叶估阶	衡阳		
10	李运记银箱库门机厂	李江运	衡阳		
11	徐协丰五金翻砂厂	徐声清	衡阳		
12	益丰搪瓷公司衡阳厂	张德润 董之英	衡阳	江北歇台子	试验中
13	三角牌自由橡胶厂	董之英	衡阳	江北沙湾	正筹设中
14	新民机器厂湘厂	胡厥文	祁阳	重庆小龙坎	与渝厂合并扩大组织
15	新中工程公司	支秉渊	祁阳	江北	业已开业
16	湖南剑力动力油厂	黄克力	零陵	涪陵	正筹设中
17	张仁美冶工铸造厂	张治民	湘潭	江北黄家溪	正筹设中
18	大中机器厂	樊景云	桂林	重庆小龙坎	业已开业

---

[1]《〈国民公报〉关于湘桂迁渝厂矿处境困难的报道》(1945 年 9 月 12 日),重庆市档案馆、重庆师范大学合编:《中国战时首都档案文献·战时工业》,重庆:重庆出版社,2014 年,第 293-294 页。

序号	厂名	负责人	原厂地址	新厂地址	复厂概况（截至1945年5月17日）
19	明新机器厂	魏振金	桂林	沙坪坝庙湾	正筹设中
20	国光印刷厂	蓝昌农	桂林	重庆菜园坝	正筹设中
21	利华橡胶厂	肖伯修	桂林	江北头塘	正筹设中
22	新支企业公司桂林厂	李向云	桂林	长寿乃公桥	正筹设中
23	沈宜甲工厂	沈宜甲	桂林	沙坪坝	正筹设中
24	六河沟制铁公司机厂	李祖绅	桂林	江北	正筹设中
25	循规机厂	吴贤哲	桂林	江北陈家馆	业已开业
26	西南骨粉厂	顾西苍	桂林	柏溪	正筹设中
27	西南炼油厂	顾西苍	桂林	柏溪	正筹设中
28	中兴铁工厂	陈炳动	桂林	重庆化龙桥	十厂合组中南联合工厂，业已大部开工
29	华中铁厂	郁人龙	桂林	觅址中	
30	复兴机械厂	过昆源	桂林	觅址中	
31	大光机械厂	蓝昌农	桂林	觅址中	
32	大华铁工厂	过泉宝	桂林	重庆国府路	
33	强生机器厂	叶树新	桂林	重庆化龙桥	
34	培成机器厂	薛培章	桂林	重庆明府路	
35	中南铸冶厂	刘泽民	桂林	重庆明府路	
36	陈信记翻砂厂	陈德泉	桂林	重庆小龙坎	
37	大新机器车木厂	何方良	桂林	野猫溪	
38	捷和钢铁厂	郑植之	柳州	重庆独山	重庆厂筹设中，独山厂已开工
39	中华铁工厂		柳州	野猫溪	正筹设中
40	经纬纺织机厂		柳州	重庆化龙桥	正筹设中

资料来源：《胡厥文附送中南区疏迁各厂复厂概况一览代电》（1945年5月17日），中国第二历史档案馆编，《国民政府抗战时期厂企内迁档案选辑》（中），重庆：重庆出版社，2016年，第782-783页。

除上述各工厂外，还有中央电工器材厂桂林二厂迁渝。[1]

我们认为12家兵工厂、1家飞机制造厂、147家由经济部工矿调整处协助并登记的民营迁渝工厂，加上若干内迁的国家资本厂矿20

---

[1] 《资委会关于中央电工器材厂桂林二、四厂迁渝筑复工经费签呈稿》（1945年3月1日），中国第二历史档案馆编：《国民政府抗战时期厂企内迁档案选辑》（中），重庆：重庆出版社，2016年，第781页。

家左右以及若干有资料可查但没有登记的迁川厂,合计约 180 家。这个数字再加上在 1944 年至 1945 年从湘桂区迁到重庆的 40 多家厂矿,合计约为 220 家。这是抗战时期迁到重庆并且有实证资料的厂矿数字。这些厂在迁到重庆后,通过独自复工、合作复工、联合复工等方式,大部分得以复工生产,有的厂矿还创办了一系列相关厂矿,甚至发展成具有相当实力的企业集团,如荣家企业、刘鸿生企业、胡西园企业(亚浦耳电器厂)、薛明剑企业等。也有一些没有能够实现复工,通过机件出售、出租的方式转让给其他企业。总体上看,迁移到重庆的厂矿,在发展过程中数量增加了,以迁重庆为主的迁川工厂最多时达到 390 家就是很好的证明。[1] 但不宜以增加后的迁川迁渝工厂数据当作实际迁川工厂的数据。

三、工业行业与总体考察

为了了解和认识 1937 年至 1945 年重庆工业的状况,我们还必须系统考察这一时期重庆区域的工业行业,进而考察重庆工业的总体发展状况。

(一)基本工业行业的考察

重庆国民政府经济行政当局在相关经济建设计划中,曾把重要工业分为钢铁工业、机械工业、化学工业、燃料事业、电机工业、纺织工业、铜铅锌矿、电力事业等 8 类,而以"兵工需要之主要物品作自给之图"[2]。之后,翁文灏又将钢铁、燃料、铜铅锌等合为矿冶工业,加上食品工业,归为 7 类。[3] 这也是我们考察全面抗战时期重庆工业时,分类的主要依据。以下对冶炼工业、能源工业、机器五金工业、电器工

---

[1]《新华日报有关迁川工厂倒闭情况的报道》(1946 年 12 月),中国第二历史档案馆编:《国民政府抗战时期厂企内迁档案选辑》(下),重庆:重庆出版社,2016 年,第 1471-1472 页。
[2] 陈谦平编:《翁文灏与抗战档案史料汇编》(上册),北京:社会科学文献出版社,2017 年,第 17-21 页。
[3] 陈谦平编:《翁文灏与抗战档案史料汇编》(上册),北京:社会科学文献出版社,2017 年,第 36 页。

业、化学工业等基本工业分别进行考察。

1.冶金工业

（1）钢铁

全面抗战开始后，重庆迅速成为大后方的经济、金融、交通中心，国营民营钢铁厂内迁到川渝地区者为数不少，新建者也迅速增加。[1]

1937年到1940年是重庆钢铁业草创时期。由于钢铁业及其他各业厂企内迁或在重庆设立新厂，急需补充机件或新添设备，此时重庆各钢铁厂的铸工场虽彻夜工作，出品仍供不应求。翻砂业因为设备较为简单，在重庆近郊设置工场，铸造小型铁件应市。当时生铁存底充足，加上从沦陷区抢购大批灰口生铁来渝，原料无缺乏之虑，市场无销路问题，物价也较为平稳，生产利润得到保障。因此，钢铁厂各方面都有长足进步。

1941年到1943年是重庆钢铁工业的全盛时期，工厂最多时达31家。1940年灰口生铁存底告罄，翻砂厂由于缺乏原料而发生恐慌。各炼铁厂相继试办5吨到10吨小型化铁炉，并在1941年前后陆续出铁（其中人和、大昌1939年出铁）。产品为市场所急需，发展迅速。到1943年，重庆各炼铁厂盛极而衰，炼钢厂也大受影响。总体来看，由于这一时期军需仍不断扩大，钢铁产品无滞销，所以重庆各个钢铁厂在这个时期添置设备较多。在当时重庆31家钢铁厂中，国营公营者主要有7家，分别是迁建委员会钢铁厂、资渝钢铁厂、中国兴业公司炼铁厂、中国兴业公司永荣铁厂（永川）、陵江炼铁厂、大华铸造厂、资和钢铁冶炼公司。民营厂24家，见表3-17。

表3-17 1943年重庆民营钢铁厂

厂名	地址	厂名	地址
渝鑫钢铁厂	重庆	中国铸造厂	重庆
胡洪泰铁工厂	重庆	新和铁工厂	重庆
森记铁工厂	重庆	华新电气冶金公司	重庆
汤洪发铁工厂	重庆	同德铁工厂	重庆

[1] 李志亲：《试论四川钢铁工业》，《西南实业通讯》第16卷第4、5、6期合刊，1947年12月31日，第85页。

厂名	地址	厂名	地址
梁记协兴铁工厂	重庆	田顺兴铁工厂	重庆
渝光电熔厂	重庆	福昌炼铁公司	重庆
福裕风记铁工厂	重庆	上川钢铁公司	重庆
杨正泰铁工厂	重庆	荣昌铁厂	重庆
毛有定铁工厂	重庆	大公矿冶公司	重庆
人和制铁股份有限公司	重庆	永丰翻砂厂	重庆
新记蜀江铁厂	重庆	杜顺兴翻砂厂	重庆
清平铁厂	重庆	大昌矿冶股份有限公司铁厂	合川

资料来源：《抗战中期大后方铁产量统计》(1943 年 1 月)，重庆市档案馆、重庆师范大学合编，《中国战时首都档案文献·战时工业》，重庆：重庆出版社，2014 年，第 411-412 页。

实际上，极盛时期重庆及附近民营炼铁厂还不止此数，尚有永和实业公司、大昌铁厂、蜀江矿冶公司、中华工业社綦江铁厂、东原实业公司、谦虞铁厂、进化冶铁厂、渠江冶铁厂、兴隆煤铁公司、成贤铁厂。只是这些炼铁厂规模不大，经营也未能持续，停业较早而已。[1]

1944 年到 1945 年为钢铁工业经营困难时期。1943 年以后，钢铁生产开始滑坡。翻砂工作逐渐饱和，各厂营业仅靠配置零件维持，生铁出现过剩现象，靠囤户囤积才得以继续生产。到 1945 年，囤户抛售，铁价低落，资金周转不易，生产陷入困境，相继停炉。炼钢厂也由于原料缺乏，铸钢工作也逐渐清淡，成品花色单一，添置设备又力不能及。于是钢铁市场出现局部滞销，到抗战结束后也未能解决。[2]

尽管重庆冶金工业在全面抗战时期的发展并非一帆风顺，但 31 家公私钢铁厂，加上前述属于兵工系统的兵工署第 24 工厂、兵工署第 28 工厂，数量可观，特别是在当时全面抗战大后方 12 家大中型钢铁厂中，重庆一地就占 9 家，即钢铁厂迁建委员会、兵工署第 24 工厂、兵工署第 28 工厂、资委会电化冶炼厂、资委会资渝钢铁厂、中国兴业公司、

---

[1]《重庆市冶炼业概况》(1943 年 10 月)，重庆市档案馆、重庆师范大学合编：《中国战时首都档案文献·战时工业》，重庆：重庆出版社，2014 年，第 413 页。

[2] 李志亲：《试论四川钢铁工业》，《西南实业通讯》第 16 卷第 4、5、6 期合刊，1947 年 12 月 31 日，第 86 页。

渝鑫钢铁厂、人和钢铁公司、中国制钢公司。这 9 家钢铁厂,加上重庆市和附近的小型钢铁厂,奠定了重庆冶炼工业的基础。著名工业家、渝鑫钢铁厂的负责人余名钰说:

> 我国钢铁工业寥若晨星,稍具规模者,仅多年停业之汉冶萍耳。抗战事起,始感钢铁供应问题之严重。但以限于时间,阻于交通,致使北平、山西、河南等地之钢铁炼炉无法拆运,沦入敌手。只有六河沟炼铁炉,及汉口马丁炉材料与轧钢设备,利用长江所有运输能力,迁建于大渡口,而成后方较大之钢铁厂。其由沪内迁者,则有:兵工署上海钢铁厂之一吨电炉及二吨电炉各一座,渝鑫钢铁厂之一吨电炉两座。而重庆原有者,则为:重庆炼钢厂之两吨电炉一座,三吨贝氏炉一座;华西兴业公司之半吨电炉一座;此外则有无数木炭冷风炼铁炉,炼制白口生铁,并以柴火将此生铁成熟铁性之毛铁。集合上述各种设备,乃成后方钢铁生产之整个机构。……依赖如此草创之钢铁工业,及,逃入后方之技术员工,始克在川从事扩充各钢厂之炼钢及轧钢设备,改建木炭冷风炉为焦炭热风炉,以产灰口生铁,且进而添设冶铁炼钢厂,使钢铁出品,达到现阶段之成就。[1]

钢铁企业中规模最大的厂矿非迁建委员会大渡口钢铁厂莫属。该厂本厂在重庆大渡口,全厂占地 3334 亩,分设 7 处制造所并有 7 个附属机构。7 个制造所中,第一制造所主要业务是负责向全厂提供水电。其主要设备有:①临时直流发电厂 1 所,内装 400 千瓦及 200 千瓦蒸汽直流发电机各 1 座,锅炉 3 座,1939 年冬装竣发电。②交流发电厂 1 所,内装 1500 千瓦透平交流发电机 2 座,锅炉 7 座,于 1941 年 10 月底装竣发电。第二制造所,主要业务是冶炼生铁。其重要设备有:100 吨炼铁炉 1 座、20 吨炼铁炉 1 座,各附热风炉与鼓风机等。20 吨炼炉于 1940 年 3 月开炼,100 吨炼炉于 1941 年 11 月初开炼。第三制造所,主要业务是炼钢与铸造。其重要设备有:10 吨碱性平炉 2 座,煤气炉 4 座,吨半电炉 1 座,3 吨半柏塞麦炉 1 座,鼓风式及储热式坩锅炉各 1 座,4 吨半熔铁炉 4 座,烧白云石炉 1 座,烘模房 1 座,退火炉

---

[1] 余名钰:《后方钢铁工业之末日》,《西南实业通讯》第 12 卷第 1、2 期合刊,1945 年 8 月 31 日,第 1-2 页。

1 座。吨半电炉,于 1941 年 11 月中旬出品,平炉因须候矽砖自制成后配用建造,1942 年春季始可完成。第四制造所,主要业务是轧钢,内分:①钢条厂;②钢轨、钢板厂,其重要设备有各式轧钢机及其辅助机械,并设汽炉房、水力房、车辘房、竣货厂等。第五制造所,初期以制造螺钉铆钉为主要业务,其重要设备有铣钉机、铣螺机及绞钉机等。1942 年 1 月,上述业务归并第四制造所管辖,以炼焦研究所(1941 年 5 月 5 日成立)为第五制造所,以研究新式高温炼焦为主要业务。第六制造所,以制造耐火材料、火砖为主要业务。其重要设备有:倒焰式方窑 1 座,圆窑 2 座,试验窑 1 座,熟料窑 1 座,烘泥房 2 所,烘坯房 11 所及磨粉机筛砂机等。第七制造所,前身为上海炼钢厂、第三兵工厂,以修造各项机件及锉刀、制造兵工器材为主要业务。该制造所内设砂模、锻冶、机械、钢材构造、电器等 5 组,以及 1 座锉刀厂,备有小型熔铁炉 3 座,大小气锤 3 部,加热炉 20 余座,车钻铣等机械 130 余部,剁锉机 4 部。该所临时工场从第三工厂归并而来,1939 年开工,正式工场分设有钢材构造厂和机器修理厂。钢铁厂迁建委员会还有运输码头 6 处,其中 1 处铺有铁路 3 股,1 处铺有铁路 2 股直达河坝,其余 4 处供人力起运之用,铁路之敷设,达于各主要厂所,总长计 4.5 公里。为防止空袭,该厂的防空设备有:①伪装。厂内各制造所之重要建筑物,如 100 吨炉、20 吨炉及交流电厂、铸钢厂、钢条厂、火砖厂等,厂房与烟囱处均有大规模的伪装,以免显露目标。②山洞。厂内共开鉴山洞 18 处,为员工避难及储存重要器材之用。在运输工具方面,该会有自备及租借各类船舶,计小火轮 4 艘,铁驳船 4 艘,木船 39 只,木划 4 只,包商木船约 180 只,行驶于重庆大渡口江口等处,供水上运输驳载之用。该会还有相关 7 个附属机关:①南桐煤矿。1940 年 3 月成立,开采煤焦供钢铁厂迁建委员会使用。矿区面积计 1012 公顷 14 公亩 77 公分,长约 10 公里,当时煤炭蕴藏量共约 6000 万吨,煤质为低炭至高炭烟煤,均可炼焦,惟含硫颇多,设总厂一及分厂二,共凿 5 井,12 分厂均设有个旧式洗煤平槽及萍乡式长方形炼焦炉,平均每日炼焦约 100 吨。此外并装有锅炉、绞车、水泵及修理机器等。为便利煤焦运输,矿区敷设轻便路轨 17 公里,直达蒲河的杨柳湾煤栈。②綦江铁矿。1940 年 3 月成立,开采矿砂供钢铁厂迁建委员会使用。矿区面积

计 642 公亩 15 公厘,蕴藏铁量共约4500万吨,属赤铁矿,含铁约 45%
至 54%,设土台、麻柳滩、白石塘、大锣坝、苏家井 5 区,而以土、麻两区
为主,探钻与开采同时并进,井上井下设备有锅炉、绞车等,并敷设轻
便路轨 16 公里,直达綦江上游的赶水镇,并曾在盖石洞筑有板车路及
溜砂槽,以利转运。③綦江水道运输管理处。钢铁厂迁建委员会先是
委托导淮委员会整理綦江水道,以调水位、畅通水运,先后建成水闸 5
处。1942 年 2 月该处成立,除于各闸分设管理所外,在沿江设装卸站
3 个、督运站 8 个,分司装运事宜;另建船厂 1 所,自行建造及修缮木
船。关于运输上所用船舶,计有公船大小舢版 278 只,柳叶船 100 只,
商船綦江船 380 只,柳叶船 263 只。④大建分厂筹备处。1941 年 3 月
15 日该处成立,在蒲河的大建滩附近,以炼铁为主要业务。[1] ⑤煤铁
两矿联络铁路工程处。1942 年 3 月成立,修筑轻便铁路工程。⑥新厂
建设工程处。1942 年 3 月成立,筹建新厂工程。⑦锰矿筹备处。于
1942 年 12 月成立,厂设贵州遵义,向钢铁厂迁建委员会供给锰矿。[2]

迁建委员会大渡口钢铁厂复工时,由于平整厂基工程浩大、綦江
铁矿开采困难重重、南桐煤矿含硫高、铁矿运输困难等,建厂工程进度
缓慢。到 1939 年,迁建委员会决定先设计、建设小型冶炼设备开工生
产,同时修配发电厂、机修厂、100 吨高炉和中型轧机。于是由靳树梁
工程师负责设计 20 吨高炉,由刘刚工程师负责设计两座 10 吨平炉,
又从资源委员会调来郁国城工程师负责建立耐火砖厂。[3] 1940 年 3
月 2 日,20 吨高炉建成,首次开炼。1941 年 11 月 9 日,100 吨高炉建
成,首次开炼。[4] 1942 年 7 月 7 日,10 吨平炉建成,首次开炼。[5]

［1］杨继曾:《钢铁厂迁建委员会概略》(1941 年 11 月),重庆市档案馆、重庆师范大学合编:
  《中国战时首都档案文献·战时工业》,重庆:重庆出版社,2014 年,第402-407 页;重庆市
  档案馆、四川省冶金厅、《冶金志》编委会合编:《抗战后方冶金工业史料》,重庆:重庆出
  版社,1988 年,第 79、104 页。
［2］重庆市档案馆、四川省冶金厅、《冶金志》编委会合编:《抗战后方冶金工业史料》,重庆:
  重庆出版社,1988 年,第 79 页。
［3］重庆市档案馆、四川省冶金厅、《冶金志》编委会合编:《抗战后方冶金工业史料》,重庆:
  重庆出版社,1988 年,第 88 页。
［4］重庆市档案馆、四川省冶金厅、《冶金志》编委会合编:《抗战后方冶金工业史料》,重庆:
  重庆出版社,1988 年,第 91 页。
［5］重庆市档案馆、四川省冶金厅、《冶金志》编委会合编:《抗战后方冶金工业史料》,重庆:
  重庆出版社,1988 年,第 97 页。

1940 年以后,中型轧机和耐火砖厂也相继投产。1940 年綦江铁路工程处成立,1945 年 10 月举行通车典礼,1947 年 11 月 1 日綦江铁路正式通车。[1]

渝鑫钢铁厂股份有限公司,1937 年开办,民生实业公司和大鑫钢铁厂合资 55 万元,1939 年金城银行加入投资 45 万元,实收资本仅 100 万元。与同时开办、资本达到 2000 万元的中国兴业公司相比,资本悬殊,但发展迅速。到全面抗战末期,渝鑫钢铁厂的经营范围已与兴业不相上下。全厂除总厂外计分矿厂 9 家,分别是石马乡分厂(机器轧钢)、长寿分厂(电冶生铁、锰铁、矽铁、电石)、江家沱分厂(马丁炉)、童家溪煤矿及炼油厂、深炭沟煤焦厂、石柱县氟石矿、矿洞岩铁矿、遵义锰矿与安顺氟石矿投资事业。[2] 此外,渝鑫钢铁厂还投资了一系列企业,如清平炼铁厂、大鑫火砖厂等。其中清平炼铁厂创办于 1936年 6 月,1940 年到 1941 年,渝鑫钢铁厂通过投资对该厂实行了控股,1941 年 10 月改组为清平炼铁厂股份有限公司。[3]

(2)炼铜

1938 年 3 月,国民政府资源委员会派叶渚沛到重庆兴建重庆炼铜厂。同年 7 月下旬,由于日军逼近长沙,用南京冶金研究室原有机器在长沙建成、开工不足一月的精炼铜厂被迫停产,人员和设备一并迁来重庆与重庆炼铜厂合并。故叶渚沛称重庆炼铜厂为前南京冶金研究室之后身。1939 年 4 月重庆炼铜厂在重庆化龙桥建成投产。1941年,资源委员会将重庆炼铜厂、綦江炼锌厂、綦江纯铁炼厂合并,定名为电化冶炼厂,总厂设在綦江三江镇。在化龙桥的重庆炼铜厂改为第一厂重庆分厂,全厂有铜、锌、铁、钢材等 10 多种产品。1944 年,化龙桥厂迁三江镇与总厂炼铜系统合并。1945 年 8 月 15 日日本投降后,该厂大部分人员赴东北、台湾等地,于同年 10 月停产。1946 年 2 月,又开始为兵工署带料加工电铜。从投产至 1946 年,该厂共产电铜

[1] 重庆市档案馆、四川省冶金厅、《冶金志》编委会合编:《抗战后方冶金工业史料》,重庆:重庆出版社,1988 年,第 122-124 页。
[2] 重庆市档案馆、四川省冶金厅、《冶金志》编委会合编:《抗战后方冶金工业史料》,重庆:重庆出版社,1988 年,第 430-431 页。
[3] 重庆市档案馆、四川省冶金厅、《冶金志》编委会合编:《抗战后方冶金工业史料》,重庆:重庆出版社,1988 年,第 417 页。

4436.85吨。[1]

2.能源工业

全面抗战时期,重庆的煤炭、天然气、电力、炼油等能源工业获得显著的发展。

首先看煤炭工业。煤炭工业在全面抗战时期发展迅速,此前年产100万吨煤炭的生产能力,到1941年初已经增加到380万吨。[2] 嘉陵江区域各煤矿作用显著,见表3-18、表3-19。

表3-18　嘉陵江各矿煤焦产量(1944年)　　　　单位:公吨

	共计	烟煤	岚炭	焦煤
总计	931964	883297	15885	32782
天府	389454	384978	1730	2746
宝源	99207	99207	——	——
建川	42150	42150	——	——
全济	32936	32936	——	——
三才生	47079	37117	499	9463
燧川	14505	12114	241	2150
江合	20769	14888	——	5881
和平	17847	17847	——	——
复兴隆	15162	15162	——	——
华安	34528	34528	——	——
其他各矿	218327	192370	13415	12542

资料来源:《抗战后期嘉陵江区各矿煤焦产量及实际拨交各类用途煤焦吨数》(1945年4月),重庆市档案馆、重庆师范大学合编,《中国战时首都档案文献·战时工业》,重庆:重庆出版社,2014年,第527页。

[1] 重庆市地方志编纂委员会编著:《重庆市志·第四卷》(下),重庆:西南师范大学出版社,2004年,第513页。

[2] 麟伯:《论煤价》,《新经济》第4卷第11期,1941年3月1日,第251页。

表 3-19 嘉陵江区各矿实际拨交各类用途煤焦吨数及百分比(1944 年)

单位:公吨

类别	共计		烟煤		岚煤		焦煤	
	数量	百分比	数量	百分比	数量	百分比	数量	百分比
总计	777516	100.0	695613	100.0	47884	100.0	34019	100.0
炊用	184588	23.8	147137	21.2	37451	78.3	—	—
水电	120388	15.5	120292	17.3	50	0.1	46	0.1
兵工	113652	14.6	97782	14.1	4381	9.1	11489	33.8
工业	105401	13.6	99645	14.3	2858	6.0	2898	8.5
纱染	101773	13.1	100659	14.5	853	1.8	261	0.8
输运	94994	12.2	93554	13.4	1125	2.3	315	0.9
冶炼	56720	7.3	36533	5.3	1166	2.4	19010	55.9

资料来源:《抗战后期嘉陵江区各矿煤焦产量及实际拨交各类用途煤焦吨数》(1945 年 4 月),重庆市档案馆、重庆师范大学合编,《中国战时首都档案文献·战时工业》,重庆:重庆出版社,2014 年,第 527 页。

　　重庆及嘉陵江流域煤矿,主要为天府煤矿、三才生煤矿、全济煤矿、宝源煤矿、燧川煤矿、江合煤矿、东林煤矿等。其中,天府煤矿公司是重庆各煤矿中规模最大的。该煤矿公司成立于 1934 年,由数矿合组而成。采煤区在重庆江北县境内沿北川铁路一带。所采煤炭为二叠纪煤系,南北绵延很广,有煤层 14 层。所产煤炭大部分销于重庆和嘉陵江两岸。从白庙子到大田坎,筑有轻便铁路,备有机车。白庙子至江边,筑有电力放车道。该煤矿还有动力厂一所,供后峰厂绞煤排水通风之用,并有翻砂厂、打铁厂及修理厂、铁路机车厂等。天府煤矿产煤量每月为 2.8 万多吨。[1] 1938—1945 年,天府煤矿年产煤量见表 3-20。

表 3-20 天府煤矿的生产量

年度	产量(吨)	年度	产量(吨)
1938 年	37836.00	1942 年	222287.01
1939 年	71484.22	1943 年	352131.06
1940 年	107172.54	1944 年	379947.00
1941 年	168878.55	1945 年	458016.00

资料来源:《抗战时期的天府煤矿公司》(1947 年 12 月),重庆市档案馆、重庆师范大学合编,《中国战时首都档案文献·战时工业》,重庆:重庆出版社,2014 年,第 533 页。

　　[1] 陪都建设计划委员会编:《陪都十年建设计划草案》,陪都建设计划委员会,1947 年,第 227 页。

就供应重庆区煤炭比重而言,1938 年天府煤矿煤炭供应量占重庆区需要量的 10%,1941 年增加到 35%,1945 年增加到 50%。[1] 全面抗战时期,天府煤矿业务扩充的原因主要有以下几点:①销路畅旺:全面抗战时期,政府机关、事业单位、工矿企业大量迁渝,重庆区燃料需要激增,该矿尽最大努力,增加生产,以应军需民用。②机械增加:1938 年,天府煤矿得到焦作中福煤矿迁渝大批机器设备,生产力遂遽形激增,1939 年又得到湖南湘潭煤矿迁川机械,开发犍为芭蕉沟煤斤,遂有嘉阳煤矿的创办。③人才集中:全面抗战时期,焦作中福煤矿及湘潭煤矿先后沦陷,两矿人才悉数迁渝迁川服务于天府与嘉阳,因此人才集中,大有助于各矿的发展。④资金活泼:全面抗战时期,国民政府对各矿配发生产贷款,并准向用户预收煤款,因此资金得到一定的保障,大有助于各矿的发展。[2]

天府煤矿之外,三才生煤矿也是北川铁路沿线的大型煤矿,矿址位于天府煤矿之北,煤纪为二叠纪,与天府煤矿所采煤系同位于背斜层的西翼。该煤矿内分两部,一为福源厂,位于戴家沟的东北,为主要产煤厂。一为福安厂,距大崖两公里。两煤矿矿洞均为平巷,用之字形巷道采煤。三才生煤矿有动力厂 1 所,供通风打水之用。所产煤炭用人工运到戴家沟,再利用轻便矿路运输,每月产煤约 6000 余吨。[3] 宝源煤矿位于嘉陵江南岸,北距夏溪口约 11 公里,矿区散布于巴县、璧山、永川等县,煤系为侏罗纪。该公司矿区煤系含有可采煤层三层,月出煤约 7000 吨。[4] 燧川煤矿位于夏溪口南 11 公里的石堆窝,与宝源煤矿比邻,每月产煤量为 1000 余吨。[5] 江合煤矿位于龙王洞煤田,属江北县,南距嘉陵江边的狮子口及水土沱均约 15 公里,煤系为

[1]《抗战时期的天府煤矿公司》(1947 年 12 月),重庆市档案馆、重庆师范大学合编:《中国战时首都档案文献·战时工业》,重庆:重庆出版社,2014 年,第 533 页。

[2]《抗战时期的天府煤矿公司》(1947 年 12 月),重庆市档案馆、重庆师范大学合编:《中国战时首都档案文献·战时工业》,重庆:重庆出版社,2014 年,第 532 页。

[3] 陪都建设计划委员会编:《陪都十年建设计划草案》,陪都建设计划委员会,1947 年,第 227 页。

[4] 陪都建设计划委员会编:《陪都十年建设计划草案》,陪都建设计划委员会,1947 年,第 227 页。

[5] 陪都建设计划委员会编:《陪都十年建设计划草案》,陪都建设计划委员会,1947 年,第 228 页。

侏罗纪,煤质为中碳烟炭,每月产煤约3200吨。[1] 全济煤矿位于合川太和场的香饼场和饶家湾,为侏罗纪煤系,煤质为中级烟煤,月产3600多吨。[2]

嘉陵江下游,每日产煤在20吨以上之煤矿,计27家;日产不足20吨及时停时采之小矿,共200余家,平均每月总产煤量在85000吨左右,内20余家矿所产者,约计达65000吨。渝市近郊,每月用煤量最高达10万吨左右。[3]

嘉陵江流域之外,南桐煤矿较大。1938年春,资源委员会为建立抗战后方钢铁工业基础,决定于汉口与兵工署合组钢铁厂迁建委员会,同时成立南桐煤矿筹备处,负责开采南川桐梓两县交界的桃子荡煤田,向重庆大渡口钢铁厂提供燃料。8月,全体职工到达矿厂,开始施工,设总站于新场。另设两个分厂,第一分厂设王家坝,第二分厂设付家嘴。1940年2月,筹备工作完成,业务渐臻发达,取消筹备处名义,正式改称南桐煤矿。[4] 南桐煤矿开采的桃子荡煤田估计储藏量4500万吨,该矿总分厂共3个,开直井5座,第一、二两井在第一分厂,第三、四两井在第二分厂,第五号井在总厂,先后在1938年至1939年开工产煤。该矿三厂共有旧式洗煤池18座。至1943年,全厂共有长方式炼焦炉88座,元炉60座,另于过口河设圆炉50座,每月可炼成焦炭400余吨。在运输方面,白王家坝至杨柳湾全程17.3公里,均敷设轻便铁道,暂用人力推运,每次运量约二百数十吨。乌鱼山至鲁峡峒用木船协运。[5] 该矿所产煤焦,除少量自用及外销外,大多数均供炼铁厂冶炼之需。历年销售数量见表3-21。

---

[1] 陪都建设计划委员会编:《陪都十年建设计划草案》,陪都建设计划委员会,1947年,第228页。

[2] 陪都建设计划委员会编:《陪都十年建设计划草案》,陪都建设计划委员会,1947年,第227页。

[3] 《抗战中期的嘉陵江煤矿业概况》(1943年10月),重庆市档案馆、重庆师范大学合编:《中国战时首都档案文献·战时工业》,重庆:重庆出版社,2014年,第510页。

[4] 《南桐煤矿概况》(1944年),重庆市档案馆、重庆师范大学合编:《中国战时首都档案文献·战时工业》,重庆:重庆出版社,2014年,第511页。

[5] 《南桐煤矿概况》(1944年),重庆市档案馆、重庆师范大学合编:《中国战时首都档案文献·战时工业》,重庆:重庆出版社,2014年,第512-513页。

表 3-21　南桐煤矿历年销售数量　　　　　　　　　单位:吨

销售品名称	1939 年	1940 年	1941 年	1942 年	1943 年	总计
烟煤	883	13172	22203	28140	29492	93890
焦炭	1874	10458	20887	30301	27667	91187

资料来源:《南桐煤矿概况》(1944 年),重庆市档案馆、重庆师范大学合编,《中国战时首都档案文献·战时工业》,重庆:重庆出版社,2014 年,第 513 页。

其次为电力工业方面。在 1940 年以前,重庆工业多为小型工厂,用电不多。到 1941 年,工厂用电约为 1200 千瓦。到 1945 年,除由电力公司供应工业用电约 6000 千瓦外,各公私工厂 10 多家自备发电设备负荷总数约达 10000 千瓦,两项合计工业用电达 16000 千瓦。[1]全面抗战时期重庆的电力工业获得较大发展,除原有的重庆电力股份有限公司外,水电、天然气、炼油等均得到发展。

重庆电力股份有限公司,创办于全面抗战爆发之前,1936 年增加资本到 250 万元,1938 年增资到 500 万元,1941 年增资增股到 3000 万元。[2] 该公司所属三电厂,共计发电容量 11000 瓦。第一厂设大溪沟,发电容量 4500 千瓦,平均每月发电 250 万度。第二厂设南岸,发电容量 2000 千瓦,其中 1000 千瓦机,于 1944 年 5 月开始供电,统计该厂每月发电 70 余万度,因该厂电流增加,分区停电办法亦同时取消。第三厂设鹅公岩,发电容量与发电度数均与第一厂同。此外公司与 50厂签订购电合约,每月可增 30 余万度,各厂机械均英美名厂出品,年代亦不久,唯发电常超过负荷,每生障碍。又第二厂锅炉耗煤颇多,效率较低。[3]

重庆地处长江上游,川江支流众多。据资源委员会详细勘测得出的结论,重庆附近可供开发电力的河流,为长寿龙溪河一带回龙寨、下清渊洞及桃花溪三处以及乌江中滩附近、嘉陵江北碚附近、綦江天门

---

[1] 陪都建设计划委员会编:《陪都十年建设计划草案》,陪都建设计划委员会,1947 年,第 218 页。

[2] 傅润华、汤约生主编:《陪都工商年鉴》,张研、孙燕京主编:《民国史料丛刊》(605 册),郑州:大象出版社,2009 年,第 102 页。

[3] 《重庆电力公司调查报告》(1944 年 9 月),重庆市档案馆、重庆师范大学合编:《中国战时首都档案文献·战时工业》,重庆:重庆出版社,2014 年,第 517 页。

河附近等处。[1] 为增加电力供应,水电开发相次展开。

大溪沟电厂。重庆电力股份公司大溪沟电厂于 1938 年进行了扩建,先后安装了 2 台 4500 千瓦汽轮发电机组,装机总容量达 1.2 万千瓦,成为当时长江上游川渝地区规模最大的火力发电厂。后为避免日本飞机轰炸,先后将 3 台 1000 千瓦机组和 1 台 4500 千瓦机组迁出,厂内只留 1 台 4500 千瓦汽轮发电机组。[2] 还添置供电设备,增建供电分支机构,扩大供电范围;并数度追加资本,使资本构成中官僚资本的比例大增,代表国民政府的中央、中国、交通、农民四大银行的资本均进入公司,并在很大程度上控制了公司。此时的重庆电力股份公司除继续负责发电、供电外,电业管理的职能进一步加强:电价受到严格限制,在电荒严重的情况下,优先保证党政军机关及官僚宅邸用电,公司内设有专门的用电管理机构业务科等。[3]

龙溪河水电工程。全面抗战时期具有代表性的水力发电工程,为龙溪河流域的电力开发。资源委员会根据调查勘测结果,1937 年 7 月成立龙溪河水力发电厂筹备处,后改为工程处,负责开发龙溪河流域水力。龙溪河为长江支流,在长寿附近,流域面积在狮子滩坝址以上 2650 平方公里。龙溪河干流所经区域为白纪下部岩层,全层为砂岩及页岩交错所成。龙溪河流域平均雨每年约 1300 公厘,狮子滩坝址最枯水流量约 0.6 秒立方公尺,洪水量 3650 秒立方公尺。在开发程序上,先是狮子滩水库及上清渊硐电厂,然后是下游各电厂。狮子滩工程设计布置在狮子滩上游筑拦河坝,全长为 610 公尺,东部为土坝,长约 190 公尺,其余为圬工坝;最高坝身约为 30 公尺。坝之中部及西部分设水坝,共装高 5 公尺宽 7.5 公尺之洪门 20 孔。水库总容量 16800 立方公尺,调节最低流量在最枯水年份为 6.9 秒立方公尺,普通年份 20 秒立方公尺,电厂用水量定为 30 秒立方公尺。在西水坝之西端设有进水闸门,以利启闭。电厂在上清渊硐瀑布下游,户内式内有水轮

---

[1] 陪都建设计划委员会编:《陪都十年建设计划草案》,陪都建设计划委员会,1947 年,第 221 页。

[2] 重庆市地方志编纂委员会编纂:《重庆市志·第四卷》(上),重庆:重庆出版社,1999 年,第 155 页。

[3] 重庆市地方志编纂委员会编纂:《重庆市志·第四卷》(上),重庆:重庆出版社,1999 年,第 157 页。

发电机 4 套,共发电 16000 千瓦,以两路三相 63000 伏电线通至重庆,将来下游各电厂开发后,可与此输电线连接,全年可发可靠电力 3000 万度,次等电力 4700 万度。为慎重起见,资源委员会还特聘美国专家于 1938 年两度来华实地考察并提出意见。后鉴于工程浩大,器材、经费均感困难,只得将建设计划暂时搁置,先开发规模较小的桃花溪电厂。[1]

桃花溪为长江上游的小支流,在长寿附近,与龙溪河为邻,其地形地质雨量情形与龙溪河相似。受水面积约为 350 平方公里,洪水量约为 950 秒立方公尺,最枯水流量约为 0.3 秒立方公尺。1938 年冬,资委会决定开发桃花溪水电,交由龙溪河水力发电工程处负责办理。桃花溪电厂利用头二硐瀑布,河床落差约有 90 余公尺。桃花溪电厂工程布置,在头硐瀑布上游筑条石滚水坝,长约 75 公尺,高约 2 公尺。坝前蓄水池有效容量约为 4 万闸板及拦污栅。引水道在溪之石岸,引水量 1.5 秒立方公尺。进水闸下为暗渠,长约 425 公尺,一部分开挖后在渠顶安砌石拱,一部分系隧洞。暗渠端挖直井,深约 20 公尺下接横洞,长约 21 公尺。直井用钢板镶护,横洞内有钢板镶护一节,长 300 公尺,下与生铁输水管相接,水管长 172 公尺,末端有支管 3 道,通至水轮机。引水道全长约 630 公尺,通常有效水头约 80 公尺。电厂在二洞下游,为户内式,内装水轮发电机 3 套,共 930 千瓦,水轮系卧轴渴轮术击式,英国出品,发电机及电气设备系美国西屋公司出品。6900 伏输电线两路,一到长寿,长 4 公里,一到上清渊硐,长 6 公里。[2] 桃花溪电厂在 1938 年 11 月开工,到 1941 年 8 月完成,开始发电,供应长寿附近工商业用电,全年可发可靠电力约 150 万度,次等电力约 390 万度。[3]

1939 年春,资委会决定开发下清渊硐电厂,由龙溪河水力发电工程处负责办理。下清渊硐电厂于 1939 年 7 月开工,到 1942 年底土木

[1]《龙溪河流域之水利工程》(1947 年),重庆市档案馆、重庆师范大学合编:《中国战时首都档案文献·战时工业》,重庆:重庆出版社,2014 年,第 535-536 页。
[2]《龙溪河流域之水利工程》(1947 年),重庆市档案馆、重庆师范大学合编:《中国战时首都档案文献·战时工业》,重庆:重庆出版社,2014 年,第 536-537 页。
[3]《龙溪河流域之水利工程》(1947 年),重庆市档案馆、重庆师范大学合编:《中国战时首都档案文献·战时工业》,重庆:重庆出版社,2014 年,第 537 页。

工程全部完成。水轮发电机及电气设备原在英贷款项内订购 2 套,美租借法案内订购 2 套,英贷部分水轮机系出品电出品,海运至缅甸后经公路内运。时战事漫延至滇缅公路,除小部分机器运达外,其余皆损失,适宜宾电厂存 2000 千瓦变压电机 1 座,乃利用其马达请中国电工器材厂重加修整安线,并自行设计卧式双轮水轮机一套,请民生公司制造与之配合,电气设备则用运到的一部分电屏,加以修配。发电设备之安装与土木工程同时进行,于 1943 年 1 月起正式供电 1500 千瓦。下清渊硐及桃花溪电厂合供电约 2400 千瓦。桃厂因流量较小,供给高峰负荷,下厂则供给基本负荷,尽量利用水流,电压标准,经年除必须检查机器时及大雷雨时,极少停电。而电价初仅每度 4 元,到 1947 年也不过 40 余元,堪称全国最廉的动力。每月发电量约 140 万度。长寿附近工商业勃然繁盛,且设立了兵工厂,成为后方工业区之一。[1]

资源委员会巴县电力公司。1942 年,国民政府经济部工矿调整处在李家沱辟建工业区,为解决工业区内生产生活电力供应问题,与中国汽车公司以及李家沱各厂如恒顺机器厂、中国毛纺厂、沙市纱厂、中粮公司、庆华颜料厂、中国化学厂等合作筹设发电厂。1942 年 11 月 9 日,工矿调整处召集会议,商定成立发电厂筹备委员会,推林继庸、吴新炳、徐谟君、萧松立、张传琦、朱清淮 6 人为筹备委员,负责筹备。同月 25 日成立工程处,聘朱清淮为主任,负责建厂事宜。电厂筹备委员会与中国汽车公司签订合约购让全部发电设备,于 1943 年元月起迁运机件,7 月全部抵厂,并选定鱼洞溪倒角为厂址。该电厂机器,为中国汽车制造公司所购 1000 千瓦发电设备,该设备为捷克司各达厂(SKODA)1937 年的产品,有三鼓立式水管式锅炉 1 套,1250 kVA 6600 V 透平发电机全套。其余电屏设备及大小变压器,则购自后方电机器材厂,或由经济部工矿调整处拨来。安装工程方面,1942 年冬成立工程处,开始兴工建筑。1943 年上半年装配机器,1943 年下半年装配就绪。1944 年初架设供电线 2 路:一为13.2 kV 线,自发电所第一路馈电线接出,经由开关将电压经透开变压器(6.6/73.2 kV 1000 kVA)

---

[1] 《龙溪河流域之水利工程》(1947 年),重庆市档案馆、重庆师范大学合编:《中国战时首都档案文献·战时工业》,重庆:重庆出版社,2014 年,第 537-538 页。

将电压升高,输送至各用户及李家沱工业区;另一路为6.6 kV线,自第二馈电线接出,大部装设于13.2 kV线杆下,供给本厂附近各工厂用电。13.2 kV线路为该电厂主要输电线,负荷85%,仰赖此线输出干线长7.06公里,支线长4.27公里,全线共长11.33公里。支线与干线分歧处,均装有保险开关或刀形开关,以便控制,并避免支线故障波及干线。1944年2月20日试车,2月28日试行供电,结果达到设计要求。工矿调整处在3月24日召开会议,订立该电力公司章程。章程规定股份及股东会、董事会、公司人事组织及事务管理等一切事宜。同日选出第一届董事会,推张兹闿为董事长,定名为巴县工业区电力厂特种股份有限公司。3月25日正式向华西中国汽车公司及工业区各工厂供电,4月4日巴县工业区电力厂特种股份有限公司正式成立,开始供电。1947年4月,第一届董事会期满,经开会重选董事,推定苏乐真为董事长。[1]

富源水利发电公司(高坑岩电厂)。1943年1月,北碚各金融实业界集资,6月成立董事会,筹建高坑岩电厂,董事会由钱新之、张丽门、刘航琛、顾季高、邓鸣陛、税西恒、陈仿陶、薛笃弼、戴自牧、卢作孚、孙越崎组成。公司名称为富源水力发电公司,谭锦韬任公司经理,谢家泽任高坑岩水电厂长。[2] 1945年至1949年,富源水力发电公司在北碚龙凤溪高坑岩和小坑岩安装3台水轮发电机组,容量为420千瓦。[3] 到1949年,全市共装机1.6346万千瓦,年发电量8045.8万千瓦。1949年,国民党军警在败退溃逃时,对重庆的电力工业进行疯狂破坏,于11月29日、30日先后炸坏鹅公岩电厂、下清渊硐(下硐)电站、桃花溪电站共7台发电机组,容量8426千瓦,占装机总容量的50%以上。[4]

第三是炼油工业。重庆炼油工业始于1938年春。受战事影响,

---

[1]《资源委员会巴县电力公司概况》(1948年),重庆市档案馆、重庆师范大学合编:《中国战时首都档案文献·战时工业》,重庆:重庆出版社,2014年,第542-543页。
[2] 重庆市地方志编纂委员会编纂:《重庆市志·第四卷》(上),重庆:重庆出版社,1999年,第179页。
[3] 重庆市地方志编纂委员会编纂:《重庆市志·第四卷》(上),重庆:重庆出版社,1999年,第155页。
[4] 重庆市地方志编纂委员会编纂:《重庆市志·第四卷》(上),重庆:重庆出版社,1999年,第155页。

对外交通口岸大多被日军封锁,后方行驶汽车所用的油料无法输入。同时,以前大量出口的桐油也因为不能外运而价格低落。当局为解决战时动力油料缺乏的问题,同时救济桐油业,遂有利用桐油炼制动力油料的举措。最初设厂提炼者,是资源委员会与兵工署合办的动力油料厂,此后有新厂设立。据不完全统计,到 1944 年,以植物油制炼动力油料者有 14 家之多,各厂设立地点均在重庆郊外,其中江北一带 6家,南岸一带 5 家,小龙坎附近 2 家,北碚 1 家,各厂的资本,因开设年份先后及规模的不同,悬殊颇大。其中,资本最高者达 200 万元,少者仅 1 万余元。至于各厂设备,除厂房宿舍等齐全外,其他动力机器等则繁简不一。主要视采炼方法而异,如炼油方法系采连续裂炼法者,则设备较繁,主要有去水锅炉、高压裂炼锅炉、冷凝器、分馏炉及泵水油机等;如系采用皂化断续裂炼法,则设备较为简单,只有蒸馏瓶、分馏器及炒油锅等而已。重庆 14 家炼油工厂的机器设备,除新中国人造汽油厂、中华炼油厂等 4 家情形不详外,在 10 家厂中,有动力设备者,仅有动力油料厂及中央工业试验所油脂实验工厂 2 家。此 10 家中,采用连续裂炼法有 8 家,用皂化断续裂炼法者则只 1 家,两法全用者亦只 1 家。[1] 各厂详情见表 3-22。

表 3-22 炼油厂情况统计(截至 1942 年)

序号	厂名	地址	资本额(元)	开设年月
1	动力油料厂	小龙坎土湾及对面石门坎	2000000	1938 年 3 月
2	民生实业公司炼油股	南岸黄桷渡	100000	1939 年 4 月
3	中央工业试验所油脂试验工厂	北碚杜家街	11000	1939 年 9 月
4	建成炼油厂	南岸海棠溪	100000	1940 年 4 月
5	中国炼油厂	南岸海棠溪	2000000	1941 年
6	大华炼油厂	江北相国寺	1000000	1941 年 4 月
7	新源炼油厂	小龙坎杨叉湾	600000	1941 年
8	新中国人造油厂	南岸黄桷渡	不详	1938 年 6 月
9	中华炼油厂	江北董家溪	200000	1942 年 4 月
10	美亚炼油厂	南岸黄桷渡上河街	200000	不详

[1]《抗战时期重庆的炼油业》(1944 年),重庆市档案馆、重庆师范大学合编,《中国战时首都档案文献·战时工业》,重庆:重庆出版社,2014 年,第 590 页。

序号	厂名	地址	资本额(元)	开设年月
11	中国植物油料厂炼油厂	江北头塘	2000000	1936 年
12	裕康炼油厂	江北头塘	不详	不详
13	中永炼油厂	江北头塘	不详	不详
14	中孚炼油厂	江北寸滩黑石子	不详	不详

资料来源:《抗战时期重庆的炼油业》(1944 年),重庆市档案馆、重庆师范大学合编,《中国战时首都档案文献·战时工业》,重庆:重庆出版社,2014 年,第 591 页。

    各厂产量,据不完全统计,动力油料厂每月可出产代汽油7000至10000 加仑,柴油 30000 加仑左右;民生实业公司炼油股每月出产柴油20 公吨;中央工业试验所油脂实验工厂,每月出产代汽油、代煤油各150 加仑;建成炼油厂,每月可出代汽油 500 加仑,代煤油 3000 加仑;中国炼油厂,每月出产代汽油 3000 加仑;大华炼油厂每月可出代汽油、代煤油共 5500 加仑,代柴油、润滑油共 20 余吨;新源炼油厂,每月可出代汽油 3000 加仑,代煤油1200加仑及代柴油 10 吨;美亚炼油厂每月可出代柴油 9000 加仑;裕康炼油厂每月可出代汽油、煤油共1000加仑,代柴油2000加仑。[1]

    最后,天然气的开发利用也取得重要进展。巴县石油沟天然气,经凿井探得后,曾于 1940 年作为行车燃料试验,行车结果良好。1941年 8 月,探勘处与中国运输公司订约,由该处试开班车一轮,行驶"海棠溪—綦江"间,作示范宣传,结果成绩优良,行旅称便。同时西南公路局筑段工程处所辖"海棠溪—储奇门"及"娄溪沟—九龙坡"两处汽车轮渡,均用汽车引擎发动,每月耗汽油约 2000 加仑。为节省此项燃料,经协商,两处渡轮由探勘处代为改装,自 10 月起先后采用天然气行驶,并与探勘处订立合约长期供应,探勘处实行售气送气业务,由此正式开始。此后重庆社会各界,渐知天然气功能,远较其他一切汽油代用品为佳。自 1942 年邮局轮渡、中央政治学校、运输统制局运务处等机关,也相继采用天然气作燃料。同年 5 月,探勘处又与中运公司

---

    [1]《抗战时期重庆的炼油业》(1944 年),重庆市档案馆、重庆师范大学合编:《中国战时首都档案文献·战时工业》,重庆:重庆出版社,2014 年,第 592-593 页。

订立合约,供应该公司"海棠溪"至"土桥""南温泉"两线短途客车用汽。这样,1942年5月后,探勘处外销气量,逐月增加,1943年4—6月,月销量达3000余瓶,合一万二三千立方公尺。1944年5月,"海土""海温"两线,改由重庆市公共汽车管理处办理,增加车次,用汽较多。1944年7月,探勘处销气达4320瓶,由此节省的汽油,有5000余加仑。不过,此项气体的贮存,需要特制耐压钢瓶装灌,而内地极为缺乏此项钢瓶。探勘处经多方设法,也难以解决大量供应的难题,赖以周转的钢瓶,只有280余只,远远不能满足需要,致使大量天然气,封闭井中,不能致用,不无缺憾。[1]

3.机械、五金工业

(1)机械工业

全面抗战爆发后,重庆的机械工业才开始"呈空前之丕变"。[2]正如马雄冠所说:"自抗战军兴,政府西来,陪都重庆不独为战时之神经中枢,尤为后方各业发展之重要地域。以工业而论,其有关国防军需及其他国营工厂,姑置勿议,仅以民营之机器工厂言,其分布于后方者,要以重庆市郊占最多数。"[3]规模大的以民生公司机器厂、中国兴业公司机器部、周恒顺机器厂、上海机器厂、顺昌机器厂为代表,小厂则不断在重庆市郊出现。[4]

恒顺机器股份有限公司原为汉阳周恒顺机器厂,由民生公司投资,双方合作改组而成。1939年4月4日在重庆成立,6月20日在重庆南岸李家沱新厂正式复工,总经理兼总工程师周茂柏,协理陶建中。机器设备包括车床、刨床、牛头刨、钻床、铣床、镗床、磨床、插床、螺丝床、皮带锤、电焊机、榕铁炉等100多具。主要生产煤气原动机、煤气发生炉、蒸汽原动机、高压蒸汽抽水机、高压离心抽水机、各种工作

---

[1]《抗战期间巴县石油沟天然气利用情形》(1944年),重庆市档案馆、重庆师范大学合编:《中国战时首都档案文献·战时工业》,重庆:重庆出版社,2014年,第514-515页。

[2]傅润华、汤约生主编:《陪都工商年鉴》,张研、孙燕京主编:《民国史料丛刊》(605册),郑州:大象出版社,2009年,第117页。

[3]马雄冠等:《重庆民营机器工业概况》(1942年),重庆市档案馆、重庆师范大学合编:《中国战时首都档案文献·战时工业》,重庆:重庆出版社,2014年,第342页。

[4]卓芬:《机器工业现状》(1944年1月),重庆市档案馆、重庆师范大学合编:《中国战时首都档案文献·战时工业》,重庆:重庆出版社,2014年,第352页。

机等。[1]

上海机器厂股份有限公司原设上海,全面抗战爆发后奉令内迁,先在武昌复工,后迁重庆沙坪坝上中渡口一号,经理颜耀秋。出品有水轮机、离心抽水机、碾米机、植物油引擎、木炭气引擎、车床等,尤其以水轮机、抽水机、碾米机为主。[2]

震旦机器工厂总厂 1918 年创办于上海,1938 年内迁设立分厂于重庆上清寺,经理薛威麟,制造所三个。[3]

根据有关调查统计,1939 年 6 月底,重庆民营机器工厂只有 69家,1940 年 6 月增加到 112 家,1940 年年底增加到 185 家,资本额达到7948000 元,技术工人有 4200 人,工具机总数达到 970 具,到 1942 年年底,工厂数增为 436 家,资本额达到 173822000 元,技术工人达到11762 人,工具机达到 2400 具。[4] 1939 年、1940 年及 1941 年上半年,"渝市机器厂曾达五百家之多"[5]。在 1942 年底统计的重庆机械工业为 436 家,后来减少为 365 家,占大后方三分之一,大型者占十分之一,车床有 13000 部,可是分布太分散,2 万余机械工人失业。[6] 根据工业家薛明剑的说法,1943 年,陪都区民营机器工业,以重庆市及江北、巴县两县为范围,共有大小工厂 366 家,分散在城区、沙磁区、化龙桥区、新市区、菜园坝区、黄沙溪区、弹子石区、龙门浩区、相国寺区、江北区等 10 个区。统计 366 家工厂共有技工约 2 万人(艺徒未计),设备方面计有大小车床 1236 部,龙门刨床 57 部,牛头刨床 198 部,钻床372 部,其他如磨床、铣床、铡床等特种工具机 744 部,共计生产工具2608 部,全部生产能力可制造大小机器 2 万吨。[7] 当时大后方规模

---

[1] 傅润华、汤约生主编:《陪都工商年鉴》,张研、孙燕京主编:《民国史料丛刊》(605 册),郑州:大象出版社,2009 年,第 120-121 页。

[2] 傅润华、汤约生主编:《陪都工商年鉴》,张研、孙燕京主编:《民国史料丛刊》(605 册),郑州:大象出版社,2009 年,第 121 页。

[3] 傅润华、汤约生主编:《陪都工商年鉴》,张研、孙燕京主编:《民国史料丛刊》(605 册),郑州:大象出版社,2009 年,第 121 页。

[4] 马雄冠等:《重庆民营机器工业概况》(1942 年),重庆市档案馆、重庆师范大学合编:《中国战时首都档案文献·战时工业》,重庆:重庆出版社,2014 年,第 343 页。

[5]《卷头语》,《西南实业通讯》第 9 卷第 5 期,1944 年 5 月 31 日,第 1 页。

[6] 余爽仁:《资委会工矿展览会轮廓》,《中国工业(桂林)》第 26 期,1944 年 4 月,第 20 页。

[7] 薛明剑:《重庆民营机器工业之危机及救济方法》,《中国工业(桂林)》第 23 期,1944 年 1月,第 11 页。

较大、设备和技术较先进的机械厂,绝大部分设在重庆,如中央机器厂、恒顺机器厂、顺昌铁工厂、新民机器厂、上海机器厂、民生机器厂、中国机器厂、震旦机器厂、福裕机器厂、裕民机器厂等。重庆作为大后方机械工业的中心,机械工业得到迅速发展。[1] 到抗战胜利前夕的1945年上半年,重庆"机械工厂中之大厂,因承接生产局订货单,勉可维持,小厂不能承接订货,纷告停工"。[2]

(2)五金工业

五金包括兵工器材(钢铁、合金、工具等)、通讯器材(有线电器材、无线电器材、电线等)、交通器材(汽车配件等)、建筑材料(钢铁、水泥、钉等)、电器材料(灯泡、灯头、皮线等)。据1944年12月重庆五金工业同业公会调查,当时加入公会的有356家。会员主要分布在林森路到陕西路一带以及中正路、新市区。这些会员的业务绝大多数是经售兵工器材和通讯器材。至于生产厂家,主要有中国金属制片厂股份有限公司、西南钢锉制造厂、大川实业股份有限公司、合作五金制造公司、公平磅秤厂等。其中,中国金属制片厂股份有限公司总公司和制造厂均位于小龙坎,董事长余名钰,成立于1942年6月,1943年6月建成投产,资本500万元,主要生产相关规格的紫铜片、黄铜片、青铅片、锌片、铅片、锡片等。西南钢锉制造厂位于小龙坎正街,经理孔庆丰,1938年11月创办,1939年3月建成投产,员工40多人,生产各种锉刀。大川实业股份有限公司设于重庆黄沙溪,总经理为尹致中。该厂分设机器、针钉、石棉三厂,生产各种工业母机、石棉制品、针钉等。合作五金制造公司原设上海,迁川后于1938年复工,设厂于重庆小龙坎,经理为胡叔常,资本120万元,员工约200人,生产各种门锁、铰链、医药五金、纱厂五金、军用五金等。公平磅秤厂设于重庆小龙坎,1940年春创办,专制各种大小磅秤。[3]

董事长为胡厥文的合作五金厂1938年迁重庆后,1939年在小龙

[1] 程雨辰主编:《抗战时期重庆的科学技术》,重庆:重庆出版社,1995年,第110页。

[2] 《工业动态·渝区民营工业近况》,《中国工业(桂林)》第28期,1945年7月20日,第36页。

[3] 傅润华、汤约生主编:《陪都工商年鉴》,张研、孙燕京主编:《民国史料丛刊》(605册),郑州:大象出版社,2009年,第222-223页。

坎天星桥复工,以生产建筑五金为主,1945 年职工发展到 350 人,所产产品在迁川工厂产品展览会上展出,周恩来、董必武、邓颖超等参观后都题词鼓励。1942 年,济南迁渝的大陆铁工厂改名为大川实业股份有限公司,除产缝纫机针外,月产元钉 150 箱。1946 年后,合作五金厂因物价飞涨,难以维持,一再裁员,至 1949 年仅有 41 人,建筑五金产品减少;大川实业股份有限公司亦停业。但在这期间,又有万泰五金制造厂,后增资人厚诚企业股份有限公司,生产元钉。还有一批铁工厂、翻砂厂,生产螺丝、铸管等产品。翻砂厂中较为大型的厂家有永利、洽生、建业等。[1]

4.电器工业

电器工业包括电机、电线、电信、管泡、电表仪器、电池、绝缘品、电工工具材料等部门。全面抗战时期,重庆电器工业厂商均由经济部工矿调处整处管制,因材料资金等困难,只有国营中央电工器材厂管泡渝厂规模较大,产品也"以管泡生产为足称"[2]。

(1)中央电工器材厂

这是经济部资源委员会主办的国营工厂,有 5 个分厂、3 个支厂,合计 8 个制造单位,其中管泡厂(即第 2 厂)设在重庆,专门生产真空管和电灯泡。[3]

(2)西亚电器厂

1924 年胡西园接盘上海德人创办的亚浦耳电灯泡厂,全面抗战初期迁重庆改名西亚电器厂,厂设重庆沙坪坝,资本 500 万元,技工百余人,生产"电光牌"电灯泡,月产约 3 万只,畅销大后方各地。[4]

(3)华生电器厂

1916 年在上海创办,是中国第一家生产电力机械的电器厂,1938 年迁渝,80 余职工随厂迁渝。1939 年复工,资本 250 万元,机器百余

[1] 重庆市工业局编:《1955 年私营工业重点行业调查·重庆市独立翻砂工业调查报告》,1955 年 11 月,第 126 页,重庆市档案馆馆藏,档案号:1091-3-371。

[2] 傅润华、汤约生主编:《陪都工商年鉴》,张研、孙燕京主编:《民国史料丛刊》(605 册),郑州:大象出版社,2009 年,第 106 页。

[3] 傅润华、汤约生主编:《陪都工商年鉴》,张研、孙燕京主编:《民国史料丛刊》(605 册),郑州:大象出版社,2009 年,第 106 页。

[4] 傅润华、汤约生主编:《陪都工商年鉴》,张研、孙燕京主编:《民国史料丛刊》(605 册),郑州:大象出版社,2009 年,第 106-107 页。

部,厂房 30 多栋,职工 300 多人,经理王载非,生产各种发电机、变压器、电动机以及各式开关、电流、电压表、电扇等。[1] 因该厂的迁渝,"重庆电机制造才随之发展起来"[2]。继华生之后,华成等厂也自沪迁渝,到 1941 年,重庆已经有华生、华成、华美、永祥、亚生等电机制造厂商五六家,职工约 500 人,生产电风扇、电动机、发电机、变压器等,产量、质量均为大后方首位。[3]

此外尚有华业电器厂股份有限公司、大业机电工厂股份有限公司、光明电器制造厂、中国建设工程公司(中建电机厂)、中原机电工厂、华美电业机器厂等。[4]

5.化学工业

化学工业可大致分为基本化学工业如酸碱、电化、炼油、酒精等,制药工业,化妆品工业三大类[5],也可分为酸碱、水泥、造纸、橡胶、焦油等。截至 1945 年 1 月,重庆重要化学工业调查情况见表 3-23。

表 3-23　重庆重要化学工业调查表(1945 年 1 月)

业别	厂名	地址	负责人	资本(千元)	主要产品
酸碱	中国造酸公司	巴县大渡口	甘礼俊		浓硫酸、蓄电池酸
	天原电化厂	江北猫儿石	吴蕴初	10000	烧碱、盐碱
	中央工业试验所纯粹化学药品制造试验工厂	北碚	李尔康	12000	纯硫酸、纯硝酸、纯盐酸
水泥	四川水泥公司	重庆南岸	席新伦	2000	年产约 103198 桶
造纸	邮电造纸厂	铜梁汤峡口	徐叔明	500	新闻纸
	中央造纸厂	江北猫儿石	张剑鸣	12000	钞票纸,年产约 180 吨
	湖北省建设厅造纸厂	万县	苏谔	400	连史纸、光边纸、包装纸、书面纸、报纸

---

[1] 傅润华、汤约生主编:《陪都工商年鉴》,张研、孙燕京主编:《民国史料丛刊》(605 册),郑州:大象出版社,2009 年,第 107 页。

[2] 重庆市工业局编:《电力机械设备制造文字报告》,1955 年 11 月,第 244 页,重庆市档案馆馆藏,档案号:1091-3-377。

[3] 重庆市工业局编:《电力机械设备制造文字报告》,1955 年 11 月,第 244 页,重庆市档案馆馆藏,档案号:1091-3-377。

[4] 傅润华、汤约生主编:《陪都工商年鉴》,张研、孙燕京主编:《民国史料丛刊》(605 册),郑州:大象出版社,2009 年,第 107-108 页。

[5] 傅润华、汤约生主编:《陪都工商年鉴》,张研、孙燕京主编:《民国史料丛刊》(605 册),郑州:大象出版社,2009 年,第 125 页。

业别	厂名	地址	负责人	资本(千元)	主要产品
橡胶	中南橡胶厂	重庆化龙桥	庄怡生	10000	汽车轮胎胶糊
焦油	军政部焦油厂	北碚	赵宗燠		代汽油焦炭
	兵工署大渡口钢铁厂第五所	巴县大渡口	孙祥鹏		焦炭、轻油、中油、重油等

资料来源:《抗战后期重庆重要化学工业调查表》(1945年1月),重庆市档案馆、重庆师范大学合编,《中国战时首都档案文献·战时工业》,重庆:重庆出版社,2014年,第595-598页。

（1）酸碱工业

酸碱工业被称为化学工业之母,军事工业中的炸药、农业生产中的肥料,均以此为原料。[1] 其中天原电化厂四川工厂设于重庆市化龙桥,总经理吴蕴初,厂长黄佑川,出品45Be液碱、200Be盐碱及35%漂白粉等。该厂创办于1928年,以电解食盐方法,专制烧碱、盐酸、漂白粉及其他氯化制品等原料,是中国本项工业开创者,于国防方面,为重要基本工业。公司初设于上海,1929年10月开工出货,资本20万元,由创办人吴蕴初任总经理。到七七事变,资本已自20万元增至105万元,电槽设备已从50只增至300只,产量六倍于创办之初。1937年全面抗战军兴,奉令内迁,在渝成立四川工厂。1940年6月下旬,正式出货。1944年资本增为1000万元,公司随之迁渝。该公司所出的酸碱因制造上既需大量耐酸耐氯器具,非普通器具能盛置,因此在沪原附设陶器工厂1所,专制各种耐酸耐碱陶器,亦随之内迁,成立一陶器部,即天盛陶器厂四川工厂。该厂除制自用陶器外,并代各硫酸硝酸以及其他化学工厂,承制多量耐酸器皿。该公司创办人吴蕴初原设天厨味精厂,制造味精代替货味之素,久着声誉,也迁渝与上二厂一并继续开工。[2] 另如中央工业试验所初纯粹化学药品制造实验工厂(北碚)、中国制酸股份有限公司(大渡口)、友联化学工业社(磁器口)、永利化学工业公司川厂重庆办事处(邹容路)、西南化学工业制

---

[1] 傅润华、汤约生主编:《陪都工商年鉴》,张研、孙燕京主编:《民国史料丛刊》(605册),郑州:大象出版社,2009年,第125-126页。

[2] 傅润华、汤约生主编:《陪都工商年鉴》,张研、孙燕京主编:《民国史料丛刊》(605册),郑州:大象出版社,2009年,第128页。

造厂(南岸)、瑞华企业股份有限公司机器制碱厂(具体地址不详)、克泰化学工业社(南岸)、坚泰碱厂(南岸)。总体上看,酸碱工业为战时草创,规模小,产量小。就工厂数量言,酸厂战前 15 家,战时 19 家。碱厂战前 9 家,战时 12 家。产量不如战前多。原因在于原料、设备缺乏。[1]

(2)炼油工业

根据第一区(重庆)植物油炼制工业同业公会 1944 年 1 月统计,大后方炼油业公私各厂有 80 多家,其中重庆 35 家,为"新兴炼油工业区"[2]。其中重要者为华府兴业股份有限公司(重庆陕西路)、新源炼油厂股份有限公司(小龙坎)、中国植物油料厂股份有限公司(重庆、万县等处)、动力油料厂(小龙坎)、建成炼油厂(南岸)。[3] 中国植物油料厂成立于 1936 年,资本 200 万元,为业务发展及便利计,由实业部、产油区各省政府及油商共同投资,计实业部409000元,湘、鄂、浙、皖、川各省政府共 1338000 千元,商股共 253000 元,计 52 户,主要有聚兴诚银行 5 万元、杨典章 18000 元、王方舟12000元、陶伏生 1 万元。董事长周诒春,副董事长谭熙鸿,常务董事余籍伟、杨季谦,董事胡嘉诒、谭岳泉、伍廷飏、何北衡、林继庸、贺衡夫、储应时、陶伏生、杨典章、张嘉铸、车穆馨,常务监察吴国桢,监察吴景超、张兹闿、李祖华、陈湘如。厂内重要职员计总经理张嘉铸(禹九),协理邱良荣、胡安恺,总秘书刘瑚,特派专员王龙生、黄佐时,财务处长朱孔惠等。该厂业务情形,自 1936 年开办时起至 1941 年太平洋战争止为第一期。主要业务为收购桐油,加以精炼,输送出口,系以贸易为重心,炼油榨油为补助。上半期桐油,均由上海出口,因系贸易性质,而上海商业机构又颇健全,故资本虽仅 200 万元,以周转灵便,业务进展甚为迅速,除最初成立的上海、重庆、万县 3 厂外,先后在汉口、芜湖、杭州、长沙、常德各地设立分厂或办事处。下半期以京沪武汉相继失守,乃改由香港出

[1] 傅润华、汤约生主编:《陪都工商年鉴》,张研、孙燕京主编:《民国史料丛刊》(605 册),郑州:大象出版社,2009 年,第 128-130 页。

[2] 傅润华、汤约生主编:《陪都工商年鉴》,张研、孙燕京主编:《民国史料丛刊》(605 册),郑州:大象出版社,2009 年,第 133 页。

[3] 傅润华、汤约生主编:《陪都工商年鉴》,张研、孙燕京主编:《民国史料丛刊》(605 册),郑州:大象出版社,2009 年,第 135-136 页。

口,同时以财政部成立贸易委员会,桐油采统购统销改策。自 1941 年太平洋战争起,至 1945 年抗战胜利止为第二期。因海路断绝,桐油无法外销,而动力油料又不易输入,乃改外销为内销,将桐油裂化汽油及柴油,由贸易转为制造,除裂化汽油及柴油外,利用菜油及茶油、油、草麻油等制炼滑润油及制造肥皂、油漆、松香、松节油等,约计每月可产汽油 2 万加仑,柴油 200 吨,各种滑润油 1 万加仑,肥皂 1500 箱,油漆 5000 磅,松香 40 吨,松节油 5000 磅。1942 年到 1944 年,并代重庆日用品管理处制炼大批食油。在此期间,滇缅公路不久亦被截断,仅余中印驼峰一线,故国内物资奇缺,尤以动力油料为甚。代用物品,效力虽然较逊,唯尚可用以应付,故出品销路甚佳。后以中印油管架设完成,价格下落,然该厂业已奠定基础。[1]

(3)酒精工业

全面抗战爆发后,交通梗阻,海外动力油料,各国均移作军事用途。国内需要,渐感供不应求。鉴于战事延长,国内化工专家遂倡导将植物油料经过裂化使之成为氮氢化合物,从中获得汽油、煤油、柴油。在政府当局支持下,由资源委员会与兵工署在汉口筹设动力油料厂,未成而汉口沦陷,随后改在重庆创设,这是官办炼油厂的开始。[2]抗日战争中期,出口通道被完全封锁后,曾一度用植物油(绝大部分是桐油)提炼动力油。提炼动力油的工厂除官办的中国植物油料厂、川康兴粉公司炼油厂外,其余均为民营工厂,其中大华炼油厂筹建北碚分厂时,周恩来曾批条资助法币 2000 元,生产的品种有代汽油、柴油、煤油、润滑油等。抗日战争胜利后,停止了动力油的提炼。[3] 1941 年,重庆酒精厂有大成、新中国、华中、光大、庆兴、协兴、北泉、上川、永川、复华、合川、胜利等 12 家,其中呈准设立者 11 厂,被要求改办者 1 厂(合川厂)。[4] 1938 年,重庆新民、新中国、大成酒精厂等,均为民

[1]《中国植物油料厂概况》(1946 年 2 月),重庆市档案馆、重庆师范大学合编:《中国战时首都档案文献·战时工业》,重庆:重庆出版社,2014 年,第 598-600 页。

[2] 罗家选:《炼油业当前困难事实与补救》,《西南实业通讯》第 12 卷第 1、2 期合刊,1945 年 8 月 31 日,第 11 页。

[3] 重庆市地方志编纂委员会编著:《重庆市志·第四卷》(下),重庆:西南师范大学出版社,2004 年,第 315 页。

[4]《抗战中期重庆区酒精工业一览表》(1941 年 12 月),重庆市档案馆、重庆师范大学合编:《中国战时首都档案文献·战时工业》,重庆:重庆出版社,2014 年,第 563 页。

营,生产代汽油的酒精。[1] 其中光大化学工业股份有限公司酒精厂1939年创办于南岸、新中国人造汽油厂1938年6月创办于南岸、国民化学工业社酒精厂1939年创办于巴县。[2]

（4）颜料、油漆、油墨工业

颜料工业主要有庆华颜料化学厂股份有限公司（李家沱），与此相关的油漆油墨工业主要有集成化学厂（重庆）、建华制漆厂（南岸）、光华油漆制造厂（重庆）、兴华油漆厂（化龙桥）、大业油墨厂（盐井坡）。[3]

（5）化妆品工业

全面抗战爆发前,重庆化妆品工业仅有广利等小规模工厂。全面抗战爆发后,家庭工业社、中国化学工业社、中法大药房等,相继迁渝或在重庆设立分厂,重庆开始有化妆品工业。[4] 工厂有中国化学工业社重庆分厂（李家沱）、家庭工业社重庆分厂（井口）、大兴工业公司（江北）、西南化学工业制造厂（南岸）、中国现代化工厂（国府路）。[5]

（6）皂烛工业

以皂烛业而论,除其他县治外,重庆过去在全面抗战爆发前只有数家经营斯业,销量微弱,全面抗战爆发后到1942年前后,经营斯业者已达30余家（见表3-24）。所出货品,优劣不等,皂烛之牌名,50余种,多数改填新名词。装潢美丽,成为投机事业,藉以大肆推销,各厂货品,有设门市部批发兼零售,其价值与贩商相同,有专门批发不零星出售,或自运销各县,或委托乡镇县城商号代为推销,照批发价给予折扣,以求销量增加,以1941年度估计,各工厂销量占三分之一,居民占三分之一,各县乡镇占三分之一,营业尚称发展,约与1940年度平衡,

[1] 傅润华、汤约生主编:《陪都工商年鉴》,张研、孙燕京主编:《民国史料丛刊》（605册）,郑州:大象出版社,2009年,第137页。

[2] 傅润华、汤约生主编:《陪都工商年鉴》,张研、孙燕京主编:《民国史料丛刊》（605册）,郑州:大象出版社,2009年,第139页。

[3] 傅润华、汤约生主编:《陪都工商年鉴》,张研、孙燕京主编:《民国史料丛刊》（605册）,郑州:大象出版社,2009年,第140-141页。

[4] 傅润华、汤约生主编:《陪都工商年鉴》,张研、孙燕京主编:《民国史料丛刊》（605册）,郑州:大象出版社,2009年,第142页。

[5] 傅润华、汤约生主编:《陪都工商年鉴》,张研、孙燕京主编:《民国史料丛刊》（605册）,郑州:大象出版社,2009年,第142-143页。

而其品质远不及 1940 年度，考其原因，生活较过去为高，原料日趋上涨以致质料减轻，工作马虎，又值烧碱受政府限制，采购困难，每月皂烛业仅购得天原电工购液体烧碱 3 万公斤，分配各厂制造，以维现状，各厂以每月购碱不足销量，均以存碱补充，仍设法贴补，以偿不敷，现为烧碱不济，已迫而停业者多。[1]

表 3-24　1942 年重庆皂烛业各厂大概情形

序号	厂名	开办年月	资本总额 (元)	备考
1	开利企业股份有限公司	1938 年		由汉迁川
2	汉口协记江南肥皂厂	1939 年 9 月	1000000.00	由汉口迁重庆北碚
3	美廉肥皂厂	1939 年		由汉迁川
4	天伦肥皂厂	1938 年 5 月	100000.00	由汉迁渝
5	美德实业公司肥皂厂	1938 年		由汉迁川
6	百利皂烛厂	1939 年 3 月	200000.00	由汉迁川
7	上海协记大来化学制胰厂	1940 年 1 月	300000.00	由沪迁川
8	如记永明实业厂	1938 年	150000.00	由汉迁川
9	上海大新化学制造厂	1938 年	200000.00	由沪迁川
10	永新化学工业公司	1938 年	200000.00	由沪迁渝
11	宝源企业公司化工部	1941 年 10 月 1 日	2000000.00	广利公司并入
12	龙门浩肥皂生产合作社	1940 年 3 月	50000.00	
13	南岸皂烛碱生产合作社	1939 年 5 月	120000.00	
14	利民肥皂厂有限公司	1938 年	500000.00	
15	长江肥皂烛厂	1934 年 4 月	50000.00	
16	义华烛厂	1938 年	100000.00	
17	汉口柏林制皂厂	1938 年	500000.00	
18	乐山大华胰皂公司	1919 年 6 月	200000.00	
19	华西化学工业社	1938 年	300000.00	
20	西南肥皂厂	1938 年	300000.00	
21	齐鲁友联化学工业社	1938 年		停业
22	立华肥皂厂			停业
23	重庆一心实业社			停业
24	中国肥皂厂			停业
25	大公烛厂			停业
26	中国工业厂	1937 年		停业

---

[1]《重庆市皂烛业初步调查》(1942 年)，重庆市档案馆、重庆师范大学合编，《中国战时首都档案文献·战时工业》，重庆：重庆出版社，2014 年，第 570-571 页。

序号	厂名	开办年月	资本总额(元)	备考
27	明生家庭工业社			停业
28	兴中烛厂			停业
29	新华公司			停业
30	美趣时			停业
31	和济烛厂			停业
32	华昌肥皂厂			停业
33	荣昌肥皂厂			停业
34	祥和肥皂厂			停业

资料来源:《重庆市皂烛业初步调查》(1942 年),重庆市档案馆、重庆师范大学合编,《中国战时首都档案文献·战时工业》,重庆:重庆出版社,2014 年,第 576-577 页。

此后,皂烛业厂家又有增加。据 1944 年 5 月统计,重庆有皂烛工厂 65 家,其中 11 家有动力设备,著名工厂有开利企业公司油脂化学厂、利民肥皂股份有限公司、上海协记大来制胰厂、江南肥皂厂、柏林肥皂厂、西北化学工业制造厂。[1]

(7)制药工业

全面抗战争爆发后,沿海沿江一带制药企业相继迁渝。到 1943 年,重庆已经有 23 家制药厂(见表 3-25),资本总额 588.5 万元,可以生产 94 种药物,一些药品由于雷同、运输困难等,在大后方甚至出现过剩现象。[2]

表 3-25 重庆区(第二区)制药工业同业公会会员概况表(1943 年 5 月 30 日)

厂名	负责人姓名	资本额(元)	人数(名)	厂址
中法药房	陈丰镐	200000.00	80	重庆市弹子石鹅公堡
民康实业公司	李颖川	1200000.00	100	重庆市大佛段 20 号
中央制药厂	汤腾汉	600000.00	150	重庆市铜元局
中国生产提炼公司	蔡语生	1000000.00	120	重庆市中渡口
四海化工社	吴光国	50000.00	30	江北木关街 4 号
标准药业公司	王药雨	25000.00	25	重庆市海棠溪大屋基

---

[1] 傅润华、汤约生主编:《陪都工商年鉴》,张研、孙燕京主编:《民国史料丛刊》(605 册),郑州:大象出版社,2009 年,第 143-146 页。

[2] 陈丰镐:《制药业近况》,《西南实业通讯》第 8 卷第 1 期,1943 年 7 月 31 日,第 21 页。

厂名	负责人姓名	资本额(元)	人数(名)	厂址
立华化学工业社	王建华	30000.00	5	重庆市弹子石
新光药厂	杨友芝	50000.00	10	重庆市皂角湾
协和药品公司	孟目的	300000.00	10	重庆市桂花街2号
光华药厂	王永煜	300000.00	30	重庆市凉水井
天光药厂	郭恒蒨	100000.00	10	巴县鱼洞溪
新中化学制药厂	杨石邱	1000000.00	3	合川龙洞沱
制康化学制药厂	赵少文	320000.00	8	江北香国寺田家花园
利川化学工业社	李涯滨	200000.00	11	磁器口蔡家湾
新亚药厂	许纪生	1000000.00	90	重庆市海关巷2号
己卯工业社	胡兆伟	100000.00	5	重庆市南岸清水溪放牛坪83号
民生药房制药厂	李新臣	200000.00	60	重庆市林森路
远东化学制药厂	王春元	51000.00	30	南泉堤坎第6号
罗氏柏林化学制药厂	罗林柏	20000.00	5	中华路特40号
大华制药厂	李之生	50000.00	11	重庆市南平堰坎17号
康益西药厂	万禹泉	50000.00	11	重庆市蔡家石堡
佛慈医厂	冯明攻	100000.00	20	重庆敦厚中段8号
中华药房制药厂	贵琮	300000.00	20	重庆市桂花园2号
合计32厂	资本5885000.00		工人830	

资料来源:陈丰镐,《制药业近况》,《西南实业通讯》第8卷第1期,1943年7月31日,第22-23页。

　　1944年统计重庆药厂有23家,有中国药产提炼公司(沙坪坝)、光华化学制药厂、民康制药公司、中法药房制药厂、民生药房制药工厂(南岸)、知行化学工业研究社(南岸)、西南化学厂、天生元药厂、光华大药厂、捷兴药房股份有限公司、五洲大药房、佛大药厂重庆分厂、中央制药厂股份有限公司、天生化学制药厂股份有限公司、建国制药厂、大成化学工业股份有限公司、重庆化学工业制造厂、瑶光化学厂、大华化学工业股份有限公司、同德化学工业社等。[1]

---

　　[1] 傅润华、汤约生主编:《陪都工商年鉴》,张研、孙燕京主编:《民国史料丛刊》(605册),郑州:大象出版社,2009年,第147-151页。

（8）火柴原料工业

中国火柴原料厂特种股份有限公司（公司在重庆,厂设长寿）。[1]
1938 年,上海大中华火柴公司迁重庆。1939 年 4 月,大中华公司以 15
万元投资华业火柴厂,改组为华业和记火柴厂,华业厂资财作价 10 万
元,共有资本 25 万元,厂址在重庆弹子石。[2] 1940 年产安全火柴、硫
化磷火柴 2447 箱,获利达 90 余万元,成为川渝地区资金最雄厚、规模
最大的火柴厂家。[3] 1939 年 9 月,川黔火柴工商业联合会与大中华
火柴公司组织中华火柴原料公司,在长寿设厂,生产赤磷、硫化磷、氯
酸钾等供应各火柴厂。1942 年 4 月,刘鸿生任总经理的中国火柴专卖
公司在重庆成立。专卖公司全面控制了火柴的产、供、销,对各厂采取
贱买贵卖、先卖出后付款等手段,获得高额利润,而火柴厂则收不抵
支,造成亏本。至 1944 年惠利、合裕、新民等厂相继倒闭,其余厂亦时
开时停。[4]

（9）橡胶工业

中南橡胶厂,规模较大。[5] 该厂为 1940 年南洋华侨巨子庄怡
生、张木森等回国慰劳,深感抗战正殷,运输频忙,而后方尚无橡胶工
业,遂与中国茶叶公司合资创办。旋中茶公司退出,由庄氏等合营,资
本 100 万元,向经济部登记,领得设字 295 号执照,首批机器及原料,
在滇缅路封锁时,由马来亚间道运达昆明。1940 年 9 月昆明厂首先成
立开工,1941 年陆续成立贵阳、重庆、曲江等厂,专翻制汽车轮胎及各
种机器橡胶配件,供应军工运输及制造厂用。重庆橡胶工业自此开
始。1943 年经股东大会决议,增资为国币 2000 万元,并于重庆化龙桥
添设总厂,以增生产。抗战胜利,受后方工业不景气影响,重庆海棠溪
厂及昆明厂相继停工,曲江厂亦于曲江沦陷时迁至永安,以时局影响,

[1] 傅润华、汤约生主编:《陪都工商年鉴》,张研、孙燕京主编:《民国史料丛刊》(605 册),
郑州:大象出版社,2009 年,第 152 页。
[2] 佚名:《刘鸿生——中国的天才企业家》,《新世界》1945 年第 1 期,1945 年 1 月 15 日,第 11 页。
[3] 重庆市地方志编纂委员会编著:《重庆市志·第四卷》(下),重庆:西南师范大学出版社,
2004 年,第 26 页。
[4] 重庆市地方志编纂委员会编著:《重庆市志·第四卷》(下),重庆:西南师范大学出版社,
2004 年,第 26-27 页。
[5] 傅润华、汤约生主编:《陪都工商年鉴》,张研、孙燕京主编:《民国史料丛刊》(605 册),
郑州:大象出版社,2009 年,第 153 页。

未能开工,剩下总厂及贵阳二处。[1] 总管理处设重庆五四路,总经理庄怡生,经理张木森、副理杨励吾。重庆事务由前昆明厂长吴中钦代理。公司内分设总务、业务、会计、出纳4课,各有专人负责。总厂设李子坝,陈国沧任厂长;重庆门市部设邹容路184号,丘小秋任经理;在美设有办事处,代表黄绣封。该厂成立时,主要利用废胎翻新。据该厂统计,1942年到1944年共产翻新轮胎3万余只,橡胶滚筒200余件(造纸染布用),飞机用活塞3000余件,橡皮塞30万只,印刷用橡胶席20余张,炮垫500余件及其他机器配件1000件,对抗战颇多贡献。财政部曾特准该厂进口成品原料免纳进口转口及在滇省营业税等,经济部亦准许该厂在川滇黔三省及重庆市享有专制权五年。重庆总厂设立,始开始制造全新车胎及各种机器橡皮配件、日用品等,出品均由门市部出售。[2] 1944年底,利华橡胶厂迁重庆江北溉澜溪,生产胶鞋、胶鞋底、胶管、胶板、热水袋、球胆、胶辊、乳胶手套等。1945年,交通运输管理局汽车器材总库重庆车胎翻修厂建立,日翻胎十余条。此外,重庆还有大陆、天工、顺吕等几家私营小厂。[3]

(10)玻璃工业

到1945年止,重庆有大小玻璃厂17个,近2000工人。[4] 其中,鹿菖、华洋、瑞华、中国、一天等厂较为著名。鹿菖玻璃为重庆开创较早的玻璃厂,厂址在嘉陵江北岸的刘家台,厂屋为租用,经理周惠昌,厂长兼技师周之鉴,工人及学徒共50余人,供给膳宿。职员3人,管理厂内杂务。前因亏本,致起纠纷,且曾一度停工。[5] 华洋玻璃厂设于嘉陵江北岸陈家馆178号,厂房20余间,均属自建,开办已10余年,资本5万元,经理白万全,厂长兼工程师刘荣昌,工人60余名(学

---

[1]《中南橡胶厂概况》(1946年4月),重庆市档案馆、重庆师范大学合编:《中国战时首都档案文献·战时工业》,重庆:重庆出版社,2014年,第601页。

[2]《中南橡胶厂概况》(1946年4月),重庆市档案馆、重庆师范大学合编:《中国战时首都档案文献·战时工业》,重庆:重庆出版社,2014年,第602-603页。

[3]《第十章 橡胶加工业》,重庆市地方志编纂委员会编纂:《重庆市志·第四卷》(上),重庆:重庆出版社,1999年,第633页。

[4] 重庆市地方志编纂委员会编著:《重庆市志·第四卷》(下),重庆:西南师范大学出版社,2004年,第44页。

[5]《抗战前期重庆的玻璃工业》(1940年2月),重庆市档案馆、重庆师范大学合编:《中国战时首都档案文献·战时工业》,重庆:重庆出版社,2014年,第553页。

徒为主）。职员 3 人,管理会计、事务等。该厂出品,种类甚多,均为日用玻璃及电用玻璃,成色尚好。因原料缺乏,碱及萤石购买困难,曾拟改制搪瓷,正在试验中。[1] 瑞华玻璃厂筹备于七七事变以前,原拟在上海一带设厂,因为全面抗战爆发,遂决定迁入内地开工。厂址设于重庆化龙桥,资本原定 4 万元,后逐渐增加。总经理李文彬,协理蒋相臣,厂长兼技师姜惠周。姜氏以前曾在大连南满铁道株式会社中央硝子试验所工作多年,对于制造玻璃颇具经验,厂内技术工作即由彼负责。技工计有 30 余人,均系上海一带玻璃厂中的熟练工人。除技工外尚有补习生及普通工人数十名。该厂出品种类甚多,化学用玻璃有试管、烧杯、烧瓶、特种用器等。电用玻璃有乳白灯罩。日用玻璃有杯、瓶等,美术玻璃有雕花玻璃、磨光玻璃、喷花玻璃等,雕花玻璃系蘸细砂磨成者,磨光玻璃系蘸氧化铁磨成者,刻度及印号,均为氟氢酸腐蚀而成。各种物品的价格较中央玻璃厂出品约贵 4 倍。[2] 新晶玻璃厂设于重庆观音岩下枣子岚垭 92 号,筹备于 1938 年暑间,9 月间正式开工出货;资本为 3 万元,经理苏武昌,厂长兼技师罗若为。罗氏前在太平洋玻璃厂担任技术方面工作,后以该厂停办,倡创新晶工厂。厂内工人 60 余名,工资最高者为 20 元;厂房系新建,共费 2000 余元。出品多为药房中使用的磅瓶等日用玻璃。[3] 晶精玻璃厂设在临江门对岸之水月庵 18 号,创始于 1936 年 8 月(该厂闻系山东博山人创办,后来让与他人,现厂内尚有博山人在),资本约 2 万元,经理程镜侯,厂长兼工程师焦仁和,除熔炉系自建外,余如厂房、烟囱均系租用,每年租金约为 120 元。工人 10 余名,学徒 30 人。该厂出品除日用玻璃、电用玻璃、螺丝口之玻瓶外,尚有一小炉,制玻珠、烟嘴、小瓶及其他小玩具,制造此种物品者,渝市只此 1 家。[4]

中央造纸厂重庆工厂前身为上海龙章造纸公司,董事长兼总经理

---

［1］《抗战前期重庆的玻璃工业》(1940 年 2 月),重庆市档案馆、重庆师范大学合编:《中国战时首都档案文献·战时工业》,重庆:重庆出版社,2014 年,第 552 页。

［2］《抗战前期重庆的玻璃工业》(1940 年 2 月),重庆市档案馆、重庆师范大学合编:《中国战时首都档案文献·战时工业》,重庆:重庆出版社,2014 年,第 546、549 页。

［3］《抗战前期重庆的玻璃工业》(1940 年 2 月),重庆市档案馆、重庆师范大学合编:《中国战时首都档案文献·战时工业》,重庆:重庆出版社,2014 年,第 550-551 页。

［4］《抗战前期重庆的玻璃工业》(1940 年 2 月),重庆市档案馆、重庆师范大学合编:《中国战时首都档案文献·战时工业》,重庆:重庆出版社,2014 年,第 555 页。

为张静江，经理为庞赞臣。该厂以制造道林纸、连史纸等饮誉 30 余年。八一三日寇侵沪，该公司经理庞赞臣不愿资敌，接受资源委员会、财政部、军政部、实业部会同组织的上海工厂迁移监督委员会的劝导及协助，冒炮火，排万难，将所有造纸机件拆卸内迁，于 1938 年 11 月运抵重庆，计运出的机件材料约 2000 吨，抵渝后不足 800 吨。迁渝后，该厂由张剑鸣任代总经理，庞赞臣任副总经理兼厂经理，并聘尤巽照为总工程师，筹备 2 年，方告复工。当时海运尚通，政府钞券，均印于国外，对于在国内造纸及印制钞券等均无必需；随着国际局势日渐紧张，剑拔弩张，固已岌岌可危。财政部部长孔祥熙及钱币司戴立庵，一方面大量订购钞纸及印钞油墨，收购后方印刷工厂，以备自印钞券，一方面筹建纸厂，以备自行制造钞纸。当时后方纸厂中设备最精良者首推龙章造纸厂，拥有后方唯一的 100 英寸宽长网式造纸机一座每月至多产纸 200 吨。同时备有水电二厂，也是决定将该厂收归国营，改制钞券及其他政府用纸，以期自给。经数度洽商，决由中央银行投资 2000 万元，交中央信托局经营，该厂遂于 1941 年 12 月 1 日正式成立，由张剑鸣任厂长，尤巽照任副厂长兼总工程师，聘庞赞臣为顾问、于桂馨为工程顾问；并由中央银行孔前总裁指派财政部、中央银行、中央信托局有关人员暨本厂正副厂长 9 人组织监理委员会以董其事，委员为戴立庵（财政部钱币司）、杨幼赓（财政部币司）、范鹤言（中央银行秘书处）、李骏权（中央银行发行局）、陈钟声（中央信托局）、翟克恭（中央信托局）、凌宪扬（中央信托局印制处）、张剑鸣、尤巽照，以凌经理为主任委员。该厂成立后，积极添装机件，致力试制钞券用纸，屡经研究，于 1942 年 11 月正式出货。制钞券用纸，国内尚属草创，在战时后方物资极度贫乏中，惨淡经营，终得仿制成功，差可应用，使国家金融政策得以顺利推行，立抗战基石，获致最后胜利。主其事者，为厂总工程师尤巽照。财政部曾于 1942 年冬及 1945 年夏，两度传令嘉奖，并对张、尤两厂长分别给予奖状。该厂生产对象，除钞券纸系属主要产品外，兼制白报纸、米色报纸、印书纸、道林纸、书面纸、绘图纸、包扎纸等，供给一般用户。全国印花税票、粮食库券、火柴专卖印花及各文化团体出版刊物所需的纸张，该厂无不力求供应。旋以国外交通全断，钞券纸需要量增加,奉令全力产钞纸。文化用纸产量减少,外界供应每感供不应求[1],直至 1946 年 1 月增设的小型纸机出货后,又大量产制,供应一般需要。所谓小型纸机的增设,系因当时国产纸张求过于供,为适应需要计,故有增加产量计划。原计划中,拟以该小型纸机制造打字纸、卷烟纸、电报纸、邮票纸、蚕纸及牛皮纸等,并可同时制钞券纸,连同补充原有长网机,打浆及烘缸暨轧光设备等,约共需费4000万元,当经呈准拨给,即作为央行增加本厂的资本,只以房屋工程及机件设备,为各承制厂商一再延误,荏苒年余,始告出货。差幸胜利后交通梗阻,后方需要仍股,故所产纸张,尚能随时脱售。至该小型纸车间添建前,曾就本厂毗连地亩,续购 30 余市亩,除建筑小型纸车间外,并增建员工住宅数幢,新原料库,新拣料间、新净料间、400 吨水塔 1 座、100 吨水柜 1 座及积谷仓等。[2]

其中永新化学工业公司为八一三事变前江苏南通的永新薄荷精炼厂改组而成,当时实收资本 20 万元。南通沦陷后,该厂另在上海租界内购地设厂,不久奉经济部工矿调整处令内迁,遂改组为永新化学工业公司,增资为国币 50 万元,于 1939 年春迁川,在重庆西郊桂花园设厂。到 1941 年 3 月 3 日始开工制造,主要出品为甘油、肥皂、化学用品及卫生材料等。该厂主要股东有杜月笙、赵春咏、龚永毅、唐承宗诸人,为一股份有限公司,设有董事会,由杜月笙任董事长,赵春咏任经理,谢杰任厂长,下设营业、制造、事务三部,其中制造部分制药、制皂、机械三股。[3]

6.现代机器造纸工业

原设上海日辉港的龙章纸厂,规模宏大,并附有发电设备,内迁的机器重达千吨。1938 年 8 月在重庆江北猫儿石勘地建厂,同时整理机器,于 1940 年底筹建完竣,1941 年 1 月正式出货。营业产品,有白报纸、道林纸、牛皮纸、书面纸、包装纸等。以废棉甘蔗渣等为原料,平均

---

[1] 《中央造纸厂重庆工厂沿革概况》(1946 年 8 月 31 日),重庆市档案馆、重庆师范大学合编:《中国战时首都档案文献·战时工业》,重庆:重庆出版社,2014 年,第 603-604 页。
[2] 《中央造纸厂重庆工厂沿革概况》(1946 年 8 月 31 日),重庆市档案馆、重庆师范大学合编:《中国战时首都档案文献·战时工业》,重庆:重庆出版社,2014 年,第 604-605 页。
[3] 《永新化学工业公司概况》(1941 年 9 月),重庆市档案馆、重庆师范大学合编:《中国战时首都档案文献·战时工业》,重庆:重庆出版社,2014 年,第 559-560 页。

每日产量约 4 吨。该厂为后方最大规模的机制造纸厂。[1] 1941 年 11 月财政部为谋钞券纸张自给起见,洽购该厂,由中央银行出资并委托中央信托局经营,于 12 月将其改组为中央造纸厂,主要生产钞票纸、证券纸。

1940 年夏,广成造纸公司拟在渝设厂制造,唯以制浆设备不敷使用,呈准政府价购铜梁实验示范工厂,俾成一完全机器造纸厂。于是,经济部工矿调整处及重庆中央工业试验所与铜梁实验示范工厂合作,合办铜梁造纸厂。采用机件制浆及手工抄纸,以改良当地手工造纸为宗旨,设厂于铜梁虎峰汤峡口。1941 年 11 月出货,成品有新闻纸、打字纸、卷烟纸及各种薄纸,产量约每日 1 吨。[2]

(二)民生及一般工业

为叙述的便利,笔者借鉴《陪都工商年鉴》的分类办法[3],把纺织工业、食品工业、建筑工业、文化工业等归入民生工业和一般工业进行考察。

1.纺织工业

全面抗战开始后,随着战时首都政治地位的确立和内迁企业、人员的到来,重庆人口增多,军需民用猛增,纱、布供应严重不足,在此情况下,纺织工业迅速兴起,成为重庆工业中一个十分突出的现代工业部门。截至 1945 年 1 月,重庆重要纺织工厂情况见表 3-26。

[1]《抗战时期四川的造纸工业》(1942 年),重庆市档案馆、重庆师范大学合编:《中国战时首都档案文献·战时工业》,重庆:重庆出版社,2014 年,第 564 页。

[2]《抗战时期四川的造纸工业》(1942 年),重庆市档案馆、重庆师范大学合编:《中国战时首都档案文献·战时工业》,重庆:重庆出版社,2014 年,第 565 页。

[3]傅润华、汤约生主编:《陪都工商年鉴》,张研、孙燕京主编:《民国史料丛刊》(605 册),郑州:大象出版社,2009 年,第 157 页。

表 3-26　全面抗战后期重庆重要纺织工厂一览表(1945 年 1 月)

业别	厂名	地址	负责人	资本(千元)	主要设备	主要产品
棉纺织	申新渝厂	猫背沱	章剑慧	24000	纺锭 9321	630 件
	裕华渝厂	口角沱	江文竹	12000	纺锭 25884	1300 件
	豫丰渝厂	土湾	潘仰山	14000	纺锭 25920	1300 件
	豫丰合川厂	合川	郑彦之	见渝厂	纺锭 30240	1400 件
	沙市渝厂	李家沱	肖伦豫	13893	纺锭 10800	750 件
	大明纺织染公司	北碚	查济民		纺锭 2000	
	维昌公司	江北	陆绍云	1000	纺锭 1166	
	中纺公司	江北	吴味经	50000	纺锭 1680	40 件
	新民公司	沙坝坝	方振民	1500	纺锭 336	12 件
	赈济三厂	江北	吴叔方	470	纺锭 168	4 件
	富华公司	大佛段	秦炳珠	1000	纺锭 280	5 件
	中工试验所纺织厂	江北	夏循元	1050	纺锭 182	5 件
	军政部第一厂	土湾			纺锭 10168	550 件
	军政部第二厂	弹子石			纺锭 4500	250 件
	军政部第三厂	杨家桥			纺锭 4500	250 件
	大中华纺织厂	南岸	虞乃丹		纺锭 844	25 件
	万新纺织厂	万县	范湘衡	10000	纺锭 336	15 件
	民康公司	南岸	华迮英	2000	纺锭 192	
毛纺织	中国毛纺织厂	重庆	刘鸿生	12000	纺锭 19000	毛呢 30000 公尺
	民治毛纺织厂	重庆	高士愚	4000	纺锭 720	毛呢 3000 公尺
	福民公司毛织厂	重庆	袁国梁	2000	纺锭 40	毛呢 1000 公尺
	军政部第一制呢厂	重庆			纺锭 1940	毛呢 15000 公尺
麻织厂	西南麻织厂	重庆北碚	江溪罗	1000	纺机 336 枚	
	湖北省麻织厂	万县	田镇瀛	1132	纺机 7068 枚	每日帆布 1500 尺
	西南化工厂	重庆	熊子麟	500	纺机 168 枚	
丝织业	川丝公司第一厂	重庆	张造时	30000	缫丝机 522 部 纺机 7068 枚	各公司年产黄白丝 1800 公担
	川丝公司第三厂	重庆	张造时	在前厂内	缫丝机 332 部	在前厂内

资料来源:《抗战后期四川重要纺织业调查表》(1945 年 1 月),重庆市档案馆、重庆师范大学合编,《中国战时首都档案文献·战时工业》,重庆:重庆出版社,2014 年,第 625-626 页。

　　重庆并无棉纺织工业现代机器纱厂。全面抗战爆发后,先后从战区迁来豫丰、申新、裕华、沙市等四家大中型厂。战区迁渝四厂的创办、迁厂日期等概况见表3-27。

表3-27　内迁四厂概况表

厂名	创办日期	创办地点	内迁日期	复工日期
豫丰纱厂	1920年1月	河南郑县	1938年2月19日	1939年1月30日
裕华纱厂	1921年	武昌	1938年8月	1939年7月
申新纱厂	1922年	汉口	1938年9月	1939年1月
沙市纱厂	1930年6月	湖北沙市	1938年11月	1941年5月

资料来源:《重庆市纺织业概况》(1944年6月),重庆市档案馆、重庆师范大学合编,《中国战时首都档案文献·战时工业》,重庆:重庆出版社,2014年,第611页。

豫丰纱厂原设郑州,1919年由穆藕初创办,规模宏大,设备齐全,1922年第一次直奉战争中遭受重大损失,加上欧战结束后遭遇经营困难无法解决,所有权转移到了中国银行之手,由银行家潘仰山驻厂负责经营。1938年2月19日豫丰纱厂开始拆迁,3000多工人在20天内把该厂拆迁完毕,包括地下水管、墙上玻璃都与机器设备一并拆除,分装118000多件机箱经武汉运重庆,拆迁费用多达2728000元,是战前设立一家大型新厂的费用。为减小被炸、被毁的可能,该厂在重庆设厂的时候就分设3个厂,1940年10月又迁移纱机1500锭,在合川建立分厂。[1]

申新第四纺织公司由荣宗敬于1922年创建于汉口桥石,装纱锭14600枚,之后每年有扩充。到1937年春,染厂每日可出2000匹,实现自纺自染计划。1938年9月,申新四厂奉令内迁,设分厂于重庆、宝鸡两处。重庆分厂设于南岸猫背沱,1939年9月复工,为迁川纺织工厂中开工最早的纱厂。1940年8月,该厂被炸2次,1941年8月又被炸,均在劫后重振。[2]　申新四厂重庆分厂资本420万元,纱锭1万锭,布

---

[1]《从原料中心迁出的豫丰纱厂》,《新世界》1944年第6期,1944年6月15日,第17-20页。

[2]《申新纱厂简史》(1942年2月),重庆市档案馆、重庆师范大学合编:《中国战时首都档案文献·战时工业》,重庆:重庆出版社,2014年,第608页。

机 60 台。到 1942 年有工人 1160 名,年产纱 5909 件,产布3357匹。[1]
弹子石的"厂中有百余职员,五百余男工,九百余女工。高级职工都是
江苏人,最多是无锡,其次是京沪苏常。厂中通行的是无锡国语,
……,学懂许多无锡习俗;不是为了四周罗列的山峰,满山谷迷蒙的云
雾,一走进厂,你也许以为回到苏常之间哩"![2] "这里的建筑设备,
……,装配起来的机器,已过时而陈旧,在这种条件下而居然开工生
产,确是为一般人所意料不到的,纺纱工场须要干燥,而四川(重庆)是
潮湿的,捆绑房屋不足以御风雨,但在一场大雨而淋得工友统湿之后,
大家吃过一碗去寒姜糖汤,车面上盖起布篷,车子又响起来了。这是
一家逃难厂,他们也常自嘲自笑的说,难与百年久计的大厂相比,但因
为万事配合抗战需要,一切设施都是抗战(临时)的。"[3]

　　裕华纺织公司创始于 1921 年,当时资本 120 万两,筑厂屋于武昌
城外下新街,购纱锭 3 万枚,布机 500 台,筹备 1 年,于 1922 年 3 月正
式开工,纱、布两项同时出货。由于供不应求,遂将纱锭增到 43000
枚,日夜可产棉纱百包有奇,棉布 1200 匹,资本总额也由 120 万两增
为 156 万两,后因币制改革,资本扩充为 300 万元。该负责人苏汰余
是四川巴县(即今重庆)人,对于迁川态度积极。1937 年 12 月 29 日和
1938 年 1 月 2 日,工矿调整委员会两次召集武汉各纱厂负责人,讨论
纱厂迁渝事宜。1 月 5 日,苏汰余便乘飞机亲赴重庆,在重庆南岸原日
本租界旧址附近窍角沱,购买 280 亩土地作为厂址。从重庆回到武
汉,自 2 月份开始,苏汰余便开始拆迁裕华鄂厂的工作,机件器材、纱
线锭、布机等全部拆卸,计达 3000 余吨。到 8 月武汉会战局势紧张之
时,苏汰余将所有裕华鄂厂 3000 余吨物资,10 日内全部装箱,采用轮
船、木船并行的办法运渝。运输过程中,在宜昌遭遇日机轰炸,损失颇
重。所雇 360 多只木船在川江上驶过程中,又有 100 多只触礁沉没,

[1.] 重庆市地方志编纂委员会编著:《重庆市志·第四卷》(下),重庆:西南师范大学出版社,
　　2004 年, 第 211 页。
[2] 子芬:《抗战洗炼中的申新纱厂》,《中国工业(桂林)》第 2 期,1942 年 2 月 25 日,第 22
　　页。
[3] 子芬:《抗战洗炼中的申新纱厂》,《中国工业(桂林)》第 2 期,1942 年 2 月 25 日,第 22
　　页。

虽然捞回一部分，但器材损失颇为严重。1938 年 8 月，机件陆续运到重庆，合计运输过程中损失上万锭机件，花掉运费272.8万元，但 70% 实力得以保存。同时，湖北震寰纱厂纱锭约 1 万枚运到宜昌后无力再运，由裕华厂承租运渝。在重庆，裕华厂用一年多时间开山凿石，建筑厂房。到 1939 年 6 月初，办公用房和堆栈建成。6 月下旬，裕华纱厂利用堆栈场地，排列机器，首先开动锭子 3600 枚，局部复工，7 月产品投放重庆市场。1940 年 8 月，该厂两度遭受轰炸。1942 年，裕华渝厂全部开工，计资本 600 万元，细纱锭 27000 枚，职员 85 人，工人2600多人。其中，机械、电气技工 104 人，普通男工 410 多人，女工2000多人。就教育程度而言，初小、高小、初中程度者占80%，不识字者占14%。裕华纱厂渝厂在苏汰余主持下，成为与申新纱厂、豫丰纱厂分庭抗礼的重庆三大纱厂系统之一。除重庆厂之外，裕华纱厂还在成都设有分厂。[1]

沙市纱厂，成立于 1930 年，原资本 100 万元，置有英阿纱利斯厂1930 年产的纺机 2 万枚，1938 年 11 月由湖北沙市迁渝。1941 年 5 月在李家沱复工，安装纱锭 10800 枚，每月可产纱 800 件。1942 年增资为 1300 余万元，有工人 1100 名，效益较好。该厂重要股东有杜月笙、金宗城、王伯元、萧伦豫等，渝厂业务从 1943 年起为政府所管制，唯其组织简单，管理经济，获利能力，尚不过弱。该厂为重庆四家大型厂中迁川较迟的一家，资力亦不及其他三厂，但战时损失，则因内迁工作较为从容，远较其他三厂为小。公司董事长杜月笙，经理萧伦豫，工程师郑家模，重要股东中不乏金融企业界闻人，如金宗城为上海银行董事、上海新新公司董事长，王伯元为垦业银行总经理。[2]

除上述四家大中型纱厂外，重庆机器纺纱行业中还出现了由数家小厂组成的小型纱厂群，见表3-28。

---

[1] 佚名：《在建造中的裕华纺织系统》，《新世界》1944 年第 6 期，1944 年 6 月 15 日，第 13-16 页。

[2] 《沙市纺织公司概况》(1945 年 6 月)，重庆市档案馆、重庆师范大学合编：《中国战时首都档案文献·战时工业》，重庆：重庆出版社，2014 年，第 628 页。

表 3-28　全面抗战期间重庆 8 家小型纱厂情况

厂名	纱锭数（锭）	生产量（件）
中国纺织公司	2000	40
维昌纺织厂	1000	30
富华纺织厂	360	10
新民纺织厂	700	16
大中华纺织厂	844	30
振济委员会纺织厂	168	3
民康纺织厂	190	3
中央工业试验所实验厂		3

资料来源：《重庆小型纱厂群》，《新世界》1945 年 3 月号，1945 年 3 月 15 日，第 29 页。

　　这些小型纱厂除中央工业试验所实验厂、振济委员会纺织厂外，多数是采用机器生产的民营企业，规模虽小，但这些厂的主持人有定期的集会，相互之间联系紧密，各厂组织也很有章法。由陆绍云、马雄冠等人发起创办的维昌纺织厂是后方小型纱厂的代表。该厂设在重庆猫儿石，经理为陆绍云，1939 年筹办，1940 年开工，资本 400 万元，有纱锭 1072 枚，其中 400 枚为大型，其余为小型，职工 519 人，每月产纱约二十五六件，布 300 余匹。[1] 中国纺织公司成立于 1942 年，由中国、交通、中农、中信四行局以及重庆裕华、沙市、申新、豫丰、维昌等纱厂合资创办。初创时，资本 2000 万元。1943 年底物价高涨，建厂资金不敷甚巨，增资为 5000 万元，并改组为特种有限公司，接受花纱布局参加资金 2000 万元，变为官商合办企业。厂址设重庆盘溪江岸，业务分纺织、染整两部，纺织部置有印度小型纺机 2016 锭，铁木织机 40 台；染整部置有烘干机 4 部，染机 12 部，每月平均生产力为棉纱 40 件，棉布 800 匹，染漂布坯 20000 余件。全部业务，为代理花纱布局加工性质，故收回工缴，通常除敷支应一切开支外，无多利润。该厂虽小型，但为巩固战后事业基础起见，已将纺纱部前半程机械逐渐改用大

---

[1] 傅润华、汤约生主编：《陪都工商年鉴》，张研、孙燕京主编：《民国史料丛刊》（605 册），郑州：大象出版社，2009 年，第 159-160 页。

型,染整部设备配备也不断加强。公司董事长为杜月笙,总经理为吴味经。[1]

(1)棉织与染整工业

重庆的棉织工厂多兼染整,主要生产布匹、毛巾、线毯等,此类工厂主要有裕华染织布厂、大明染织公司、渝德机器染织股份有限公司、宝星染织第二厂、重庆染整厂、东禾染织厂、震昌实业公司刮绒织布厂等。[2]

裕华染织布厂厂址位于重庆南岸弹子石,1912年创办,经理廖荣光,资本60万元,工人738人,设备有织布机305台,毛巾机120台,织袜机24台,完全手工生产,生产土布、毛巾、线毯等。每月生产量计土布3321匹,毛巾59880张,袜子6512双,毯子215床。[3]

大明染织公司成立于1939年2月,为常州大成纱厂、民生公司三峡布厂及汉口隆昌染厂合资所创,设厂于北碚民生公司三峡布厂原址,为民生公司利用三峡布厂不动资产,联合前常州大成纱厂及汉口隆昌染厂资本所创,创办时有资本约30万元,安装布机260台(无纱锭)。到1942年有工人600名,年产布67210匹,是重庆最大的染织厂。[4] 1945年中期资本为1000万元。公司董事长为卢作孚,总经理由前大成纱厂工程师查济民担任。初创时期,设织染2部,1944年斥资2000余万元,购进汉口震寰纱厂所存损毁的纺机约3000余锭,添设纺纱部门,并改织染公司为纺织染公司,成为后方最大纺织染一体化的现代工厂。设备有织机220台,染机16部,可月产布匹5600匹。经常接受花纱布局委托,织染布匹。该厂机械性能良好,业务利润不恶。所购纺机3000余枚,毁损过半,修配完成者达2000锭。上海银行与常州大成原有历史关系,对该公司建设过程资助颇力,到1945

[1]《中国纺织公司概况》(1945年5月),重庆市档案馆、重庆师范大学合编:《中国战时首都档案文献·战时工业》,重庆:重庆出版社,2014年,第627页。
[2]傅润华、汤约生主编:《陪都工商年鉴》,张研、孙燕京主编:《民国史料丛刊》(605册),郑州:大象出版社,2009年,第160-161页。
[3]傅润华、汤约生主编:《陪都工商年鉴》,张研、孙燕京主编:《民国史料丛刊》(605册),郑州:大象出版社,2009年,第160页。
[4]《大明纺织染公司概况》(1945年5月),重庆市档案馆、重庆师范大学合编:《中国战时首都档案文献·战时工业》,重庆:重庆出版社,2014年,第627-628页。

年,押透额维持在 500 万元(四联借款有 1000 万元)。[1]

渝德机器染织股份有限公司位于重庆南岸,1930 年创办,资本 100 万元,工人 68 名,每月可生产各色布匹 2 万匹。[2]

重庆宝星染织厂创办于 1930 年,是宝元通公司的附属工厂。1935 年宝元通公司把总号迁到重庆,设立总管理处,并使总管理处成为统筹事业发展的决策机构。全面抗战期间,宝元通公司进一步明确了"以经营百货贸易,从事生产事业为业务,发展民族经济为目的"的宗旨[3],着力发展染织业。到 1943 年,宝星染织厂已经有 4 个分厂,第二、三厂在重庆,以染织白布、色布、咔叽布等为主要业务。1943 年宝星染织厂改组成立宝星兴业公司,资本 6000 万元,1944 年 1 月宝星兴业公司正式成立,总公司设于重庆,以宝元通公司副总经理黄凉尘为董事长,重庆宝星染织厂第二、三厂合并为重庆染织厂(资本 400 万元)。公司改组后,经营状况良好,1944 年宝星兴业公司纯收入达到 40%。1945 年公司总资产达到 32900 万元。由于连年实现资产的保值和增值,因而 1945 年度继 1944 年度之后,宝星兴业公司"实际资力,续有增加"[4]。

1940 年 10 月创办的重庆染整厂位于重庆沙坪坝杨公桥,资本 90 万元,工人 60 名,承染各色布匹,冬夏军服四季民服,每月可染 2 万匹。[5]

1942 年创办的重庆东禾染织厂,资本 100 万元,工人 20 名,设备有 4 台染织机,每月可染整布匹 7800 匹。[6]

---

[1]《大明纺织染公司概况》(1945 年 5 月),重庆市档案馆、重庆师范大学合编:《中国战时首都档案文献·战时工业》,重庆:重庆出版社,2014 年,第 627-628 页;傅润华、汤约生主编:《陪都工商年鉴》,张研、孙燕京主编:《民国史料丛刊》(605 册),郑州:大象出版社,2009 年,第 160 页。

[2] 傅润华、汤约生主编:《陪都工商年鉴》,张研、孙燕京主编:《民国史料丛刊》(605 册),郑州:大象出版社,2009 年,第 160 页。

[3]《宝元通组织大纲》,宝元通兴业股份有限公司档案,重庆市档案馆馆藏,档案号:0355-1-27。

[4]《卅四年度号务大会宝星公司报告书》,宝元通兴业股份有限公司档案,重庆市档案馆馆藏,档案号:0355-1-526。

[5] 傅润华、汤约生主编:《陪都工商年鉴》,张研、孙燕京主编:《民国史料丛刊》(605 册),郑州:大象出版社,2009 年,第 161 页。

[6] 傅润华、汤约生主编:《陪都工商年鉴》,张研、孙燕京主编:《民国史料丛刊》(605 册),郑州:大象出版社,2009 年,第 161 页。

1943 年创办的重庆震昌实业公司刮绒织布厂,资本 300 万元,有刮绒机 1 台,电力铁木织机 50 台。[1]

（2）针织工业

全面抗战时期重庆的针织业规模不大,第一区针织工业同业公会会员 144 家,资本 2958000 元,每家从 1 万元到 60 万元不等,以生产长短裤、汗衫、毛巾等为主。其中主要厂家见表 3-29。

表 3-29　全面抗战时期重庆主要针织厂统计表

厂名	地址	开工日期	负责人	资本	工人	生产量（打）	
						袜	衣裤
裕华染织布厂	重庆	1912 年	廖荣光	600000	998	9000	
宝兴针织厂	江北	1917 年	魏纯夫	10000		150	138
大中袜厂	重庆	1929 年	谢仪文	100000	23		
新昌棉织厂	重庆	1936 年	罗孟泉	100000	9	3500	5000
景纶制造厂	重庆	1936 年	贺仙舟	150000	20		
五和织造厂	重庆	1937 年	周福泰	200000	20	16000	
鸿章布厂	重庆	1937 年	胡锡如	200000	91	5000	
苏州实业社	重庆	1938 年	徐治	100000	78	3000	12
沙坪坝针织生产合作社	重庆	1939 年	曹立载	17000	43	3000	6
民兴实业工厂	江北	1940 年	张志远	500000	40		3500
新新实业社	重庆	1940 年	顾鼎勋	20000	60		
若望针织工厂	重庆	1941 年	胡文彬	600000	37	23500	7200

资料来源:傅润华、汤约生主编,《陪都工商年鉴》;张研、孙燕京主编,《民国史料丛刊》(605 册) 郑州:大象出版社,2009 年版,第 162-163 页。

（3）毛纺织和麻纺织工业

全面抗战爆发前重庆既无羊毛市场,也无毛纺工业。全面抗战爆发以来,衣料来源逐渐减少,西北羊毛又不能大量出口,毛纺工业的发展,既极需要,又极有利。1938 年春,原设武昌的军政部制呢厂内迁重庆,在磁器口租谦吉祥丝厂房地产开办军政部制呢厂,同年 7 月在重

---

[1] 傅润华、汤约生主编:《陪都工商年鉴》,张研、孙燕京主编:《民国史料丛刊》(605 册),郑州:大象出版社,2009 年,第 161 页。

庆复工,该厂为重庆有毛纺工业之始。[1]

1942 年初,高士愚在沙坪坝高家花园就原有的理治纺织厂扩充创办民治纺织厂,资本 400 万元。有梳毛机 1 台、走纺锭纺纱机 2 部,铁织机 10 台等,职工 270 人。主要生产毛呢、毛线等产品。[2]

中国毛纺织厂股份有限公司位于巴县,于 1940 年 1 月开始筹备,经理刘鸿生,资本 400 万元,1943 年 7 月开工。有精纺锭2000枚,呢绒纱锭 1960 枚,织呢机 43 台及全套染整设备,职工 750 人。主要生产精粗纺呢、华达呢、呢绒、造纸用呢等产品。[3]

1942 年,薛拂暗在化龙桥创办西北毛纺织厂,有梳毛机 1 台,走纺锭 1 台,主要生产毛线产品。1945 年,中本纺织公司在江北红沙碛良心桥开办中本纺织股份有限公司,有和毛机、织呢机、梳毛机、缩呢机、洗呢机等设备,职工 530 人。主要生产毛呢、毛毯等产品。[4]

重庆境内有新型麻纺织业 2 家,一为万县的湖北建设厅所办麻织厂,产麻袋、帆布等,有动力麻织机 24 台;一为北碚西南麻织厂,有动力织机 20 台。[5]

(4)缫丝和丝织工业

1937 年,四川丝业股份有限公司成立,为重庆唯一大型丝厂。[6]四川丝业股份有限公司,经理范崇实,资本 3000 万元,工人 7074 名,制丝厂 7 所,第一厂、第三厂在重庆磁器口,重庆办事处在陕西路,年产丝 3600 担。[7] 美亚公司织绸厂创办于 1938 年 5 月,厂址在江北香

[1] 《重庆市纺织业概况》(1944 年 6 月),重庆市档案馆、重庆师范大学合编:《中国战时首都档案文献·战时工业》,重庆:重庆出版社,2014 年,第 614-615 页。
[2] 傅润华、汤约生主编:《陪都工商年鉴》,张研、孙燕京主编:《民国史料丛刊》(605 册),郑州:大象出版社,2009 年,第 163-164 页。
[3] 傅润华、汤约生主编:《陪都工商年鉴》,张研、孙燕京主编:《民国史料丛刊》(605 册),郑州:大象出版社,2009 年,第 164 页。
[4] 重庆市地方志编纂委员会编著:《重庆市志·第四卷》(下),重庆:西南师范大学出版社,2004 年,第 232 页。
[5] 《抗战中期大后方棉毛麻纺织业产销概况》(1943 年 10 月),重庆市档案馆、重庆师范大学合编:《中国战时首都档案文献·战时工业》,重庆:重庆出版社,2014 年,第 610 页。
[6] 傅润华、汤约生主编:《陪都工商年鉴》,张研、孙燕京主编:《民国史料丛刊》(605 册),郑州:大象出版社,2009 年,第 165 页。
[7] 傅润华、汤约生主编:《陪都工商年鉴》,张研、孙燕京主编:《民国史料丛刊》(605 册),郑州:大象出版社,2009 年,第 165 页。

国寺,年产绸6000匹。[1]

2.面粉、食品工业

(1)面粉工业

全面抗战时期,重庆及附近面粉工业勃兴,到1944年,面粉厂情况见表3-30。

表3-30 重庆面粉厂概况(1944年)

资本:千元 日产面粉数量:袋

序号	厂名	地址	负责人	资本	主要设备	日产量	备注
1	复兴第一厂	重庆	鲜伯良	4000	钢磨8部	1000	鲜特生、鲜伯良主办
2	复兴第二厂	重庆	鲜伯良	在前厂	在前厂	900	鲜特生、鲜伯良主办
3	大同	李家沱			钢磨1部	100	鲜特生、鲜伯良主办
4	福民公司厂	江北	袁国梁	2000	钢磨5部	800	袁国梁主办
5	天城渝厂	江北	李祖芬	2000	钢磨5部	700	金城银行主办
6	福新渝厂	重庆	李国伟	1500	钢磨5部	500	福新第五面粉公司主办
7	实验渝厂	重庆	薛明剑	5000	钢磨1部	100	薛明剑主办
8	允利涪陵厂	涪陵	薛明剑	1000	钢磨1部	50	薛明剑主办
9	允利白沙厂	白沙	薛明剑	1000	钢磨1部	100	薛明剑主办
10	允利公司万厂	万县	薛明剑	200	钢磨4部	400	薛明剑主办
11	恒信	龙门浩		1000	钢磨1部	50	
12	竞新	野猫溪			钢磨1部	80	
13	新源	北碚			钢磨1部	80	
14	自力	歇马场	王槐杰	4000	钢磨2部	100	
15	岁丰渝厂	重庆	杨柏林	600	钢磨4部	350	
16	中粮公司渝厂	重庆	朱林之		钢磨1部	150	晨行投资
17	中粮公司合川厂	合川	李俊夫	6500	钢磨4部	1200	晨行投资
18	富国厂	长寿		6000	钢磨1部	300	
19	裕民厂	长寿	吴励生	1000	钢磨3部	200	
20	自生厂	巴县	王槐杰	4000	钢磨2部	100	
21	天厨厂	江北		5000	钢磨2部	100	吴蕴初主办
22	合泰厂	重庆		5000	钢磨1部	250	杨伯栝等主办

资料来源:《抗战后期四川重要面粉工业调查表》(1945年1月),重庆市档案馆、重庆师范大学合编,《中国战时首都档案文献·战时工业》,重庆:重庆出版社,2014年,第646-647页。

---

[1] 傅润华、汤约生主编:《陪都工商年鉴》,张研、孙燕京主编:《民国史料丛刊》(605册),郑州:大象出版社,2009年,第165页。

上述 20 多家面粉厂中,以复兴、福民、天城、岁丰、福新 5 厂规模最大。

复兴面粉厂由西充人鲜特生、鲜伯良兄弟主持,鲜特生为董事长,鲜伯良为总经理,两人在重庆工商界声望素着。除以前新丰面粉厂为基础的牛角沱厂之外,复兴面粉公司在 1938 年还兼并江北香国寺先农面粉厂,形成以前先农面粉厂为基础的香国寺厂,两厂日产面粉1200 袋左右,复兴面粉厂总公司设于牛角沱。[1] 1943 年鲜氏兄弟还在南充创办南充面粉厂,使复兴面粉公司所属面粉厂达到 3 家,日产量面粉达到 2800 袋,成为重庆最大的面粉厂,时人称鲜伯良为"面粉大王"。

1938 年 8 月,江苏人袁国梁在江北红沙碛良心桥创办福民实业股份有限公司机器面粉厂。1940 年该厂租赁内迁重庆的沙市正明面粉厂,日出面粉 1200~1300 袋。[2] 1942 年,福民实业公司收购正明面粉厂机器。福民面粉厂设备完善,是重庆第二大面粉厂,董事长戴经农,总经理袁国梁,并任重庆市面粉业工业公会理事长。[3] 该厂"组织简单,设备优良,附设 4 厂之中,面粉厂对重庆民食供应贡献颇大"[4]。

岁丰面粉公司位于重庆南岸王家沱,创办于 1930 年,董事长彭城孚、经理杨伯林,职员 35 人,工人 24 人,置有钢磨 1 部,每日最大生产能力为 350 袋,每年平均磨制面粉约 8 万袋,面粉加工被统制后,每月平均产量约为 4400 袋,为其实际生产能力的半数。该厂资本 150 万元,全面抗战时期尽管数度增资[5],但在五厂中,规模较小。[6]

1939 年 5 月,自汉口内迁重庆的福新第三面粉公司,在南岸猫背沱申新纺织厂内以福新面粉厂名义复工,日出面粉 450 袋。[7] 该厂

[1] 佚名:《重庆面粉工业的剖视》,《新世界》1944 年第 11 期,第 31 页。
[2] 佚名:《重庆面粉工业的剖视》,《新世界》1944 年第 11 期,第 29 页。
[3] 佚名:《重庆面粉工业的剖视》,《新世界》1944 年第 11 期,第 31 页。
[4] 《福民面粉公司概况》(1944 年),重庆市档案馆、重庆师范大学合编:《中国战时首都档案文献·战时工业》,重庆:重庆出版社,2014 年版,第 644 页。
[5] 《岁丰面粉公司概况》(1944 年 5 月),重庆市档案馆、重庆师范大学合编:《中国战时首都档案文献·战时工业》,重庆:重庆出版社,2014 年版,第 641-642 页。
[6] 佚名:《重庆面粉工业的剖视》,《新世界》1944 年第 11 期,第 32 页。
[7] 佚名:《重庆面粉工业的剖视》,《新世界》1944 年第 11 期,第 29 页。

在重庆是一个小厂,由于规模小,经理、厂长由重庆申新纱厂负责人章剑慧、厉无咎兼任。[1]

天城面粉工业股份有限公司于1940年秋由金城银行发起筹备,勘定江北猫儿石建厂,1942年4月开始制粉。董事长为戴自牧,经理李祖劳,副经理兼厂长严子祥。资本原定200万元,1943年4月增资为300万元。设备有四轴钢磨5部及重要机器,各式马达3部,变压调整器1座。与民食供应处订立加工代制合约,每月制粉9032袋,每袋得加工费45元,副产品麦皮归该厂自销。[2] 天城面粉厂属于小厂。

这样,到1940年,重庆机器面粉厂达到5家,日出面粉约4200袋,而当时重庆日需面粉约为2000袋,生产过剩现象相当严重。[3] 随后囤积居奇日益严重,面粉成为囤积对象,生产过剩现象迅速被掩盖。随后面粉成为管制物资,在大厂受到严格管制、市民无法从正常渠道购买面粉的情况下,重庆南岸、江北及市郊的小型粉厂应运而生,获利倍蓰。[4]

至于谷米加工,设备完善、规模宏大者首推中粮公司。1941年5月粮食管理局(后为粮食部)及中央信托局、中国农民银行共同认股400万元,后增加到1000万元,创办中国粮食工业公司,9月9日召开创立会,10月1日正式创办。该公司有粉厂、米厂、干粮工厂、机器修造厂、营业机构等,职工夫役约2000人,业务主要为谷米加工、磨制面粉、杂粮加工、面粉机器修造等。[5] 除中粮公司之外,重庆市区和江巴两县,有碾房194家,其中设于市区者104家,设于江北者52家,巴县者38家。碾房集中之地在重庆市区南岸龙门浩一带为最多,有40多家。江北县的李家沱有23家。机器碾米厂在市区中以沙坪坝、小龙坎、化龙桥、江北沙湾、南岸野猫溪为多。到抗战结束前后,重庆(第

---

[1] 佚名:《重庆面粉工业的剖视》,《新世界》1944年第11期,第32页。

[2] 《天城面粉工业股份有限公司概况》(1944年1月),重庆市档案馆、重庆师范大学合编:《中国战时首都档案文献·战时工业》,重庆:重庆出版社,2014年版,第638页。

[3] 厉无咎:《重庆面粉工业之危机》,《西南实业通讯》第12卷第1、2期合刊,1945年8月31日,第5页。

[4] 厉无咎:《重庆面粉工业之危机》,《西南实业通讯》第12卷第1、2期合刊,1945年8月31日,第6页。

[5] 傅润华、汤约生主编:《陪都工商年鉴》,张研、孙燕京主编:《民国史料丛刊》(605册),郑州:大象出版社,2009年,第177-178页。

一区）碾米工业同业公会尚有会员 110 家，资本 2000 万元。[1]

（2）食品制造工业

全面抗战爆发前重庆的食品罐头生产厂家有振亚、美法、太和、稻香、华容、华山玉等 10 多家，分布在都邮街、天官街、小什字、大梁子等处。全面抗战爆发后，冠生园、大三元、天厨味精厂等迁渝，食品制造业范围大为扩大，制造技术有较大进步。1944 年，重庆生产糖果饼干的厂家，有 231 家。[2] 在食品制造厂中，规模最大的是天厨味精厂、生生制贮厂、康乐园食品制造厂、冠生园罐头厂。[3]

天厨味精厂由吴蕴初创办于 1923 年，1929 年创办天原电化厂，1934 年创办天利淡气厂，迁渝后与天原、天盛合作在江北猫儿石设厂，生产味精、淀粉、面粉、维生素 B 等产品。[4]

生生制贮厂创办于 1936 年，刘湘、高泳修、龚农瞻、吴晋航等为发起人，经理施季言，为股份有限公司，资本 12 万元，该厂总公司原设重庆城内会仙桥，全面抗战时期被炸后迁牛角沱生生花园内，总厂设于江北红沙碛。全面抗战时期资本增加到 120 万元，员工 100 多人，产品有酱油、肥皂、蜡烛、果汁、果酱等。[5]

康乐园食品制造厂位于重庆四贤巷，1941 年 2 月创办，经理吕中柱，资本 200 万元，以生产饼干为主要业务。

冠生园罐头厂 1937 年迁渝，1940 年 4 月复工，位于重庆李子坝，经理冼冠生，厂长程道生，生产糖果、饼干、罐头、点心、面包等，并在民权路设有门市总部及餐厅。[6]

刘茂宣、陈荣波 1939 年购买由英国人于 1936 年创办的美华汽

[1] 傅润华、汤约生主编：《陪都工商年鉴》，张研、孙燕京主编：《民国史料丛刊》（605 册），郑州：大象出版社，2009 年，第 179 页。

[2] 傅润华、汤约生主编：《陪都工商年鉴》，张研、孙燕京主编：《民国史料丛刊》（605 册），郑州：大象出版社，2009 年，第 189-190 页。

[3] 傅润华、汤约生主编：《陪都工商年鉴》，张研、孙燕京主编：《民国史料丛刊》（605 册），郑州：大象出版社，2009 年，第 190 页。

[4] 傅润华、汤约生主编：《陪都工商年鉴》，张研、孙燕京主编：《民国史料丛刊》（605 册），郑州：大象出版社，2009 年，第 190 页。

[5] 傅润华、汤约生主编：《陪都工商年鉴》，张研、孙燕京主编：《民国史料丛刊》（605 册），郑州：大象出版社，2009 年，第 190 页。

[6] 傅润华、汤约生主编：《陪都工商年鉴》，张研、孙燕京主编：《民国史料丛刊》（605 册），郑州：大象出版社，2009 年，第 190 页。

水厂。

（3）酿酒工业

据1944年重庆酿酒业同业公会统计，重庆酿酒业（包括酒厂、运商、销商）有登记者700多家，规模最大的有资本200万元以上，如允丰正酿酒厂、正阳街的大川酿酒厂等。允丰正酿酒厂位于林森路，创办者为绍兴人，集资创办，采用旧式器具酿制绍兴黄酒，"不仅驰名重庆，即在国内亦占重要地位"。[1]

（4）食用油工业

重庆食用油加工也只有四川榨油厂采用机器生产，其余包括中央工业试验所油脂实验工厂（位于北碚）在内，均采用旧式方法加工食用油。四川榨油厂股份有限公司位于重庆江北紫云宫30号，由国民政府经济部工矿调整处、重庆中国银行及中国植物油料厂共同出资350万元，于1940年4月创办，主要设备有从英、美、德等国进口的6台榨油机等，工人59名。1941年2月建成投产，生产机榨菜油等。[2]

3.建筑、建材工业

我们把水泥、耐火材料、木料和营造工程包括在建筑和建材工业进行叙述。

（1）水泥

四川水泥厂在全面抗战爆发前筹备较久，1936年9月正式开工，位于重庆市南岸玛瑙溪，资本20万元，工人250名。创办未久，全面抗战爆发，该厂产品"于前方要塞堡垒，后方工厂仓库，及有关国防之建筑，裨益甚大"[3]。1940年和1941年，该厂遭到日机5次轰炸。职工宿舍、制造厂煤粉机、制桶厂厂房等被炸毁，损失惨重。1937—1946年，四川水泥厂生产销售量情况见表3-31。

---

[1] 傅润华、汤约生主编：《陪都工商年鉴》，张研、孙燕京主编：《民国史料丛刊》（605册），郑州：大象出版社，2009年，第193页。

[2] 傅润华、汤约生主编：《陪都工商年鉴》，张研、孙燕京主编：《民国史料丛刊》（605册），郑州：大象出版社，2009年，第196-197页。

[3] 傅润华、汤约生主编：《陪都工商年鉴》，张研、孙燕京主编：《民国史料丛刊》（605册），郑州：大象出版社，2009年，第200页。

表 3-31　四川水泥厂股份有限公司 1937—1946 年生产销售量统计表

年份	产量(桶)	销量(桶)	用电(千瓦)	煤耗(吨)
1938	117868	112549	3683090	8186.14
1939	266170	271819	5179620	10263.22
1940	177326	177035	4048420	9380.37
1941	92807	94623	2333350	5143.55
1942	127199	122089	3221450	6541.74
1943	103189	102048	2867800	6052.65
1944	135503	141922	3406900	7518.27
1945	111100	96732	3236770	7446.80
1946	34107(缺 11、12 月)	39389(缺 11、12 月)	—	3650.84

资料来源:黄惊东,《四川水泥公司一瞥》,《西南实业通讯》第 14 卷第 3、4 期合刊,1946 年 10 月 30 日,第 15-18 页。

全面抗战时期,由于电力供应严重不足,该厂产量受到一定的限制。同时,水泥为水泥管理委员会统制物资,利润也受到限制。

(2)耐火材料

主要有火鑫火砖厂、中国兴业公司火砖厂、美成实业股份有限公司耐火砖厂、中央工业试验所窑业原料示范工厂等。其中火鑫火砖厂设于重庆北碚嘉陵江右岸黄桷树,月产耐火砖 15000 块,普通砖二三万块。中国兴业公司火砖厂创办于 1939 年,位于江北相国寺,1940 年投产,月产砖约 8 万块。美成实业股份有限公司耐火砖厂设于江津,1939 年 1 月创办,生产各种耐火砖,月产约 1 万块。[1] 中央工业试验所窑业原料示范工厂以制造耐火材料如火砖、坩埚之类为主,1938 年 9 月筹设,同年 11 月开工,1940 年 5 月开始出品,先后拨到资本共 113 万元,厂址位于重庆盘溪江滨,厂房及办公室 30~40 间。该厂平均每月出产火砖达 100 多吨,在渝市附近各厂中,产量仅次于渡口钢铁厂迁建委员会,超过兴业公司。厂长郑仁,曾留学德国柏林大学习化学,在兵工署昆明第 22 工厂任工程师,之后到窑业厂服务。全部职员近 20 名,工人 100 余,厂下有总务、工务、业务、会计 4 课。窑业厂出品大

---

[1] 傅润华、汤约生主编:《陪都工商年鉴》,张研、孙燕京主编:《民国史料丛刊》(605 册),郑州:大象出版社,2009 年,第 202 页。

致可分为 3 类:甲、耐火材料如中性火砖、酸性火砖、坩埚火泥烧粉等;
乙、精制原料如长石粉、硅石料、莹石粉、方解石粉等;丙、陶瓷制品如
可用瓷、化学瓷、电用瓷、工业用瓷等。其主要顾主有大渡口钢铁厂,
资和炼钢厂,资渝炼钢厂,军政部汽油厂,第 2、10、20、21、50 兵工厂,
各学校及各机关、各工厂。[1]

(3)木料厂(锯木厂)

主要有陪都机器锯木厂和寿康祥锯木厂两家。陪都机器锯木厂
位于重庆菜园坝王家坡,1940 年 7 月创办,资本 10 万元,工人 30 名,
生产各种木板,并承制手榴弹木柄等。寿康祥锯木厂设于重庆下南区
马路,资本 2 万元,生产各种锯木条子。[2]

(4)营造工程

全面抗战时期重庆有约 200 家较有规模的营造企业。[3] 其中,
陶桂林为经理的馥记营造厂又是其中的佼佼者。该厂战前设于上海,
承接过南京中山陵、国民党中央党部、上海四行 22 层大楼以及重庆美
丰银行的营造工程。战时迁来重庆设厂,又修建了国民政府高级官员
住宅工程嘉陵新村以及国民大会堂、綦江蒲河船闸等重要工程。[4]
重庆本地最大的建筑企业为设于牛角沱的华西兴业股份有限公司,设
计承建了重庆自来水厂、重庆电力厂、四川水泥厂等大型工程。[5]

4.交通器材工业

交通器材工业包括造船、汽车修理等厂。

造船及修船厂主要有民生实业公司民生机器厂、鸿锠机器厂股份
有限公司、重庆三北机器造船厂、国营招商局机器厂。其中民生实业
公司民生机器厂设于重庆江北青草坝,1928 年 7 月创办,工人 1300
名,主要业务为制造和修理轮船。鸿锠机器厂股份有限公司设于重庆

---

[1]《中央工业试验所窑业原料示范工厂》(1942 年 9 月),重庆市档案馆、重庆师范大学合编:
《中国战时首都档案文献·战时工业》,重庆:重庆出版社,2014 年,第 636-637 页。

[2] 傅润华、汤约生主编:《陪都工商年鉴》,张研、孙燕京主编:《民国史料丛刊》(605 册),
郑州:大象出版社,2009 年,第 202-203 页。

[3]《第一节 演变概貌》,重庆市地方志编纂委员会编纂:《重庆市志·第七卷》,重庆:重庆出
版社,1999 年,第 222-226 页。

[4]《馥记营造厂重庆分厂成立三周年纪念册》,1941 年,第 4 页。

[5] 傅润华、汤约生主编:《陪都工商年鉴》,张研、孙燕京主编:《民国史料丛刊》(605 册),
郑州:大象出版社,2009 年,第 203 页。

江北溉澜溪,1940年创办,工人100名,业务为制造新船,修理旧船及修造各种机件。重庆三北机器造船厂设于重庆江北头塘,1939年5月复工,业务为修制轮船等。国营招商局机器厂设于重庆市南岸,业务为修造轮船。[1]

汽车修配及配件各厂,主要有祥兴汽车配件厂、鼎丰制造厂、五游合作汽车修理工厂、安利机器厂、余记新大陆修理汽车厂、义和修理汽车工厂、义良铁工汽车总厂、华原实业股份有限公司等。[2]

5.造纸工业

造纸工业主要有龙章造纸公司,该公司原为上海内迁民营企业,内迁机件1000多吨,1941年2月15日在重庆化龙桥猫儿石复工。由于资金困难,在得到经济部工矿调整处和四行贷款协助后,该厂仍无法摆脱经营困难,其经理庞赞臣无意继续经营,乃将其出售给中央信托局。1941年12月,中央信托局接办后将其改组为中央造纸厂,人事则一仍其旧,厂长兼总经理为张剑鸣,职工、技工近200人。改组后,中央造纸厂"资金运用立见灵活,业务乃蒸蒸日上",[3]每月生产各类纸张70~80吨,1942年生产各种纸张117万吨。[4] 此外,尚有杨家沟造纸厂股份有限公司、华元造纸厂股份有限公司、湖北省万县造纸厂等。杨家沟造纸厂股份有限公司设于重庆红槽坊,1941年6月由杨家沟造纸生产合作社改组成立,资本40万元,职员11人,工人少时五六十人,多时一百三十人左右。华元造纸厂股份有限公司设于万县,1944年8月建成投产,资本1000万元,员工80人。湖北省万县造纸厂原为设于湖北省武昌的白沙洲造纸厂,1940年迁万县,1941年元旦于万县复工,资本115万元。[5]

---

[1] 傅润华、汤约生主编:《陪都工商年鉴》,张研、孙燕京主编:《民国史料丛刊》(605册),郑州:大象出版社,2009年,第205页。

[2] 傅润华、汤约生主编:《陪都工商年鉴》,张研、孙燕京主编:《民国史料丛刊》(605册),郑州:大象出版社,2009年,第206页。

[3]《经济部抢夺、吞并和投资的厂矿》,陈真编:《中国近代工业史资料》第三辑,北京:生活·读书·新知三联书店,1961年,第822页。

[4] 傅润华、汤约生主编:《陪都工商年鉴》,张研、孙燕京主编:《民国史料丛刊》(605册),郑州:大象出版社,2009年,第208页。

[5] 傅润华、汤约生主编:《陪都工商年鉴》,张研、孙燕京主编:《民国史料丛刊》(605册),郑州:大象出版社,2009年,第209-210页。

6.印刷、出版、文具业

（1）印刷工业

抗日战争开始后，本地原有印刷企业，加上沿海沿江迁渝者，有统计的大小合计有 185 家，大多数属于小规模经营，具有一定规模的有京华印书馆重庆分馆、重庆实记集成印刷所、军委会政治部印刷厂、商务印书馆重庆分馆、大东书局印刷厂、正中书局印刷厂、文渊印书馆股份有限公司、安庆印书馆、中华印书馆、重庆文化印书馆股份有限公司、汉口培文印书馆等。[1]

（2）图书教育用品工业

重庆此类企业有 200 多家，大部分为南京、上海各国营图书公司分设或内迁，小部分为战后新设。其中，出版书籍 10 种以上者加入重庆出版业公会，该公会有会员 30 多家。其中规模较大者为商务印书馆重庆分馆，每周出一种新书，重印一种旧书，并将《东方杂志》复刊。其次为中华书局，此外比较著名者有大东书局（陶百川）、上海杂志公司（张静庐）、中国书店（王冠英）、世界书局（朱梦楼）、正中书局（吴大钧）、开明书店（祥麟）、生活书店（方学武）等。期刊杂志，"新创甚多，蔚为全国中心"。[2]

（3）文具

1938 年，上海中国标准铅笔厂迁渝，次年 1 月开工，年产"鼎牌"和"飞机牌"铅笔 1.7 万支，销往西南各省。1946 年，该厂迁回上海为总公司；一部分留重庆改为中国标准铅笔厂股份有限公司重庆分公司，资本未分开，财务不独立，由总公司统负盈亏。主要产品有普通 HB 铅笔、红蓝铅笔和蜡笔，大部分运往上海，部分供应西南各省。1949 年 5 月转产，改为"中记"打米厂。[3]

7.制革工业

汉中制革厂从汉口迁到重庆，是大后方最大的制革厂，1941 年为

---

［1］傅润华、汤约生主编：《陪都工商年鉴》，张研、孙燕京主编：《民国史料丛刊》（605 册），郑州：大象出版社，2009 年，第 214-215 页。

［2］傅润华、汤约生主编：《陪都工商年鉴》，张研、孙燕京主编：《民国史料丛刊》（605 册），郑州：大象出版社，2009 年，第 216-217 页。

［3］重庆市地方志编纂委员会编著：《重庆市志·第四卷》（下），重庆：西南师范大学出版社，2004 年，第 32 页。

兵工署征购。1938—1940 年,光华、华胜、大成等机器制革厂相继创办,到 1945 年 5 月已经有 8 家机器制革厂(见表3-32)。[1] 同一时期,重庆制革工业包含手工工场 434 家,工人在 7000 人以上。[2]

表 3-32　重庆市机器制革工厂概况表(1945 年 5 月)

资本单位:万元

厂名	厂址	负责人	资本额	主要出品	成立或迁川时间
求新制皮厂	南岸	杨永祯	600	轻、重革	1921 年 11 月
光华制革厂	南岸	周乃赓	100	轻、重革,刷光浆	1939 年 2 月
大成制革公司	南岸	徐崇林	250	轻、重革	1939 年 11 月
华胜昶记制革厂	南岸	周操伯	160	重革	1939 年
庆丰皮革厂	南岸	胡元佐	600	轮带皮结	1940 年 2 月
华成机器制鞋厂	南岸	邱石麟	50	皮鞋	1941 年 8 月
中美化工公司制革厂	南岸	周焕章	50	轻革	1943 年 2 月
华中化工厂制革部	江北	秦秉常	20	重革、烤胶	1943 年 8 月

资料来源:徐崇林,《抗战以来之重庆制革工业》,《中国工业(桂林)》第 28 期,1945 年 7 月 20 日,第 22 页。

说明:上述统计数字,只代表重庆民营制革厂。

　　除汉中制革厂外,当时重庆制革工业规模和资本较大者为中央工业试验所制革厂,旧有者仍推求新制革厂,各厂出品有军用革、工用革、衣服革。[3] 从 1939 年到 1941 年,产量逐年增加。1941 年是重庆制革工业的黄金时期,当年大后方革产量为 13.2 万张,重庆全年产销轻、重皮革,均在 10 万张以上,实际达到10.98万张。但 1941 年以后,由于通货膨胀、捐税繁重、管制不合理、购买力薄弱等,每年产销减少,1944 年,产量仅有 7 万多张。[4] 尽管有所减少,1942—1944 年,重庆

　[1]　徐崇林:《抗战以来之重庆制革工业》,《中国工业(桂林)》第 28 期,1945 年 7 月 20 日,第 22 页。

　[2]　徐崇林:《抗战以来之重庆制革工业》,《中国工业(桂林)》第 28 期,1945 年 7 月 20 日,第 21 页。

　[3]　傅润华、汤约生主编:《陪都工商年鉴》,张研、孙燕京主编:《民国史料丛刊》(605 册),郑州:大象出版社,2009 年,第 226 页。

　[4]　徐崇林:《抗战以来之重庆制革工业》,《中国工业(桂林)》第 28 期,1945 年 7 月 20 日,第 23 页。

承制的军用皮件仍达 73.86 万件/套。[1]

8.卷烟

到 1943 年,重庆的卷烟厂已达 28 家,且续有设立。其中以机器制造者,南洋兄弟烟草公司重庆分厂及蜀益烟草公司规模较大,经配叶、蒸叶、切丝、切头、焙丝、加香、卷纸、烘干、包装九步手续,以制成出品。[2]

1938 年 3 月,南洋兄弟烟草公司将汉口厂的设备和人员迁到重庆,创办南洋兄弟烟草公司重庆卷烟厂,设厂于南岸弹子石雷打石街 25 号,占面积 3 亩余,董事长为宋子文,由宋子安代理,业务管理委员会主任委员为黄宪儒,委员三人为霍亚民、徐广迟、王君韧,分公司主任为李少斌,下分业务、财务及总务三部分,工厂厂长为陈容贵,共有职员 60 余人,工人 200 余人,1939 年 3 月开工。该厂主要工作机有大型卷烟机 11 部,其中 6 部为大川公司所造,余 5 部上海大鑫公司出品,现仅用二三部,每月可产卷烟约 200 大箱,通常每日仅产 3 大箱,产品以神童牌为最多,占 37%~38%。次为黄金龙、双喜两牌,花牌出品最少,推销与售价,均照烟草专卖局规定办理。每月需烟叶 4 万余,卷纸 200 斤,该公司储各种烟叶,足敷半年以上之用,所存卷纸,足敷两年之用,其他材物料及机器零件储存也多。该公司资本为 1125 万元,与中国银行关系密切,平日资金周转灵活。1943 年底,资产总额计 6615 万余元,流动资产占 68.64%,全年销货收入 6900 余万元。原料溢价收入约 2500 余万元,纯益达 1715 余元。[3]

1942 年 4 月由盛频臣、刘鸿生、柳菊孙诸氏发起,同年 10 月 1 日成立华福卷烟公司,1943 年 7 月 7 日正式开工。股本原为 500 万元。1943 年 4 月增为 2000 万元,截至 1943 年 1 月底,向外借款总计2576 万元。公司系特种股份有限公司组织,董事长为盛频臣,总经理柳菊孙,协理江剑桥,下分总务、业务、会计三课,计有职员 68 人,夫役 25

---

[1] 重庆市地方志编纂委员会编著:《重庆市志》第四卷(下),重庆:西南师范大学出版社,2004 年,第 112 页。

[2]《抗战时期陪都的烟草工业》(1944 年),重庆市档案馆、重庆师范大学合编:《中国战时首都档案文献·战时工业》,重庆:重庆出版社,2014 年,第 641 页。

[3]《南洋兄弟烟草公司概况》(1944 年),重庆市档案馆、重庆师范大学合编:《中国战时首都档案文献·战时工业》,重庆:重庆出版社,2014 年,第 644-645 页。

人,技工 20 人,临工 100 余人。公司设于重庆五四路甲 31 号,厂房建于重庆南岸野猫溪施家河石溪 15 号附 8 号,计 6 幢,主要作业机有立式卷烟机小型 5 部、大型 2 部,立式切烟机 3 部。烟叶月约需 7 万斤,卷烟纸月约需 300 令,道林纸月约需 30 令,月产"华福""三六""火炬"等品牌的卷烟 300 余箱,生产等牌号的卷烟产品均由专卖局收购,配给商店分销。1943 年 9 月 30 日,公司流动负债占负债总额 68.56%,流动资产总额 85.40%,流动比率为 100 比 34。1942 年 4 月 1 日到 1943 年 9 月底,亏损达 436 万元,即每售货 1 元,约亏损 0.56 元。其亏损主要原因,是借款负担的利息过巨。[1]

蜀益烟草公司筹备于 1938 年 3 月,发起人为曾简文、甘典夔、戴经尘、沈笑春等,同年 9 月开工,是后来陪都三大烟草公司之一。资本 500 万元,该公司董事长、总经理曾俊臣,副董事长戴经尘,经理萧懋功,下设会计课及营业总务两部,附辖工厂一分公司一办事处。公司建于千厮门镇江寺街 38 号,有地下工厂及仓库设于石洞内,总公司办事处设于陕西路赣江街 90 号。设备方面,主要作业机有仿美式卷烟机 6 部,每部每小时能卷烟 2 万,日常仅开三四部,仿美式切烟机 3 部。动力机方面有仿英式电机(30 kVA)1 部,仿英式 40 马力柴油机 1 部。原料以许昌、资阳两地所产烟叶为主,郫县、渠县、孝泉等地所产为辅;纸圈以来自沪港为主,中元造纸厂的出品为辅;此外尚需锡纸、甘油及其他物料,均可就地采购。该公司所产香烟以主力舰牌为主,次为大鹏牌,再次为金钱牌,以上三种品牌的卷烟在 1944 年的前 9 个月平均日产 3 箱多,其中以主力舰品质为最佳,可与南公司双喜牌及华福公司华福牌相比。出品均由专卖局收购配销,只是产品有限,仅可供应重庆市场。该厂财务基础健全,厂设石洞内相当安全,机器设备亦完整。缺点在于原料存储不丰,时有接济不及之虞,因此工厂时常停工,影响生产成本很大。[2]

---

[1]《华福卷烟公司概况》(1944 年 3 月),重庆市档案馆、重庆师范大学合编:《中国战时首都档案文献·战时工业》,重庆:重庆出版社,2014 年,第 640 页。

[2]《蜀益烟草公司概况》(1944 年),重庆市档案馆、重庆师范大学合编:《中国战时首都档案文献·战时工业》,重庆:重庆出版社,2014 年,第 645-646 页。

9.其他

1942 年,西亚电器厂利用生产电灯泡的设备试制生产 0.8 升(2 磅)保温瓶胆成功。随后,胡西园将生产保温瓶的车间从西亚电器厂分离出来,正式组建了新亚热水瓶厂。[1]

(三)厂矿数量、资本与生产能力

从厂矿数量、资本数额以及生产能力等方面考察全面抗战时期重庆的总体工业经济状况,能够给我们一个更加清晰、明确的总体性认识。需要特别指出和注意的是,以下主要的统计数字,并未包括兵工厂在内。

1.厂矿数量和资本数额

根据李紫翔的研究,到 1945 年年底,登记工厂的累计数,共达 1694 家,资本 272633.8 万元,工人 106510 人。就工厂的数量而言,占 5998 家后方工厂的 28.3%。就资本数额而言,占后方 849092.9 万元资本总额的 32.1%。就工人数量而言,占后方 395675 名工人总数的 26.9%。就是说,重庆工业在各方面,都占了后方工业四分之一以上的比重,而资本更接近三分之一的比重。工人数所占比重较低,不是说重庆工业规模较小,而是表明重庆工厂使用动力的程度较高。重庆工业的这种地位,如与西南(川、康、滇、黔)比较,优势就更加明显。西南四省 3314 家工厂中,重庆占了 51.1%;在 598453.8 万元资本中,重庆占了45.6%;在 222878 名工人中,重庆亦占了 47.9%。如果把考察的范围缩小到四川一省内,则重庆工业地位的重要,就更加显著,因为重庆工业占总数 2852 家工厂的 59.4%,总数 472999.4 万资本的 57.6%,总数 183559 名工人的 58.0%。[2] 李紫翔还统计出了全面抗战时期重庆工业的开工年份与业别统计,见表 3-33。

---

[1] 重庆市地方志编纂委员会编著:《重庆市志·第四卷》(下),重庆:西南师范大学出版社,2004 年,第 46 页。

[2] 李紫翔:《胜利前后的重庆工业》(1946 年 12 月),《四川经济季刊》1946 年第 3 卷第 4 期,第 4-5 页。

表 3-33　重庆工业开工年份统计（1945 年年底为止）

单位:家

资本:千元(法币)

年别	厂数		资本数额	
	厂矿数量	百分比(%)	资本数额	百分比(%)
总计	1694	100	2726338	100.0
1936 年以前	28	1.6	13670	0.5
1937 年	17	1	8447	0.3
1938 年	62	3.7	51007	1.9
1939 年	126	7.4	87886	3.2
1940 年	163	9.6	183113	6.7
1941 年	239	14.1	336802	12.4
1942 年	389	23	51154	1.9
1943 年	313	18.5	439531	16.1
1944 年	168	9.9	221184	8.1
1945 年	176	10.4	1318214	48.3
年份不明	13	0.8	15350	0.6

资料来源:李紫翔,《胜利前后的重庆工业》(1946 年 12 月),《四川经济季刊》1946 年第 3 卷第 4 期,第 5 页。

　　值得注意的是,上述李紫翔的统计数字,是按照达到 30 人就算工厂统计出来的。如果按照使用机器动力这一标准,则全面抗战时期重庆工厂的数字,就要小得多。根据 1944 年 2 月经济部统计,后方工厂 1300 多家,其中重庆占 451 家。这 451 家之中,冶炼工业 16 厂,机器五金工业 210 厂,电工器材工业 27 厂,化学工业 108 厂,纺织及服装工业 42 厂,饮食品工业 17 厂,印刷文具工业 17 厂,其他工业 14 厂。[1] 可以说,这个数字是全面抗战时期重庆工业数量的大致情况。

　　全面抗战中后期通货膨胀严重,货币贬值情形日益严重,造成资本票面数额与实际情形严重不符,因此,仅仅根据资本票面数据,无从考察全面抗战中资本实际情况的变化和趋势。李紫翔依据重庆趸售

[1] 傅润华、汤约生主编:《陪都工商年鉴》,张研、孙燕京主编:《民国史料丛刊》(605 册),郑州:大象出版社,2009 年,第 101 页。

物价指数,将重庆工业资本历年票面数折算成战前的币值,得到以下结果,见表3-34。

表3-34 依1936年币值折算的重庆工业资本在四川工业资本中的比重

单位:千元(法币)

| 年 别 | 四 川 | | 重 庆 | | 重庆对四川 |
	实数	百分比(%)	实数	百分比(%)	之百分比(%)
总 计	264074	100.0	154805	100.0	58.6
二十五年前	54755	20.7	13670	8.8	25.0
二十六年	15239	5.8	8364	5.4	54.9
二十七年	60216	22.8	37506	24.3	62.5
二十八年	49037	18.5	37074	24.0	75.6
二十九年	38426	14.5	28522	18.4	74.2
三十年	28706	10.9	21687	14.0	75.5
三十一年	3959	1.5	1129	0.7	28.5
三十二年	7585	2.9	4281	2.8	56.4
三十三年	1770	0.7	676	0.4	38.2
三十四年	1504	0.6	906	0.6	60.2
年份未明者	2877	1.1	989	0.6	34.4

资料来源:李紫翔,《胜利前后的重庆工业》(1946年12月),《四川经济季刊》1946年第3卷第4期,第6页。

从上面两个统计表中,我们对于全面抗战时期重庆工业发展的进程,已可一目了然。在战前,重庆仅有厂矿数量的1.6%和资本的8.8%(币值估计资本)。厂矿数量的增加,集中于1941年到1943年;资本的增加,集中于1938年到1941年。就是说,1941年以前开工的,都是迁建而来的规模较大的工厂,1941年以后,则是以中小型的居多。1941年以后设厂特别多,也表明当时各界人士都开始认识到工业的重要性,从而把一部分资金转投到工业上来,由此造成小厂林立的现象。

2.行业分布

重庆工业发展中的行业状况,李紫翔也进行了统计,见表3-35。

表 3-35　重庆工业业别统计　（1945 年年底为止）

单位：厂家
资本额：千元

业　别	厂矿数量		资本额	
	实　数	百分数（%）	实　数	百分数（%）
总　计	1694	100.0	2726338	100.0
化学工业	447	26.4	855993	31.3
冶炼工业	26	1.5	466051	17.1
机器工业	464	27.6	416375	15.3
五金工业	117	7.0	277882	10.2
纺织工业	173	10.2	246349	9.1
饮食品工业	216	12.7	145090	5.3
电器工业	88	5.2	87248	3.3
印刷文具工业	49	2.9	80420	3.0
服饰品工业	52	3.1	38180	1.3
杂项工业	58	3.4	112750	4.1

资料来源：李紫翔，《胜利前后的重庆工业》(1946 年 12 月)，《四川经济季刊》1946 年第 3 卷第 4 期，第 7 页。

　　李紫翔分析说：由上项统计中，可以看出重庆工业的特征是重工业部门占了最大的优势。如将冶炼、机器、五金、电器四业合计，在厂数上占了 43.3%，资本上占了 45.9%，尤以冶炼工业，以 1.5% 的厂数，占了 17.1% 的资本，更显出重点所在。其次为化学工业，在厂数及资本上占 26.4% 及 31.3%。至于战前在我国工业中占取优势的纺织业及饮食品业，在重庆工业的配置中，已被降低至占厂数的 10.2% 和 12.7%，资本的 9.1% 和 5.3% 而已。这种配置的特点，从好的方面看，我国战前工业多是偏重于轻工业，以至缺乏民族工业的自立基础。那么，重庆工业恰恰纠正了这一缺点，各个工业部门都是具体而微地分建起来，且将其重点放到重工业或基本工业上来。例如包括化学工业的基本工业部门，即占取了厂数的 69.7% 和资本的 77.2% 的优势。不过，这种工业分配的优势，如要使其能够生存与发展，则必须有更大更好的经济条件。换句话说，重庆工业的性质规定了它必须是一个大规模的工业区，而在周围地区工业都较落后的条件下，重庆工业不单需要西南市场,甚至亦需要华中的市场作它的营养腺。而动力交通和金融条件的大加改善,尤是首须着力的所在。[1]

重庆有500多家钢铁机器工厂,其中渝鑫、中国兴业、顺昌、上海、合作、新民、震旦等厂,在设备商、技术上"都是比较完整、颇具规模的厂"。"其他厂在社会上和技术上也都有了一定扩充和改善。"[2]

3.生产能力

就生产能力而言,可以从下列重庆工业生产能力的统计数字上(见表3-36)获知概况。

表3-36　重庆工业生产能力统计　(1945年年底为止)

产品	单位	生产能力	公营部分	民营部分
锡铁	公吨	53550	48000	5550
钢	公吨	41193	32100	9093
电铜	公吨	36	—	36
蒸汽机	部	657	4	653
	马力	6090	2000	4050
柴油机	部	300	—	300
煤气机	部	62		62
	马力	1044		1044
水轮机	部	4		4
	马力	720		720
其他动力机	部	319	40	279
	马力	4146	3050	996
锅炉	座	10	—	10
	马力	3400		3400
煤气发生炉	座	168		168
发电机	部	294		294
	KVA	3095		3095
电动机	部	614		614
	马力	4571	—	4571

[1] 李紫翔:《胜利前后的重庆工业》(1946年12月),《四川经济季刊》1946年第3卷第4期,第7页。

[2] 重庆市工业局:《私营工业重点行业调查·四川省重庆市钢铁机器业调查综合分析报告》,第2页,1955年11月,重庆市档案馆馆藏,档案号:1091-3-377。

续表

产品	单位	生产能力	公营部分	民营部分
车床	部	2972	210	2762
刨床	部	1110	14	1096
铣床	部	656	18	638
钻床	部	1021	6	1015
锯床	部	10	—	10
磨床	部	43	31	12
镗床	部	69	7	62
其他工具机	部	474	—	474
锡铁锅	吨	96	—	96
炼铁炉	座	4		4
炼钢炉	座	4		4
轧钢机	部	4		4
球磨机	部	5	1	4
蒸馏塔	座	67	6	61
高压裂化炉	座	571	151	420
离心机	部	327	36	291
造纸机	部	57	—	57
大型纺纱机	锭	105960	14960	91000
小型纺纱机	组	639	510	129
	锭	7896	4160	3736
毛纺机	锭	811	—	811
力织机	部	10	—	10
铁木织机	部	186	—	186
缝纫机	部	1512	—	1512
针织机	部	571	—	571
面粉机	部	124	10	114
	袋	1250	250	1000
碾米机	部	210	—	210
印刷机	部	988	—	988
造船	艘	20	—	20

产品	单位	生产能力	公营部分	民营部分
铜皮	公吨	3126	—	3126
	张	270000	—	270000
铅皮	公吨	140		140
	张	270000		270000
锌皮	公吨	443		443
金属管	公吨	274		274
	支	11072100		11072100
	尺	50500		50500
木螺丝	公吨	135	—	135
	罗	42070	—	42070
钉	公吨	667	—	667
保险箱	个	470		470
收发报机	部	136	136	—
电话机	部	1500	—	1500
电灯泡	个	2273800	201800	2072000
蓄电池	个	805500	95300	710200
单节电池	打	342880	—	342880
硝酸	箱	1802	31	1771
硫酸	箱	8141	20	8121
盐酸	箱	15225	79	15146
烧碱	箱	6979	—	6979
纯碱	市担	6032	—	6032
酒精	加仑	1669650	472440	1197210
代汽油	加仑	1146364	630680	515684
代柴油	加仑	1310560	918160	392440
水泥	桶	277023	1588	275435
玻璃	市斤	306000	—	306000
玻璃器具	千件	5074	240	4834
瓷器	千件	2240	—	2240
陶器	千件	480	65	415
砖	千块	46571	751	45820

续表

产品	单位	生产能力	公营部分	民营部分
瓦	千片	85352	—	85352
纸	令	100070	70000	30070
重革	公斤	3682250	25000	3657250
轻革	平方尺	2227000	30000	2197000
颜料	公斤	2093460	—	2093460
油漆	加仑	125543	30000	95543
火柴	箱	11740	—	11740
药品	磅	6106000	10500	6095500
肥皂	箱	813800	6000	807800
蜡烛	箱	206420	—	206420
牙膏	打	124760	—	124760
轮胎	双	5100	—	5100
机纱	件	76360	33930	42430
厂布	疋	1493700	200000	1293700
毛呢	公尺	25800	—	25800
毛毯	条	7000	—	7000
毛线	磅	10000	—	10000
麻布	疋	38500	—	38500
绸	疋	14000	—	14000
染布	疋	3342000	150000	3192000
针织品	打	333900	—	333900
毛巾	打	332200	—	332200
被单	床	295000	—	295000
鞋	千双	170	—	170
帽	打	3000	—	3000
精米	市担	4662000	—	4662000
面粉	袋	1459860	3270	1456590
纸烟	箱	8580	—	8580
糖	市担	7800	—	7800
茶	市担	600	—	600
糖食品	市斤	400000	—	400000
植物油	市担	137200	—	137200
酿造品	市斤	742000	—	742000

产品	单位	生产能力	公营部分	民营部分
铅笔	打	53350	—	53350
墨水	打	398700	—	398700
墨汁	打	8000	—	8000
油墨	磅	10250800	—	10250800
打印油	打	14700	—	14700
腊纸	筒	1500	—	1500
踞木	方丈	376250	—	376250
牙刷	打	244780	18000	226780
煤球	公吨	30580	—	30580
熟猪鬃	关担	5900	—	5900
度量衡器	件	45560	45560	—

资料来源:李紫翔,《胜利前后的重庆工业》(1946年12月),《四川经济季刊》1946年第3卷第4期,第8-12页。

全面抗战时期工业的发展变化,用翁文灏的说法,主要表现在新工业区位的建立、国防工业的建立、国营民营的扩展这三个主要方面。[1] 这三个方面,恰恰又最大程度地体现了同一时期重庆工业发展变化的主要方面。在全面抗战时期,通过迁建、扩建和新建发展起来的10多家颇具规模的兵工厂,围绕战时军需民用迅速得到发展的重化工业以及迅速扩展的民营工业,使重庆在短短数年间成为抗战大后方唯一的形态较为完善的新兴工业区。对重庆城市史而言,这是一个值得注意的带有根本性的重大变化。

---

[1] 翁文灏:《迈进于工业建国之途》,《西南实业通讯》1943年第8卷第2期,第59页。

第四章

———————

动荡局势中的重庆工业

1945 年 8 月 10 日晚上 8 时左右,山城重庆"喧传日本乃真投降,一时远近欢呼,爆竹之声迸发"。[1] 日本投降了,中国抗战胜利了!整个山城迅速被笼罩在抗战胜利的狂欢之中。近代以来,中国遭遇了大大小小不计其数的战争,在全面抗战以前的所有对外战争中,从未取得过最后的胜利。抗日战争的胜利使国民政府感到意外,"一时手忙脚乱,不知所措"[2]。从抗战胜利到 1949 年 12 月重庆解放,重庆的工业在数年间经历了剧烈的震荡。在胜利的短暂兴奋后,复员时期的彷徨,内战时期的恐慌、混乱,不断加剧已经持续数年的工业危机。同时,在不断加深的工业危机和剧烈的时局变动中,重庆工业经受住了严峻的考验,重庆成为全国六大中心工业城市之一,在长江上游,更是岿然独存的工业中心城市。

一、工业震荡与工业复员

(一)震荡中的重庆工业

重庆工业在全面抗战的八年中突飞猛进,这种发展与重庆在这一时期作为中央政府政治中心的地位具有密不可分的关系。1945 年 8 月中旬,日本无条件投降,中国取得抗战的胜利。这个胜利来之不易,意义重大,影响深远。为了这个胜利,重庆作出了重大的牺牲和贡献,无愧于英雄城市的称号。对国民政府而言,胜利意味着还都南京,重庆只是非常时期的陪都。对内迁的工业家而言,胜利意味着梦想中的还乡成为眼前的现实。这都是我们这个不屈不挠的民族,不畏牺牲、长期英勇抗争的结果。同时,对依靠厂矿迁建发展起来的重庆工业而言,胜利的突然降临,军工订货的突然停止,意味着工业剧烈震荡的开始。

---

[1] 黄炎培著,中国社会科学院近代史研究所整理:《黄炎培日记》第 9 卷(1945.1—1947.8),北京:华文出版社,2008 年,第 67 页。

[2] 施复亮:《当前的经济复员问题》,《四川经济季刊》第 2 卷第 4 期,1945 年 10 月 1 日,第 1 页。

首先，中小工矿的经营难以为继，被迫减产、停业、倒闭。

为数众多的中小工厂，率先受到巨大冲击，尤其是军布业中的布厂和织户。1945 年 9 月 13 日中午 12 时，重庆市承织军布同业联谊社，因军需署第二织布厂迫收底纱，致令百余织户停工，数万工人失业，在重庆广东酒家招待新闻界，说明情况，要求军需署保障织户权益。事情的经过是，此前的 9 月 8 日，军需署第二织布厂曾出牌告，令各厂织户清理底纱，规定如下数项原则：①各织布底纱存数，如亏欠在总额 50% 以下者，准将亏欠部分按每件 48 万元折价缴还，其余以现纱缴还。如亏纱在 50% 以上者，除分别缴还外，取消其承织资格。②上列各项亏纱，如查明系在三月底以后所亏者，其赔偿应按每件 160 万元计算。又继续承织合约，须在赔偿完毕后，方得订定。③如发现各织户亏纱后四月份起徙增者除分别饬缴外，应报由军需署送请法院以盗买军品法办。④各织户清理底纱限本年九月底以前办理完竣，如不按照上列原则缴还者，可报由军需署送请法院代为追缴。

军布同业联谊社以军需署第二织布厂此项措施，蛮横无理，影响极大，在 13 日由该会理事长樊子良及王致和、李学民等，相继予以驳斥和申明，指出：①军需署储备司向以短码纱支，交各织户承织，有重庆棉织业回联公会之公开检订结果，足资证明。军需署亦有"自本年三月份起，二十支纱布，每匹增发两享克，以补短码不足"之批示。可见纱支缺码，已为该署司所承认，而所允增发两享克，若按重庆棉织业回联公会检订的欠码统计，仍不能补足欠码。②亏纱赔偿有 48 万元及 160 万元之别，在目前官价黑市中均无此种价格根据。况各织户与厂方业已订立合同，即为商业行为，亏纱赔款，不能由单方决定。军布同业联谊社，已经提出要求，请军需署司尊重合约规定，应补织户纱支，即予算清补给，织户所领底纱，也扫数缴清，并请军需署司对各织户职工，提供确切保证等。[1] 年底，又有重庆市停业小织户为生计断

[1]《〈国民公报〉关于重庆承织军布业停工倒闭的报道》（1945 年 9 月 14 日），重庆市档案馆、重庆师范大学合编：《中国战时首都档案文献·战时工业》，重庆：重庆出版社，2014 年，第 294-295 页。

绝,呈文重庆市政府,请求救济本市 1000 多家小本织户。[1] 几个月之后,1946 年 2 月 6 日,该报又有报道载:渝、万两区军布工厂 400 余家,在全面抗战中生产大量军布供应将士服装,胜利之后,军需署急于宣布解约,去年 12 月 30 日完全停止收布,而该署历年所欠织户短码特多之粗细纱支,也未按数补足,导致渝万两区的军布工厂全部停顿,数万员工流离失所。渝万职工曾请求援照花纱局准许土布织户购买 3 月原料之例,在渝万区价购纱支,以作就业生产之用,而军需署至今尚无答复,渝万区军布代表王智仁等,为此于 5 日招待国民公报记者,要求军需署及花纱局平价售与织户棉纱,立即邀集军布代表协商公平合理的解决方案。[2] 其他各业,也大率如此。如炼油业,到 1946 年初,"在第一区,各民营炼油厂 32 家,没有登记的也有 20 家,现在却只剩了 6 家,订货一完,就要垮台"[3]。再如制药业,"重庆有 41 家大小药厂,而胜利后则资金短少销路坏,普遍减产,宣告倒闭的虽仅一家,但其余名存实亡,有的全部停工,有的仅维持生产十分之一二"[4]。制革工业、面粉工业,也遭遇困境。据估计,从抗战结束后到 1946 年年底,重庆 1694 家工厂中,完全停业的占 40% 以上,陷于半停业状态的,占 35% 左右,两项合计,约有 1270 家。[5] 在为数众多的中小工业"濒于绝境"的情况下,重庆的中国中小工厂联合会成立,接连举行座谈会[6],呼吁救济,寻求生存之道。但到 1946 年年底,该联合会会员

[1]《停业小本织户为生机断绝请予救济呈重庆市政府文》(1945 年 12 月),重庆市档案馆、重庆师范大学合编:《中国战时首都档案文献·战时工业》,重庆:重庆出版社,2014 年,第 308-309 页。

[2]《〈国民公报〉关于承织军布业"山穷水尽"的报道》(1946 年 2 月 6 日),重庆市档案馆、重庆师范大学合编:《中国战时首都档案文献·战时工业》,重庆:重庆出版社,2014 年,第 314-315 页。

[3]《〈国民公报〉关于炼油业"完了"的报道》(1946 年 1 月 29 日),重庆市档案馆、重庆师范大学合编:《中国战时首都档案文献·战时工业》,重庆:重庆出版社,2014 年,第 313 页。

[4]《〈国民公报〉关于制药业"名存实亡"的报道》(1946 年 1 月 23 日),重庆市档案馆、重庆师范大学合编:《中国战时首都档案文献·战时工业》,重庆:重庆出版社,2014 年,第 312 页。

[5] 杨及玄:《复员期中重庆的工潮》(1948 年),重庆市档案馆、重庆师范大学合编:《中国战时首都档案文献·战时工业》,重庆:重庆出版社,2014 年,第 334-335 页。

[6]《〈国民公报〉关于中小工业"濒于绝路"的报道》(1946 年 2 月 1 日),重庆市档案馆、重庆师范大学合编:《中国战时首都档案文献·战时工业》,重庆:重庆出版社,2014 年,第 314 页。

1151 家,"百分之八十以上停工"[1],可见中小工业所遭受震荡的严重。

其次,包括钢铁业在内的大中型民营厂矿举步维艰。

1945 年 8 月抗战胜利到年底,重庆进行了登记的工厂变动有 217 家,据估计,没有登记的要高出三四倍。[2] 所谓变动,包括歇业、改组、撤销、转让、迁移、改经理、更名、增资等。在这次变动中,大中型工厂决定停业、歇业的"较早及较多"。[3] 大中型厂大量停业、歇业,影响广泛。以机器工业来说,重庆第一区机械工业同业公会,在胜利之初有 345 家会员工厂,到 1946 年 8 月,仅存 178 家,勉强开工的只占 4.5%,暂停相机复业的占 15%,其余全部停业了。少数勉强开工的,也不是生产机器,仅仅是修配零件、制造铁钉、承包小型工程,不过混日子而已。重庆有名的中国兴业公司,37 部工具母机全部停工。福裕钢铁厂 7 部机器运转,12 部停工。新中工程公司 11 部母机运转,48 部停工,4 座锅炉 1 开 3 停。恒顺机器厂拥有的 50 多部工具机中,只有三分之一开工。明亚实业公司机器厂工具机 22 部停工,6 部开工。民生机器厂尽管机器全开,但工潮纷至沓来,效率低,成本高,甚至连民生公司的船只也不愿意交给该厂修理,"已陷于不死不活的境地"。[4] 中国全国工业协会重庆分会会员工厂原有 470 多家,这些大中型工厂,到 1946 年年底停工的达半数以上。[5] 中国兴业公司是规模较大企业之一,在抗战胜利后公司遭遇空前困难,货物缺乏销路,款项没有着落,战时生产局也取消了原有的订货。胡子昂说:现在钢铁根本没有销路,"只想卖旧存的钢板来维持开支,可是没有人要。要想折价卖给政府,政府又不收,迫得每月借债度日"。四川省建设厅长何北衡在

---

[1] 廖毓泉:《西南经济建设鸟瞰》,《西南实业通讯》第 14 卷第 5 期、第 6 期合刊, 1946 年 12 月 30 日, 第 47 页。

[2] 李紫翔:《西南工业的生长》,《西南实业通讯》第 13 卷第 5 期、第 6 期合刊, 1946 年 6 月 30 日, 第 14 页。

[3] 李紫翔:《西南工业的生长》,《西南实业通讯》第 13 卷第 5 期、第 6 期合刊, 1946 年 6 月 30 日, 第 14 页。

[4] 黄克夫:《搁浅中的西南工业》,《西南实业通讯》第 14 卷第 5 期、第 6 期合刊, 1946 年 12 月 30 日, 第 44 页。

[5] 廖毓泉:《西南经济建设鸟瞰》,《西南实业通讯》第 14 卷第 5 期、第 6 期合刊, 1946 年 12 月 30 日, 第 47 页。

重庆星五聚餐会上说："目前后方厂家所产的钢铁，需成本一百八十万元一吨，而外国钢铁，连运费、关税计算在内，只需五十八万元一吨，差额几达四分之三。故将来成渝铁路的钢轨和道钉，是否在后方厂定做，还是一个问题。"重庆渝鑫钢铁厂负责人余名钰称钢铁业的状况是"进退维谷、不知所措者，十居八九"[1]。

重庆工业在抗战胜利的震荡中陷入困境，原因是多方面的。1948年，时任经济部重庆工业试验所所长的彭光钦在《重庆区工业上的几个现实问题》中分析说：

"胜利以后，国府还都，人心东向，重庆区的工业也随着付诸东流，空留下一纸将四川定为模范建设区的命令，伴着若干残破废弃的烟突。"

"重庆区工业界最感苦恼的，莫过于器材的供应和产品的销场。实际上，重庆现有的工业器材，除了少数特殊的器材以外，可以说应有尽有；而且闲置未用的器材超过半数以上。"

"实际上，除了少数特殊的工业品以外，大多数感觉缺乏的物品，以重庆现有的设备和技术都能制造。"

"重庆的工业界，完全一盘散沙，各自为政。各业的情形，互不相知，更谈不上互助互惠。政府对于整个工业持放任态度，深怕工业成了政府的累赘。新式工业最重配合联系，如果工业界不能自行组合，政府就须积极督导，来补足这一项缺陷。"

"四川一向为农业及手工业社会，缺乏大企业家，因而缺乏大资本家，既无投资工业之风气，也缺乏大量投资的能力。胜利以后，工业资金流回沿海各大都市，重庆的工业都患着贫血病。"[2]

"工业需要动力，重庆的动力未免使人太伤脑筋。不仅取费太高，而且供应不足。……最好重庆电力公司能够自行加强，迅速扩充。"

"现在重庆的许多工业品，都犯着粗制滥造的毛病。一部分是有意的粗制滥造，只图成本低，容易销售。另一部分是因为制造设备配

---

[1] 黄克夫：《搁浅中的西南工业》，《西南实业通讯》第14卷第5期、第6期合刊，1946年12月30日，第44页。

[2] 彭光钦：《重庆区工业上的几个现实问题》，《西南实业通讯》第17卷春季号，1948年3月31日，第2页。

合不善,或是没有得到适当的技术人员,不能制出较好的品质。实际上,工业技术上的问题,在重庆是不难解决的。重庆有经济部设立的工业试验所和工商辅导处两个技术顾问辅导机构,另外还有五六百个各种专业的工程师,如果各厂家愿意和这些机构与人员取得联络,大部分的技术问题都可以得到圆满的解决。"[1]

彭光钦是一流的技术专家,也是熟悉重庆工业状况的技术官员,他对重庆工业在抗战胜利后剧烈震荡原因的分析,是全面中肯的。胜利后的还乡和复员、工业界各自为政、工业资本的薄弱、农业社会的经济环境、工业设备不善、工业产品质量欠佳、工业技术与工业生产不能有效结合等,都是造成震荡的重要原因。在社会剧烈动荡的局面下,解决这些问题是困难的。

(二)重庆工业的调整与复员

当日本投降的消息被证实后,如梦方醒的国民政府各部门、各级官佐督带相关人员赶制复员计划的报道真如雪花漫天飞舞,单从当时《中央日报》的报道即可见一斑。如《中央日报》1945 年 8 月 13 日报道"胜利已来,交通复员工作,为目前最迫切之问题,连日交通部举行紧急会议,讨论接收收复区交通计划,闻即将有具体决定。余飞鹏部长于昨日上午分别接见所属各单位负责人,商谈各项紧急措施"[2]。8 月 18 日又报道"自日本正式投降后,政府各院部及所属各机关,均加倍忙碌,日夜赶办要公。昨据行政院秘书长蒋梦麟氏对本报记者谈称:政府正集中力量,经办复员工作,预计本月二十日以前,所有人员调动与复员配备整个计划,均可赶办完成"[3]。8 月 19 日报道"复员紧急措施方案,经由各有关部分拟就,送行政院汇集通盘研究,定二十日前送国防最高委员会讨论"[4]。《中央日报》9 月 2 日报道"(重庆)市政府为积极筹划本市之复员工作,特于昨日上午九时,在市府中山

---

[1] 彭光钦:《重庆区工业上的几个现实问题》,《西南实业通讯》第 17 卷春季号,1948 年 3 月 31 日,第 3 页。

[2]《复员工作急如星火交通部连日会议》,《中央日报》1945 年 8 月 13 日,第 3 版。

[3]《蒋梦麟谈全国复员计划》,《大公报》1945 年 8 月 18 日,第 3 版。

[4]《复员紧急方案已拟就 还都问题商定六办法》,《中央日报》1945 年 8 月 19 日,第 2 版。

堂召开复员会议,并举行本市复员委员会筹备会成立会。到本市各局处、市参议会、党团、商会等有关机关代表……康心如、吴晋航、潘仰山、吴蕴初、陈铭德等 30 余人,由贺市长主持。当决定复员大纲八项"[1]。当时制订的复员计划中,与重庆工业复员关系较为密切的是《军事委员会兵工厂库整理计划》以及《经济部工矿商业复员计划》中的《后方国营民营工矿业调整计划》等。

1.兵工厂的调整

国民政府军政部在 1945 年 8 月编制了较为系统详细的《军事委员会兵工厂库整理计划》。兵工署在相关计划中说:抗战结束后,"对现有各厂,亟应重新统筹调整,务使产品单纯管理集中,以符工业经济之旨"。计划中关于兵工厂调整的原则有四点:①在同一地区内制品相同或性质相近者,分别迁并或改组为分厂;②凡一制品有数厂制造者,指定其中产量较大之厂,按照需要制造,而将其他各厂停工保管或予迁并;③因制品限于保存时效,平时应予停制者,亦予停工保管;④凡继续工作之厂,其厂房过于分散者,尽量集中。根据此原则,对当时的 32 个兵工厂及分厂进行调整。调整计划为:就原址继续生产者 9 厂,迁移集中者 2 厂,改组为分厂者 1 厂,迁并或改隶者 4 厂,停工保管者 16 厂。[2]

根据上述调整计划,重庆兵工厂不减反增,由原有的 15 家增加到 18 家,从外地迁并到重庆的兵工厂有第 11 工厂、第 21 工厂安宁分厂、第 23 工厂、第 41 工厂、第 44 工厂、第 50 工厂、第 52 工厂、第 53 工厂等,调整的具体情况如下:第 1 工厂,1946 年 3 月奉令结束,机料及半成品分拨第 21 工厂、第 50 工厂接受利用,1946 年 9 月底大体办理完毕。[3] 第 2 工厂奉令结束,机料并入第 50 工厂。第 10 工厂,1946 年 7 月 1 日,奉令改称第 50 工厂忠恕分厂。[4] 第 20 工厂,1946 年 4 月

[1]《市府昨召开复员会议　决定复员大纲八项》,《中央日报》1945 年 9 月 2 日,第 3 版。
[2] 中国第二历史档案馆:《中华民国史档案资料汇编》第 5 辑第 3 编财政经济 (5),南京:凤凰出版社,2000 年,第 340-342 页。
[3]《第一工厂厂史》(1948 年),《中国近代兵器工业档案史料》编委会编:《中国近代兵器工业档案史料》(三),北京:兵器工业出版社,1993 年,第 1175 页。
[4]《第二工厂厂史》(1948 年 6 月),《第十厂沿革》(1949 年),《中国近代兵器工业档案史料》编委会编:《中国近代兵器工业档案史料》(三),北京:兵器工业出版社,1993 年,第 1176、1186 页。

8 日奉令将第 25 工厂并入，4 月 17 日，奉令将接收第 21 工厂綦江分厂枪弹机器，经半年拆运，安装于第 5 制造所。[1] 第 21 工厂，1946 年 6 月奉令撤销安宁（昆明）、綦江两个分厂，同时接收原在重庆的第 1 工厂、原在万县的第 27 工厂、原在贵州桐梓的第 41 工厂，将以上 5 个工厂的机料迁运总厂。[2] 第 23 工厂重庆分厂，维持未变。[3] 第 24 工厂，维持未变。[4] 第 25 工厂，1946 年 4 月 16 日奉令裁撤，归并第 20 工厂并成立第 9 制造处，继续制造枪弹，到 6 月底原厂大部分员工遣散完毕。[5] 第 26 工厂，1946 年 6 月，奉令作为第 23 工厂分厂，减少员工到 300 人。[6] 第 27 工厂，1946 年春奉令结束。[7] 第 28 工厂，到 1946 年 6 月底，资遣职员、职眷、工人、工役、工眷等 1246 人[8]，该厂设备，一部分划拨给兵工署材料试验处，大部分移交第 24 工厂，到 1946 年年底移交完毕。[9]

抗战胜利后，钢铁厂迁建委员会及所属单位曾大量资遣员工。到 1946 年末，员工总数减少为 11553 人，其中职员 1178 人，工人 10375 人。1949 年 3 月 1 日，该厂改称军政部兵工第 29 兵工厂。11 月 30 日，该厂遭到有计划的严重破坏，发电厂被炸毁，100 吨及 20 吨高炉也

[1] 《第二十工厂厂史》（1948 年），《中国近代兵器工业档案史料》编委会编：《中国近代兵器工业档案史料》（三），北京：兵器工业出版社，1993 年，第 1190 页。

[2] 《第二十一工厂厂史》（1948 年），《中国近代兵器工业档案史料》编委会编：《中国近代兵器工业档案史料》（三），北京：兵器工业出版社，1993 年，第 1200-1201 页；《第四十工厂史料》（1948 年），同上第 1 辑，第 1250 页。

[3] 《第二十三工厂厂史》（1948 年），《中国近代兵器工业档案史料》编委会编：《中国近代兵器工业档案史料》（三），北京：兵器工业出版社，1993 年，第 1211 页。

[4] 《第二十四工厂沿革》（1949 年），《中国近代兵器工业档案史料》编委会编：《中国近代兵器工业档案史料》（三），北京：兵器工业出版社，1993 年，第 1218 页。

[5] 《第二十五工厂厂史》（1948 年），《中国近代兵器工业档案史料》编委会编：《中国近代兵器工业档案史料》（三），北京：兵器工业出版社，1993 年，第 1221 页。

[6] 《第二十六工厂沿革》（1948 年），《中国近代兵器工业档案史料》编委会编：《中国近代兵器工业档案史料》（三），北京：兵器工业出版社，1993 年，第 1225 页。

[7] 《第二十七工厂沿革》（1947 年），《中国近代兵器工业档案史料》编委会编：《中国近代兵器工业档案史料》（三），北京：兵器工业出版社，1993 年，第 1226 页。

[8] 重庆市档案馆、四川省冶金厅、《冶金志》编委会合编：《抗战后方冶金工业史料》，重庆：重庆出版社，1988 年，第 225 页。

[9] 《第二十八工厂沿革（续）》（1948 年），《中国近代兵器工业档案史料》编委会编：《中国近代兵器工业档案史料》（三），北京：兵器工业出版社，1993 年，第 1229 页；重庆市档案馆、四川省冶金厅、《冶金志》编委会合编：《抗战后方冶金工业史料》，重庆：重庆出版社，1988 年，第 225-226 页。

受损。[1] 20世纪50年代初,该厂和中国兴业公司合共,组成了重庆钢铁公司。[2]

第30工厂,1946年4月奉令资遣,所有机器材料交第21工厂接收保管。[3] 第50工厂,抗战胜利后,接收第1工厂部分制炮弹机器,1947年2月成都分厂奉令停办,机器设备155部迁渝归并总厂。10月,又接收停办的第2工厂部分机器。[4]

经过调整,重庆原有的15家减少到8家,即第20工厂、第21工厂、第23工厂重庆分厂、第24工厂、第26工厂、钢铁厂迁建委员会、第50工厂、第50工厂忠恕分厂(原第10工厂)。尽管原第1工厂、第2工厂、第21工厂綦江分厂、第25工厂、第27工厂、第28工厂、第30工厂被裁撤,设备归并到其他兵工厂。但值得注意的是,外地兵工厂并迁到重庆各兵工厂的情况,如昆明安宁分厂、桐梓第41工厂并入第21工厂,第50工厂成都分厂部分机器设备并入重庆总厂。因此,大致可以说,经过调整,重庆兵工厂的实力基本上得以保存。资料载:经过调整,"西南(兵工)各厂基础较固,设备较齐,均堪大量生产"[5]。这个断语,是有根据的。

2.国营工矿业的调整

经济部的《后方国营民营工矿业调整计划》指出关于后方国营工矿业的调整应根据情况和需要分为扩充、整理、改组、合并或迁移等多种处置方式,并指出上述处置在实施的过程中"为奠立分区发展之初基,及供应复员初期所需要之物资起见,后方国营工矿事业皆以择要扩充设备增加生产为原则"[6]。

[1] 重钢志编辑室编:《重钢志(1938—1985)》,重庆钢铁公司,1987年,第12页。

[2] 重庆市地方志编纂委员会编著:《重庆市志·第四卷》(下),重庆:西南师范大学出版社,2004年,第460页。

[3] 《第三十工厂厂史》(1947年),《中国近代兵器工业档案史料》编委会编:《中国近代兵器工业档案史料》(三),北京:兵器工业出版社,1993年,第1236页。

[4] 《第五十工厂厂史》(1948年),《中国近代兵器工业档案史料》编委会编:《中国近代兵器工业档案史料》(三),北京:兵器工业出版社,1993年,第1257页。《第五十工厂成都分厂史》(1948年),同上第3辑,第1264页。

[5] 中国第二历史档案馆:《中华民国史档案资料汇编》第5辑第3编财政经济(5),南京:凤凰出版社,2000年,第369页。

[6] 中国第二历史档案馆:《中华民国史档案资料汇编》第5辑第3编财政经济(4),南京:凤凰出版社,2000年,第271页。

资源委员会作为规模最大的国家资本管理与经营机构,在抗战胜利后立即确定了复员的方针。其方针主要有三条内容:①会属事业今后应拟具年度计划并严格按照该计划进行;②今后主要办理两类会属事业,其一是规模宏大民资无力兴办而关乎立国基础者,其二是能够自力更生并有盈余把握、可以为政府提供财政支持者;③对后方事业,有望自足者继续维持,但以后不再增资,无以自存者概行结束。[1] 为此,资源委员会立即紧缩后方地区并将战后建设方针呈国民政府军事委员会委员长蒋介石和行政院长宋子文核准实施。其具体措施为:①战时兴办的规模小、设备简陋的零星事业,因为在战后不具有经济价值,分别结束。其中有地方政府资本参加者,如地方政府愿意单独经营,当即移让。属于此类情形的化工类厂矿有北碚焦油厂及大部分酒精厂。②将来或有举办必要而当时已经暂行停工者。此类厂矿有资渝、资蜀、电化钢铁厂等。③设备比较完备、规模比较大、产品为社会必需的工厂以及藏量丰富有开发价值的厂或矿,在继续进行的同时压缩人员和开支,如龙溪河等电厂。[2] 结果,在资源委员会100多个战时生产单位中,实行调整的有93个单位,其中继续经营及逐步紧缩者为47个单位。[3] 1946年3月经济部的有关报告在谈及后方事业时说:抗战胜利后,资源委员会对大后方会属厂矿调整的结果,继续经营者22个单位,逐步收缩者13个单位,其余除13个单位移交省营或租让民营外,全部停工或结束。[4]

八年的全面抗战,究竟还是给西南留下了可贵的遗产,在西南普及了新的工业生产方法,人民不再安于落后的农村经济了。[5]

根据有关资料,资源委员会战后在西南川滇黔各省留下的各项事业中,四川电业有10项。其中万县电厂原名万县电气公司,有180千

[1] 中国第二历史档案馆编:《中华民国史档案资料汇编》第5辑第3编财政经济(4),南京:凤凰出版社,2000年,第71页。
[2] 中国第二历史档案馆编:《中华民国史档案资料汇编》第5辑第3编财政经济(4),南京:凤凰出版社,2000年,第69-70页。
[3] 中国第二历史档案馆编:《中华民国史档案资料汇编》第5辑第3编财政经济(5),南京:凤凰出版社,2000年,第69-70页。
[4] 中国第二历史档案馆编:《中华民国史档案资料汇编》第5辑第3编财政经济(4),南京:凤凰出版社,2000年,第219页。
[5]《卷头语》,《西南实业通讯》第16卷第1、2、3期合刊,1947年9月30日,第1页。

瓦发电容量,但管理不善,亏损甚巨。全面抗战初期,四川省政府与资源委员会洽商合办,于 1938 年 6 月订立合同,正式改组为万县水电厂,资本 40 万元。1945 年改名为万县电厂。合办后,扩充 500 千瓦汽轮发电设备、160 千瓦水轮发电设备、136 千瓦水轮发电设备、360 千瓦水轮发电设备各一套,发电容量和实际发电量、售电量均稳步增加。[1] 长寿电厂由资源委员会在全面抗战前开始勘测和筹备,美国工程师古柏和萨凡奇参与设计。1937 年 7 月成立筹备处,先于 1940 年建成煤气发电所并供电,1941 年和 1944 年先后又完成桃花溪、下清渊硐等小型水力发电工程,其中以下清渊硐发电所为主。抗战胜利后,于 1946 年 1 月以下清渊硐发电所为主,成立龙溪河电厂。之后从美国购买立式水轮发电机,安装于下清渊硐,1948 年 3 月安装测试完毕,开始供电。其间,1947 年 7 月开始改称长寿电厂。[2] 同时资源委员会还在全面抗战期间设有上清渊硐工程处,开发龙溪河上清渊硐水力发电资源,战后工程仍继续进行,并由中央电工器材厂承制 3000 千瓦水轮机一套,是当时国内最大的自制发电设备[3]。巴县工业区电力公司设立在重庆巴县渔洞溪,初由经济部工矿调整处和中国汽车公司合办,1944 年 4 月初开始供电。工矿调整处撤消后,股权归资源委员会。1948 年 5 月商股推出,改为资源委员会独资。[4] 为协助内地各厂工作,资源委员会在电业处迁回南京后,租赁重庆中正路青年大厦为办公处,设立资源委员会川黔各电厂重庆联合办事处。[5]

在煤业方面,有天府煤矿公司、威远煤矿公司、建川煤矿公司三家。其中天府煤矿公司为天府煤矿公司与河南中福公司合资,中福公司中有资源委员会股份,于是该公司有资源委员会的资本。抗战胜利

---

[1] 中国第二历史档案馆编:《中华民国史档案资料汇编》第 5 辑第 3 编财政经济 (5),南京:凤凰出版社,2000 年,第 238-239 页。

[2] 中国第二历史档案馆编:《中华民国史档案资料汇编》第 5 辑第 3 编财政经济 (5),南京:凤凰出版社,2000 年,第 240 页。

[3] 中国第二历史档案馆编:《中华民国史档案资料汇编》第 5 辑第 3 编财政经济 (5),南京:凤凰出版社,2000 年,第 255 页。

[4] 中国第二历史档案馆编:《中华民国史档案资料汇编》第 5 辑第 3 编财政经济 (5),南京:凤凰出版社,2000 年,第 253 页。

[5] 中国第二历史档案馆编:《中华民国史档案资料汇编》第 5 辑第 3 编财政经济 (5),南京:凤凰出版社,2000 年,第 255-256 页。

后,天府矿业公司与嘉阳、全济两煤矿合并,改为天府煤矿公司,日产煤维持 1000~2000 吨。其中嘉阳矿厂为资源委员会与四川省政府、中国西部科学院以及商股等合资于 1939 年 2 月创办,资源委员会主办。三矿改组合并后,资源委员会投资为数甚微,由天府主办。[1] 威远煤矿公司位于四川省威远县黄荆沟,原为川康盐务局土法经营,1940 年盐务局与资源委员会和中福公司合办,1941 年 9 月正式出煤,抗战胜利后,生产能力达到最高,日产 236~391 吨。[2] 建川煤矿公司是1940 年 10 月由中国建设银公司和中国银行集资创办,位于四川省白市驿。1941 年资源委员会加入资本,改称建川公司。1946 年中国建设银公司将大部分股份转移资源委员会,拟由资源委员会主办,但当年秋井下发生爆炸起火,以后没能复工[3]。

在石油方面,资源委员会有中国石油公司四川油矿探勘处、中国石油公司重庆营业所 2 项事业。四川油矿探勘处于 1936 年由资源委员会创设,1937 年 11 月在巴县石油沟开始钻井,经两年的钻探,打出天然气。1943 年在隆昌圣灯山打出第二口天然气井。1949 年 4 月在隆昌余家坝钻井。[4] 资源委员会于抗战胜利后还在重庆筹设中国石油公司重庆营业所,在重庆黑石子建有储油所,每月出售少量天然气。[5]

在钢铁方面,资源委员会有钢铁厂迁建委员会、綦江铁矿、电化冶炼厂、四川各钢铁厂保管处等事业和单位。其中钢铁厂迁建委员会于1938 年 3 月 1 日在汉阳成立,初期主要是经济部资源委员会与军政部兵工署迁建汉冶萍钢铁厂、六河沟炼铁厂及上海炼钢厂等重要冶炼设备到四川重庆的大渡口重建,同时勘探并开采重庆附近的南桐煤矿、

[1] 中国第二历史档案馆编:《中华民国史档案资料汇编》第 5 辑第 3 编财政经济(5),南京:凤凰出版社,2000 年,第 256-258 页。
[2] 中国第二历史档案馆编:《中华民国史档案资料汇编》第 5 辑第 3 编财政经济(5),南京:凤凰出版社,2000 年,第 258-259 页。
[3] 中国第二历史档案馆编:《中华民国史档案资料汇编》第 5 辑第 3 编财政经济(5),南京:凤凰出版社,2000 年,第 259 页。
[4] 中国第二历史档案馆编:《中华民国史档案资料汇编》第 5 辑第 3 编财政经济(5),南京:凤凰出版社,2000 年,第 260 页。
[5] 中国第二历史档案馆编:《中华民国史档案资料汇编》第 5 辑第 3 编财政经济(5),南京:凤凰出版社,2000 年,第 261 页。

綦江铁矿以求供给原料。1940 年 5 月部分设备开始冶炼生铁。1941 年冬到 1942 年,炼钢轧钢部门及百吨炼铁炉相继开工,由此进入全部生产阶段。抗战胜利后,产量仍持续提高。[1] 綦江铁矿正式成立于 1940 年 3 月,原为 1938 年 3 月成立于汉阳的钢铁矿迁建委员会铁矿筹备处,当年 6 月入川工作。电化冶炼厂成立于 1941 年 7 月,有 1、2、3、4 四个分厂,均为全面抗战时期后方新式设备,规模仅次于大渡口厂,抗战胜利后,除平炉及纯铁厂由于原料来源困难停工外,炼铜厂、炼钢厂继续经营,并能冶炼特种钢材。[2] 资源委员会甚至有与兵工署在四川綦江三溪建立较大规模钢铁厂的计划,延请美国专家到四川綦江实地勘测,后由于时局,被迫中止计划[3]。四川各钢铁厂保管处成立于 1946 年年初,负责资渝钢铁厂、资蜀钢铁厂等停工钢铁厂设备的保管。[4] 1945 年 11 月资渝钢铁厂已经遣散工人 900 余人、职员 17 人。[5]

重庆电化冶炼厂在全面抗战后,有职员 199 人,工人 900 人,其中有 107 名职员计划调赴东北、台湾等处协助接收或返还原籍候调,原拟于 1945 年冬结束。不久,由于兵工署第 20 兵工厂急需该厂代炼钯铜数百吨,同时又有重庆附近工厂向该厂洽订特种钢料,该厂改变结束计划,重新安排复工。到 1946 年,该厂留厂职员 60 人,工人 310 人,勉力维持生产。1948 年 1 月,该厂奉令接收原资渝钢铁厂石门炼铁厂,改为重庆炼铁分厂。1948 年 3 月,接收资渝钢铁厂所属合川老厂沟铁矿。1948 年 5 月 6 日,该厂重庆炼铁分厂开始重新点火炼铁,次日出铁。[6] 不过,抗战结束以后,重庆电冶厂"尽力紧缩,职员多数奉

---

[1] 中国第二历史档案馆编:《中华民国史档案资料汇编》第 5 辑第 3 编财政经济(5),南京:凤凰出版社,2000 年,第 262-263、266 页。

[2] 中国第二历史档案馆编:《中华民国史档案资料汇编》第 5 辑第 3 编财政经济(5),南京:凤凰出版社,2000 年,第 266-267 页。

[3] 中国第二历史档案馆编:《中华民国史档案资料汇编》第 5 辑第 3 编财政经济(5),南京:凤凰出版社,2000 年,第 270 页。

[4] 中国第二历史档案馆编:《中华民国史档案资料汇编》第 5 辑第 3 编财政经济(5),南京:凤凰出版社,2000 年版,第 270 页。

[5] 重庆市档案馆、四川省冶金厅、《冶金志》编委会合编:《抗战后方冶金工业史料》,重庆:重庆出版社,1988 年,第 314 页。

[6] 重庆市档案馆、四川省冶金厅、《冶金志》编委会合编:《抗战后方冶金工业史料》,重庆:重庆出版社,1988 年,第 252-255 页。

调,仅余 1/4,工人亦多遣散。三年来,员工甚少增添。尤其在本年度接办重庆炼铁分厂,仍就原有员工分配。职员多一身兼负数责,工人则视工作情形,随时调遣,往来渝綦两地,以应急需,全厂员工堪称发挥最高度之生产效率"[1]。

机械方面,资源委员会战后在西南川滇黔各省只有中央汽车配件厂一家,设于重庆化龙桥,并有贵阳分厂。[2]

电工方面,资源委员会战后在西南川滇黔各省有中央电工器材厂有限公司重庆制造厂及重庆区营业处、中央无线电器材有限公司重庆营业处、中央电瓷公司宜宾厂与重庆办事处等。中央电工器材厂有限公司重庆制造厂由全面抗战时期设于重庆的中央电工器材厂渝二厂(生产电灯泡)、渝四厂(生产电机、电池)于 1946 年 3 月合并为中央电工器材厂重庆分厂,1947 年 3 月改称中央电工器材厂重庆制造厂,主要生产灯泡和电池。1946 年 3 月中央电工器材厂调整内地机构时,还将重庆办事处改为重庆营业处,办理川、康、陕、甘四省区业务。1948 年冬,中央电工器材厂实行区经理制,渝厂及营业处由重庆区经理统辖其中,渝厂占地 45 亩,厂房简陋。[3] 中央无线电器材有限公司重庆营业处原为中央无线电器材厂重庆办事处,1939 年春成立,1946 年 7 月改称重庆营业处,1948 年 7 月中央无线电器材有限公司正式成立,重庆营业处仍为其下属机构,业务为销售及修理该公司产品,并附带制造少量无线电机及配件。[4] 中央电瓷公司宜宾厂建成于 1942 年 3 月,抗战胜利后继续经营,"所有出品行销西南各省及华中地区者甚多"[5],其中大部分在重庆销售,小部分运销汉口、南京、上海[6]。

[1] 重庆市档案馆、四川省冶金厅、《冶金志》编委会合编:《抗战后方冶金工业史料》,重庆:重庆出版社,1988 年,第 256 页。
[2] 中国第二历史档案馆编:《中华民国史档案资料汇编》第 5 辑第 3 编财政经济(5),南京:凤凰出版社,2000 年,第 272 页。
[3] 中国第二历史档案馆编:《中华民国史档案资料汇编》第 5 辑第 3 编财政经济(5),南京:凤凰出版社,2000 年,第 274-275 页。
[4] 中国第二历史档案馆编:《中华民国史档案资料汇编》第 5 辑第 3 编财政经济(5),南京:凤凰出版社,2000 年,第 277 页。
[5] 中国第二历史档案馆编:《中华民国史档案资料汇编》第 5 辑第 3 编财政经济(5),南京:凤凰出版社,2000 年,第 281 页。
[6] 中国第二历史档案馆编:《中华民国史档案资料汇编》第 5 辑第 3 编财政经济(5),南京:凤凰出版社,2000 年,第 284 页。

中央电瓷公司重庆办事处原来是该公司总管理机构，后总机构迁宜宾，另设重庆办事处。[1]

在化工方面，资源委员会有中央化工厂筹备处重庆工厂、天原电化厂有限公司等。中央化工厂筹备处重庆工厂原为1938年6月资源委员会与兵工署合办制造石油代替品的化工厂，抗战胜利后转营民生有关产品，1948年1月合并于中央化工厂筹备处，改称该处重庆工厂，主要生产硫化碱。[2] 天原电化厂有限公司原设上海，全面抗战爆发后内迁，并由资源委员会投资协助，在重庆和四川宜宾设立两厂，抗战后继续经营。[3]

省营事业有南桐煤矿。南桐煤矿为资源委员会与兵工署合办的钢铁厂迁建委员会创办，1938年9月开工。[4]

3.民营厂矿的复员

经济部《后方国营民营工矿业调整计划》中说：在全面抗战爆发厂矿内迁后"始呈蓬勃气象"的后方民营重要工矿事业，"以物资缺乏，资金困难，一切设备不无简陋，将来复员时应视其本身所具备条件及后方需要，予以合理之调整"。[5] 从该项计划的原则和具体内容看，如能切实执行，应当不至于出现严重后果。但从1946年9月《经济部工业复员工作办理情形稿》中可见，经济部作为实际执行工矿业复员的主要机关，在抗战胜利后整整一年的工业复员过程中，其全部工作为接收收复区敌伪资产及工矿事业，而有关大后方工矿事业的择要扩充、增产以及救济等工作竟然未置一词，大后方工矿业尤其是民营工矿业被轻视、被忽视的情况由此可见一斑。

与国民政府经济行政当局在复员政策中轻视、忽视后方工业的政

---

[1] 中国第二历史档案馆编：《中华民国史档案资料汇编》第5辑第3编财政经济（5），南京：凤凰出版社，2000年，第281页。

[2] 中国第二历史档案馆编：《中华民国史档案资料汇编》第5辑第3编财政经济（5），南京：凤凰出版社，2000年，第284-285页。

[3] 中国第二历史档案馆编：《中华民国史档案资料汇编》第5辑第3编财政经济（5），南京：凤凰出版社，2000年，第285页。

[4] 中国第二历史档案馆编：《中华民国史档案资料汇编》第5辑第3编财政经济（5），南京：凤凰出版社，2000年，第319页。

[5] 中国第二历史档案馆编：《中华民国史档案资料汇编》第5辑第3编财政经济（4），南京：凤凰出版社，2000年，第301页。

策形成鲜明对照的,是以重庆民营工业家为主体的后方工业界对于工矿业复员的无限期待和希望。

1945年8月13日上午11时,中国工业全国协会总分会、迁川工厂联合会全体理监事在重庆迁川大厦举行紧急联席会议,会议由吴蕴初任主席,出席和列席会议的有李浊尘、支秉渊、徐崇林、余名钰、尹致中、苏汰余、陆绍云、庄茂如、薛明剑、周茂柏、马雄冠、颜耀秋、胡西园、章剑慧、潘仰山、胡厥文、厉无咎、陶桂林、熊荫村、吴羹梅等。会议讨论了请政府积极奖助后方工业以及组织各地工业复员协进会,调查各工厂情况、损失赔偿问题,邀集行政当局讨论复员等问题,并作出相应决议。关于呈请政府积极奖助后方工业,会议认为后方工业界八年来对国家军需民用贡献厥伟,自有请求政府协助重建新厂的权利,具体内容有请求政府继续战时生产定货制度到复员工作完成为止,借以维持后方工业生存并保障国防安全;继续工贷政策并降低后方工业界贷款利息直到复员工作完成;对后方工业界有突出贡献者应有奖励;请政府尽快成立接收敌伪产业相关机构并请后方工业界人士参加;后方工业界有优先获得赔偿及代营接收敌伪工厂的权利;资助内迁工厂迁回全部运费及给予交通运输便利;内迁工厂与国营工厂平均分配美国租借法案内运新机器等。[1] 大会关于工业复员的决议经过修改完善,于1945年8月19日以迁川工厂联合会、全国工协总会、全国工协渝分会的名义并以《我们对于工业复员的意见》为标题在重庆《大公报》刊载。[2]

8月21日,嘉陵江区煤矿业同业公会举行业务会议,讨论矿业复员方案,出席会议的有天府、三才生、宝源、华安、全济、建川、江合、燧川、和平、兴国等煤矿的代表。会议提出的复员方案内容包括:①关于煤业债务问题。提出国家银行及政府机关贷款请自胜利之日起准予停止付息,而其本金则请政府从接收敌伪煤矿中划出部分股款偿还;全面抗战期间各煤矿向商业银行、钱庄的贷款,请转入国家银行项下,

---

[1]《中国全国工业协会总分会、迁川工厂联合会全体理监事紧急联席会议记录》(1945.8.13),重庆档案馆馆藏丰纱厂档案全宗。
[2] 迁川工厂联合会、全国工协总会、全国工协渝分会:《我们对于工业复员的意见》,《大公报》1945年8月19日,第5版。

由各矿另立借约以减轻利息;本区矿业税在一般矿业免征 1 年的基础上加免征 2 年,合计 3 年,同时免征利得税 3 年,并以免征的税款作为各矿由商业银行、钱庄转入国家银行名下借款归还的基金。②关于补充问题。请政府继续放款,使各矿可以补充材料整理工程;请政府在接收敌伪煤矿中将适宜于本区各矿之用者,根据需要拨给各矿,并准本会会员派员前往接收。③关于业务问题。各矿在未复员前以现时淡月产量为准暂不增产,各矿根据地区和市场关系合组联营机构;各矿煤焦售价每月 16 日由公会讨论决定;各矿人员加以紧缩。④关于目前紧急救济问题。应迅速拨款 2 亿元贷放给各煤矿,以帮助其渡过难关等。[1]

对后方工业界的要求,国民政府经济行政当局难以熟视无睹。翁文灏于 8 月 25 日在《复员时期扶助后方各厂矿办法六项》的呈文中,提出了办理 40 亿元工贷、40 亿元扶助后方工业专款以及合并后方小厂的建议。其中又强调“目前后方各工厂,其同类单位过多者,如机器工厂,即在重庆一区,已达三四百家。为数实为过多,生产能力又不甚大,徒使所需器材零星分散,利用不便,开支特多。为加强事业基础,发挥生产能力起见,实应妥为归并,集中业务,则人力、物力,俱臻经济。政府当妥为开导,促其实行。”[2]可见,翁文灏在解决以重庆为代表的大后方工业危机问题上,深感困难,态度消极。

8 月 25 日,迁川工厂联合会、全国工协总会、全国工协渝分会等各工业团体根据 8 月 13 日会议关于邀集行政当局讨论复员问题的决议,在重庆江苏同乡会会所召开联合大会,吴蕴初及来宾 160 余人出席。行政院副院长兼经济部部长翁文灏应邀演讲工业复员问题。关于后方工业,翁文灏表示:“政府已筹划数项办法,现尚未经最高当局核定,故办法内容不便发表。但综括言之约为两点:一、政府对后方工业如何积极帮助,二、后方各种工业本身在目前状况下应如何努

[1] 中国第二历史档案馆编:《中华民国史档案资料汇编》第 5 辑第 3 编财政经济（5）,南京:凤凰出版社,2000 年, 第 527-528 页。

[2] 陈谦平编:《翁文灏与抗战档案史料汇编》（下册）,北京:社会科学文献出版社,2017 年,第 770-771 页。

力。"[1] 主持大会的胡厥文后来在回忆这次大会上翁文灏的演讲及与会者的反应时说："他再三强调政府有许多困难，不能一概加以救济，要看对象，是否对政府有帮助，是否值得救济；并说工业界本身要减低成本，合并小厂，实在不能支持的就只好停工等等。这一番话遭到了与会代表的猛烈抨击，会场上嘘声四起，特别是中小厂家情绪更为愤慨。中小厂代表陈钧当场指责翁的讲话是学术讲演，对实际问题毫无裨益。他说：我们中小工厂跟随政府吃苦耐劳支持抗战，八年来，政府何尝帮助过我们中小工厂。今天终于迎来了胜利，却要淘汰我们中小工厂，叫我们自动结束，实在令人寒心。他责问翁文灏，为什么政府能拨 20 亿元给金融业周转，以支持投机商，却不能贷款救济工业界？今天的政府究竟是一个投机商政府，还是一个想要工业化的政府？他的话博得了一阵掌声和欢呼声。……会议最后一致决定，推我和吴蕴初、章乃器、陈钧、许瘦锋、徐崇林等向当局申述意见，如无结果便停工、罢市。第二天重庆好几家报纸详细报导了会议的情况。《商务日报》称：一向平静的工商界，他们第一次波动起来了。"[2]

8 月 29 日，吴蕴初、胡西园、胡厥文等作为全国工协总会、全国工协渝分会、迁川工厂联合会代表晋谒经济部长翁文灏、财政部长俞鸿钧，详陈工业界困难、亟待政府援助情形。[3] 9 月 1 日，胡西园受各工业团体推举，再谒财政部俞鸿钧。[4] 同日国民参政会驻会委员会也邀请工业界胡西园、余名钰、胡厥文、马雄冠等到会，商讨关于救济目前工业界之有效办法。[5] 9 月 17 日，胡子昂等代表后方钢铁业界向国民政府呈递请愿书，请求采取办法予以救济。[6]

9 月 21、28 日，中国西南实业协会，连续举行两次星五聚餐会讨论工业问题，交换意见，两次聚餐座谈会均由何北衡主持。在 9 月 21 日

[1]《工业团体联合大会翁部长讲工业复员》，《中央日报》1945 年 8 月 26 日，第 3 版。

[2] 胡世华、吕慧敏、宗朋整理：《胡厥文回忆录》，北京：中国文史出版社，1994 年，第 72-73 页。

[3]《工业界亟待援助 公推代表谒财经两部长》，《中央日报》1945 年 8 月 30 日，第 3 版。

[4]《紧急工贷五十亿 救济工业界困难》，《中央日报》1945 年 9 月 2 日，第 3 版。

[5]《紧急工贷五十亿 救济工业界困难》，《中央日报》1945 年 9 月 2 日，第 3 版。

[6] 中国第二历史档案馆编：《中华民国史档案资料汇编》第 5 辑第 3 编财政经济（5），南京：凤凰出版社，2000 年，第 512 页。

座谈会上,中小工厂代表徐崇林在发言中,表达了对经济部部长翁文灏的强烈不满:"翁部长曾表示在目前形势下小手工厂根本停办的好,早一天结束,就少受一天损失;这无异说政府对于手工业,将不予救济,听其停顿。本席认为在机器工业未建设以前,手工业必须维持,也应予维持,同时认为手工业存在,与建设机器工业,并无妨碍,且有帮助。政府若不维持手工业,使其陷于停顿境地,则人民与社会,均将受到很大的影响所以我们应该要求政府对于小工厂与大工厂要一视同仁。"[1]

9月23日,蒋介石以代电形式,指示翁文灏根据三项原则办理扶助后方工矿业。9月25日,翁文灏拟出《救助后方各厂矿计划》并附《后方今后值扶助继续生产之工矿事业》呈蒋介石。[2]

10月3日,翁文灏就处理后方工矿业三项对策呈文蒋介石,在第一项中建议,"对于在战时确有贡献,而组织尚健全之工厂,应予勉力维持"[3]。此类工厂,重庆附近有30多家,予以紧急工贷50亿,并从40亿元扶助后方工厂专款中抽出一部分款项,定制机件、轻轨等产品,使之可以继续开工。

10月4—5日,后方工业界代表胡厥文、胡西园、李浊尘、吴羹梅等晋见行政院长宋子文(蒋廷黻代为接见)、文官长吴鼎昌,陈述后方工业危机及挽救办法建议,并呈递工业建国计划建议书。由于仍无效果,10月31日上午,三工业团体在重庆合作会堂举行紧急联合大会,到会厂商代表300多人,经济部、社会部、战时生产局、重庆市政府等均派代表与会。大会通过《后方工业界对目前紧急情势宣言》,提出请求政府拨款100亿元定货收购后方工业成品以解决后方工业危机、从速召集工业复员会议以确定战后工业复员等主张。大会还决定组织请愿团,向行政院请愿。[4] 会后经过一个小时左右准备,100多位厂

[1]《星五聚餐会工业问题座谈会纪录》(1945年9月21日下午),《西南实业通讯》第12卷第1、2期合刊,1945年8月31日(实际应在9月底以后),第18-19页。
[2] 陈谦平编:《翁文灏与抗战档案史料汇编》(下册),北京:社会科学文献出版社,2017年,第772-776页。
[3] 陈谦平编:《翁文灏与抗战档案史料汇编》(下册),北京:社会科学文献出版社,2017年,第777页。
[4] 胡世华、吕慧敏、宗朋整理:《胡厥文回忆录》,北京:中国文史出版社,1994年,第74-75页。

商代表组成的请愿团在总指挥庄茂如率领下,到上清寺行政院向宋子文请愿。[1] 重庆一家由外籍人士办的英文报纸《自由西报》将工业界的请愿情形加以详细报道,并加上按语。大意说:一个资本主义国家的最高行政机关行政院被本国的资本家所包围,一个国家的最高行政长官行政院长,被群众所窘,弄得被迫屈服,这真是一桩世界新闻云云。这个报道引起外国使节和外交界的纷纷议论,在内外压力下,工业界代表在请愿后的第 5 天,得到蒋介石接见。在工业界与蒋介石会晤的几天后,财政部通知中国全国工业协会,政府决定拨款 40 亿元收购民营机器成品,并发放工业贷款 50 亿元。[2] 至此,后方工业界终于缓过一口气来。同时,也正是在这种令人身心俱疲的交涉中,以胡厥文为代表的迁川工厂联合会的部分领导人,开始与中华职业教育社的黄炎培紧密合作,以迁川工厂联合会和中华职业教育社为基础,开始了筹备中国民主建国的工作[3],这是集中在重庆的主要工业团体由"在商言商"到关注并参与政治的重大转变。

　　与兵工厂、国营厂矿调整的有序进行相比较,显然后方民营厂矿的复员大体在"自生自灭"的混乱状态中进行,并迅速陷入凄惨境地。

　　重庆的中小工业曾经于全面抗战时期对保证军需民用发挥了重要的作用,并组织了重庆市承制军部同业联谊社、万县承制军布联合办事处等。然而,抗战结束后,这些小工业立即遭遇困难。原来办理这项事业的军政部军需署第二织布厂和第二纺织厂竟然不履行抗战末期订立的合约,以种种借口停止发纱,迫使织户倒歇工人失业。[4]华西军毯厂、厚生毛织厂、华川工业社、华胜军毯厂、联成染织厂等以抗战胜利后,政府对各厂"生存于不顾",要求军需署继续订货、收回设

[1] 胡西园著:《追忆商海往事前尘:中国电光源之父胡西园自述》,北京:中国文史出版社,2006 年,第 184 页;许家骏、韩淑芳整理:《铅笔大王——吴羹梅自述》,北京:中国文史出版社,1989 年,第 88 页。

[2] 胡世华、吕慧敏、宗朋整理:《胡厥文回忆录》,北京:中国文史出版社,1994 年,第 75-76 页;许家骏、韩淑芳整理:《铅笔大王——吴羹梅自述》,北京:中国文史出版社,1989 年,第 90 页。

[3] 胡世华、吕慧敏、宗朋整理:《胡厥文回忆录》,北京:中国文史出版社,1994 年,第 78 页。

[4] 中国第二历史档案馆编:《中华民国史档案资料汇编》第 5 辑第 3 编财政经济(5),南京:凤凰出版社,2000 年,第 456 页。

备、发放员工遣散费等。[1]

蒋介石曾在 1947 年初把四川 1946 年 6—10 月工业状况材料密电当时的行政院长宋子文请其注意：四川省之工矿业凋零，"抗战中迁川之工厂四百余家仅存一百余家，而且照常生产者又仅占一半"[2]。

1946 年 4 月重庆市面粉工业公会请求紧急贷款 10 亿元、收购机器、分配敌伪面粉厂粉料等以救济。[3] 10 月 31 日，渝鑫钢铁厂等迁川工厂联合向国民政府发出要求救济的呼吁，呼吁书中表示"工业已陷绝境，进退均感失凭"。[4]

经过复员，实际上绝大多数内迁厂矿和国家资本厂矿留在了重庆，并且因为将分厂集中，实际上还有所加强。

"1945 年，抗战胜利，胡西园回上海，把新亚热水瓶厂转让，胡醒明接手后，将该厂更名为新亚兴记热水瓶厂。"[5]

抗战胜利后，重庆电机制造厂家先后东迁复员，到 1949 年，重庆只剩下小型厂 15 户，职工约 50 人，以修理电机维持生活。[6]

在抗战胜利后经济复员的过程中，民营与合办事业中各种民营厂矿机器设备迁回原址的并不多见，而内迁的工商实业家则大多数迁回原来事业的所在地。随着江浙实业家纷纷迁回上海，1946 年 7 月 19 日中国西南实业协会上海分会复会，钱新之任理事长，总干事为蔡承新，常务理事有周作民、徐寄庼、张肖梅、杨季谦、潘昌猷、刘航琛、卢作孚、缪云台，常务监事为王振宇、古耕虞、葛敬中等。[7] 在复会大会上，张肖梅说："我们留在那边（西南）的长江人都已下来了，同时连他

---

[1] 中国第二历史档案馆编：《中华民国史档案资料汇编》第 5 辑第 3 编财政经济（5），南京：凤凰出版社，2000 年，第 462 页。

[2] 中国第二历史档案馆编：《中华民国史档案资料汇编》第 5 辑第 3 编财政经济（5），南京：凤凰出版社，2000 年，第 444-445 页。

[3] 中国第二历史档案馆编：《中华民国史档案资料汇编》第 5 辑第 3 编财政经济（5），南京：凤凰出版社，2000 年，第 490-491 页。

[4] 中国第二历史档案馆编：《中华民国史档案资料汇编》第 5 辑第 3 编财政经济（5），南京：凤凰出版社，2000 年，第 512 页。

[5] 重庆市地方志编纂委员会编著：《重庆市志·第四卷》（下），重庆：西南师范大学出版社，2004 年，第 46 页。

[6] 重庆市工业局编：《电力机械设备制造文字报告》，1955 年 11 月，第 244 页，重庆市档案馆馆藏，档案号：1091-3-377。

[7] 联合征信所调查报告书：《中国西南实业协会上海分会》（1947 年 6 月 3 日），上海档案馆馆藏，档案号：Q78-2-16439。

们西南地方的人也下来了。"[1]西南金融家康心如作为卢作孚的代表发言说："我们国家抗战八年,在云南、四川、广西一带,建立了不少的事业,这些事业都是西南实业协会予以帮忙的。胜利以后,所有的人都走了,事业也停办了。西南种种情形看起来似乎是有些可悲。"[2]钱新之发言说："我们现在已经都回来了,但是我们可忘不了那边的事情。那边还需要本会去推动联络。"[3]工业家、实业家们的纷纷复员,确实使全面抗战时期一度颇呈繁荣的大后方尤其是西南工业,顿现凋零衰败的残破景象。但是在八年左右的时间里,大后方工商界与长江中下游地区乃至于全国工商界之间建立起来的各种经济关系和私人友谊,不可能随着抗战的结束戛然中断,这种联系和关系依然维系着。而西南西北各地在这八年兴办起来的为数颇多的工矿企业,无论在战后受到怎样的冲击,都不可能也无法再次回到历史的原点,回到战前那种基本没有现代工业的状况,国营工业、兵工业是如此,民营工业也是如此。事实上,抗战结束后,经过失败的工矿业复员,以西南地区为重心的原大后方地区,不仅保留了相当一批国家资本基本工矿业、兵工厂、省营工矿业,而且相当一批民营工矿业也得以继续存在和发展。

全面抗战期间发展起来的以民营资本为主的后方棉纺织业,虽然规模有限,最多只能相当于天津、上海一个大厂的纱锭产量,在战时这些纱厂的生产量不敷需要甚巨。但是经过战后复员而保存的棉纱生产量仍足以对原后方地区社会产生巨大的影响,甚至对战后民生公司的经营状况产生了直接的影响。1949年4月卢作孚在民生公司第24届股东常会上的报告中说："在战前,本公司主要业务全靠运上货,收入中百分之六十靠上海上货运费。上货之主要者为棉纱、棉布、纸烟及运川之各项建设器材。胜利之后,情况大变:在内地,纱厂设立已有基础,又因农村购买力降低,故上海之棉纱棉布上运额已大为降低;纸烟亦因川省已有纸烟厂,纵有由沪上运者,数亦计少;至于建设性之材

---

[1]《张肖梅在中国西南实业协会上海分会复会大会上的发言》(1946年7月19日),上海档案馆馆藏,档案号:Q398-6-6。

[2]《康心之先生在中国西南实业协会上海分会复会大会上的发言》(1946年7月19日),上海档案馆馆藏,档案号:Q398-6-6。

[3]《钱新之先生在中国西南实业协会上海分会复会大会上的讲演》(1946年7月19日),上海档案馆馆藏,档案号:Q398-6-6。

料,则因外国购买困难,除政府所有之少数建设材料外,一般之材料绝少。上货既濒断绝,全赖下货维持。"[1]这是抗战结束后后方民营工业状况的最直接、可靠的实际记录,也是抗战时期生产力区域布局发生深刻变化、后方区域经济力量增强的具体、生动说明。一些大型企业在全面抗战时期创办于西南西北的企业,抗战胜利后仍继续发展,如荣家企业、刘鸿生企业、裕大华企业等。

荣家企业茂新、福新、申新总公司副总经理荣尔仁率随员 10 多人,于 1943 年 11 月由上海到宝鸡,转赴重庆,并在重庆设立办事处。到 1944 年 3 月,该办事处在荣尔仁主持下拟订出《申新各厂战后整理及建设计划》,一般称为"大申新"计划,力图将申四各厂收归其统辖之下,自汉口内迁的申新四厂和福新五厂在抗战大后方发展迅速,"人力财力,相当充实"[2]。1944 年李国伟拟订了一个以申新四厂为中心的《申新纺织公司战后复兴计划》,根据该项计划,申新四厂在计划完成后,在申新各厂中的地位将大为提高(见表 4-1)。[3]

表 4-1 "申新纺织公司战后复兴计划"完成后申新四厂设备在申新各厂总设备中所占比重

项目	战前(1937 年)设备		计划完成后的设备			
	纱锭(锭)	布机(台)	纱锭(锭)	布机(台)	毛纺锭(锭)	麻纺锭(锭)
各厂总计	597996	6282	710000	15600	10000	8000
申新四厂	50000	832	200000	7000	10000	8000
申四比重(%)	8.4	13.2	28.2	44.9	100.0	100.0

资料来源:《荣尔仁拟具战后复建计划,李国伟另有打算》,上海社会科学院经济研究所经济史组编,《荣家企业史料》(下),1937—1949 年,上海:上海人民出版社,1980 年,第 291 页。

抗战结束后,荣家企业分裂为三大系统,其中由李国伟负责并组织上海建成面粉公司、上海宏文造纸公司、渝新纺织公司,并成立了"申四、福五、建成、宏文、渝新总管理处"。到 1949 年上半年,申四、福

---

[1] 卢作孚:《民生实业公司第 24 届股东会上的报告》,《民生实业股份有限公司第二十四届股东常会决议录》,1949 年 4 月,第 2-9 页,重庆图书馆藏。

[2] 《荣尔仁拟具战后复建计划,李国伟另有打算》,上海社会科学院经济研究所经济史组编:《荣家企业史料》(下),1937—1949 年,上海:上海人民出版社,1980 年,第 289 页。

[3] 《荣尔仁拟具战后复建计划,李国伟另有打算》,上海社会科学院经济研究所经济史组编:《荣家企业史料》(下),1937—1949 年,上海:上海人民出版社,1980 年,第 289、291 页。

五总管理处系统纱厂、粉厂设备及生产情况见表4-2、表4-3。

表4-2　申四、福五总管理处纱厂部分设备及生产情况（1949年上半年）

厂名	纱（线）锭数（锭）	布机数（台）	棉纱产量（件）	棉布产量（匹）
申四汉口厂	20000	—	3800	—
申四宝鸡厂	28000	400	4645	19916
申四重庆厂	10000	40	2742	5433
申四成都厂	5000	—	675	—
渝新厂	20000	300	3800	17000
合计	83000	740	15662	42349

资料来源：《解放前夕荣家企业的基本情况》，上海社会科学院经济研究所经济史组编，《荣家企业史料》（下），1937—1949年，上海：上海人民出版社，1980年，第672页。

表4-3　申四、福五总管理处纱厂部分设备及生产情况（1949年上半年）

厂名	日生产能力（袋）	1949年1—5月产量（袋）
福五汉口厂	4500	174130
福五宝鸡厂	2000	119580
福五重庆厂	500	20850
福五天水厂	600	62960
福五广州厂	3000	—
建成成都厂	800	32000
建成上海厂	4800	192100
合计	16200	601620

资料来源：《解放前夕荣家企业的基本情况》，上海社会科学院经济研究所经济史组编，《荣家企业史料》（下），1937—1949年，上海：上海人民出版社，1980年，第673页。

可见，荣家企业后方地区各厂在抗战结束以后，仍在西南西北地区从事纱布和面粉的生产。

荣家企业并非特例。1945年8月15日，刘鸿生自重庆致函妻子叶素贞，信中说："余在此所创事业，如中国毛纺织公司、中国火柴原料公司、华业火柴公司等，业务均称发达，规模年有扩充，产品供不应求，颇得社会好评,并深蒙当局之嘉许。"[1]字里行间,颇显自得。抗战胜利之后,经营环境尽管与前大为不同,但刘鸿生在原大后方地区的企业,依然能够维持并获得若干发展。其中重庆中国毛纺织公司在刘氏原后方各企业中受到战后冲击最小,经过 1945 年、1946 年的减产后,在 1947 年取得较为明显的增长(见表 4-4)。

表 4-4　1944—1947 年重庆中国毛纺织厂各类产品销量逐年比较表

单位:呢绒(公尺)、绒线(磅)

品名		销货数量					逐年增(+)减(−)			
		1944 年	1945 年	1946 年	1947 年	1948 年	1945 年	1946 年	1947 年	1948 年
国毛	哔叽	29497	19120	28052	74869	61748	−35.2	+46.7	+166.9	−21.2
	制服呢	112334	138484	84195	29742	9253	+23.3	−39.2	−66.7	−222.5
	西装呢	6112	9563	15636	3996	4594	+56.5	+63.5	−74.4	+15.0
	薄大衣呢	136059	116651	121979	257932	241432	−14.3	+4.6	+111.5	−6.8
	厚大衣呢	15059	4541	20366	26220	48122	−69.8	+348.5	+28.7	+83.5
	锦棉呢	0	0	3665	7618	2385	0	0	+107.8	−219.4
	其他呢	3106	7884	5834	21780	7805	+153.8	−26.0	+273.3	−179.0
澳毛	哔叽、哈味呢、花呢、派力司、凡力丁				6029	82072				+523.3
	女色呢				1453	38293				+2535.1
	绒线				20851	13199				−36.8
总计	呢绒	302167	296243	279727	429639	495704	−2.0	−5.6	+53.6	+15.4
	绒线				20851	13199				−36.8

资料来源:上海社会科学院经济研究所编,《刘鸿生企业史料》下册,1931—1937 年,上海:上海人民出版社,1981 年,第 344-354 页。

由于通货膨胀不断加剧,物价日益上涨,市场上以毛制品为囤积居奇的对象和投机重要筹码,因此从 1947 年起,重庆中国毛纺织厂呈现出产销两旺的繁荣景象。加上该厂将通过善后救济总署买到的大

---

[1] 上海社会科学院经济研究所编:《刘鸿生企业史料》(下),上海:上海人民出版社,1981年,第 240 页。

量物美价廉的澳毛作为原料,开始生产绒线。于是,1946 年重庆中国毛纺织厂纯利润达到 28900 多万元,资本额更由 1200 万元猛增为 50 亿元。1948 年产销同样有大幅增加,直到 1949 年 4 月,产销情况才发生逆转。[1] 筹设于全面抗战时期的兰州西北毛纺织公司,由于设备以及运输等问题,直到 1945 年 10 月才建成开工,并依靠军呢生产打开销路。1947 年 10 月西北毛纺织公司又收购和创办西北洗毛厂,产销一直较为兴旺。[2]

刘氏企业中的中国火柴原料公司和华业火柴公司,在抗战胜利后的经营状况显然不及重庆中国毛纺织厂。中国火柴原料公司的产品在抗战胜利后即遇到来自美国的火柴原料强有力的竞争,中国火柴原料公司一面关闭昆明分厂(贵阳分厂在 1944 年年底独山失守时已经关闭),一面裁减总厂及长寿厂员工,并改变经营方针,变为一边自己生产,一边代销美国产品以维持生存。1945 年 5 月,获得美国西方电化厂氯酸钾的中国独家经理权。1946 年 9 月,鉴于经营困难,经第 4 届董事会常会召开紧急会议决定工厂暂时全部关闭。之后,中国火柴原料公司设法向四联总处借到紧急工业贷款 4000 万元,并运用该项借款资遣员工,公司状况才暂时趋于安定。1947 年 1 月,中国火柴原料厂设立青岛办事处,意图向沿海及华北发展。同时,以 6 亿元标价购得青岛兴亚纸厂,9 月开工生产,但业务维持相当艰难。年底,又标买天津敌产福利洋行河北工厂一处,准备制造牛皮胶。1947 年,中国火柴原料厂长寿总厂已经以经销美国产火柴原料为主要业务。1948 年 11 月,中国火柴原料厂的官股退出,变为完全民营。1949 年 11 月,中国火柴原料厂长寿厂终因物价狂涨、时局混乱而被迫停工。华业和记火柴公司则自抗战结束即陷于困境,并在困境中拖到重庆解放。

裕大华企业纺织集团在全面抗战时期后方地区的纺织企业主要有重庆厂、成都厂、西安厂、广元厂 4 厂,抗战胜利后,除 1949 年产量有所减少外,其余年份产量均呈上升态势。4 厂生产情况见表 4-5。

---

[1] 上海社会科学院经济研究所编:《刘鸿生企业史料》(下),上海:上海人民出版社,1981 年,第 348、353 页。

[2] 上海社会科学院经济研究所编:《刘鸿生企业史料》(下),上海:上海人民出版社,1981 年,第 359,361,366 页。

表 4-5　裕大华渝、蓉、秦、广 4 厂纱布产量统计（1945—1949 年）

单位:纱(件)、布(匹)

厂名	产品类别	1945 年	1946 年	1947 年	1948 年	1949 年
重庆厂	棉纱	8463	12788	17217	16208	17090
	棉布	19945	33956	57256	63132	75715
成都厂	棉纱	1063	1674	2221	4349	2017
	棉布	23484	30356	42259	36026	28651
西安厂	棉纱	9606	11609	15533	15850	14095
	棉布	193527	230749	266509	313700	280243
广元厂	棉纱	3396	5319	6114	6594	5356
合计	棉纱	22528	31390	41085	43001	38558
	棉布	236956	295061	336024	412858	384609

资料来源:《裕大华纺织资本集团史料》编写组,《裕大华纺织资本集团史料》,武汉:湖北人民出版社,1984 年,第 562-563 页。

　　天厨味精厂四川工厂是民营化学工业中天字化工集团的内迁工厂,在抗战胜利后,不仅继续维持生产,而且一度准备扩大生产,后以川厂厂长吴志超离渝赴沪,扩建计划才搁浅。但四川厂业务仍照常进行,并能以部分产品运交沪厂,经过再包装后销售于上海和江浙。[1]天原化工厂也是天字化工集团的内迁工厂之一,分重庆和宜宾两个工厂,1946 年曾经制订三年计划,计划在 1947 年维持现状,1948 年充实设备,使生产能力达到日产烧碱 10 吨、漂白粉 15 吨、盐酸 10 吨,1949年继续充实设备,使川厂生产能力达到沪厂战前水平。[2] 鉴于各种原因,计划未能完全实现,但是该厂立足西南力求发展的初衷十分清晰,取得的效果也颇可观。

　　民营重工业的情形就比较困难,以钢铁业为例,渝鑫钢铁厂和中国兴业公司尽管是颇有技术基础的大中型钢铁企业,抗战胜利后却一直在艰难中勉强维持,直到中华人民共和国成立。

　　抗战胜利后,中南橡胶厂总经理庄怡生于 1945 年 11 月从重庆到

---

[1]《天厨重庆工厂 1946 年至 1949 年生产经营状况报告书》（1949 年 12 月）,上海市档案馆编:《吴蕴初企业史料·天厨味精厂卷》,北京:档案出版社,1992 年,第 275 页。

[2]《重庆、宜宾两厂三年工作计划书》,上海市档案馆编:《吴蕴初企业史料·天原化工厂卷》,北京:档案出版社,1989 年,第 375-376 页。

上海，以两亿元成功标买敌伪产业兴亚橡胶厂，1946年接收开工，中南橡胶厂总厂也从重庆迁移上海。利华橡胶厂在抗战胜利后也分别到上海、长沙筹划建厂，但上海建厂未成，长沙厂到解放后才得以开工。由于汽车数量大为减少，重庆的中南橡胶厂、利华橡胶厂均改以制造体育鞋及胶底为主要业务。同时由于生胶等原料较易进口，1945—1949年，又有5家中小橡胶厂在重庆创办。在西南数省，重庆橡胶工业"占绝大比重"[1]。

资料载："抗战胜利后，各民营工厂因复员他迁，呈请经济部停业，经核准停业及全部停工者计二百一十四家，局部停工者四十家，遣散工人一二一八一人。其余尚在继续开工之工厂，据社会局截至三十五年五月底为止之统计：本市现有民营工厂共七一八家，工人共计五〇七七三人，以上统计数全指备用动力之工厂，手工业者尚不在内。"[2]

应该说，这实际上是一个相当不错的结果。

（三）调整与复员声中的劳资问题

劳资问题是复员期间重庆工业遇到的棘手问题之一。

战时集中重庆一带的工厂纷纷迁还江浙等省，失业工人登记数已经达到5万多人，并不断增加。1945年10月26日，失业工人组成"重庆失业工人请愿团"，并在重庆集会，到会代表30多人，决议组织"陪都失业工人救济金劝募委员会"。[3] 1946年1月9—15日社会部劳动局在重庆仓子坝工人福利社内大礼堂举行商讨重庆区民营工厂被裁工人遣送问题会议，由此制定了被裁工人遣送办法，办法中称被裁需遣送工眷17000余人，规定1946年3月15日以前遣送完毕。[4] 到1946年2月8日为止，重庆工厂经经济部核准停业者有4批226家，

———————————

［1］《西南区私营橡胶工业调查报告》，第1、第5-6页，1952年，重庆档案馆馆藏，档案号：1091-3-419。

［2］傅润华、汤约生主编：《中国工商要览》，中国工商年鉴编纂社，1948年，第160页。

［3］朱汇森主编，徐鳌润编纂：《中华民国史事纪要（初稿）》（1945.10—12），台北："国史馆"，1990年，第465页。

［4］中国第二历史档案馆编：《中华民国史档案资料汇编》第5辑第3编财政经济（5），南京：凤凰出版社，2000年，第543页。

裁减工人 12384 人。[1]

　　从 1945 年 10 月重庆工厂相继停工到 1946 年 5 月,重庆失业工人多达 10 万。[2] 计自 1945 年 8 月到 12 月,发生 140 件,当年解决 104件,未解决者 36 件,涉及 7600 人。1946 年 1 月到 12 月 15 日,发生324 件,加上前一年未解决者合计 360 件,解决 357 件,涉及数万人。劳资争议的主要焦点在于:团体协约(3 件)、工作时间(1 件)、工资(56 件)、解雇(189 件)、改善待遇(20 件)、其他(46 件)。从抗战胜利到 1946 年 4 月,经济部批准停工工厂 254 家,其中全部停业 214 家,部分停业 40 家。从业别上看,机器制造业 181 家,电工器材业 30 家,化学工业 8 家,金属品制造业 16 家,冶炼工业 7 家,其他 12 家。就 1946年而言,按月发生劳资纠纷事件分别为 53,42,29,26,35,29,21,26,21,22,13,9 件。从发生的原因看,外在原因主要包括:胜利后工厂倒闭和停业引起的解雇问题,物价上涨引起的待遇福利问题,党派矛盾引起的政治斗争,社会风纪败坏造成的社会问题等。从内在原因看,主要有工人方面在知识、心理、纪律方面的因素,在厂方有不甚开明的问题等。[3]

　　又根据杨及玄的考察,1945 年 10 月 15 日到 1946 年年底,重庆发生工潮 432 次,参与人数 99696 人,涉及厂矿 457 家。[4] 杨及玄还特别分析了工潮"特别集中于重庆一区"的原因有五个:

　　我们可以肯定一句:其总原因,即在乎胜利突然的降临。重庆号称陪都,为抗战期中政治与经济的重心所在,一切变动,均得风气之先。故在胜利狂欢之下,各工厂的命运,也随复员问题,动荡起来了。多数工厂,不是为政府订货而生产,即是为军需供应而存在。一旦战事停止,政府即不继续订货,而军用品的需要,复大量减少。此类工厂

---

[1] 中国第二历史档案馆编:《中华民国史档案资料汇编》第 5 辑第 3 编财政经济 (5),南京:凤凰出版社,2000 年,第 544、555 页。

[2] 《〈国民公报〉关于重庆工人失业多达十万的报道》(1946 年 5 月 18 日),重庆市档案馆、重庆师范大学合编:《中国战时首都档案文献·战时工业》,重庆:重庆出版社,2014 年,第 318 页。

[3] 徐鸿涛:《重庆劳资问题》,《西南实业通讯》第 14 卷第 5、6 期,1946 年 12 月 30 日,第31-32 页。

[4] 杨及玄:《复员期中重庆的工潮》(1948 年),重庆市档案馆、重庆师范大学合编:《中国战时首都档案文献·战时工业》,重庆:重庆出版社,2014 年,第 331-332 页。

出产的成品,遂无销路可言了。此其一。抗战期中,东南各省,沦陷殆尽,海上复被敌人封锁,各种民生日用品,皆因无法输入,遂不能不在大后方力求自给。及战事结束后,交通的梗阻,即将扫除。价廉质美的物品,即将源源而来。于是在前途的展望中,各工厂的销场,遂不免有被夺之虞。此其二。中央各级机关陆续移京,各省人民更纷纷离渝还乡,陪都人口逐月减少,市面颇有萧条之感。因此,凡百物品的销售,均感阻滞。除极少的例外,大多数的工厂,似已失去生存的余地。此其三。迁川工厂430余家,完全停业者有之,急图改组者有之,多数均派人至京沪汉各大埠,积极筹备搬迁。各厂的工人,来自省外者颇多,离乡日久,归家心切,皆欲从厂方取得一笔胜利奖金,以充旅费。于是随工厂的复员之后,工人的复员,也成为问题了。此其四。抗战期中,政府对工人的管制较严。劳资双方,亦愿在国难当前,咬定牙关,埋头苦干。不意战事一旦停止,国难的威胁既去,工人们的心理,忽然来了一大转变,对于厂方的待遇及自身的生活,遂不免重新予以评价。而通货的贬值及物价的高涨,又从而刺激之。于是劳资纠纷,就不可遏抑了。此其五。基于上列各因,随重庆区的工厂根本动摇之后,重庆区的工潮,在这一年多的期间,遂相因而至,层出不穷,或停业,或罢工,或暴动,使主管当局,应接不暇。更加以重庆区的工厂特别集中之故,一厂肇事于先,多厂效尤于后,野心家又从而乘机利用,于是工潮之多,遂甲于全国了。[1]

如果说上述几点是定性的分析,那么这些定性的分析有充分的数据依据,见表4-6。

表4-6　重庆区工潮原因分析表

工潮原因	工潮件数	百分比	工潮原因	工潮件数	百分比
解雇	299	69.2	工资	74	17.1
红奖	27	6.3	福利	11	2.5
其他	21	4.9	总计	432	100.0

资料来源:杨及玄,《复员期中重庆的工潮》(1948年),重庆市档案馆、重庆师范大学合编:《中国战时首都档案文献·战时工业》,重庆:重庆出版社,2014年,第333页。

---

[1] 杨及玄:《复员期中重庆的工潮》(1948年),重庆市档案馆、重庆师范大学合编:《中国战时首都档案文献·战时工业》,重庆:重庆出版社,2014年,第332-333页。

从表 4-6 可见,工潮发生的原因,有解雇、工资、红奖、福利、其他 5 项。解雇一项引起的工潮为数最多,占 69.2%,据此把这一时期称为 "解雇年"。解雇事件大致可以分为三类:①厂矿由于全部停业而遣散 工人,或厂矿局部紧缩而减少工人,此类解雇占绝大多数。②劳方自 请遣散。多数为打算返乡的外省籍工人,少数为想得到遣散费的本地 人。③一般雇用纠纷如开除等,为数很少。[1] 就解雇事件的业别而 言,见表 4-7。

表 4-7　重庆区解雇纠纷业别表(1945 年 10 月—1946 年 12 月)

序号	工厂业别	解雇件数	序号	工厂业别	解雇件数
1	机器工业	67	8	动力燃料工业	7
2	服用品工业	65	9	运输工业	8
3	饮食品工业	21	10	文化工业	13
4	电气工业	18	11	日用品工业	16
5	化学工业	18	12	一般实业	14
6	冶炼工业	16	13	其他	28
7	建筑材料工业	8		总计	299

资料来源:杨及玄,《复员期中重庆的工潮》(1948 年),重庆市档案馆、重庆师范大学合编:《中国战时首都档案文献·战时工业》,重庆:重庆出版社,2014 年,第 335 页。

在 13 类解雇纠纷中,机器业和服用品工业(包括纺织、针织、被 服、皮革、机染、军服等)合计占 44.1%,其中仅布厂解雇纠纷就有 48 起。机器厂和布厂的产品以政府订货为大宗,一旦政府订货停止,经 营自然发生困难。另外,解雇人数见表 4-8、表 4-9。

表 4-8　重庆区工潮、解雇纠纷有关人数表(1945 年 10 月—1946 年 12 月)

单位:人

全部工潮有关人数	99696
解雇纠纷有关人数	15300
解雇纠纷平均人数	51

资料来源:杨及玄,《复员期中重庆的工潮》(1948 年),重庆市档案馆、重庆师范大学合编:《中国战时首都档案文献·战时工业》,重庆:重庆出版社,2014 年,第 336 页。

---

[1] 杨及玄:《复员期中重庆的工潮》(1948 年),重庆市档案馆、重庆师范大学合编:《中国战时首都档案文献·战时工业》,重庆:重庆出版社,2014 年,第 334 页。

表4-9　重庆区工潮、解雇纠纷有关人数组别表(1945年10月—1946年12月)

单位:人

解雇纠纷人数组别	解雇纠纷件数	解雇纠纷人数组别	解雇纠纷件数
1—10	155	101—500	27
11—30	57	501—1000	1
31—50	20	1001—	5
51—100	19	人数不明	15
总计			299

资料来源:杨及玄,《复员期中重庆的工潮》(1948年),重庆市档案馆、重庆师范大学合编:《中国战时首都档案文献·战时工业》,重庆:重庆出版社,2014年,第336页。

从表4-8、表4-9可见,解雇纠纷以中小厂矿为多,解雇超过1000人的有5件,这5件中中央印刷厂2491人,中国兴业公司1582人,渝鑫钢铁厂1366人,三家合计解雇5439人。但就全体解雇人数而言,15300人因解雇而失业,影响工人及其家属的总人数在6万人以上。[1]

复员时期的动荡过后,重庆工业开始展现其某种稳定下来的状态。资料载:

在复员之初,倡导工业东下者,认本市设厂条件不够,而为东南沿海之理想所炫惑,遂置此抗战八年之堡垒于不顾,毅然回到东南,乃数月以来,遭受意想不到之困难,公私双方又回头对于本市予以多方面之观察、研究,比较认为本市之优点特多,其最要者为:(一)本市在现阶段为社会最安全之区域,且为我国复兴基地,如建设大后方,应以四川为中心,而以本市为起点。(二)本市所控腹地资源丰富,如农矿产品之多,蕴藏动力之巨,劳工工资之廉,天然水道之便,均为发展工业所必备之经济条件,本区均已具备而为其他省市所不及。(三)本市在战时所奠定之经济基础,已有可观,如继续促其发展,自属费少而见效巨。[2]

---

[1] 杨及玄:《复员期中重庆的工潮》(1948年),重庆市档案馆、重庆师范大学合编:《中国战时首都档案文献·战时工业》,重庆:重庆出版社,2014年,第336页。

[2] 陪都建设计划委员会编:《陪都十年建设计划草案》,陪都建设计划委员会,1947年,第66页。

到 1947 年 1 月底,重庆失业的技术工人据不完全统计就有2600多人。[1]

二、复员后的重要工业

(一)各业整体概况

经过激烈的动荡,重庆工业在混乱中保存下来,据 1946 年底川省工矿考察团考察,资料载:

重庆工厂,以豫丰、裕华两纱厂业务畅旺,可获利润。豫丰有 3 万锭子,每日产纱 38 包,采用川,陕,鄂棉花,达 60%,美棉 40%。国产棉价高十分之二,而又品质杂劣,该厂以提倡国货,不顾厚利,工厂设备及工人待遇等项,最称完备,尤以千余职工之浴室,厕所悉合卫生,为此次考察百余工矿中所仅见者。裕华纱厂,亦有 3 万锭子,每日出纱48 包,布 100 匹,情形与豫丰大致相同,自来水,电力,水泥等厂,勉可图存,惟电力供应不足,实需大量添装。大渡口铁钢厂,系兵工性质,设备最大,亦足为西南树立国防钢铁工业基础,即就其轧钢能力观察,制出钢轨有 8 磅至 85 磅,钢管圆条一寸以上,及各类扁钢,角钢大小钢件无一不备,此实为四川工矿业之惟一母厂。民生机器厂设备完善,工作进步,只以川江涨落太大,不便建船坞为缺憾。渝鑫钢厂已呈半停工状态,仅铸制烧饭盐之锅,与铁钉。顺昌铁工厂,亦减少职工二三十人无工可作,该厂出卖成品之后,即工作母机亦多抵押于生产局,瑞华玻璃厂,四川瓷业公司,出品甚佳,尤以瑞华自制之耐火坩埚,成绩优良,希望大批自制供应川中各玻璃厂需要。兴国机器厂可年出缝纫机 1000 部,工作成绩优良,与胜家公司所出并无二致,其工作速度,尚有超过之特点。中央造纸厂,则因钞票纸改用美国出品,竟将日产 9

---

[1] 中国第二历史档案馆编:《中华民国史档案资料汇编》第 5 辑第 3 编财政经济(5),南京:凤凰出版社,2000 年,第 562 页。

吨为西南仅有之最完备纸厂,趋于停废。中国汽车制造公司,现有机器为最新式设计,惜厄于环境,未得展布。崇德猪鬃厂及四川丝业公司,为唯一争取外汇及救济农材之利器。中国毛纺厂出品甚佳,惟以川康羊毛品劣价高,必需采用澳洲毛织为遗憾。此外复兴面粉厂、南洋兄弟烟草公司,亦以销场锐减,外货充斥,营业较前逊色。华业火柴厂,为四川火柴业权威,希望即加改良生产,使其成品广泛深入全川大小地区。天原电化厂,所出纯碱漂粉,与西亚电器灯泡部,及新亚热水瓶胆工场出品,均属优良,为川中最有希望之化工事业云云。[1]

　　资本的多寡,设备的多寡和优劣,是体现厂矿生产能力的结构性因素之一。从重庆工业区整体情况看,不仅有一批规模巨大的兵工厂,以及为数不多但规模、设备、技术、管理均属上乘的民用工业厂矿,而且有一批资本数额不多,设备较少的中小工业。这种情况,与重庆工业主要在全面抗战时期获得发展的情形有直接关系。1940 年,国民政府在积极筹建工业区的同时,"于轻小工业之筹设,更为积极"[2]。因此,重庆工业发展中,中小工厂占相当大比重,见表 4-10。

表 4-10　重庆市工厂、工厂员工及动力设备统计(1947 年 9 月)

类别	工厂数(家)	员工数(人)	动力设备(台)
纺织染	1124(含土布 201 家)	47678	4496
电器	13	1216	420
机器	219	8475	3684
冶炼	58	4948	2437
制革	358	8916	239
化工	64	5143	125
教育文具	72	5544	2868
制药	21	2628	—
其他(面粉、油漆、玻璃、橡胶等)	92	14675	383
合计	2021	99223	14652

资料来源:《重庆市工厂、工厂员工及动力设备统计》,《联合经济研究室通讯》第 17 期,1947 年 9 月,第 27-28 页。

---

[1] 傅润华、汤约生主编:《中国工商要览》,中国工商年鉴纂编社,1948 年,第 161-162 页。
[2] 《计划与动向·甲　官方实业建设计划》,《西南实业通讯》第 1 卷第 3 期,1940 年 3 月,第 27 页。

上述资料是抗战结束后，重庆 17 家重要金融、工矿贸易机构联合组成的联合经济研究室编制的重庆工业统计数据。从中可见，中小工厂在重庆工业中占有相当大的比重。

1948 年 3 月 31 日经济部重庆工商辅导处公布的《重庆市重要工业统计表》，为我们提供了一个更加系统全面的重庆重要厂矿概况，见表 4-11。

表 4-11　重庆市重要工业统计表（截至 1948 年 1 月 31 日）

业别	家数（家）	职员（人）		工人（人）		员工（人）		
		技术	普通	技术	普通	技术	普通	总数
冶炼	1	29	44	289	86	318	130	448
机器	125	2620	336	2559	1961	5179	2297	7476
发电	3	94	280	299	836	393	1116	1509
火柴	4	8	27	104	351	112	378	490
电工器材	12	69	93	332	337	401	430	831
水泥	1	46	118	450	660	496	778	1274
造纸	7	58	78	230	354	288	432	720
皂烛	18	27	71	100	120	127	191	318
制药	21	63	76	126	138	189	214	403
制革	192	105	65	593	356	698	421	1119
机器纺织	16	211	456	9029	4688	9240	5144	14384
针织	73	32	52	475	376	507	428	935
缫丝	30	125	684	4749	635	4874	1319	6193
毛巾	52	14	14	270	217	284	231	515
面粉	6	2	24	6	38	8	62	68
酿酒	9	1	48	32	71	33	119	152
纸烟	25	35	168	243	836	278	1004	1282
印刷	71	114	102	481	398	595	500	1095
自来水	2	9	148	205	168	214	316	530
煤矿	10	170	611	4654	9570	4824	10181	15005
共计	678	3730	3495	25226	22196	29324	26446	55770

资料来源：经济部重庆工商辅导处，《重庆市重要工业统计表》，《西南实业通讯》春季号，1948 年 3 月 31 日，第 50-75 页。说明：上述资料根据经济部全国经济调查重庆市经济事业调查部分工业调查表分类统计，截止时间为 1948 年 1 月 31 日。其中所谓重要工业指性质较为重要以及设备、原料较为复杂者，不包括土布、碾米等手工业性质的工业。统计中职工、设备、产品、原料统计数字和合计数字，部分为西南实业通讯资料室计算得出，部分为引用者根据该资料的细目计算得出，故引用时有所调整。

上表所列重庆市重要工业,包括冶炼、机器、发电、火柴、电工器材、水泥、造纸、制皂、制药、制革、机器纺织、针织、缫丝、毛巾、面粉、酿酒、纸烟、印刷、自来水、煤矿 20 个门类,不包括经济部不能管辖的军工部门。

抗战胜利后,制革工业迅速萎缩,到 1949 年解放前夕,制革户数减少到 220 户,职工从 900 多人减少到 500 多人,全行业年产轻重革 4 万多张。[1]

(二)各个部门情形

1.军工

经过复员和调整,到 1949 年 8 月,国民政府兵工署有 10 余个兵工厂,其中在四川者计械弹厂 5 个、原料厂 3 个,在昆明与柳州械弹厂各 1 个,在台湾者计械弹厂 3 个、原料厂 1 个,在海南岛者计械弹厂 2 个。[2] 显然西南,尤其重庆,仍为主要的兵工生产基地。到 1949 年国民党政权崩溃前后,其在重庆的兵工厂情况见表 4-12。[3]

表 4-12　复员后重庆兵工厂情况(1949 年 8 月)

序号	厂别	所在地	工人数 (人)	职员数 (人)	技术人员比例 (%)	主要产品
1	第 10 兵工厂	渝忠恕沱	1800	280	41.2	60 迫炮、60 迫弹
2	第 20 兵工厂	渝南岸铜元局	5000	510	38.1	79 尖弹、45 枪弹
3	第 21 兵工厂	渝江北陈家馆	10000	650	31.4	120 迫炮及弹、步枪、重机枪、轻机枪、火箭
4	第 24 兵工厂	渝磁器口	2800	240	29	枪械钢、马丁钢
5	第 26 兵工厂	长寿	300	100	36.6	氯酸钾
6	第 29 兵工厂	渝大渡口	6500	677	—	生铁、钢料
7	第 30 兵工厂	渝大佛寺	850	290	22.6	手榴弹

---

[1] 重庆市工业局编:《1955 年私营工业重点行业调查·重庆市制革工业报告》,1955 年 11 月,第 99 页,重庆市档案馆馆藏,档案号:1091-3-371。

[2] 中国第二历史档案馆编:《中华民国史档案资料汇编》第 5 辑第 3 编《财政经济》(5),南京:凤凰出版社,2000 年,第 369 页。

[3] 中国第二历史档案馆编:《中华民国史档案资料汇编》第 5 辑第 3 编《财政经济》(5),南京:凤凰出版社,2000 年,第 384 页。

续表

序号	厂别	所在地	工人数（人）	职员数（人）	技术人员比例（%）	主要产品
8	第 50 兵工厂	渝郭家沱	2500	410	25.3	60 迫炮及弹、无座力炮及弹
合计	8		29750	3157	30.5	

资料来源：中国第二历史档案馆编，《中华民国史档案资料汇编》第 5 辑第 3 编财政经济（5），南京：江苏古籍出版社，2000 年，第 384 页；中国人民解放军西南服务团研究室编印，《西南之兵工》，1949 年 8 月，第 3-4 页。说明：第 29 兵工厂职员数字采自重庆市档案馆、四川省冶金厅、《冶金志》编委会合编《抗战后方冶金工业史料》，重庆：重庆出版社，1988 年，第 84 页，是 1948 年 12 月的数字。

其中，第 10 兵工厂于抗战结束之初一度改为第 50 兵工厂忠恕分厂，1948 年又恢复原厂名。有 10 个制造所及农场、合作社等。其设备有 1389 部机器，其中有一部分为德国造的自动车床，很名贵，火工用机器也比较先进。每月可生产 60 迫击炮 200 门及 60 迫击炮弹 65000 发。

第 20 兵工厂最初为四川铜元局，后刘湘改为枪弹厂，1937 年年底金陵兵工厂枪弹厂内迁并入，改为第 20 兵工厂。抗战结束后第 40 兵工厂的枪弹部分及 25 兵工厂并入该厂。有机器 2433 部，多半为自动冲压枪弹机器，并有电炉熔钢及压钢、初速测量及检验子弹等设备。每月可生产 79 尖弹 1600 万发及 45 枪弹 30 万发。

第 21 兵工厂在抗战胜利后接收第 1 兵工厂、第 40 兵工厂的制炮弹部分，第 41 兵工厂、第 23 兵工厂重庆分厂昆明安宁分厂的翻砂设备，合计设备有 6965 部，以及其他重要设备，每月能生产步枪 13000 支，82 迫击炮 200 门及炮弹 6 万发，重机枪 400 挺，120 重迫击炮 6 门及炮弹 1 万袋。

因抗战胜利，由本厂及綦江分厂于 10 月间调派员工赴京沪接收敌伪兵工场所，至 1946 年 9 月在金陵兵工厂原址成立第 60 工厂，并奉令以綦江分厂厂长孙学斌为厂长，随厂迁川渝员工陆续调至第 60 工厂者 500 余人。1946 年 6 月奉令撤销所属安宁与綦江两个分厂，又接并第 1、第 27、第 41 工厂，将以上 5 个工厂之机料迁运至渝，以供 21 厂利用。暂在各厂设立保管处办理交接迁运及保管等事宜，现任务已次第完成,各保管处已先后结束。刻又奉令第 23 工厂的重庆分厂改隶 21 厂。[1]

1947 年 4 月,21 工厂轻机枪、迫击炮厂从铜罐驿迁到重庆鹅公岩第 1 工厂旧址开工,工具厂也从铜罐驿迁回江北。

第 21 兵工厂生产能力不降反升,见表 4-13。

表 4-13　第二十一兵工厂历年产品及产量

品名	单位	1945 年	1946 年	1947 年
马克沁重机枪	挺	3063	3600	3650
捷克式轻机枪	挺	2900	2600	2800
82 迫击炮	门	1084	500	2000
中正式步枪	支	62000	79000	101120
82 迫击炮弹	颗	207782	254218	510000
82 黄磷手榴弹	颗	28000	71000	75000
黄磷手榴弹	颗	27000	12000	41000
120M/M 迫击炮	门	49	81	68
120M/M 迫击炮弹	颗	3288	7900	2800
81 迫击炮弹	颗	——	——	——
破甲枪榴弹	颗	1000	2000	8500
破甲枪榴弹发射筒	具	100	200	250
□式 79 步枪	支			
82 带伞照明弹	颗		300	22900

资料来源:《兵工署第二十一工厂沿革概况》(1948 年 2 月),重庆市档案馆、重庆师范大学合编,《中国战时首都档案文献·战时工业》,重庆:重庆出版社,2014 年,第 483-484 页。

第 24 兵工厂抗战结束后接收第 28 兵工厂,设备有 1063 部机器以及各种炼钢、轧钢等设备以及实验、钢材分析仪器。每月可生产钢料 250 吨,枪榴弹筒 400 具。

第 25 兵工厂在 1946 年 3 月奉兵工署令,为全面抗战期间各厂员工备极辛劳,现抗战胜利,顾念各员工离乡岁久,怀归心切,特规定资遣员工办法。4 月成立资遣员工还乡交通服务委员会,开始办理资遣

---

[1]《兵工署第二十一厂沿革概况》(1948 年 2 月),重庆市档案馆、重庆师范大学合编:《中国战时首都档案文献·战时工业》,重庆:重庆出版社,2014 年,第 479-480 页。

事宜。4月16日又奉署令,将第25兵工厂名义裁撤,成立保管处,归并第20工厂。到6月底,全厂员工除少数留用外,大部均资遣完竣。7月1日成立第20工厂张家溪保管处,接管第25厂房屋、地产、机器等各项设备;另留一部员工成立第9制造所,隶属第20厂工务处,继续制造79枪弹。10月1日又成立美式枪弹筹造处,利用第25厂停用机器及其他设备,开始筹备试造美式枪弹工作。[1]

第26兵工厂在抗战结束后购买美国设备,拟于汉阳成立26兵工厂总厂(后迁台湾),长寿处改为分厂。设备有机器372部,主要生产氯酸钾等。

第29兵工厂原为钢铁厂迁建委员会。1945年11月,钢铁厂迁建委员会接收了原由交通部主办的綦江铁路局,使其附属事业增加到8个。1949年3月,更名为第29兵工厂。[2] 其钢铁冶炼事业,设备机器1176部,每月能生产生铁600吨,钢500吨。

钢铁厂迁建委员会在抗战胜利后的1946—1948年,员工变化情况见表4-14。

表4-14　1946—1948年员工人数变化情况

单位:人

部别	员工类别	1946年4月资散时人数	1946年12月	1947年12月	1948年12月	备注
本会	职员	646	401	384	398	"1937年12月职员大兵人数内已将配属各机关警卫队官兵数并计在内人数因而增多"
	工人	4565	3293	3651	3284	
	士兵	507	518	478	831	
	公役	96	61	58	56	
南桐煤矿	职员	157	85	88	88	"1937年12月职员大兵人数内已将配属各机关警卫队官兵数并计在内人数因而增多"
	工人	2530	1240	2303	1729	
	士兵	140	142	139	—	
	公役	12	12	14	14	

[1]《兵工署第二十五工厂沿革概况》(1948年2月),重庆市档案馆、重庆师范大学合编:《中国战时首都档案文献·战时工业》,重庆:重庆出版社,2014年,第487页。

[2]重庆市档案馆、四川省冶金厅、《冶金志》编委会合编:《抗战后方冶金工业史料》,重庆:重庆出版社,1988年,第63、79、83页。

部别	员工类别	1946 年 4 月资散时人数	1946 年12 月	1947 年12 月	1948 年12 月	备注
綦江铁矿	职员	104	49	54	54	"1937 年 12 月职员大兵人数内已将配属各机关警卫队官兵数并计在内人数因而增多"
	工人	1050	257	283	1207	
	士兵	79	78	130	—	
	公役	11	—	—	—	
綦江水道运输管理处	职员	125	73	72	49	
	工人	700	432	664	495	
	士兵	85	48	42	—	
	公役	43	29	27	21	
綦江铁路局	职员	119	252	128	88	
	工人	692	757	684	875	
	士兵	—	139	99	—	
	公役	—	42	23	—	
大建保管处	职员	13	—	—	—	归并煤矿
	工人	—	—	—	—	
	士兵	—	—	—	—	
	公役	—	—	—	—	
铁路工程处	职员	54	—	—	—	裁并铁路局
	工人	143	—	—	—	
	士兵	46	—	—	—	
	公役	8	—	—	—	
总计	职员	1217	860	726	677	
	工人	9680	5979	7685	7590	
	士兵	857	925	888	831	
	公役	170	144	122	91	

资料来源：重庆市档案馆、四川省冶金厅、《冶金志》编委会合编，《抗战后方冶金工业史料》，重庆：重庆出版社，1988 年，第 84 页。

　　从上表可见，第 29 兵工厂在抗战结束后尽管人员有所减少，但应该属于正常的压缩。

　　第 30 兵工厂在抗战胜利后接收武昌日伪所留兵工设备，成立总厂（后迁柳州等地），重庆处改称分厂，主要设备有机器 727 部，主要生产手榴弹。

第 31 兵工厂原为成立于陕西的西北修械所，后改称第 31 兵工厂，抗战结束后接收阎锡山在广元和汉中的兵工厂，先迁广元后迁成都，设备大约有 200 部机器，主要生产手榴弹。

第 50 兵工厂由原广东第 2 兵工厂和南京精确研究所内迁后合并而成，1942 年以后以生产 60 迫击炮及配套炮弹为主。抗战胜利后，第 50 兵工厂接收被撤销的第 1 工厂和第 50 工厂成都分厂的部分机器设备，以及日本赔偿的 157 台机器设备，生产能力进一步提高。1948 年该厂生产 60 迫击炮达 5300 门、60 迫击炮弹 58 万多发。[1]

第 53 兵工厂在抗战胜利后并入未开工的第 52 兵工厂、第 23 兵工厂昆明分厂，有 10 个制造所、1000 部机器，其光学制造设备为国内罕有，每月能生产轻机枪 300 挺、6 倍望远镜 300 具、指南针 200 具及测远仪、迫击炮瞄准具等。

重庆钢铁公司（即战时的钢铁厂迁建委员会）、重庆特殊钢厂（即战时的兵工署第 24 工厂）、长安机器厂（即战时的兵工署第 21 工厂）、江陵机器厂（即战时的兵工署第 10 工厂）、建设机床厂（即战时的第 1 工厂）、嘉陵机器厂（即战时的兵工署第 25 工厂）等，现在仍是重庆的支柱企业和税利大户，对重庆整个经济的发展及其产业结构的稳定仍起着举足轻重的作用。[2]

2.钢铁、机器业

抗战胜利后，大鑫钢铁厂相关厂清平炼铁厂、大鑫火砖厂，租用大昌铁厂、威远铁厂、陵江铁厂，收购中国金属制片厂。到 1948 年底，开工者除总厂外，计长寿分厂月产生铁 120 吨，岩铁 20 吨。聂家山分厂（大昌）每年开炉 8 个月，月产生铁 150 吨。童家溪煤矿月产煤 200 吨，深炭沟煤焦厂月产焦炭 150 吨。清平铁厂每年开炉 6 月，月产生铁 120 吨。遵义锰矿与桐辉电化厂合作，月产锰铁 30 吨。大鑫火砖

[1]《中国近代兵器工业》编审委员会编：《中国近代兵器工业——清末至民国的兵器工业》，北京：国防工业出版社，1998 年，第 194-195 页。

[2] 陆大钺、唐润明编著，《抗战时期重庆的兵器工业》，重庆：重庆出版社，1995 年，第 276 页。

厂月产各式火砖 4 万匹。该厂原料自给自足,足够总厂月产各种钢料 200 吨及洋钉 400 桶之用。战后 3 年,该厂生产量年有增加。1947 年年产钢料 1700 吨,1948 年 1900 吨,比过去年产 1000 吨产量增加 80%以上,全部产品均以高价售出(比中国兴业公司产品售价及市价高)。该厂所得利润大部分拿来购入原料及添置设备,职工待遇没有提高,约为民生机器厂员工待遇的四分之一。1947—1948 年购入的原料器材,计有美货炭精 5 吨(值 92 万金元)、新式铁壳镁砖 10 套(值 80 万金元),生板 200 吨(收到 80 吨),增加设备给金属制片厂全厂(1947 年收购,18000 多万),马丁炉底脚(1948 年,费用 20 亿),租用大昌(1947 年租金 2000 万元),租用威远铁厂(1948 年 4 万金元),租用陵江铁厂(1948 年费用 4 亿元)。由于上述经营活动,使该厂资金周转"一向窘迫"。1948 年 7、8 月间,该厂购入铁板 100 多吨,一次付出现金达 1 亿元左右,更使渝鑫厂资金雪上加霜。但该厂凭两年的积蓄,仍顺利渡过 1948 年 6 月涨风、8 月金元改革、9 月限价及 10 月金元贬值等重重难关。[1]

抗战胜利后,大川厂针钉部分全部停产,机器、石棉部分大量紧缩,仅留职工 50 余人。1946—1947 年,迁渝的天津振庆石棉厂迁回天津,在该厂原址新产生大康、振兴两家手工作坊形式的小型石棉厂。[2]

机器制造业从全面抗战时期的 400 多家,减少到不足 100 家。[3]

3.棉纺织业

棉纺织工业在抗战胜利后也得以继续发展,《重庆市志》载:"抗战胜利后,由于国民党发动内战,国统区通货膨胀,造成国民经济全面萎缩,多数行业破产、停业,但重庆的棉纺织业幸存了下来。纱锭设备 1946 年有 157064 枚,1947 年、1948 年、1949 年分别为 165232 枚、178642 枚、183252 枚;锭子开工数也由 1944 年的 121170 件增到 1947

---

[1] 重庆市档案馆、四川省冶金厅、《冶金志》编委会合编:《抗战后方冶金工业史料》,重庆:重庆出版社,1988 年,第 431 页。

[2] 重庆市工业局编:《1955 年私营工业重点行业调查·重庆市石棉制品工业报告》,1955 年 11 月,第 123 页,重庆市档案馆馆藏,档案号:1091-3-371。

[3] 重庆市工业局编:《1955 年私营工业重点行业调查·重庆市机器制造工业报告》,1955 年 11 月,第 118 页。重庆市档案馆馆藏,档案号:1091-3-377。

年的 134187 件,1949 年又上升到 152060 件;棉纱产量亦由 1944 年的
60019 件,增到 1947 年的 66650 件,1948 年又升到 77427 件,1949 年
也有 73962 件。同时,还新开办了 3 家新厂。他们是秦安纱厂、新裕
纱厂、众城纱厂,共有锭子 5000 多枚,工人 700 多名。1945 年停产的
维昌纱厂、富华布厂等也恢复了生产。之所以出现这种情况,主要是
因为重庆存在一批小棉纺织厂和大量的手工纺织工场。据统计,当时
重庆的 200 多家军布生产小厂(工场)和 1300 余家土布业,年产纱约
40 万件,为机器纺纱厂的 6 倍;年产布约 900 万匹,为机器件布的 8
倍。1949 年末,全市拥有棉纱锭 16.44 万枚、棉织机 2000 台,年产棉
纱 1 万吨的生产能力。"[1]

4.四川水泥厂股份有限公司

资料载:

抗战胜利结束……整个经济濒于崩溃边缘,水泥销路日减,厂内
产品,堆集如山(约 9 万桶),无人问津。战时因受管制之影响,未尝获
及盈余,以资本捆注,而支出又复日增(每月二三万万元)欲求撙节,有
所不能。亏累一载,负债已至十亿以上(四十三万万九千万元,余为本
市各行号及股东贷款)。综计该公司目前所处困难;销路停顿资金呆
滞,此其一也。负债过多,利息浩大,此其二也。电力不足(本自置发
动机),机器不能同时开动,产量因之未能达到最高数额,且机器因电
压失常,时作时辍,缩短其寿命,此其三也。原料日高(包括电力)成本
加重,影响销路,此其四也,配件来源困难,代替品价高,有碍生产,此
其五也,贷款以付巨额工资,大有左右为难之苦,此其六也。机器折
旧,系照战前进价,是项金额,于机器使用超过年龄后,不足以另购新
机,无异全盘设备,为抗战而牺牲,此其七也,困难重重,负债累累,危
险堪虑耳。[2]

---

[1] 重庆市地方志编纂委员会编著:《重庆市志》第四卷(下),重庆:西南师范大学出版社,
2004 年,第 212 页。
[2] 黄惊东:《四川水泥公司一瞥》,《西南实业通讯》第 14 卷第 3、4 期合刊,1946 年 10 月 30
日,第 20 页。

5.重庆市公用事业

到 1946 年,重庆公用事业的状况大致为:电力公司发电量为1100
多千瓦,各兵工厂发电量为 3000 多瓦,全市所需电量尚缺 3000 多瓦。
每月收入 4 亿元,员工 3000 人;自来水厂每月可供水 40 万吨,实际供
水 20~30 万吨,每月收入 3 亿元,员工 500 人。公共汽车行驶者有
40~50 辆,每月收入 3 亿元,员工1300人(旋即裁撤 700 人);轮渡公司
有 14 艘渡轮,每日载客 2~3 万,每月收入 1.5 亿元,员工 600 人。缆
车每月收入 1500~2000 万元。电话 3000 个。[1]

重庆自来水股份有限公司筹备于 1927 年,1932 年开始营业,1937
年正式成立。起水厂设于大溪沟,制水厂设于打枪坝,董事长潘昌猷,
经理黄应乾。供应全市饮用水及消防用水。[2] 为弥补公用事业用电
的不足,重庆利用各公私发电设备剩余电量转供市用,可增加电量约
3700 千瓦。参见表 4-15。

表 4-15 重庆市可转供市用的发电设备统计表(1946 年)

发电所名称	发电机数目 (台)	装机容量 (千瓦)	转供市用电量 (千瓦)	修配后供电量 (千瓦)	增供电量 (千瓦)
第 50 兵工厂	1	2000	1000	2000	1000
第 1 纺纱厂	2	8000		700	700
大渡口钢铁厂	2	1500	500	1000	500
第 24 兵工厂	4	4000	1000	2000	1000
第 2 兵工厂	1	500		200	200
自来水厂	1	400		300	300
合计	11				3700

资料来源:陪都建设计划委员会编,《陪都十年建设计划草案》,1947 年,第216-217 页。

公用事业的缺点和困难在于,战前重庆市人口有三四十万,全面
抗战期间增加两倍,但公用事业计划为战前所拟,其电力设备、水厂设
备多为 20 年前的旧设备。

---

[1] 吴华甫:《重庆公用事业之现在与展望》,《西南实业通讯》第 14 卷第 3、4 期合刊,1946 年
  10 月 30 日,第 22 页。
[2] 《第二节 电力及自来水》,傅润华、汤约生主编:《陪都工商年鉴》,张研、孙燕京主编:
  《民国史料丛刊》(605 册),郑州:大象出版社,2009 年,第 104 页。

6.煤炭工业

到 1947 年,嘉陵江区煤炭产量已经由战时月产 15 万吨减少到月产 6 万吨。以天府煤矿为例,抗战胜利后,天府、嘉阳、全济等煤矿公司,为健全本身组织并期有助于大西南工业化建设,于 1946 年合并改组为天府煤矿公司,又收购三才生煤矿,以增强本身力量。同时,天府煤矿为协助复员国策计,曾担负巨额复员经费,大批工矿人才供政府调往东北及华北一带,担任接收及主持东北及华北的工矿事业。就生产而言,胜利后,重庆区煤矿业因受工厂外迁或停工之影响,不堪赔累而倒闭者甚多,燃料供应骤形减少。天府煤矿不顾环境艰难,坚守岗位,勉力生产,以供需要。1946 年产量增为 468811.71 吨,重庆区燃料由该矿供应者竟达 70%。[1]

（三）工业节

1946 年 11 月 11 日,全国工业会在南京举行成立大会,鉴于工业界团结的重要性,决定每年 11 月 11 日为工业节,在会议上通过,并呈请主管机关核准,工业节于是诞生。[2]

潘仰山在《第一届工业节之展望》中,回忆了厂矿内迁的艰难历程和全面抗战时期重庆工业的巨大贡献,以及抗战胜利后重庆工业的惨淡。他说:"八年抗战,前方之军用器材,后方之民生用品,实以重庆一隅各工厂为供给之源,而战事延长,政府之管制法规愈严密,民间各工厂因资金不充及原料缺乏之关系,日趋衰颓,遂成艰难挣扎之局面,胜利以后,不少工厂迫而停闭,更须负担大宗工人遣散费,各厂不得不变卖生产工具,了此债务,可谓当初艰难辛苦而来,今日倾家荡产而回,实抗战时代一页伤心惨目史。战时后方各工厂,设备固多因陋就简,然各工厂之管理方式与工人工作技能,实有长足之进步,为工业界最可宝贵之资材,正赖政府予以机缘,以资利用,并发扬而光大之。惜一

---

[1]《抗战时期的天府煤矿公司》(1947 年 12 月),重庆市档案馆、重庆师范大学合编:《中国战时首都档案文献·战时工业》,重庆:重庆出版社,2014 年,第 533-534 页。

[2] 重庆市工业协会:《第一届工业节宣言》,《西南实业通讯》第 16 卷第 4、5、6 期合刊,1947 年 12 月 31 日,第 80 页。

般见不及此,如秋扇之捐,言之实堪痛心。"[1]他强调:"中国必须工业化……国家今后应具工业化为施政之中心,一切财政、金融、交通、内政、教育、甚至外交政策,均须拱卫工业化之中心,切不可丝毫背道而驰。"[2]他警告:"以重庆各工厂现有之基础、规模、人力、原料而言,在均宜善为利用,舍此而不予以复苏之机会,则胜利后接收之覆辙不远,良可殷鉴。"[3]

11 月 11 日上午,重庆市庆祝全国第一个工业节大会在重庆市银行公会举行,出席会员数百人。中国西南工业协会工业界代表对政府提出四项希望:①大量低利贷款;②供应工具原料,放宽外汇配额,拨发日本赔偿物资及发还收购机器;③促进劳资协调;④减轻税率。[4]重庆市工业协会也发表宣言,提出四项主张:①自力更生;②促进西南建设;③建设爱用国货心理;④导游资入正轨,以期稳定物价,增加生产。[5]

三、解放前夕的重庆工业

重庆解放前夕,1949 年 9 月,中国人民解放军西南服务团研究室编印了《重庆市工矿电业》,作为重庆市参考资料之二,其中说:

> 目前重庆市国营、省营或官商合办的工矿企业中,资委会与伪兵工署合办的大渡口钢铁厂员工人数达三千左右,设备甚佳,是西南四省中规模最大的钢铁工业。官商合办的天府煤矿员工达一万上千人,产量颇丰,是西南最大的煤矿。伪联勤总部重庆被服厂员工四千余

[1] 潘仰山:《第一届工业节之展望》,《西南实业通讯》第 16 卷第 4、5、6 期合刊,1947 年 12 月 31 日,第 83 页。

[2] 潘仰山:《第一届工业节之展望》,《西南实业通讯》第 16 卷第 4、5、6 期合刊,1947 年 12 月 31 日,第 83 页。

[3] 潘仰山:《第一届工业节之展望》,《西南实业通讯》第 16 卷第 4、5、6 期合刊,1947 年 12 月 31 日,第 84 页。

[4] 《西南经济动态·展览会与工业节》,《西南实业通讯》第 16 卷第 4、5、6 期合刊,1947 年 12 月 31 日,第 76 页。

[5] 重庆市工业协会:《第一届工业节宣言》,《西南实业通讯》第 16 卷第 4、5、6 期合刊,1947 年 12 月 31 日,第 80-81 页。

人,官商合办的重庆电力公司、裕华纱厂员工都在千人以上。此外,如资委会投资晶莹的电工器材、中央化工厂、天原电化厂、巴县电力公司、四川油矿勘探处等单位,伪联勤总部之中央汽车配件制造厂、官商合办之渝鑫钢铁厂、中国汽车制造厂、中央造纸厂、中国纸厂、四川水泥公司、四川丝业公司、四川绢纺厂、豫丰纱厂、中国毛纺织公司等各有员工数百人,设备及生产都还具有相当规模。[1]

重庆钢铁机器业在全国抗战时期有 500 多家,到解放前夕仅剩 100 家左右。[2]

(一)兵工厂经营困难

1949 年 5 月 28 日,兵工署署长杨继曾在留渝兵工各厂厂长会议上说:

本人以为兵工当前困难,厥惟经费与生产之两端,请先及经费争得之困难经过。本署鉴于金圆券贬值之太速,3 月中旬即向层峰坚持,自 4 月份起,以银元为计算本位,拟定预算为 620 万银元,川区及西南各厂约占 400 余万元,其余 200 余万元,为以外各厂迁移制造及武器附件之所需。嗣奉大部核减整个业务费仅列 300 万元之谱,所有交通运输及通讯等部门一并在内,实给兵工者仅 100 万元。直等车薪杯水。随复单独请求追加预算 200 万元,共 300 万元。迨 3 月底总部向财部请付时,国防部又将 200 万元内挪用一部份,故总部仅能以 200 万为准。经童司长力争,增加 230 万元。殊发款时又无现洋支领,经遵政院决策,4 月份上半月银元,以每元折合金圆券 8000 元先拨。照行政院决议下半月应以 4 月 15 日金圆券与银元比价补足。本署为争取时间减低贬值损失起见,爰复请求专机运钞,当时前半月总部即请财部注意供应 4 月份下期现钞,恐印刷不及又不幸而言中。中行现钞果尔不足,又只得按 15 日价折半以每元折合金圆券 5 万元找补。

---

[1] 中国人民解放军西南服务团研究室编印:《重庆市工矿电业》,1949 年 8 月,第 1 页,四川省档案馆馆藏历史资料。

[2] 重庆市工业局:《私营工业重点行业调查·四川省重庆市钢铁机器业调查综合分析报告》,第 2-3 页,1955 年 11 月,重庆市档案馆馆藏,档案号:1091-3-377。

……基于上述经验，爰决定5月份经费非现洋不可。忆在刘财长寓次会商，刘初则商减银元数，继则委托代铸金元，结果金元又成画饼。并仅允发银元10万枚，幸蒙总司令一再与商，始允在沪交领银元20万枚，余以金券拨发。时穗价已为银元每枚合金圆券2000余万元，而财部仅允金圆券200万元折合1枚，而军部其他单位之业务费折合率只及1半，对兵工已觉另眼相看。但由沪拨银元，因战局关系，又只领得10万枚。此时适悉粤省扣留中央存粤银元有相当数目，当以补给其械弹之对等交易，请总司令向粤省洽拨银元30万枚。但此30万元又因他事经总部暂为垫用10万元，除以上50万元现洋外，余180万元合金圆券36000亿，随之金圆券3万亿连同沪拨10万元现洋包机运渝，其余6千亿运穗，但运穗有着者尚不及半数。以上乃本人奔走沪穗洽领经费之详情。个中情形有非褚墨所可形容。今后究能于何时何地再行领获若干，均在不可知之数。[1]

显然，重庆工业中至关重要的兵工厂陷入了困境。

（二）民营厂"陷于绝境"

1948年11月后，因为时局急转，京沪销路断绝，贷款利息猛涨，售货抵债应付不及，渝鑫钢铁厂遂为高利贷所扼，以致负债金元达到300余万之巨，经营所得不足偿付利息的十分之一，债务成为困扰经营的核心问题。[2] 1949年5月25日，渝鑫钢铁公司、中国兴业公司、中国制钢公司等致函西南长官公署，以该三厂"遭受时局动荡影响，产品无法销售，职工生活无法维持严重情形"等，生产经营"陷于绝境"，提出维持厂务和遣散结束两个方案，请求西南军政长官公署采择。急需维持厂务的方案是，由西南军政长官公署设法按月订购渝鑫、中兴两厂钢料60吨，中国制钢料15吨。结束经营的方案是，由西南军政长官公署一次购渝鑫、中兴两厂钢料各150吨，中制钢料50吨，以便作遣

---

[1] 重庆市档案馆、四川省冶金厅、《冶金志》编委会合编：《抗战后方冶金工业史料》，重庆：重庆出版社，1988年，第788-789页。

[2] 重庆市档案馆、四川省冶金厅、《冶金志》编委会合编：《抗战后方冶金工业史料》，重庆：重庆出版社，1988年，第431-432页。

散职工及结束厂之开支。[1]

（三）国民党政权最后的人为破坏

1949 年 11 月 29 日，国民党军政府撤出重庆前，"炸毁动力部三相交流发电机 1 部，锅炉破坏甚重。厂房亦全毁，炼钢部仿造莫尔式电炉被破坏。自动调节器 1 套及配电设备均全毁。煤气回转化铁炉损坏一半。厂房仅存屋架及支柱数根，本厂炼钢及发电主要设备损坏过半，较抗战时期 9 次被炸损失尤巨。此为本厂建厂以来之最大一次损失"[2]。第 29 兵工厂，交流发电机"全部被毁"[3]。

［1］重庆市档案馆、四川省冶金厅、《冶金志》编委会合编：《抗战后方冶金工业史料》，重庆：重庆出版社，1988 年，第 790 页。
［2］重庆市档案馆、四川省冶金厅、《冶金志》编委会合编：《抗战后方冶金工业史料》，重庆：重庆出版社，1988 年，第 799 页。
［3］重庆市档案馆、四川省冶金厅、《冶金志》编委会合编：《抗战后方冶金工业史料》，重庆：重庆出版社，1988 年，第 799 页。

下　编

重庆近代工业与工业化、城市化

　　重庆近代工业化进程在全面抗战爆发后强有力的启动，使中国自东向西延伸的近代工业化进程洪流产生一个高潮，工业的巨流在长江上游根深蒂固的"农业经济社会中移殖了一种进步的工业生产方法"[1]。工业化进程的开启，对重庆城市化的进展产生了重大的影响。随着工业的发展和进步，重庆从一个以货物集散为主的内陆中型商贸城市，迅速发展成为一个以现代工业生产占主导地位的现代大都会。同时，以中小工业为主体的手工业生产在城市社会经济中占据了重要的地位，以机器大工业为主体的重庆工业化进程，迎来了晨曦初露的生机和希望。

---

[1] 李紫翔：《西南工业的生长》，《西南实业通讯》第 13 卷第 5、6 期合刊，1946 年 6 月 30 日，第 1 页。

第五章
————————
重庆近代工业经营环境的变迁

工业化和城市化需要相应的环境。在考察和分析重庆城市化的时候，我们需要看到，近代重庆的工业化和城市化是在开埠通商、军阀混战、全面抗战的特殊条件和环境下，政府和人民协作与努力的结果。

一、工业经营的城市环境

资料载："查重庆工业之所以兴起，在于水电厂之早已建立，燃料之早有准备，及粮食人工之足以供应，否则工厂迁川，虽有机器技术，将无用武之地。"[1] 交通条件、金融服务、市场工业技术这些经营现代工业必需的条件，在战争全面爆发下的内迁过程中迅速地改变了。通商口岸的开辟、厂矿内迁和战时社会是重庆近代工业发展的基础性环境，对重庆工业的产生和发展有着深刻而广泛的影响。

（一）交通环境与通讯设施

交通是现代工业发展的重要基础条件。近代以来，基础性交通设施大致有水路、公路、铁路、航空等。就重庆而言，除铁路运输设施发展迟缓外，水上交通、公路交通、航空运输均有较显著的发展。

受自然条件的影响，重庆交通运输的改善和现代化，以内河航运业的发展和转型为先导。重庆位于长江、嘉陵江两江汇合处，汇入两江的主要支流有渠江、乌江、綦江、涪江等，其他小河南来北汇者还有不少。因此，重庆自古就是长江上游的重要码头，水上交通向称便利。《乾隆巴县志》说这里"三江总汇，水陆冲衢，商贾之囤，百货萃聚"。[2] 自古以来，重庆就是水路出入四川的要道。[3]

1891 年，根据相关条约规定，重庆正式对外开埠通商，并设立由"客卿"把持的海关。当时，进出重庆港口的"挂旗船"全为木船，且"俱系华轮"。出口第一号挂旗船由英商太古洋行雇佣，装载黄丝白蜡

---

[1] 崔唯吾：《西北行观感》，《西南实业通讯》第 9 卷第 2 期，1944 年 2 月 29 日，第 51 页。

[2] 《乾隆巴县志》卷 10《风土》，吴波主编：《重庆地域历史文献选编》，成都：四川大学出版社，2011 年，第 408 页。

[3] 周传儒编：《四川省一瞥》，商务印书馆，1926 年，第 6 页。

等货于 5 月 12 日出口。进口第一号挂旗船由英商立德洋行雇佣,装载火油、海带等货于 5 月 26 日进口。川江"凶滩险隘甚多","下水稍易,上水尤难",因此该进口船从宜昌到重庆全程航行用时 40 多天。1891 年进口挂旗船统计共 300 只,计 7300 余吨。其中,载 50 吨者 1%,载 30 吨者 23%,载 10 吨上下者 76%。出口挂旗船共 307 只,计载 73000 余担。其中,载 1000 担者 1%,载 500 担者 8%,载 250 担者 31%,载百余担者 45%,载 20 余担者 15%。[1] 1892 年重庆海关全年进口木船 1203 只,其中由英商雇佣者 680 只,美商雇佣者 395 只,招商局雇佣者 128 只。出口的木船 676 只,其中英商雇佣的木船 434 只,美商雇佣的木船 2 只,招商局雇佣的木船 240 只。进口船中大船载重 91 吨,小船载重 6 吨多;出口船载重大者 95 吨,极小者 1 吨,一般 20～30 吨。[2] 作为通商口岸,此时重庆港的显著特点在于:其他通商口岸的"进出口各货均由轮船往来",虽兼有用木船装运者亦不多。但重庆"既无轮船往来,商人采办土货载旗船者固多,载民船者亦复不少。至洋货一项,则多由旗船运渝"。[3]

川江轮船航运的产生和兴起,对重庆工业发展和城市化具有重要的影响。英国商人立德的利川轮入川是轮船航行川江的先导。重庆海关报告载:"本年(1898 年)有英商立德自制利川小轮一艘行驶来川,因其船身略小,不便装货,拟在本口拖带驳船以及小号旗船。此为本省通商以来,轮船入川之第一次也。"[4] 立德又译立德乐,利川号(Leechuan)轮船载重 7 吨,在枯水期间的 3 月由宜昌试航到重庆。1899 年,这只小轮返回上海。虽然该轮未能运货到重庆,但这是抵达

[1] 重庆关署理税务司好博逊:《光绪十七年(1891 年)重庆口华洋贸易情形论略》(1892 年),中国第二历史档案馆、中国海关总署办公厅编,茅家琦、黄胜强、马振犊主编:《中国旧海关史料》第 17 册,北京:京华出版社,2001 年,第 111 页。

[2] 重庆关署理税务司好博逊:《光绪十八(1892)重庆口华洋贸易情形论略》(1893),中国第二历史档案馆、中国海关总署办公厅编,茅家琦、黄胜强、马振犊主编:《中国旧海关史料》第 19 册,北京:京华出版社,2001 年,第 108 页。

[3] 重庆关署理税务司好博逊:《光绪十九(1893)重庆口华洋贸易情形论略》(1893),中国第二历史档案馆、中国海关总署办公厅编,茅家琦、黄胜强、马振犊主编:《中国旧海关史料》第 21 册,北京:京华出版社,2001 年,第 105 页。

[4] 重庆关署理税务司余德:《光绪二十四(1898)重庆口华洋贸易情形论略》(1899),中国第二历史档案馆、中国海关总署办公厅编,茅家琦、黄胜强、马振犊主编:《中国旧海关史料》第 28 册,北京:京华出版社,2001 年,第 121 页。

重庆的第一艘轮船，"川江轮船航运业迈出了第一步"。[1] 1900 年夏初，英国两艘浅水兵轮武克（Woodcock）、武喇（Woodlarf）行驶入川，于 5 月 8 日（农历 4 月初 9 日）抵达重庆。[2] 同年，6 月 20 日（农历 5 月 24 日）立德乐的肇通轮抵达重庆，从宜昌到重庆用时 73 小时。肇通轮船长 15 丈 3 尺，宽 2 丈 5 尺半，深 8 尺半，机器足抵马力 1000 匹，在英国名厂制造。航行途中在泄滩损失两条钢丝牵绳，未对行驶造成影响。[3] 肇通号商轮抵达重庆，"促起了扬子江上游航行规约的制订"。[4] 商轮的出现，对重庆这个长江上游大码头的货品集散地产生了巨大的影响。12 月 27 日，德商轮船瑞生轮从宜昌航行入川，途中于崆岭滩触礁沉没。[5]

1901 年 12 月 31 日，重庆开始实行扬子江上游航行规约。[6] 1902 年，日商日清汽船会社的轮船也加入长江上游的商业运营。1908 年，资本 20 万两，官商合办的川江轮船公司在重庆创办，称为四川轮船公司。[7] 川江轮船公司在英国著名造船厂定造特色船只两艘，一为轮船，一为拖船。[8] 其中轮船载重 80 吨，船长 115 英尺，宽 15 英

[1] 英国驻重庆领事列顿：《年度报告（1898）》，周勇、刘景修译编：《近代重庆经济与社会发展：1876—1949》，成都：四川大学出版社，1987 年，第 277 页。

[2] 重庆关署理税务司韩威礼：《光绪二十六年（1900）重庆口华洋贸易情形论略》（1901），中国第二历史档案馆、中国海关总署办公厅编，茅家琦、黄胜强、马振犊主编：《中国旧海关史料》第 32 册，北京：京华出版社，2001 年，第 124 页。按：武克，英文名 Woodcock，又译"山鸡"；武喇，英文名 Woodlarf，又译"山莺"，参见周勇、刘景修译编：《近代重庆经济与社会发展：1876—1949》，成都：四川大学出版社，1987 年，第 100 页。

[3] 重庆关署理税务司韩威礼：《光绪二十六年（1900）重庆口华洋贸易情形论略》（1901），中国第二历史档案馆、中国海关总署办公厅编，茅家琦、黄胜强、马振犊主编：《中国旧海关史料》第 32 册，北京：京华出版社，2001 年，第 125 页。按：肇通号，英文名号 Pioneer，又译先行号。参见周勇、刘景修译编：《近代重庆经济与社会发展：1876—1949》，成都：四川大学出版社，1987 年，第 100-101 页。

[4] 重庆关署理税务司花苏：《概述（1892—1901）》，周勇、刘景修译编：《近代重庆经济与社会发展：1876—1949》，成都：四川大学出版社，1987 年，第 141 页。

[5] 重庆关署理税务司韩威礼：《光绪二十六年（1900）重庆口华洋贸易情形论略》（1901），中国第二历史档案馆、中国海关总署办公厅编，茅家琦、黄胜强、马振犊主编：《中国旧海关史料》第 32 册，北京：京华出版社，2001 年，第 128 页。

[6] 重庆关署理税务司花苏：《概述（1892—1901）》，周勇、刘景修译编：《近代重庆经济与社会发展：1876—1949》，成都：四川大学出版社，1987 年，第 141 页。

[7] 重庆关署理税务司斯泰老：《概述（1902—1911）》，周勇、刘景修译编：《近代重庆经济与社会发展：1876—1949》，成都：四川大学出版社，1987 年，第 149-150 页。

[8] 重庆关署理税务司阿其苏：《光绪三十四年（1908）重庆口华洋贸易情形论略》（1909），中国第二历史档案馆、中国海关总署办公厅编，茅家琦、黄胜强、马振犊主编：《中国旧海关史料》第 48 册，北京：京华出版社，2001 年，第 243 页。

尺,吃水 3 英尺,装以水箭锅炉,其机器有 600 匹马力。拖船时每小时能行驶 11 海里。如不拖船,每小时能行驶 13.5 海里。拖船载重 159 吨,外有华客铺 68 张,西客铺 12 张,请英人蒲兰德(又译蒲兰田)为船长,于 1910 年 9 月 30 日从宜昌上驶。10 月 8 日到重庆,共行驶 65 个小时。据称一路均极平安,并无些许危险。这是重庆开埠以后入口的第三艘营业性的轮船。[1] 由于季冬到季春的三个月川江水枯滩多,不宜行船,因此 1910 年蜀通轮船及拖船实际运营 9 个月。从 1910 年 3 月 24 日到 12 月 20 日之间,蜀通轮航行 14 次,只有第 13 次发生了并无大碍的触礁。这一结果被认为"标志着通往重庆的轮船运输事业的重大发展"。[2] 但 1911 年,由于洪水等原因,蜀通轮的航行比上一年少了 6 趟。[3] 1914 年 5 月,蜀亨轮投入运营,川江轮船航运迎来了一个新的时期。之后,川路公司的大川、利川、巨川、济川,瑞庆公司的庆余、瑞余先后建造并投入川江营运,且均获得优厚利润。大利所在,川江轮船事业大有风起云涌之势。[4] 资料载:

大队商轮在洪水季节(阳历 4 月至 11 月)经常往来于扬子江上游的宜昌、重庆之间,使四川省敞开商业的汽船航行,是目前这 10 年间的突出特点。对一般旅行者来说,重庆已不再像从前年间只有依赖民船作为唯一的交通工具才能达到的遥远城市了。搭上一支[只]为扬子江上游货运特制的加强汽力的轮船,由上海到重庆的行程现今约 8 天就能安适而且容易地完成,宜昌到重庆的距离也只 3 天至 4 天。这个重大成绩的取得主要应归功于已故的海关巡江工司(即薄蓝田[5]船长 Captain S.C.Plant),他不顾早先企图克服长江上游滩险的多种艰难和屡经失败,坚持乐观信心,熟察长江这段复杂情况,努力不懈地设计载重大、吃水浅、足以发挥商业效果的轮船。这件事在 1914 年 5 月

---

[1] 重庆关署理税务司阿其苏:《宣统元年(1909)重庆口华洋贸易情形论略》(1910),中国第二历史档案馆、中国海关总署办公厅,茅家琦、黄胜强、马振犊主编:《中国旧海关史料》第 51 册,北京:京华出版社,2001 年,第 268-269 页。

[2] 重庆关署理税务司斯泰老:《年度报告(1910)》,周勇、刘景修译编:《近代重庆经济与社会发展:1876—1949》,成都:四川大学出版社,1987 年,第 321-322 页。

[3] 重庆关署理税务司斯泰老:《年度报告(1911)》,周勇、刘景修译编:《近代重庆经济与社会发展:1876—1949》,成都:四川大学出版社,1987 年,第 330 页。

[4] 张肖梅编著:《四川经济参考资料》,中国国民经济研究所,1939 年,第 H5 页。

[5] 通常翻译为蒲兰田。

全功告成,其时由英国格拉斯哥的雅罗公司(Messrs. Yarrow Glasgow Co.)依照簿蓝田船长设计制造的"蜀亨"轮船到达江边,随即开始了宜昌、重庆之间经常营运。这只船在随后年间一切符合期望。它的蒸汽力强大到足以使它上溯各个险滩不需外力相助,并且在财务上它给它的主人们带来巨大成绩。然而,乃是经过几年之后,扬子江上游轮船吨位的增长出现飞速的发展,这才证实一种适宜的轮船构造确被发明了……本港1912年只有1只轮船行驶,轮船吨量总计4900吨,1921年升为133090吨,其时约20只轮船共同助成此数。[1]

有关统计资料,也反映出1914年轮船进出重庆的迅速增加。见表5-1。

表 5-1　重庆港贸易船只表(1909—1919年)

| 年份 | 进口船只 | | | | 出口船只 | | | |
| | 轮船 | | 木船 | | 轮船 | | 木船 | |
	船只数	吨位	船只数	吨位	船只数	吨位	船只数	吨位
1909	1	196	1521	51459	无	无	819	23037
1910	14	2744	1269	47998	15	2940	787	24751
1911	9	1764	1293	49863	8	1568	886	25863
1912	12	2352	1203	49906	13	2548	936	29855
1913	13	2548	1240	54356	13	2548	789	26266
1914	47	43293	1423	82032	43	12154	740	38197
1915	58	15244	1154	73394	62	16383	871	44026
1916	35	11108	870	56547	18	5266	867	50682
1917	52	14124	1119	70799	61	16993	717	40645
1918	22	4314	704	41140	21	4380	701	28550
1919	111	29417	1026	77490	109	29311	813	55527

资料来源:周勇、刘景修译编,《近代重庆经济与社会发展》,成都:四川大学出版社,1987年,第511页。说明:"木船"原表中为"民船"。

从表中明显可以看到,1914年是一个重要的分界线。从这一年开始,进出重庆的轮船显著增加。尽管木船出口数量变化不大,但吨位有显著增加。同时,进口木船数量虽然呈现出迅速下降的趋势,吨位

---

[1] 重庆关署理税务司古绿编:《概述(1912—1921)》,周勇、刘景修译编:《近代重庆经济与社会发展:1876—1949》,成都:四川大学出版社,1987年,第335-337页。

却有上升。上述数字与此前 1901 年前后情况相比，结果就更加明显。因为在 1901 年前后，"重庆常年抵埠和离埠的民船大致不少于 2 万支（只），运载约 50 万吨"[1]。这种情况表明，在轮船大量出现后，重庆的木船运输也有显著的改进。轮船和木船共同作用，使进出重庆的贸易量迅速增加。

1922—1931 年的 10 年间，川江轮船航运出现了重大突破。在此之前，轮船大体上只能在每年 4 月到 12 月行驶。一到冬季或浅水时期，川江轮船全部停航。到 1922 年浅水时期，小轮船试航川江获得成功。于是宜渝之间，轮船全年均可行驶，"实开本期长江上游航业之新纪元"[2]。同时，重庆海关方面积极增设川江航路标识、信号台及水尺等便利航行的设施，并于 1923 年仿照法国海军所制水道图翻制宜渝、渝叙（叙府）、叙嘉（嘉定）、渝涪（涪州）各段水道图，所有关于河道宽窄、流量缓急以及水位高低等方面的情形，"一一详载，绘有图表，分给航商，以利航行"。[3] 于是，宜昌以上以重庆为中心的川江航线"出现了航业的大量增加"[4]。突出的表现，是轮船航运业整体上取代木船运输的同时，华商轮船航运业的勃兴。1925 年，"常川往来渝宜之汽船，于浅水时期内，并未曾如去年之间断"[5]。渝宜航线内，1925 年新增轮船 16 艘，计 4177 吨，"该口前途之发达，于是可卜"。[6] 同年进出重庆的旧式木船在海关登记的仅有 1 只，约合 20 余吨，而轮船（包括木质机动船）则剧增到 1172 只之多，约合 40 万吨。川江航运进

[1] 重庆关署理税务司花苏：《概述（1892—1901）》，周勇、刘景修译编：《近代重庆经济与社会发展：1876—1949》，成都：四川大学出版社，1987 年，第 140 页。

[2] 海关总税务司署统计科编：《民国十一年至二十年最近十年各埠海关报告》（1935 年），中国第二历史档案馆、中国海关总署办公厅编，茅家琦、黄胜强、马振犊主编：《中国旧海关史料》第 157 册，北京：京华出版社，2001 年，第 642 页。

[3] 海关总税务司署统计科编：《民国十一年至二十年最近十年各埠海关报告》（1935 年），中国第二历史档案馆、中国海关总署办公厅编，茅家琦、黄胜强、马振犊主编：《中国旧海关史料》第 157 册，北京：京华出版社，2001 年，第 642 页。

[4] 重庆关署理税务司李规庸：《概述（1922—1931）》，周勇、刘景修译编：《近代重庆经济与社会发展：1876—1949》，成都：四川大学出版社，1987 年，第 353-354 页。

[5] 通商海关造册处税务司卢立基：《中国海关民国十四年（1925 年）华洋贸易报告书》，中国第二历史档案馆、中国海关总署办公厅编，茅家琦、黄胜强、马振犊主编：《中国旧海关史料》第 98 册，北京：京华出版社，2001 年，第 65 页。

[6] 通商海关造册处税务司卢立基：《中国海关民国十四年（1925 年）华洋贸易报告书》，中国第二历史档案馆、中国海关总署办公厅编，茅家琦、黄胜强、马振犊主编：《中国旧海关史料》第 98 册，北京：京华出版社，2001 年，第 65 页。

入"华洋航业竞争之剧烈时代"。[1] 当时川江上的大型外国轮船公司有英国的太古、怡和轮船公司及白理洋行,日本的日清公司,美国的美孚公司和亚细亚公司。其中,太古公司有船 3 艘,万县、万通和万流,系大轮船;怡和公司有福和大轮船 1 艘和庆和小轮船 1 艘;白理洋行有 4 艘轮船,即川东、川西、川南和川北,航行叙渝间;日清公司有宜阳、云阳大轮 2 艘,德阳小轮 1 艘。此外,美孚油船 3 艘:美川、美滩、安南,亚细亚油船 2 艘:天光、渝光,皆可搭客带货。总计外国轮船公司 24 家,大小轮船 56 艘。但随着轮船运输的兴起,旧式木船纷纷退出川江主要航道。到 1926 年,宜昌海关报告甚至声称,川江"民船运输事业,几尽为轮船取而代之,而绝迹于江面"。[2] 这里透露出的历史信息是:旧式木船在川江主航道上已经彻底被轮船和新式的机动木船所取代,1925—1926 年则是轮船和新式机动木船在川江主航道取代旧式木船的重要年代。1928—1929 年,在被称为峡江的宜昌重庆段行驶的轮船达到 58 艘,登记总吨位达到 1.8 万吨。1931 年上述数字有所下降,同时,行驶重庆以上江面的小轮船有 28 艘(其中 26 艘是摩托船,也称电船)。在此时期,"民船货运随着轮船航行的发展而大为减低,但往来于江上的民船艘数仍甚巨大"。[3]

为适应轮船航运业的需要,重庆码头设施也开始发生显著的变化。1927 年 2 月,重庆嘉陵码头动工兴建,7 月完工,"为渝市各码头之冠,执轮船码头之牛耳"。[4] 与嘉陵码头同时修建的还有朝天门码头。1930 年兴修并建成千斯门码头,1931 年 3—4 月兴修并建成太平门码头。我们有理由认为,20 世纪 20 年代中期到 30 年代初,重庆港口已经大体实现了从传统木船运输停靠码头到近代轮船码头的转型。

1933 年到 1936 年,进出重庆的轮船从 1500 艘,载重 50 万吨,迅速增加到 2140 艘,载重 76 万吨,以重庆为中心的川江航运进入近代

[1] 张肖梅编著:《四川经济参考资料》,中国国民经济研究所,1939 年,第 H5 页。

[2] 谭刚著:《抗战时期大后方交通与西部经济开发》,北京:中国社会科学出版社,2013 年,第 51、156 页。

[3] 重庆关署理税务司李规庸:《概述(1922—1931)》,周勇、刘景修译编:《近代重庆经济与社会发展:1876—1949》,成都:四川大学出版社,1987 年,第 354 页。

[4] 傅润华、汤约生主编:《陪都工商年鉴》,张研、孙燕京主编:《民国史料丛刊》(605 册),郑州:大象出版社,2009 年,第 36 页。

以来的"极盛时期"。[1]

民生实业公司的兴起，是以重庆为中心的川江航运近代化中一个令人瞩目的现象。该公司由卢作孚等人于 1925 年发起筹备于重庆合川(当时属于四川)，资本 5 万元，实收资本仅 2 万元。凭借如此微薄资本的一部分，在上海建造 70 吨小火轮一只，命名为民生轮。该轮于 1926 年 7 月底投入渝合线运营，连年获利。1927 年，民生实业公司资本增加到 14 万余元，1928 年增加到 15 万元，1930 年增加到 21 万余元，1931 年增加到 67 万元，1932 年 10 月已达 150 余万元。该公司拥有的轮船，1927 年为 3 艘，1930 年为 4 艘，1932 年 7 月已有 20 艘。随着规模的扩大，1931 年民生公司总公司迁到重庆。[2]

全面抗战爆发前后，川江各大小河流航道可通行轮船的情形，除长江外，岷江可抵乐山，嘉陵江可抵合川。至于通行各江河的木船，大小合计数量有 3 万艘，载重 30 万吨，运输量仍颇为可观[3]，对于军需民用货物的运输，作用巨大。

全面抗战时期，特殊的港口交通条件和政治经济地位，使重庆成为后方地区最为重要的内河航运中心。1938 年元旦，重庆轮渡公司筹备处在川江航务管理处内正式成立，筹备主任由川江航务管理处处长何静源兼任。四川省建设厅先拨款 10 万元为官股，另招商股参加。筹备处暂租用民生公司民约、民庆两轮，以轮船代替木船，从元旦起航行于重庆储奇门和海棠溪之间，在重庆交通史上，开了一个新纪元。[4] 到 1939 年，重庆轮渡公司有 10 条渡轮，先后开辟 8 条航线。[5]

1941 年，以重庆为中心的川江流域有轮船 226 艘、载重 64033 吨。作为川江轮船运输巨擘的民生公司在重庆地区开辟一系列的客运航

[1] 张肖梅编著：《四川经济参考资料》，中国国民经济研究所，1939 年，第 H5 页。

[2] 谭刚：《抗战时期大后方交通与西部经济开发》，北京：中国社会科学出版社，2013 年，第 65 页。

[3] 陪都建设计划委员会编：《陪都十年建设计划草案》，陪都建设计划委员会，1947 年，第 30-31 页。

[4] 杨及玄：《重庆轮渡公司的展望》，《西南实业通讯》第 14 卷第 1、2 期合刊，1946 年 8 月 30 日，第 11 页。

[5] 郑洪泉、常云平总主编，常云平、郑洪泉、徐斌主编：《中国战时首都档案文献·战时交通》，重庆：西南师范大学出版社，2017 年，第 503 页。

线:重庆至白沙线、重庆至江津线、江津至合江线、泸县至合江线、重庆至涪陵线、重庆至长寿线、重庆至洛碛线、重庆至唐家沱线、重庆至寸滩线、重庆至合川线、重庆至北碚线、重庆至童家溪线、重庆至磁器口线、万县至云阳线等。通过这些航运线,重庆城区与郊区紧密相连,形成纵横发达的内河运输网。[1] 除民生公司外,合众轮船股份有限公司、强华实业股份有限公司也先后在重庆成立。国营轮船招商局也于1943年4月26日在重庆恢复办公。[2] "1943年,进出重庆港的旅客达3781398人次;1944年,又增加到3961760人次。"[3]

公路运输在近代交通中具有非常重要的地位。防区制时代的1922—1931年,重庆、四川的军政当局出于自身利益的考虑,对公路的修筑相当重视。资料称:当时"联系位于川西的省会成都和远在川东的万县的修路工作正在顺利地进展"。[4] "由简州到重庆,分为10小段,由渝简马路局经修,仍在建造中,已完成的2/3所费成本将近600万元。重庆万县段,共长698华里,由渝万马路局经修,总局设在万县。这一段至今只完成了90华里。计划的路线要经过梁山、垫江、长寿和江北。另一条约400华里长的干路,在川北于潼川到保宁,已经完成并已通车。"[5] 1935年以后,重庆周边的公路建设进一步加快。在全面抗战爆发前和全面抗战期间,先后修筑完成成渝、川黔、川鄂、川湘、川陕五大公路干线,对内与各支线联络,对外与西南、西北各重镇相连接。[6] 1937年10月,办理川、陕、黔、滇、湘五省干线公路3700余公里联运。[7] 1938年8月,开通重庆经叙府、盐津、昭通、会

[1] 谭刚:《抗战时期大后方交通与西部经济开发》,北京:中国社会科学出版社,2013年,第214-215页。

[2] 张后铨主编:《招商局史·近代部分》,北京:中国社会科学出版社,2007年,第443页。

[3] 谭刚:《抗战时期大后方交通与西部经济开发》,北京:中国社会科学出版社,2013年,第442页。

[4] 重庆关署理税务司李规庸:《概述(1922—1931)》,周勇、刘景修译编:《近代重庆经济与社会发展:1876—1949》,成都:四川大学出版社,1987年,第364页。

[5] 重庆关署理税务司李规庸:《概述(1922—1931)》,周勇、刘景修译编:《近代重庆经济与社会发展:1876—1949》,成都:四川大学出版社,1987年,第365页。

[6] 傅润华、汤约生主编:《中国工商要览》,中国工商年鉴纂社,1948年,第162页;陪都建设计划委员会编:《陪都十年建设计划草案》,陪都建设计划委员会,1947年,第31页。

[7] 郑洪泉、常云平总主编,常云平、郑洪泉、徐斌主编:《中国战时首都档案文献·战时交通》,重庆:西南师范大学出版社,2017年,第257页。

泽到昆明的渝昆联运,这是一条川滇捷径,驮运、航舶为运输方法。[1]
1938年11月,重庆至宝鸡开行特约交通专车。1943年10月,川、湘、
鄂区开行重庆至恩施、沅陵直达客车。1944年2月1日,川陕联运处
开行重庆至湖北省老河口、宁夏、绥远、陕西、迪化等地联运班车。货
运方面,川黔线重庆至贵州以盐为主,回程以矿产为主;川滇线云南至
重庆以军需品为主;川湘线出川是盐,进川是大米、茶叶、钨锑矿石;川
陕线,出川为茶叶、钨锑矿石,进川为石油、棉花、羊毛等。[2] 重庆市
公共汽车创办于1933年,1944年每日约有30辆车投入运营。[3]

　　1940年,沙市、宜昌先后沦陷,为渡过难关,国民政府交通部积极
办理川湘、川陕水陆联运。8月4日,国民政府交通部在重庆设立"川
陕川湘水陆联运总管理处"。川湘水陆联运分作两路,一路由重庆经
涪陵到龚滩用水运,龚滩到龙潭用驮运,龙潭经沅陵到常德用水运;一
路由重庆经涪陵到彭水用水运,彭水经酉阳到龙潭或沅陵利用川湘公
路车运,龙潭或沅陵到常德用水运,全程共计900余公里。川陕水陆
联运的路线,是重庆经合川到广元用水运,广元到宝鸡利用川陕公路
车运,或由广元水运到阳平关,然后经公路到烈金坝以达宝鸡,全线除
阳平关以上陆运不计外,重庆到阳平关有800余公里。该联运路线全
长2185公里,约等于战前京(南京)沪、津浦、平汉3条铁路的总和。
从开办到1942年4月全部国营为止,承运总量约数千吨,积存待运货
物约2千吨。川湘川陕联运办理得法,川湘联运尤其成效显著[4],迅
速成为"沟通西南西北之水陆路线,……对于后方军民运输,贡献殊
多"。[5]

[1] 郑洪泉、常云平总主编,常云平、郑洪泉、徐斌主编:《中国战时首都档案文献·战时交
　　通》,重庆:西南师范大学出版社,2017年,第259页。
[2] 谭刚:《抗战时期大后方交通与西部经济开发》,北京:中国社会科学出版社,2013年,第
　　442-443页。
[3] 郑洪泉、常云平总主编,常云平、郑洪泉、徐斌主编:《中国战时首都档案文献·战时交
　　通》,重庆:西南师范大学出版社,2017年,第475页。
[4] 薛光前:《我办理运输的实际体验》,《西南实业通讯》第8卷第4期,1943年10月31日,
　　第13-14页;《战时后方水上运输是怎样维持的》,《新世界》1944年第5期,1944年5月15
　　日,第11页;张后铨主编:《招商局史:近代部分》,北京:中国社会科学出版社,2007
　　年,第435-436页。
[5] 中国第二历史档案馆:《中华民国史档案资料汇编》第5辑第2编《财政经济》(10),南
　　京:凤凰出版社,1997年,第152页。

铁路的修筑,进展维艰,但仍取得了如北川铁路这样值得注意的进展。从嘉陵江北岸白庙子到大田坎的北川铁路,是一条以煤炭运输为主、客运为辅的轻便铁路。其修筑自 1928 年 11 月到 1934 年 3 月分段完成,也是川渝地区第一条铁路。该路全线 16.8 公里,造价约 75 万元[1],关于北川铁路修建始末,资料载:

北川铁路为北川民业铁路公司所经营。民国十七年,一月在沪聘请丹麦工程师守儿持(又作守尔慈)氏来川主持工程。守君乃一六旬老人;精神健旺,初来无办公地点,假储煤之炭坪子,作为守君办公寝息之所。测勘路线凡九阅月竟日跋涉山谷间,毫无饥疲之感。偕与工作之青年,反有不胜任其苦者。测绘完毕,列具预算书,即于是年十月动工,建筑水岚垭至土地垭一段,计十七华里,十八年十月通车,十九年添修由水岚垭至白庙子一段,计程五里。又接修土地垭到戴家沟一段,计程三里,均于二十年五月通车。二十二年接修由戴家沟至大田坎一段,计程八里,全线计三十三里,同时于白庙子建筑下河绞车第一段,于二十三年四月一日同时完成。第二段绞车二十四年三月完成,主要运输煤炭,平均每日四百吨,拟募足股本六十万。铁路起点在嘉陵江边,依山岭断岩而筑,乘船经过,闻汽笛呜呜呜,在江中仰望,火车一列,盘旋天际,如在车中俯瞰,则又下临无地,使人心惴。车站地名白庙子。初仅有房屋一所,铁路修成后,新建街房百余间,俨若一新市场焉。铁路之设备有车站十一处,一百一十四马力车头一部,七十四马力车头二部,三十五匹马力车头二部,五吨车厢自卸煤车六十部,客货车十余部,卸煤桥四座,绞车二部,各种修理车床及机械全套。二十四马力锅炉引擎全部,有事务处及河边码头煤栈等。二十三年营业约十四万元,盈利甚微。[2]

北川铁路的修筑和投入营运,对嘉陵江煤矿区域采矿业、对重庆区域工业化和重庆城市化的进程具有重要的意义。为实现迁建委员

[1] 天府矿务局志编审委员会编纂:《天府矿务局志(1933—1985)》,天府矿务局志编审委员会,1991 年,第 469 页。
[2] 黄子裳、刘选青:《嘉陵江三峡乡村十年来之经济建设》,《北碚月刊》第 1 卷第 5 期,1937年 1 月 1 日,第 35 页。

会大渡口钢铁厂增产计划,国民政府于 1940 年决定修筑綦江铁路。该铁路于 1942 年开始修筑,到 1945 年完工,所费工程款 8 亿8057 万余元。[1]

航空是近代新兴的交通手段。1929 年,距离当时重庆城区 20 英里的广阳坝修建了一个机场。[2] 这一年 10 月,中国航空公司开通了上海到汉口约 875 公里的空中航线。1930 年 12 月,该航线延伸到湖北宜昌。1931 年 10 月 11 日,中国航空公司派飞机在汉渝线试飞 569 公里获得成功,10 月 23 日正式开辟汉口、重庆每周 2 次往返的班机。自此以后,定期的邮运和客运经常保持,来往重庆和上海只须 2 日,搭乘轮船则须 2 星期。汉渝线开通后,中国航空公司很快准备把航线向西延伸至成都。[3] 1933 年 6 月 1 日渝蓉线正式开航,标志着经停重庆、汉口等地的沪蓉线全线贯通。沪蓉线普通航班分沪汉、汉渝、渝蓉三段,并开设有特别快班。根据谭刚教授的研究,中国航空公司在该线运营的飞机,沪汉段为道格拉斯式(Doug-las)大型客机,汉渝段为洛宁式(Leoning)水上飞机,渝蓉段为史汀逊式(Stinson)。航班分普通、特种和游览航班等,其中普通航班为定期航班,需分段飞行。1935 年春,随着参谋团入驻重庆,四川军政统一局面的初步形成,来往于南京和重庆的旅客增多,中国航空公司为适应需要增开京渝特种快班,5—6 月即有 11 架次。1935 年秋,中国航空公司又在渝蓉间开辟特别快班。1936 年,沪蓉线上的定期航班每周往返 3 次,全程需时 9 小时 15 分钟。[4] 1935 年 5 月 4 日,中国航空公司还开辟了往返重庆和昆明、中间经过贵阳的渝昆线,该线全长 755 公里,飞行时间 3.5 小时。由于气候等原因,自 1936 年 9 月中旬起,缩短为渝筑间每周飞行两次。[5]

全面抗战爆发后,中国航空公司总公司于 1938 年 1 月迁重庆,欧

[1] 郑洪泉、常云平总主编,常云平、郑洪泉、徐斌主编:《中国战时首都档案文献·战时交通》,重庆:西南师范大学出版社,2017 年,第 401 页。
[2] 重庆关署理税务司李规庸:《概述(1922—1931)》,周勇、刘景修译编:《近代重庆经济与社会发展:1876—1949》,成都:四川大学出版社,1987 年,第 365 页。
[3] 重庆关署理税务司李规庸:《概述(1922—1931)》,周勇、刘景修译编:《近代重庆经济与社会发展:1876—1949》,成都:四川大学出版社,1987 年,第 365 页。
[4] 谭刚:《抗战时期大后方交通与西部经济开发》,北京:中国社会科学出版社,2013 年,第 67-68 页。
[5] 张肖梅编著:《四川经济参考资料》,中国国民经济研究所,1939 年,第 II 页。

亚航空公司于同年 10 月在重庆设立办事处。1937 年 12 月中旬,中国航空公司开辟重庆—香港航线,每周对开 2 次。[1] 1938 年 5 月,中国航空公司开辟重庆至嘉定航线,经停泸县、叙府,使用洛宁水陆两用飞机,每周 2 班。1938 年 8 月,中国航空公司恢复了重庆至昆明间的航线。[2] 武汉、广州沦陷后,重庆新开多条空中航线。其中重庆—仰光航线,于 1938 年 11 月由欧亚航空公司开辟,途经昆明及越南河内。1939 年 3 月中国航空公司加入该航线航行,每周飞行 1 班;重庆—阿拉木图航线,于 1939 年 12 月开辟,经停哈密,每周飞行 1 班;重庆—西安航线,于 1939 年 1 月开辟;兰州至西宁航线,于 1939 年 7 月开辟;成都—兰州航线,于 1939 年 7 月开辟;重庆—汉中航线,于 1939 年 9 月开辟。[3] 到 1939 年,重庆除与中国后方各重要城市有飞机通航外,还先后开辟了重庆—昆明—河内、重庆—昆明—腊戍—仰光、重庆—哈密—阿多玛阿塔等 3 条国际航线。[4]“1939 年,进出重庆的航班,中国航空公司每周 40 班次,欧亚航空公司每周 16 班次,共计 56班次。与 1933 年渝蓉航线开航时每周 6 个班次相比,增加 8 倍多。1944 年,驻重庆的中国航空公司客运总量 2.2 万人次。”[5] 1944 年,渝兰线和渝迪线就分别空运物资 78491、1914 公斤。[6] 到抗战胜利前后,重庆的空中航线有渝蓉、渝兰、渝筑、渝昆(并到印度)等[7],重庆成为长江上游最为重要的国际性空港。

　　工业化和城市化需要发达的邮政和电讯服务。1892 年,有 16 家信局经营往来重庆信件的业务,其中有 3 家信局的总局设在汉口,能够把信件、包裹和贵重物品由重庆转寄沿海各地;其余在重庆设有总

---

[1]《年度报告(1937)》,周勇、刘景修译编:《近代重庆经济与社会发展:1876—1949》,成都:四川大学出版社,1987 年,第 465 页。

[2] 谭刚:《抗战时期大后方交通与西部经济开发》,北京:中国社会科学出版社,2013 年,第131 页。

[3] 谭刚:《抗战时期大后方交通与西部经济开发》,北京:中国社会科学出版社,2013 年,第134 页。

[4]《年度报告(1939)》,周勇、刘景修译编:《近代重庆经济与社会发展》,成都:四川大学出版社,1987 年,第 469 页。

[5] 谭刚:《抗战时期大后方交通与西部经济开发》,北京:中国社会科学出版社,2013 年,第443 页。

[6] 谭刚:《抗战时期大后方交通与西部经济开发》,北京:中国社会科学出版社,2013 年,第309 页。

[7] 傅润华、汤约生主编:《中国工商要览》,中国工商年鉴编纂社,1948 年,第 162 页。

局的信局则寄送川省之内及贵州、云南、陕西、甘肃等省各处的邮件包裹。在 1891 年,从汉口到重庆邮寄海关信件最快需要 14 日,最慢需要 33 日;由宜昌到重庆最快为 9 日,最慢为 15 日。由重庆到宜昌的信件,从重庆的信局启行之日计算,最快为 4 日,到汉口最快为 11 日。[1] 1900 年,重庆海关在重庆设立邮政官局,办理包括四川、贵州、云南北部各地业务。1911 年清政府设立邮政总局后,重庆邮政脱离海关。[2] 重庆电话肇始于 1914 年,开始时为警用。1926 年,重庆商埠督办公署成立,设有电话局。1929 年,重庆市政府筹划把电话办成一种公用事业,募集地方公债 80 万元并与中国电器公司签订合同,提供必要设备和安装技工。到 1931 年,装妥 300 余架电话机,而且作了可供 3000 家用户使用的准备,还预备把电话线延伸过河到江北和南岸。当时除了重庆市区电话交换局之外,几乎所有乡场、村镇都有长途电话。单是巴县,在 1931 年年底就有总长 2565 华里的电话线,使所辖的 58 个乡场能够互相接触。[3] 这样,1931 年 10 月,成立重庆市电话总所,隶属重庆市政府。1938 年 7 月,重庆市电话总所改名交通部重庆电话局。规模日渐宏大,业务"愈趋发达"。[4] 到全面抗战时期,重庆在电话、电报和邮政方面又有很多改进。重庆无线电报站于 1928 年 6 月开办于大官坪,公开营业,成都和万县并设附站。由于业务发达,不久就亟须在江北再行安装一套短波电机才足应付增进不已的发报。由此,重庆成为"四川、云南、贵州三省发报中心"。[5]

总之,到全面抗战爆发前后,以重庆为中心的公路、轮船航运、航空、邮政、电讯网络已经大体形成。全面抗战爆发后,又得到相应的加强和改善。交通、通讯条件的不断改善,为全面抗战时期和此后重庆

[1] 重庆关署理税务司好博逊:《概述(1892)》,周勇、刘景修译编:《近代重庆经济与社会发展:1876—1949》,成都:四川大学出版社,1987 年,第 67-70 页。
[2] 郑洪泉、常云平总主编,常云平、郑洪泉、徐斌主编:《中国战时首都档案文献·战时交通》,重庆:西南师范大学出版社,2017 年,第 459 页。
[3] 重庆关署理税务司李规庸:《概述(1922—1931)》,周勇、刘景修译编:《近代重庆经济与社会发展:1876—1949》,成都:四川大学出版社,1987 年,第 366 页。
[4] 郑洪泉、常云平总主编,常云平、郑洪泉、徐斌主编:《中国战时首都档案文献·战时交通》,重庆:西南师范大学出版社,2017 年,第 461 页。
[5] 重庆关署理税务司李规庸:《概述(1922—1931)》,周勇、刘景修译编:《近代重庆经济与社会发展:1876—1949》,成都:四川大学出版社,1987 年,第 366 页。

工业的发展,提供了与当时西南西北其他城市相比更加便利的条件。资料载:"重庆为四川第一商埠,陆道可以通川陕、川甘、川黔、川湘四大公路,水道可通沱江、岷江、嘉陵江、长江四大流域,航空能达各省,交通颇称便利,市面素称繁荣,抗战军兴,沦陷区域甚多,各省工厂,大多数迁入川内,规模之大小,虽较过去简明,而努力生产,仍不遗余力,各项工业,犹以重庆为多。"[1]在上述诸条件中,轮船运输的开展影响尤其重要。资料载:川渝地区机械工厂,自 1921 年"长江轮运骤增以来,乃逐渐设立"。[2]

(二)票号、钱庄、银行与金融环境

长期以来,由于交通、通讯相对较为发达,尽管川渝地区内的商业以成都为中心,但川渝地区与区域外的经济往来,则以重庆为中心,"输出多药材原料,输入多洋广杂货"。[3] 作为长江上游最重要的货物集散地,重庆"商业极为发达"。[4]

金融为工商业的动脉。晚清时期,重庆的金融以票号为主,钱庄为辅。1892 年,重庆有 16 家山西票号,其经理全为山西平遥县、祁县人,其总号都设在成都。[5] 重庆著名的山西帮票号有协同庆、天成亨、日升昌、百川通、宝丰隆、三晋源、蔚丰厚、大德恒、大德通等。山西帮票号之外,尚有晚起的天顺祥、仁和堂家。[6] 每家票号的资本额在当时基本都在白银 10 万两至 30 万两,业务则半数以上主要从事相关公款业务[7],也为重庆商业活动提供一定程度的金融服务。1896 年

---

[1] 《重庆市皂烛业初步调查》(1942 年),重庆市档案馆、重庆师范大学合编:《中国战时首都档案文献·战时工业》,重庆:重庆出版社,2014 年,第 570 页。

[2] 四川省政府编:《四川省概况》第三篇,四川省政府秘书处,1939 年,第 55 页。

[3] 周传儒编:《四川省一瞥》,商务印书馆,1926 年,第 5 页。

[4] 周传儒编:《四川省一瞥》,商务印书馆,1926 年,第 28 页。

[5] 中国人民银行山西省分行、山西财经学院、《山西票号史料》编写组编:《山西票号史料》,太原:山西经济出版社,1990 年,第 70 页。

[6] 中国人民银行山西省分行、山西财经学院、《山西票号史料》编写组编:《山西票号史料》,太原:山西经济出版社,1990 年,第 307、312、545 页。

[7] 中国人民银行山西省分行、山西财经学院、《山西票号史料》编写组编:《山西票号史料》,太原:山西经济出版社,1990 年,第 70 页;重庆关署理税务司好博逊:《概述(1892)》,周勇、刘景修译编:《近代重庆经济与社会发展:1876—1949》,成都:四川大学出版社,1987 年,第 66 页。

春巴县知县国璋禀称:"当四五月间,各省土客来渝办货,汇票之多月恒数十万两;加以犍富两厂四五月内需银开销盐帮成千累万捆载而去,每月亦不下数十万金。"[1]

1911 年辛亥革命爆发,票号遭受重创。1912 年,除天顺祥外,重庆的票号先后停业,金融"实权暂移归于钱铺之手"。[2] 资料载:"民元时代,(重庆)钱庄事业,即代替票号而起,因彼时银行事业尚未萌芽,而票帮各家,已停业殆尽,钱业遂应时势之需要,为全市商业之枢纽。故民二三年间,最称发达,先后创设者,达五十余家,直接间接藉资糊口者,在六千人以上(以一家二十人,一人八口之家庭计)可谓极一时之盛。"[3] 不过,由于实力薄弱,经营方法陈旧,1921 年以后,重庆的钱庄时有倒闭。1927 年,受武汉汪精卫分共政变影响,重庆、万县钱庄"收歇甚伙"。1930 年,重庆金融市场发生巨变,"大小钱庄,互相牵连,倒闭者比比皆是"。1932 年 8 月,重庆金融、商业行业中发生"汤字号"之变,波及联号七八家。1934 年,万县钱庄由于申汇赌空失败,倒闭二三十家。至此,重庆钱庄业"日趋没落"[4]。

20 世纪初,当票号业务尚处于极盛之时,官商合办的濬川源银行于 1905 年在重庆正式创办,资本 50 万两[5],这是川渝地区第一家现代金融机构。1909 年,大清银行在重庆千厮门设立重庆分行。濬川源银行总行于 1910 年迁成都,辛亥革命期间因金库被洗劫而被迫停顿。民国初年,大清银行清理后结束。1915 年,中国银行重庆分行和聚兴诚银行先后在重庆创办。中国银行总行设于上海,1912 年 2 月成立。1915 年 1 月,中国银行在重庆设立分行。聚兴诚银行于 1915 年 3 月 16 日在重庆首先开张成立,资本 100 万元,实收资本为 60 万元,采用股份两合公司的组织形式,最高权力机构为事务员会议,事务员由无限责任股东即杨氏家族成员担任,事务员会议主席为杨文光,有限责

[1] 中国人民银行山西省分行、山西财经学院、《山西票号史料》编写组:《山西票号史料》,太原:山西经济出版社,1990 年,第 312 页。

[2] 中国人民银行山西省分行、山西财经学院、《山西票号史料》编写组:《山西票号史料》,太原:山西经济出版社,1990 年,第 545 页。

[3] 中国人民银行山西省分行、山西财经学院、《山西票号史料》编写组:《山西票号史料》,太原:山西经济出版社,1990 年,第 545 页。

[4] 张肖梅编著:《四川经济参考资料》,中国国民经济研究所,1939 年,第 D45 页。

[5] 刘志英、张朝晖等著:《抗战大后方金融研究》,重庆:重庆出版社,2014 年,第 63 页。

任股东则专门组成股东会,[1]杨培贤任总经理,杨粲三任协理。1919
年到1923年,大中、美丰、中和、四川等银行及四川官银号先后在重庆
创设。此后,濬川源银行、殖边银行、交通银行等也相继在重庆设立
分、支行。1919年7月,汪云松等在重庆创办的大中银行正式开业,该
银行资本100万元,先收30万元。惜其北京分行受政府借款影响,
1922年停业。美丰银行成立于1921年,原为中美合资,1927年美股
退出,变为纯粹的中资银行。中和银行创办于1922年,四川银行、四
川官银号创办于1923年。[2]重庆平民银行于1928年成立。1930年
是重庆金融业在剧烈动荡中获得巨大发展的一年。中和银行、四川银
行、四川官银号先后倒闭。但几乎同时,新出现5家新式金融机构,即
川康殖业银行(1929年)、重庆市民银行(1930年)、北碚农村银行
(1931年)、重庆川盐银行、四川商业银行等(1932年)以及21军总金
库(1930年)。21军总金库不是银行,因为它发行钞票,经营军政当局
的收支,捐税等。该金库发行的粮税契券,最多时达900多万元,流通
于重庆及川东各县,[3]实际上与地方政府银行无异。此后,发行钞票
成为重庆各家银行的通例,川康殖业银行把面额1元、5元、10元总数
达100万元的存款收据投入流通,21军总金库以"粮税契券"名义发
行150万元的钞票。重庆市民银行发行面额1角、5角的辅币券。这
些钞票大致上能够依照面额互相接受,并与现洋兑换。因此,1930年
被认为是"银行业特别兴盛之年"。[4]也是在1930年,四川金融家康
心如掌握了资本额300万元的重庆美丰银行的实权,并被刘湘聘任为
国民革命军(川军)21军顾问兼财政设计委员会委员,从而使美丰银
行成为21军所发各种债券的主要承销商,得以大量发行美丰券,大赚
其钱,几年之间,美丰银行在各地设立分支机构就多达30多处。[5]

[1]《聚兴诚银行股份两合公司章程》(1915年2月),聚兴诚银行档案,重庆市档案馆馆藏,档案号:0295-1-735。

[2]张肖梅编著:《四川经济参考资料》,中国国民经济研究所,1939年,第D41页。

[3]张肖梅编著:《四川经济参考资料》,中国国民经济研究所,1939年,第D41、E1页。

[4]重庆关署理税务司李规庸:《概述(1922—1931)》,周勇、刘景修译编:《近代重庆经济与社会发展:1876—1949》,成都:四川大学出版社,1987年,第359-360页。

[5]康心如:《从30年的长期剥削中醒悟过来》,《重庆工商》,1956年第1、2期合刊,第34-35页。

到 1934 年,地方银行、建设银行、江海银行等接踵而起。1935 年,中央银行、中国农民银行、四川省银行(由四川地方银行改组而成)在重庆设立分行或总行。加上旧有银行,重庆的银行,已经有 15 家之多。1936 年,金城银行在重庆设立分行。1937 年 9 月,川康殖业、重庆平民、四川商业三行合并为川康平民商业银行,资本 400 万元。[1] 此外,尚有 1937 年 3 月在重庆成立的四川兴业银公司,资本 500 万元。[2] 可见,全面抗战爆发前,重庆的现代金融业确实已经有显著的发展,并已经成为长江上游特别是川渝地区"金融之中心"。[3] 但是,如前所述,金融业中盛行比期制度,对于商业有益,而对于贷款周期较长的现代工业而言,则尚不能适应。实际上,当时重庆的金融业也无力为工业发展提供金融支持与服务。正如《四川经济参考资料》所载,1934 年,四川省政府向重庆银钱帮的官借已达 8000 万元,重庆"金融界之力量","已悉数投入官借,不能再受担负"。[4] 四川省政府改组后,当局为整编军队、统一粮饷向重庆金融界借款,先后达上千万元。此后以税收短缺,延期半年到两年偿还,"渝市银钱业之资金,尽寄于此"。[5] 工业难以发展,资金缺乏也是重要原因。

全面抗战时期,随着中、中、交、农四大国有银行以及其他金融机构的迁渝,重庆迅速演变为后方地区最重要的金融中心。[6] 重庆地区的工业发展在得到政策支持的同时,也由此取得在金融上的便利。到 1938 年年底,经济部工矿调整处对重庆四川水泥公司、重庆电力公司、民生公司、天府煤矿等大型厂矿企业,均给予了政策上的帮助。其中,协助重庆电力公司、四川水泥公司、民生公司分别向四行借款 200 万元、70 万元、100 万元,直接贷款给天府煤矿、中国植物油料厂 50 万元和 60 万元。工矿调整处还贷款 1 万元、1.5 万元给规模甚小的重庆

---

[1] 张肖梅编著:《四川经济参考资料》,中国国民经济研究所,1939 年,第 D41-42 页。

[2] 张肖梅编著:《四川经济参考资料》,中国国民经济研究所,1939 年,第 D51 页。

[3] 张肖梅编著:《四川经济参考资料》,中国国民经济研究所,1939 年,第 E1 页。

[4] 张肖梅编著:《四川经济参考资料》,中国国民经济研究所,1939 年,第 E1 页。

[5] 张肖梅编著:《四川经济参考资料》,中国国民经济研究所,1939 年,第 E2 页。

[6] 刘志英、张朝晖等著:《抗战大后方金融研究》,重庆:重庆出版社,2014 年,第 122 页。

新中国人造汽油厂、新民代汽油厂。[1]

由于得天独厚的政治、经济地位,以重庆为主要舞台的四川(华西)金融财团也在全面抗战时期进入发展的黄金时期,经济实力"渐见雄厚"。[2] 聚兴诚银行为发展业务在西南进一步扩充分支机构,增加资本,1940年增资为400万元,1942年增资为1000万元,其影响和实力甚至"可与中国通商、四明、上海、金城相比"。[3] 重庆其他银行包括美丰银行、川盐银行也有较大的发展,甚至像和成银行这样在1938年才由钱庄改组成立的银行,也在全面抗战期间"由一个地方性的金融机构发展为全国性的金融组织"。[4] 各银行对工商业进行了广泛的投资,形成以聚兴诚、美丰、重庆、和成、川康为核心的五大银行资本集团。

抗战胜利后,重庆尽管丧失了全国性金融中心地位,但仍有其重要性。根据当时中央银行的统计,全国七大都市金融机构,共计912家,其中重庆占251家,数目仅次于上海,居全国第二位。再根据当时中央银行金融检查处统计,从1946年1月到6月底这半年内,全国各省市营银行及商业行庄存款总额为330589852381元,其中重庆市各行庄存款总额占全国存款总额10%,存款数额也仅次于上海。[5]

20世纪三四十年代银行业的快速发展和壮大,无疑为重庆工业化、城市化的演进提供了一个十分有利的基础性条件和金融环境。

(三)教育与工业科技

重庆具有较高的教育水平。早在1892年,驻重庆海关税务司的十年报告中就说:当时四川省秀才名额为1966名,其中重庆府的名额

---

[1]《经济部工矿调整处协助和筹设内地工厂情形的报告(1938年12月)》,重庆市档案馆、重庆师范大学合编:《中国战时首都档案文献·战时工业》,重庆:重庆出版社,2014年,第6-7页。

[2]《四川财阀的起源》,陈真编:《中国近代工业史资料》第三辑,北京:生活·读书·新知三联书店,1961年,第1280页。

[3]金逸明:《川帮银行的首脑——聚兴诚银行》,原载香港《经济导报》周刊第72、73期,转自《聚星月刊》第2卷第5期,1948年11月15日,第28页。

[4]《和成银行沿革及历年业务概况》,(1951年),和成银行档案,重庆市档案馆馆藏,档案号:0300-1-27。

[5]傅润华、汤约生主编:《中国工商要览》,中国工商年鉴纂社,1948年,第160-161页。

为 198 名,低于成都的 265 名,但远远多于叙州府的 154 人和顺庆府的 137 人。有观察者称:在重庆街上看见的每 100 人中估计有 40 人能读得懂告示,有 30 人懂而不甚清楚。该十年报告断言:"(重庆)受过相当教育的男子的比率较全国平均为高。"[1] 20 世纪 20 年代,作为川东中心区域的重庆,"教育极发达,各县子弟,纷纷来此就学"。[2] 当时的重庆,有数十所小学和十多所中学。巴县中学、川东师范、四川省立第二女子师范、商业中学、巴县国民师范在重庆城内,重庆联合中学、甲种工业学校、巴县农业学校在重庆城外。曾家岩的求精中学、文峰塔的广益中学、城内的启明中学为教会学校。这些学校中,以重庆联合中学、四川省立第二女子师范、求精中学"最有声色"。[3]

高等教育方面,1929 年 10 月,重庆大学在菜园坝杨家花园正式创办,以刘湘为首任校长。1933 年 10 月,重庆大学迁入沙坪坝新址,并发展为具有文、理、农 3 院 7 系课的院系格局。1935 年 8 月,矿业专家胡庶华任重庆大学校长。1935 年 9 月,经南京国民政府核准,重庆大学暂设理、工两学院,文、农两院并入四川大学。[4] 全面抗战时期,重庆大学发展为理、工、商 3 院 12 系、2 专修科、1 师资班的规模。[5] 1943 年,重庆大学正式改为国立大学。1945—1949 年,重庆大学发展为理、工、商、文、法、医 6 院 20 系、3 研究所、1 专修科。[6] 以理工科为主要特色的重庆大学的创办和发展,为重庆工业化和城市化培养了一批又一批的科技和管理人才。

到 20 世纪 30 年代,应用科技研究与宣传方面,重庆也有了较为突出的表现。1930 年 10 月,民办的中国西部科学院在重庆北碚成立,该院相继创办地质、理化、生物、农林 4 个研究所,成为中国西部地区

[1] 重庆关署理税务司好博逊:《概述(1892)》,周勇、刘景修译编:《近代重庆经济与社会发展:1876—1949》,成都:四川大学出版社,1987 年,第 61-62 页。
[2] 周传儒编:《四川省一瞥》,商务印书馆,1926 年,第 31 页。
[3] 周传儒编:《四川省一瞥》,商务印书馆,1926 年,第 31 页。
[4] 重庆大学校史编写组:《重庆大学校史》上册,重庆:重庆大学出版社,1984 年,第 15、29、30、42-43 页。
[5] 重庆大学校史编写组:《重庆大学校史》上册,重庆:重庆大学出版社,1984 年,第 63 页。
[6] 重庆大学校史编写组:《重庆大学校史》上册,重庆:重庆大学出版社,1984 年,第 85、121 页。

第一个综合性的自然科学研究院。[1] 中国西部科学院的工作以应用研究为主,用理化、气象、生物、地质、农林等多方面的研究成果,以及创办博物馆等宣传科学技术,[2] 为重庆工业发展和城市化进程做出了不可替代的重要贡献。

中国工程师学会应邀到重庆举办年会,体现出 20 世纪 30 年代重庆工商界对工业科技的重要性已经有了清晰的认识。在卢作孚和四川各界的努力下,1933 年 8 月下旬中国工程师学会于武汉举行年会期间,四川实力派人物刘湘正式发函电邀该会到四川举办第二年的年会。中国工程师学会年会作出决议:不必开年会,而是由董事会慎选人才组织考察团,前往四川,分组视察,进行规划,提出建议。随后,中国工程师学会董事会又决议由该会会员、电业专家恽震筹备组织考察团事宜。经过半年多时间,1934 年 4 月 15 日,中国工程师学会四川考察团筹备完成。考察团分 9 个组,共有包括 2 名国防设计委员会专门委员在内的 25 位专家为团员,湖南大学校长、冶金专家胡庶华任团长,四川善后督办刘湘负责解决 3 万元考察经费。4 月 15 日民生公司派专轮"民贵号"到上海迎接考察团成员,28 日考察团到达重庆。此后考察团在重庆乘汽车于 5 月 1 日到达成都,于 5 月 7 日各组分别出发,到 6 月 15 日各组团员调查事毕,陆续从重庆出川。[3] 中国工程师学会组织这次四川考察的成果之一,是当年下半年就写出了《四川考察团报告》。该报告从各个方面详细地介绍了四川的物产和产业发展状况,并提出了许多意见和建议。1934 年 10 月考察团团长胡庶华为该书写的总论中提到:"第二次世界大战迟早无可避免,长江下游物产虽丰,而无险可守,西北可以自固,而残破不堪,苏俄各项重要工业及国防工业多设于距海甚远万山丛集之险要地方,虽运道艰难亦所不计。若以此例吾国,则将来重工业所在,以四川为最适宜之地点,且以天时地利两擅优胜之故,可为将来复兴整个中华民族之根据地。愿吾

---

[1] 李恸碚:《〈中国西部科学院研究〉序》,侯江著:《中国西部科学院研究》,北京:中央文献出版社,2012 年,序言。

[2] 侯江著:《中国西部科学院研究》,北京:中央文献出版社,2012 年,第 286-294 页。

[3] 恽震:《中国工程师学会四川考察团筹备经过及考察行程》,《四川考察团报告》,中国工程师学会 1936 年编印,第 1-5 页。

国人勿忘四川,更愿四川不失其为民族生命线之四川也。"[1]《四川考察团报告》是通过对四川经济情况的实地考察而得到的材料,该书主张把四川作为"复兴整个中华民族之根据地",把四川建设成为"民族生命线之四川",这对于沿海社会各界特别是企业界重新认识、深入了解四川经济、社会发展的状况起到了非常重要的作用。这次考察的成果也成为抗战爆发后国民政府决定把沿海厂矿迁往以重庆和四川为中心的后方地区提供了重要的科学依据。抗战初期负责厂矿内迁具体事务的林继庸说:"关于四川的实业情形,中国工程师学会四川实业考察团于二十三年所撰的调查报告,曾供给给我们以许多宝贵的参考材料。"[2]

全面抗战爆发后,科教机构、沿海厂矿以及相关科学技术人员的内迁大大改变了重庆现代工业的技术面貌。这种技术面貌的改变,其一表现在工业技术人才得到充实,如民生造船厂就罗致了一大批技术人才和技工。许多有名的造船工程师、机械工程师在战前不愿到四川工作,以修理为主的民生厂当然无法吸引国内造船和工程机械方面的人才。但是战事一起,江南造船厂、马尾造船厂、大沽造船厂、青岛海军工厂等著名船厂的所在地相继沦陷。部分有爱国心的造船界技师和技工,辗转来到内地。业务扩大了的民生机器厂,自然成为他们献身抗战事业、施展才干的舞台。其二是机器设备得到充实。如天府煤矿公司、北川铁路公司与中福公司于 1938 年 5 月 1 日正式合并为天府矿业股份有限公司(也称天府路矿公司),资本共 220 万元,其中北川铁路和旧天府煤矿共出资 80 万(其中民生公司投资 288000 元),中福公司出资 80 万,向经济部借款 60 万,以新式机器开发煤矿。[3] 原天府煤矿公司与北川铁路机构同时撤消,其资产全部并入新公司。资料载:当时,"由民生实业公司电调轮船两艘到汉口一星期内即将中福公司的机器材料八百余吨完全运到重庆,一月内新公司即组织成立,

---

[1] 胡庶华:《中国工程师学会四川考察团报告总论》,《四川考察团报告》,中国工程师学会 1936 年编印, 第 3 页。

[2] 林继庸:《民营厂矿内迁纪略》, 重庆:新新出版社, 1942 年, 第 24 页。

[3]《北川天府中福合资经营共资本二百廿万》,《嘉陵江日报》1938 年 5 月 1 日, 第 3 版;天府煤矿公司编:《天府公司概况》,上海:大东书局, 1944 年 1 月, 第 1-41 页;陈滋生:《二十七年公司大事纪述》,《新世界》第 14 卷第 4、5 期合刊, 1939 年 3 月 20 日, 第 49 页。

接收路矿,半年内即开始发电,三年内坑内外工程即告完成,采煤即完全应用机械,天下事应是这样痛快的"。[1] 其三是技术工人队伍的迅速壮大。重庆的民营机器厂,在 1939 年年底有 69 家,到 1940 年 6 月增加到 112 家,到 1940 年年底进一步增加到 185 家,资本 7948000 元,技术工人 4200 人,工具 970 具。到 1942 年年底工厂数已经达到 436 家,资本总额达到 173882000 元,技术工人达到 11620 人(原文为"技工人数已增为一一·六二人",似乎原文少写一个"0"),工具达到 2400 具。[2] 到 1943 年,重庆民营机器工业大约有 366 家工厂,技工 2 万人,设备方面有大小车床 1236 部,龙门刨床有 57 部,牛头刨床有 198 部,钻床 372 部,其他磨床、铣床、锅床等特种工具 744 部,共计生产工具 2608 部,全部生产能力年约可制造大小机器 2 万吨。[3] 为解决技术工人缺乏问题,渝鑫钢铁厂、大公铁工厂、顺昌铁工厂、恒顺机器厂、华生机器厂、民生机器厂、上海机器厂、中国兴业公司、新中工程公司、华成电器厂等大中民营工厂都被指定为主办技工训练班的工厂,为后方企业培训了大批技工。迁川工厂联合会组织会员厂家举办技工短期训练班,先后培训 500 名技工分配至各厂,取得了很好的效果。据估计,到抗战结束时,重庆工矿各业技术工人多达 10 万人。[4]

全面抗战时期著名工业家马雄冠在回顾和分析全面抗战爆发后重庆工业发展的情形时说:

"我国工业原以文化及交通关系,多建设于滨海各省,川康内地向不发达,重庆各业虽较繁荣,然机器工业以发展条件初未具备,故抗战前仍如凤毛麟角,仅有数厂,无不设备简陋,不足以言大规模之工业生产也。究其原因,其所以不能发展者,实亦为环境所限。盖川省地势险阻,蜀道自古称难,乃又承闭关自守之余,故新式企业之管理人才及熟练技工,甚难罗致,大规模工厂所需之各种机器工具与机器工业所

---

[1]《天府矿业公司速写》,《新世界》1944 年复刊号,1944 年 3 月 15 日,第 51 页。

[2]《民营机器工业:渝市增至四百余家》,《新工商》第 1 卷第 2 期,1943 年 8 月 1 日,第 108-109 页。

[3] 薛明剑:《重庆民营机器工业之危机及救济方法》,《中国工业(桂林)》第 23 期,1944 年 1月,第 11 页。 原文献叙述过中为"2608 部",根据显示数据统计为"2607 部"。

[4]《星五聚餐会工业问题座谈会纪录》,《西南实业通讯》第 12 卷 1、2 期合刊,1945 年 8 月 31日(应在 9 月底以后),第 21 页。

需之主要原料,如钢铁五金等购运,既均感困难,而金融币制之混乱,又在在足以阻滞工业之进展。投资者既以获利困难而裹足不前,同时,其他工业又均滞于落伍状况,卒使机器工业难于单独畸形发展,实势所必然也。

抗战以后,重庆一地百业俱兴,资金集中,人才集中,即一切机器设备及应用之原料器材等,亦无不内迁来此。环境时势既均有急遽之变化,机器工业自亦配合进展,适应当时之需要。据最近调查机器工业一般情形,则重庆市郊之民营机器工厂,无论于资金方面、厂数方面、设备方面,以至于技术工人人数方面,均有长足之进展。"[1]

实际上,多数人对重庆的观感与马雄冠相同。据有关资料,1947年,重庆人口达到140万。[2] 经过全面抗战的洗礼,重庆城市面貌和城市功能发生了根本性的变化。

二、工业社团的现代化步履

(一)从行帮组织到近代商会

1.会馆、公所与行帮

长江上中游的水运在清代有了重大的发展,宜宾到宜昌段川江航运的开辟尤其重要。[3] 由于水路川江商路的开辟,从清代起,重庆成为长江上游最重要的商品集聚地。重庆的八省会馆(江西、江南、湖广、浙江、福建、广东、山西、陕西),多半就草创于清康熙年间。除湖广会馆创办于康熙年间,其他会馆大多创办于乾隆年间。前身为古冈栈、顺德栈、广南栈三个广东同乡商人组织的商栈,在乾隆年间创办广

---

[1] 马雄冠等:《重庆民营机器工业概况》(1942年),重庆市档案馆、重庆师范大学合编:《中国战时首都档案文献·战时工业》,重庆:重庆出版社,2014年,第342页。

[2] 罗竞忠:《重庆下水道工程》,《西南实业通讯》第15卷第1、2、3期合刊,1947年3月30日,第28页。

[3] 许涤新、吴承明主编:《中国资本主义发展史》第1卷,北京:人民出版社,1985年,第270页。

东会馆。以浙江湖州人为主的瓷器帮和以浙江宁波人为主的药材帮，在乾隆年间创办浙江馆(又名湖广公所)。根据有关调查，当年各会馆各自推举客长(会首)主持会务。八省会馆还设有联合组织，当年称为"八省"，由八省会馆公推两人为"总理首事"，总管八省会馆事务，在重庆半边街长安寺内设有办事处。八省会馆以商人为主体，每当城市有需要，八省绅商出面号召，巨款动辄得以凑集。[1] 因此，八省首事和总理首事能够参与重庆城市的税捐征收、保甲编组、城市消防、团练组训、债务清理、公益慈善以及商业规则的制定等。到晚清时期，一些地方事务要是没有八省的参与，甚至难以处理。[2] 在重庆海关报告中也说："在重庆寻不到会馆许可会员入会的规章，但这是显然的，(但八省会馆)候补会员们应当证明确属该省籍贯，并且在原籍已列于某种行业。他们必须交纳应当归入会馆基金的入会费和会馆祭日办会应交的份金。捐赠土地或款项使会馆基金扩大者得为世袭终身会员。"[3] 同时"会馆的社交聚会是相当频繁的，常随会员人数多寡而定。例如江西会馆(晚近年间由江西来川的移民较他省为多)，12个月中多至300次；湖广会馆在200次以上；福建会馆在100次以上；其他各会馆70次至80次不等。全体宴会并演剧则在特定庆祝时举行"。[4]

在八省会馆之外，1892年又有云贵公所的创办。[5] 因为该公所创办较晚，已经无法参与八省联合组织的活动。到1901年年底，重庆至少已成立了12个同业公所，他们的名称和经营种类见表5-2。

---

[1] 窦季良编著：《同乡组织之研究》，李文海主编：《民国时期社会调查丛编二编·社会组织卷》，福州：福建教育出版社，2009年，第120-127页。

[2] 隗瀛涛主编：《近代重庆城市史》，成都：四川大学出版社，1991年，第94、412-413页。

[3] 重庆关署理税务司好博逊：《概述(1892)》，周勇、刘景修译编：《近代重庆经济与社会发展：1876—1949》，成都：四川大学出版社，1987年，第71页。

[4] 重庆关署理税务司好博逊：《概述(1892)》，周勇、刘景修译编：《近代重庆经济与社会发展：1876—1949》，成都：四川大学出版社，1987年，第72页。

[5] 重庆关署理税务司花苾：《概述(1892—1901)》，周勇、刘景修译编：《近代重庆经济与社会发展：1876—1949》，成都：四川大学出版社，1987年，第143页。

序号	公所名称	主要行业	序号	公所名称	主要行业
1	八省公所	棉花	7	酒帮公所	酒类
2	买帮公所	棉花	8	糖帮公所	食糖
3	行帮公所	棉花	9	稠帮公所	丝货
4	盐帮公所	食盐	10	书帮公所	书籍
5	同庆公所	棉纱	11	河帮公所	杂货
6	纸帮公所	纸张	12	扣帮公所	纽扣

资料来源：周勇、刘景修译编，《近代重庆经济与社会发展》，成都：四川大学出版社，1987 年，第 144 页。

　　会馆、公所是重庆城市发展过程中出现的传统性质的工商同乡、同业组织，具有维护同乡、协调同业关系、协商解决商事纠纷等职能，对城市工商业的发展具有一定的积极作用。同时，由于其自身所具有的同乡、同业特性，在逐步适应近代社会经济急剧变化的过程中，会馆多演变为同乡会，公所则多演变为同业公会。

　　2.商会及同业公会

　　1903 年 8 月，清政府成立商部。商部成立后的第一件事，就是制订了《商会简明章程》，并于 1904 年初颁布实施。[1] 1904 年 10 月 18 日，重庆商务总会正式成立。[2] 重庆商务总会主会务者有总理、协理、会董、帮董诸名目，皆商界享有时望的人士。每月举行定期会议，"自川东道而下，冠盖骈集，一时诩为新政"。[3] 重庆商务总会是川渝地区的第一个商会，也是全国八大商会之一。1929 年 2 月，重庆市政府成立，重庆总商会改组为"重庆市商会"。[4]

　　1938 年 1 月 20 日国民政府颁布了修正后的《商会法》，规定市县商会为财团法人，商会的宗旨为"图谋工商业及对外贸易之发展，增进

[1] 马敏主编，马敏、付海晏著：《中国近代商会通史》第 1 卷（1902—1911），北京：社会科学文献出版社，2015 年，第 116-117 页。

[2] 《四川官报》甲辰第 20 册，"新闻"；乙巳第 13 册，"公牍"，见马敏主编，马敏、付海晏著：《中国近代商会通史》第 1 卷（1902—1911），北京：社会科学文献出版社，2015 年，第 131 页。

[3] 窦季良编著：《同乡组织之研究》，李文海主编：《民国时期社会调查丛编二编·社会组织卷》，福州：福建教育出版社，2009 年，第 149 页。

[4] 曹海科：《试论开埠以来重庆工商团体的演变》，孟广涵、周永林等主编：《一个世纪的历程——重庆开埠 100 周年》，重庆：重庆出版社，1992 年，第 310 页。

工商业公共之福利"。本此宗旨,又规定9项具体工作和任务:①筹议工商业改良与发展事项,②关于工商业征调与通报事项,③关于国际贸易的介绍及指导事项,④关于工商业的调处及公断事项,⑤关于工商业的证明事项,⑥关于调查统计编纂事项,⑦关于工商业的公共事项,如办理商品陈列所、工商业学校等,⑧遇到市场恐慌时,有维持及请求地方政府维持的责任,⑨办理符合商会宗旨的其他事业。[1] 商会的基础组织为同业公会,只要集合同一区域三个以上的同业公会以及公司行号若干家以上,即可发起组织商会。1938年《商会法》修正颁布后,重庆的商会遵照法令重加改组。随着沿海、沿江工矿企业迁渝的增加,重庆商会的责任加大。重庆商会会所初设商业场,鉴于避免被炸的需要,迁移到南岸幼稚工厂办公。1939年夏秋,商业场会址被炸,部分迁往白象街。同年8月20日再次被炸后,再迁林森路九道门为临时会址。1944年12月,重庆商会在原会址重修会所并搬回办公。[2]

全面抗战中后期,重庆市商会主要的工作大致有:①对国民政府的相关政令提出修正意见。如全面抗战时期,国民政府颁布了许多战时法令,其中相互抵触、难以执行的不少。对此,重庆市商会建议修正。如非常时期工业提存准备办法,非常时期工会管理暂行办法,限制放款办法,处理收购物资暂行办法,限制酒食消费办法等,以及各种捐税法,重庆市商会都曾经提出修改办法,由国民政府采纳或修正。②维护工商业并促其进步。处理运输途中货物被扣事宜,如颜料、棉纱、五金、电料百货等运输途中被扣,商会常出面协商解决;指导各业管理市场,如物价波动剧烈,商会协助各业公会订定各种业务管制的实施办法;排解商事纠纷,推进工商业务。③工商业管制。以平抑物价为首要。1944年实行限价后,商会奉令负责报价、限价、议价,以及评定工资、运价等,组织限价检察队,辅助物价调查。④组训工作。第一,1941年6月,筹组重庆市商会国民兵教育总队,9月开始训练,第

[1] 傅润华、汤约生主编:《陪都工商年鉴》,张研、孙燕京主编:《民国史料丛刊》(605册),郑州:大象出版社,2009年,第51-52页。
[2] 傅润华、汤约生主编:《陪都工商年鉴》,张研、孙燕京主编:《民国史料丛刊》(605册),郑州:大象出版社,2009年,第50-51页。

一期有 20 多个同业公会参加,编 8 个大队,受训国民兵 3000 多人。1942 年,扩大为 9 个大队,受训者 1 万余人。第二,举办商人业务训练班,1942 年开办。第三,筹组童子军团。1944 年后,还举办利得税简化稽征,发动会员组织新运会,组织同人康乐部等。[1]

全面抗战爆发以前,重庆各业同业公会数量有限,组织也不健全。如 1931 年,重庆的同业公会有 47 个,会员人数少者仅 50 人,多者2600 人。[2] 1939 年,重庆市商会仅有公会会员 39 个单位,1940 年增加到 69 个单位,1941 年,又增加到 86 个单位,1942 年增加到 88 个单位。这一时期商会的公会会员数量不断增加,1942 年年初有公会会员 86 家。从 1942 年开始,国民政府明令工商各业组织同业公会加入商会。由此,1943 年重庆同业公会数量迅速增加到 116 个单位。1944 年到 1945 年,重庆同业公会会员达到 123 个单位,各业会员达 27481 个单位。非公会会员,也达 37 个单位。[3]

(二)五大工业团体

全面抗战时期,以学术团体名义产生的五大工业团体在重庆工商实业界发挥了重要的作用。

1.迁川工厂联合会

全面抗战爆发后,沿江沿海的工厂面临沦于敌手的危险。为坚持抗战,自给自救,沿海沿江工厂纷纷迁移到内地各省,很多迁移到地理位置与资源条件都较为优越的重庆。从 1938 年 1 月起,迁川工厂已有 14 家先后到达重庆,但"因人地两疏,面临种种困难","各厂抵渝,势如散沙"。[4] 在经济部工矿调整处的支持下,迁川各厂以团结协作为宗旨,决定筹组"迁川工厂联合会"。4 月 17 日该会在重庆正式成

---

[1] 傅润华、汤约生主编:《陪都工商年鉴》,张研、孙燕京主编:《民国史料丛刊》(605 册),郑州:大象出版社,2009 年,第53-54 页。

[2] 重庆关署理税务司李规庸:《概述(1922—1931)》,周勇、刘景修译编:《近代重庆经济与社会发展:1876—1949》,成都:四川大学出版社,1987 年,第 361 页。

[3] 傅润华、汤约生主编:《陪都工商年鉴》,张研、孙燕京主编:《民国史料丛刊》(605 册),郑州:大象出版社,2009 年,第 51 页。

[4] 李本哲:《迁川工厂联合会纪略》,《中华文史资料文库》第 12 卷,北京:中国文史出版社,1996 年,第 966 页。

立,会址在复兴路 15 号。各厂通过协商,选举颜耀秋、庞赞臣为正副主任委员。1942 年 4 月 17 日,迁川工厂联合会举行第五届会员大会时,再次修改章程,并选举胡厥文担任理事长,当选理事者有上海机器厂颜耀秋、豫丰纱厂潘仰山、上川实业公司章乃器、天原电化厂吴蕴初、亚浦耳公司胡西园、中国国货标准铅笔厂吴羹梅、渝鑫钢铁厂余名钰、昌顺铁工厂马雄冠、恒顺机器厂周茂柏、裕华纱厂苏汰余、时事新报张万里、馥记营造厂陶桂林、申新纱厂章剑慧、中国兴业公司钢铁部萧万成、合作五金公司胡叔常等 15 人。[1] 迁川工厂联合会成立后,凭借会员工厂在后方民营工业中的骨干作用,成为后方工业界几个主要的团体组织之一。

从演变的历史过程看,迁川工厂联合会大致有三个明显的阶段。

1937—1938 年为迁川工厂联合会的孕育与产生阶段。卢沟桥事变爆发后不久,南京国民政府感到事态严重,于 1937 年 7 月 22 日成立了国家总动员设计委员会,进行抗战动员的设计工作。该机构由多个部分组成,其中资源部分由资源委员会负责,召集相关部会会同办理。经过一系列的紧张工作后,7 月 28 日资源委员会召集机器和化学工业组召开会议,并决定当日派林继庸等三人到上海接洽工厂内迁事宜。8 月 11 日以林继庸为主任委员的上海工厂迁移监督委员会在上海成立,并召集上海五金、机械、化学、冶炼等行业的厂方代表举行会议,拟订与迁厂相关的具体办法,并责令克日成立上海工厂联合迁移委员会。12 日以颜耀秋、胡厥文、支秉渊为正副主任委员共 11 人为委员的上海工厂联合迁移委员会正式成立。在上海工厂内迁中,上海工厂迁移监督委员会实际上仅资委会林继庸一人负责,其他各部所派代表都有名无实,一切具体事务实际上都集中由上海工厂联合迁移委员会决定。上海工厂联合迁移委员会主任委员颜耀秋"只得随时随地钉牢林继庸,才能比较顺利地推进工作"。[2] 上海迁出工厂陆续到达武汉后,上海工厂联合迁移委员会派副主任委员支秉渊等三人到汉口成立了办事处,负责与当地官商的沟通与联络。1937 年 9 月以上海工厂

---

[1]《迁川工厂联合会改选》,《中国工业(桂林)》第 4 期,1942 年 4 月 25 日,第 8 页。

[2] 颜耀秋:《抗战期间上海民营工厂内迁片断》,《中华文史资料文库》第 12 卷,北京:中国文史出版社,1996 年,第 956 页。

联合迁移委员会委员为主,内迁厂矿代表在汉口成立了以颜耀秋、支秉渊为正副主任委员的迁鄂工厂联合会,协助解决各工厂在武汉购地复工等问题。1937 年 12 月,少数内迁工厂到达重庆,由于人地两疏、困难重重,1938 年 1 月 25 日,林继庸在重庆召集先期到达重庆的 14 位厂商代表开会,决定筹组迁川工厂联合会。经过筹备,1938 年 4 月 17 日迁川工厂联合会在重庆召开成立大会,会员工厂有 30 多家,选举上海机器厂负责人颜耀秋、龙章机器厂负责人庞赞臣为正副主任委员,马雄冠、吴蕴初、余名钰、胡西园等为执行委员。[1]

　　1938—1945 年为迁川工厂联合会发展壮大阶段。1938 年 4 月到 1941 年年底的三年多时间内,迁川工厂联合会为适应内迁工厂尽快复工生产,满足军工民用的客观现实需要,采取了一系列措施,帮助迁川工厂恢复生产,增加产量,满足各方面的需要,会员不断增加,会务也不断扩展。1941 年 12 月太平洋战争爆发后,日军加紧了对沿海的经济封锁,后方工业与外界几乎完全隔绝,生产困难加剧。从 1942 年起,后方工业界不断开会研拟解决困难的办法。1943 年 2 月迁川工厂联合会、中国西南实业协会、重庆市国货厂商联合、战时生产促进会联合组织全国生产会议促进会,每月开会,商讨办法,推动国民政府召开全国生产会议,以解决后方生产中的困难问题。1943 年 6 月初,终于促成了第二次全国生产会议的召开。会议上发表了《第二次全国生产会议宣言》,提出战时战后统筹并顾、产业合理化与科学管理、调整矿业统筹运销、粮棉增产与农田水利、人力动员与人力节约等五个方面的解决方案。[2] 迁川工厂联合会与其他工业团体经常召开联席会议,探讨共同关心的问题。迁川工厂联合会还与会后成立的中国全国工业协会共同组织了中国工业经济研究所,研究工业发展中的具体问题。不过会议后,由于会上提出的许多措施难以实施,企业界的困难并没有解决,因而工矿界态度,"反渐趋沉默。夫欲言不言之日,实为

---

[1] 林继庸:《民营厂矿内迁纪略》,新新出版社,1942 年,第 26 页。
[2] 《第二次全国生产会议宣言》,《西南实业通讯》第 7 卷第 6 期,1943 年 6 月 30 日,第 47-48 页。

内心最感痛苦之时,而问题之严重性,亦更加深刻"。[1] 1944 年战时生产局成立,采取了若干新的经济措施,经济行政当局增加军工订货,发放一定的工业贷款,才使后方企业的生产和经营勉强得以维持。

1945—1949 年是迁川工厂联合会转型阶段。抗战胜利后,1945年 8 月 13 日,迁川工厂联合会立即与中国全国工业协会总分会在重庆迁川大厦举行全体理、监事紧急联席会议,决定向经济行政部门呼吁继续战时生产订货制度、工贷政策等,以维持后方工业生存、保障国家安全。同时会议决定分别组织各地工业复员协进委员会,并筹组收复区分会。[2] 不久迁川工厂联合会立即与中国全国工业协会成立了工业复员协进委员会上海分会。1945 年 11 月 7 日迁川工厂联合会又决议设立上海办事处,由颜耀秋任主任。[3] 此后联合会即以内迁工厂的复员和留川工厂的维持为中心开展工作。由于抗战胜利,军工订货被取消,廉价的美国货如潮水般涌来,国民政府经济行政部门对后方民营厂矿采取了放任其自生自灭的荒谬政策,抗战期间辛苦建立起来的后方工业出现了被胜利的暴风雨震倒的荒谬现象。到 1946 年上半年,390 家迁川工厂中,停业 122 家,留川 268 家。[4] 在艰难中挣扎的迁川工厂联合会一面艰难维持,帮助迁川工厂克服困难,一面联合中华职业教育社等社会团体,于 1946 年在重庆成立了以民族工商业者为主体的政党——中国民主建国会,该政党成为新中国建立后我国主要的民主党派之一。

迁川工厂联合会有其独具特点的团体宗旨、会员构成、组织结构、活动方式及功能。1938 年 4 月迁川工厂联合会成立时通过的章程规定,"以协助各厂恢复生产并贡献政府为宗旨"[5],并规定会员范围包

---

[1]《本刊第五年头献词——代卷头语》,《西南实业通讯》第 9 卷第 1 期,1944 年 1 月 31 日,第 1 页。

[2]《中国全国工业协会总分会迁川工厂联合会全体理监事紧急联席会议纪录》(1945 年 8 月 13日),重庆档案馆藏,档案号:0235-1-155。

[3]《迁川工厂联合会第 8 届第 7 次理监事联席会议纪录》,重庆市档案馆馆藏,档案号:0194-2-345。

[4] 彭陶:《外汇问题与中小工业》,《西南实业通讯》第 13 卷第 3、4 期合刊,1946 年 4 月 30日,第 8 页。

[5]《迁川工厂联合会章程》(1938 年 4 月 17 日),第 1 页,重庆市档案馆馆藏,档案号:0060-11-227。

括根据上海厂矿迁移监督委员会命令由上海及各地迁移到四川的工厂。对于入会条件则规定:凡是各省迁移到四川的工厂,经两家以上会员工厂介绍并经过理事会审查合格可以成为会员。会员根据交纳会费多少分为1到4级,1级会员可以推派4名会员大会代表,2级会员推派3人,3级会员推派2人,4级会员推派1人,这就使得实力雄厚的大型工厂在联合会中占有优势地位。1938年联合会成立时会员工厂有30多家,1944年4月第7届年会时已经有220多家会员工厂。[1] 迁川工厂最多时达到390家,其中380家为迁川工厂联合会会员工厂。[2] 到1948年9月,仍然有225家会员工厂。[3] 迁川工厂联合会章程规定每3个月召开一次会员大会。开始时,会员大会之下设立执行委员会,执行委员9人,由会员大会选举产生。执行委员会再推举主席委员、副主席委员各一人,设总干事一人,执行委员会任期一年,两星期召开一次常会。执行委员会之下还根据需要设立评价、技术、审查、购料等专门委员会。[4] 第2届执行委员会的委员由9人增加到了11人。1942年4月第6届会员大会通过章程,领导机构由执行委员会改为理事会,执行委员会主席委员改为理事长。从1938年到1949年,迁川工厂联合会共产生11届理事会(或执行委员会),先后担任理事长(主席委员)的有颜耀秋(1938年4月—1941年4月任1—4届主席委员、1942年4月到1943年9月任第5—6届理事长)、潘仰山(1943年9月—1944年4月、1946年4月—1948年4月任第6,9,10,11届理事长)、吴蕴初(1944年4月任第7届理事长)、胡厥文(1945年4月任第8届理事长)等人。迁川工厂联合会的职员只有6人,但是根据章程不断适时地成立各种特种委员会协助会员厂商。如1938年成立了由9名会员组成的动力委员会,协助解决动力设备问题;1939年成立招工委员会,协助解决技工短缺问题;迁川工厂联合会设立了《迁川工厂联合会会刊》编辑委员会负责编辑《迁川工

---

[1]《迁川工厂联合会举行第七届年会》,《工商通讯》第8期,1944年5月10日,第8页。

[2]《星五聚餐会第一次中小工业座谈会纪录》,《西南实业通讯》第13卷第3、4期合刊,1946年4月30日,第21页。

[3]《迁川工厂联合会会员名册》(1948年9月),重庆市档案馆馆藏,档案号:023-4-5。

[4]《迁川工厂联合会章程》(1938年4月17日),第2页,重庆市档案馆馆藏,档案号:0060-11-227。

厂联合会会刊》。1942 年迁川工厂联合会还在重庆复兴路 15 号建成迁川大厦,保证了会务工作的开展。迁川工厂联合会在协助会员工厂解决困难、发展生产,代表会员工厂提出合理要求,维护会员厂家基本权益等方面做了大量工作,取得了为会员工厂和社会公认的成绩。1938 年的迁川工厂联合会章程规定,该会主要工作为协助各工厂迁运筹划购地建厂及其他事宜、支配经政府核准借款及津贴事宜、承接政府及其他机关委制各项用品之制造事宜、调整及指导各工厂工作事宜、承接上级机关之命令事宜、购办及检验工业原料之供应事宜等 6 项。[1] 1939 年 4 月修订后的章程把工作增加为 11 项,增加的工作主要为会员工厂状况调查与统计、会员工厂技术研究、会员工厂物品审定、会员工厂纠纷公断等。[2] 1944 年修订的章程又把任务规定为 12 条,即增加了协助会员工厂战后复员。[3] 为开展上述工作,迁川工厂联合会章程特别规定了对会员工厂的设备拥有若干支配权。如 1938 年成立时的章程第 15 条明确规定:"本会为服务国家,协助政府抗战起见,对于政府委托制造之军需用品,应尽最大之努力,于委造时应依各厂之设备公开支配,与各会员之工厂承制之。"第 16 条明确规定:"会员工厂应服从本会之支配,倘有异议,须备具理由申诉,由本会组织公断委员会公断之,公断之结果会员不得再持异议。"[4] 在迁川工厂联合会第 7 届年会上潘仰山报告本届主要工作有发动工业界劳军献金运动,组织生产会议促进会推动生产会议,联合中国全国工业协会、中国战时生产促进会、中国西南实业协会,督促全国生产会议决议案的实施,沟通政府与迁川工厂的联系,与中国全国工业协会联合筹建中国工业经济研究所,研究工业经济与发展工业的计划。[5] 经费主要来自会员工厂所交纳的会费,数量相当有限。为了节省办公经费,从 1943 年 12 月起,迁川工厂联合会与只有 4 名职员的中国全国

---

[1]《迁川工厂联合会章程》(1938 年 4 月 17 日),第 2 页,重庆市档案馆馆藏,档案号:0060-11-227。

[2]《迁川工厂联合会章程》(1939 年 4 月 18 日),第 2 页,重庆市档案馆馆藏,档案号:0060-11-227。

[3]《迁川工厂联合会章程》(1944 年 8 月 30 日),第 2 页,重庆市档案馆馆藏,档案号:0229-3-3。

[4]《迁川工厂联合会章程》(1938 年 4 月 17 日),第 2 页,重庆市档案馆馆藏。

[5]《迁川工厂联合会举行第七届年会》,《工商通讯》第 8 期,1944 年 5 月 10 日,第 8 页。

工业协会通过联合办公办法,两团体裁减职员 5 人。[1] 1942 年 4 月 17 日迁川工厂联合会第 5 届大会通过筹设中国工业经济研究所的决议,中国全国工业协会成立后加入为发起人。1943 年 9 月 1 日,迁川工厂联合会与中国全国工业协会联合创办的中国工业经济研究所正式成立,吴蕴初为董事长,章乃器为所长。该所成立后,仅半年时间就举行了黄金问题座谈会、物价与工业问题座谈会、两次工业问题座谈会等在后方工业界颇有影响的座谈会。[2]

迁川工厂联合会在 20 世纪三四十年代的重庆乃至于中国工业史、社团史上具有重要的历史地位和作用。

首先,迁川工厂联合会是 20 世纪三四十年代重庆工业界主要的社团组织之一,在全面抗战时期重庆工业史及中国早期工业化的历史上具有重要的地位。迁川工厂联合会在全面抗战时期有 380 多家会员工厂,从数量上看,在当时后方近 6000 家工厂中所占比例很小,但是这 380 多家工厂却大多是后方民营企业中的骨干企业。如全面抗战时期整个后方工业的资本额按照战前币值计算只有法币 5 亿元左右,而 1940 年初期集中在重庆的内迁工厂所拥有的资本额按照战前币值计算就有 1 亿元以上,其中资本最为雄厚的豫丰纱厂、裕华纱厂、天原电化厂、龙章造纸厂等均在 1000 万元以上,而豫丰纱厂资本更在 1500 万元以上。[3] 集中在重庆和四川的内迁工厂在资金、设备、技术等方面占有优势,而且大厂都有各自的专长和名牌产品。迁川工厂联合会凭借会员工厂的这些优势,在后方工业团体中自然就容易发挥重要作用,如 1943 到 1944 年,迁川工厂联合会与重庆市国货厂商联合会负责劝募 1000 万元同盟胜利公债,与中国全国工业协会和重庆市国货厂商联合会发动工业界慰劳湘鄂前线将士百万元献金运动以及赈灾捐款;会同后方各主要工业团体促成召开第二次全国生产会议;与后方主要工业团体组织了五工业团体联席会议促请当局实施第二次

---

[1] 迁川工厂联合会第六届理事会:《一年来的迁川工厂联合会》,《迁川工厂联合会第七届年会特刊》,1944 年 4 月 17 日,第 10 页。

[2] 《中国工业经济研究所筹设经过及各项工作报告》,《迁川工厂联合会第七届年会特刊》,1944 年 4 月 17 日,第 22-23 页。

[3] 《计划与动向》,《西南实业通讯》第 1 卷第 4 期,1940 年 4 月,第 29 页。

全国生产会议决议案,并召集经济时事问题大型座谈会,把工业界的呼声,通过各种途径向有关经济行政部门传达;组织创设以吴蕴初为董事长的中国工业经济研究所。[1] 1944 年,迁川工厂联合会还与中央民众教育馆举办重庆高级工商补习学校。总之,后方工业界几乎所有的重大问题,迁川工厂联合会都积极参与,并发挥重要的作用。

其次,迁川工厂联合会对帮助会员工厂解决困难,加强迁川会员工厂之间的联系、团结与合作,推动会员工厂开展业务,发挥了重要的作用。迁川工厂联合会成立后,为会员工厂解决了许多急需解决的困难问题。如迁川工厂联合会与四川省建设厅驻渝办事处商定,在重庆南岸圈地搭棚,解决了各厂抵川器材物资的临时存放问题,并协助内迁工厂通过租赁民房、利用空闲庙宇、空地等办法临时开工生产;迁川工厂联合会配合工矿调整处根据重庆的自然地理条件和战时各种因素,在重庆城区附近选定巴县李家沱、沙坪坝小龙坎、江北猫儿石等处建立工业中心区域;迁川工厂联合会还协助有关当局,在川西五通桥建立工业中心区域,后来范旭东的永利化学公司在这里建立了工厂;迁川工厂联合会出面与政府当局协商解决购地问题,使地主以合理的地价出售土地给工厂使用;为大成纱厂、豫丰纱厂、龙章造纸厂、天原电化厂等会员工厂向四川省政府呈请免征厂地正附契税、为大鑫钢铁厂向财政部和经济部工矿调整出呈请免征香国寺分关转口税、制定办法制止各厂抬高工价罗织别厂技工的现象、呈请相关机关办理战时工厂兵险,并组织了动力研究委员会、招募技工委员会等解决相关困难。[2] 鉴于粤汉交通中断后迁川工厂所需海外原料运输困难,迁川工厂联合会组织了汽车运输处协助会员工厂的材料运输;随着物价飞涨,1940 年 7 月迁川工厂联合会设置粮食供应委员会,以潘仰山为主任委员,向有关粮食行政部门接洽解决会员工厂员工所需粮食问题。[3] 1943 年迁川工厂联合会推动会员厂商参加了在成都举行的四

[1] 迁川工厂联合会理事会:《一年来的迁川工厂联合会》,《迁川工厂联合会第七届年会特刊》,1944 年 4 月 17 日,第7-9 页。
[2] 颜耀秋:《迁川工厂联合会第二届会员大会报告》(1939 年 4 月 18 日),第 21-24 页,重庆市档案馆馆藏,档案号:0060-11-227。
[3] 《迁川工厂联合会第四届会员大会会务报告书》(1941 年 4 月),第 86 页,重庆市档案馆馆藏,档案号:0060-11-227。

川省物产竞赛会和在桂林举办的物品展览会。技工短缺是开工初期困扰后方企业的一个重要问题,迁川工厂联合会组织会员厂家举办技工短期训练班,先后培训 500 名技工分配各厂,取得了很好的效果。

其三,迁川工厂联合会在 10 余年的发展演变过程中,从政治上到经济上,对国民政府有一个从支持—协助到绝望再到疏离的根本性转变。迁川工厂联合会及其前身上海工厂联合迁移委员会、迁鄂工厂联合会,都是在国民政府有关经济行政部门的直接推动下建立起来的。上海工厂联合迁移委员会是上海工厂迁移监督委员会推动的产物,迁鄂工厂联合会是经济部工矿调整委员会推动的产物,迁川工厂联合会也是这样。林继庸与颜耀秋一道于 1938 年 1 月 23 日从武汉到重庆。与各方接触后,林继庸很快发现四川情形特殊,需要成立迁川工厂以确保其发展。他给经济部部长翁文灏的汇报中写道:"川省稍有发展之工商业,大都由军政人员营谋,否则不能立足。此乃四川工业不能发展及贫富阶级太过悬殊之一原因,迁川工厂若不谋自身团体巩固,则亦不易发展也。故职在此极力促成联合会之组织。"[1] 从林继庸的报告中我们可以发现,由于厂矿迁移监督委员会驻渝办事处的推动,迁川工厂联合会实际上已经在 1938 年 1 月 25 日成立,且组织颇为健全,只是没有正式宣布成立而已。迁川工厂联合会正式成立后,在相当长的一段时期内,确实与有关经济行政部门有密切的配合,这种配合甚至在其章程中还专门作了明确的规定,已如前述。但是到抗战胜利前后,尤其是抗战胜利后,国民政府对后方民营工厂的军工订货由减少变为完全停止,致使后方民营工厂陷入一片混乱和惶恐之中。迁川工厂联合会与全国工业协会等重要工业团体于 1945 年 8 月中旬在重庆联合召开内迁工厂联合大会,讨论解决困难的各种自救办法和需要政府协助的事项,并推举胡西园、胡厥文、吴羹梅等人为代表,先后到经济部、财政部与翁文灏、俞鸿钧交涉,但是经、财两部均无法解决。8 月 25 日在胡厥文率领下,130 位厂商代表到上清寺行政院向宋子文请愿。他们在行政院的草坪上从日中守候到黄昏,才得以递上请愿

---

[1] 中国第二历史档案馆:《抗战时期工厂内迁史料选辑(三)》,《民国档案》1987 年第 4 期,第 60 页。

书,并推出 4 人为代表入院长办公室交涉。在听完胡厥文等人的申述后,宋子文说:"你们讲的许多道理,我听了莫名其妙,这等于对牛弹琴。"宋甚至说:"老实讲,中国以后的工业,希望寄托在美国的自动化机器上。你们这批破破烂烂的废铜烂铁,济得什么事呢? 你们要办工业,也要跟上时代,才不至于被外国人所淘汰。"代表们后来直接面谒蒋介石,而蒋介石也担心事情闹大,才同意向内迁工厂发放 50 亿元工贷。[1] 至此,迁川工厂联合会的领袖们早已身心俱疲。正是在这种情况下,以胡厥文为代表的迁川工厂联合会的部分领导人,开始与中华职业教育社的黄炎培紧密合作,以迁川工厂联合会和中华职业教育社为基础,开始了筹备中国民主建国会的工作,[2]这是迁川工厂联合会发展演变过程中的根本性转变。

2.中国战时生产促进会

中国生产促进会,1938 年 3 月成立于武汉,[3] 系由当时的军政、工商界人士毛庆祥、俞飞鹏、周至柔、陈良、唐寿民等创办,蒋介石侍从室人员毛庆祥为理事长负责会务,总干事为李士璋,"以研究中国经济建设问题,并筹集资金促进战时生产为宗旨"。[4] 该会成立后,"对于工商厂家颇多帮助"。[5] 其后总部西迁重庆,成立湖南、西康、贵州、云南、陕西等地分会,并在《扫荡报》上刊行《生产建设》双月刊,是后方著名的五工业团体之一。1940 年 5 月 2 日在重庆召开了第二届会员大会,改选了理事监事,选出的 30 名理事有毛庆祥、王育三、向志浩、李敬安、周至柔、周佩箴、林权英、竺鸣涛、余飞鹏、徐鸿涛、梁栋、梁霖、秦炳株、袁晓图、陈良、薄以拔、张予敬、曹师昂、潘宜之、卢汉等,选出的 15 名监事有牛若望、唐寿民、张静愚、彭学沛、缪云台、罗敦伟等,毛庆祥仍然担任理事长。到 1940 年 5 月,该会已经有个人会员1156人,团体会员 43 家。该会成立后,主要从三个方面促进生产建设:

[1] 胡西园:《抗战胜利时内迁工厂陷入困境》,《中华文史资料文库》第 12 卷,北京:中国文史出版社, 1996 年, 第 973-974 页。

[2] 胡世华、吕慧敏、宗朋整理:《胡厥文回忆录》,北京:中国文史出版社, 1994 年, 第 78 页。

[3] 傅润华、汤约生主编:《陪都工商年鉴》,张研、孙燕京主编:《民国史料丛刊》(605 册),郑州:大象出版社, 2009 年, 第 55 页。

[4]《战时生产促进会各地成立分会》,《商务日报》1939 年 4 月 17 日, 第 3 版。

[5]《战时生产促进会移渝》,《商务日报》1939 年 3 月 6 日, 第 3 版。

①研究。该会曾经派人调查湘西金矿、湘西经济、川东农村副业及小手工业、大涉河林垦、南充金矿、西充煤矿、宁雅铜矿等。调查后写成详细的调查报告,提供给会员参考,同时该会还与各方面专家和研究机关分工合作,对川产纤维、川产羊毛等各种川产原料进行工业生产的有关试验和其他方面的试验。②投资生产事业。该会直接投资的生产事业有实验农场及油墨厂,会员投资设立的工厂有华康机器厂、华兴造纸厂、西南造纸厂、建华实业公司、西南垦殖公司、尚华纺织厂、嘉陵企业公司、万深铁矿公司等,各企业资金合计达百万元。③协助会员企业发展。[1] 1941 年 1 月 30 日中国战时生产促进会举办的化学工业产品展览会开幕。1945 年,该会会员工厂有 150 家。[2]

抗战胜利后,中国战时生产促进会改组为中国生产促进会。

3.重庆中国国货厂商联合会

重庆中国国货厂商联合会也是全面抗战时期创办于重庆的重要工业社团之一。

1938 年 12 月 20 日,重庆中国国货厂商联合会成立大会在重庆银行公会召开,到会代表 100 多人,成立大会由美亚绸缎厂经理赵秉三主持,张公权(交通部长)、寿景伟(经济部长翁文灏的代表)、林继庸(工矿调整处代表)、黄炎培等出席了成立大会。赵秉三在大会上说明了该会 5 项使命:①倡导国家至上原则,②改进产品质量促进手工业的进化,③推动重工业的发展,制造轻工业机器,④积极参与对西南的开发,⑤推动国货运销。大会还选出赵秉三、王性尧、康心如、宋师度、陈叔敬、潘仰山等 15 人为理事,宁芷邨等 5 人为监事。[3] 会长(理事长)由潘仰山担任,章乃器、颜耀秋、吴羹梅、庄茂如、刘鸿生、康心如、苏汰余、章剑慧、寿景伟等为该会理事、监事,会址在重庆官井。该会"以联络感情,互谋改进业务,力求产销合作,推动国货发展,增进对外贸易及公共利益等项"为宗旨。[4] 1944 年初会员有 134 个单位,其中

---

[1] 刀雨贤:《战时生产促进会访问记》(上),《嘉陵江日报》1940 年 5 月 14 日,第 2 版。 刀雨贤:《战时生产促进会访问记》(下),《嘉陵江日报》1940 年 5 月 15 日,第 2 版。
[2] 傅润华、汤约生主编:《陪都工商年鉴》,张研、孙燕京主编:《民国史料丛刊》(605 册),郑州:大象出版社,2009 年,第 55 页。
[3] 《国货厂商大团体联合会成立》,《商务日报》1938 年 12 月 21 日,第 3 版。
[4] 白鸟:《介绍国货厂商联合会》,《商务日报》1944 年 1 月 12 日,第 4 版。

银行业 21 单位,纺织业 15 单位,纱布丝绸业 4 单位,机械铁工 12 单位,百货业 10 单位,企业公司 15 单位,制造厂商 57 单位。该会主要活动有:第一,集会。联合会用聚餐会、茶会等方式举办定期的集会,讨论有关问题或请名人讲演。第二,推动技术改进。举办各种技术培训,推动工业标准化工作等。第三,研究国货生产改进措施,计划各种工业管制的方案。第四,研究战时工业生产问题。第五,研究战后工业问题。[1]

抗战胜利后,复员时期该社团仍相当活跃。复员阶段过后,归于沉寂。

4.中国西南实业协会

中国西南实业协会也是全面抗战时期产生,在重庆得到显著发展,具有重要影响的实业团体。通过创办《西南实业通讯》、举办实业调查和主办星五聚餐会等一系列活动,中国西南实业协会成为全面抗战时期大后方金融实业界中上层人士的活动中心和舆论阵地,加强了金融实业界之间的联系与经济合作,加强了实业界与经济行政部门之间的沟通与交流。

中国西南实业协会的成立,源自 1937 年秋的上海。[2] 中国西南实业协会名誉理事长张群说:"上海夙为我国经济中心,人物之所荟萃,故于抗战初起,即有组织中国西南实业协会之议。"[3] 由于全面抗战爆发,上海实业及金融两界著名人物纷纷随事业内迁。在张公权的实际推动下,1937 年秋由张禹九、张肖梅等发起,周作民、钱新之、徐新六、吴蕴斋、项康元、蔡承新、潘仰尧、王振芳等上海著名工商业代表人物积极响应,开始筹组实业界团体组织,以谋共同发展,增厚抗战力量。经过 4 个多月的筹备,通过章程,定名为中国西南实业协会,并又推举 17 人为理事组成理事会,会址设在上海四川路四行储蓄会内,这样中国西南实业协会上海分会就正式成立,并一直工作到 1941 年年

---

[1] 潘仰山:《一年来之国货厂商联合会》,《工商新闻》(民国三十二年元旦特刊),1943 年,第 60 页。

[2]《本会纪略》,《实业通讯》创刊号,1940 年 1 月 1 日,第 41 页。

[3] 张群:《发刊词》,《实业通讯》创刊号,1940 年 1 月 1 日,第 1 页。

底太平洋战争爆发,上海"孤岛"沦陷。[1]

中国西南实业协会上海分会成立后,请四川省建设厅长何北衡与程觉民、蔡承新3人在重庆推进四川会务。经过筹备,1938 年 7 月 1日,重庆金融实业界代表人物在经济部开会,决定成立中国西南实业协会四川分会。中国西南实业协会上海分会组织的西南实业考察团潘仰尧等一行 10 多人恰好到达重庆考察,对成立中国西南实业协会四川分会深表赞同。7 月 4 日中国西南实业协会四川分会在重庆正式成立,并公推张群为名誉理事长,经济部长翁文灏、交通部长张公权为名誉理事。1939 年 1 月 15 日,四川分会在重庆举行了第 1 届会员大会,成立四川分会理事会,推举程觉民为总干事,朱伯涛(经济部燃料管理处处长)为副总干事。1939 年冬,程觉民离重庆长住贵阳,乃改由康心之为总干事,会员有 240 人。[2] 此外,中国西南实业协会九龙办事处和云南分会也先后成立。

1939 年 2 月 2 日,中国西南实业协会四川分会举行第 13 次常务理事会,决定由各地分会推举代表,筹设重庆中国西南实业协会总会。推举结果:四川分会代表为朱伯涛、范英士,上海代表为张禹九、张肖梅,九龙办事处代表为吴蕴初,云南分会代表为张庸僧,贵州代表为周寄悔,共同组成筹备委员会,由范英士召集。4 月 21 日,康心如等 21人以发起人名义,具呈重庆市政府请予核准成立中国西南实业协会总会,得到负责社团事务的国民党重庆市执行委员会批准。

1939 年 9 月 19 日,中国西南实业协会总会在重庆召开大会宣布成立,会议推举张群、钱新之、缪云台、吴晋航、张禹九、张肖梅、何北衡、吴蕴初、范旭东、孙越崎、康心如、康心之、潘仰尧、徐柏园、戴自牧等 35 人为理事,推举刘鸿生、何涍廉、卢作孚、黄季陆等 15 人为监事。9 月 21 日召开的理事、监事会议,又推选张群、钱新之、缪云台、项康元、周作民、范旭东、吴晋航、康心之等 11 人为执行理事,刘鸿生、何涍廉、卢作孚 3 人为执行监事,何北衡为总干事,张禹九、范英士为副总

[1] 钱新之先生在中国西南实业协会上海分会复会大会上讲话(1946 年 7 月 19 日),上海档案馆馆藏,档案号:Q398-6-6。
[2]《本会纪略》,《实业通讯》创刊号,1940 年 1 月 1 日,第 42-44 页。

干事。除总会外,中国西南实业协会还设有上海、贵州、广西、云南、香港、四川等分会。[1] 由于四川分会在中国西南实业协会中的特殊地位,四川分会的名誉理事长张群也自然成为中国西南实业协会的名誉理事长。全面抗战时期,总会设于重庆的中国西南实业协会不断发展,盛极一时,成为"科学家、技术家与金融界、实业界以及行政人员之大集团"。[2]

抗战胜利后,随着经济复员的进行,战时内迁的企业和企业家纷纷回到原籍,中国西南实业协会由盛转衰。1946 年 7 月 19 日中国西南实业协会上海分会复会。钱新之任理事长,总干事为蔡承新,常务理事有周作民、徐寄顾、张肖梅、杨季谦、潘昌猷、刘航琛、卢作孚、缪云台,常务监事为王振宇、古耕虞、葛敬中等。[3] 张肖梅在复会大会上说:"我们留在那边(西南)的长江人都已下来了,同时连他们西南地方的人也下来了。"[4]钱新之也说:"我们现在已经都回来了,但是我们可忘不了那边的事情。那边还需要本会去推动联络。"[5]上海分会复会后创办《会务》周报,并制订了颇有雄心的会务计划,包括招待西南实业界人士,联络各业各官厅,组织各地调查、考察团,举办各项演讲会、座谈会、展览会以及开发西南的投资机构,受委托调查各地以及上海的工矿资源、各业商情、交通运输状况,办理失业技术员工调查登记并介绍职业,代办训练所,介绍西南各地以及上海方面物资产销状况,代为接洽订货试销等。中国西南实业协会总会虽然仍设在重庆,但是其力量的重心,显然已经转移到了上海。重庆总会在 1946 年 6—7 月,由张群主持了两次星五聚餐会,会员发出了不满现实的呼声。1947 年 7 月星五聚餐会举行了由徐崇林、王道衡主持的两次中小工厂座谈会。由于经济社会混乱状况愈演愈烈,中国西南实业协会实际上很难再发挥大的作用,甚至《西南实业通讯》也在出完 1948 年冬季号后终刊。

［1］《西南实业协会》,《云南实业通讯》第 1 卷第 1 期,1940 年 1 月,第 4 页。

［2］《本会纪略启事》,《实业通讯》创刊号,1940 年 1 月 1 日,第 41 页。

［3］联合征信所调查报告书:《中国西南实业协会上海分会》(1947 年 6 月 3 日),上海档案馆馆藏,档案号:Q78-2-16439。

［4］张肖梅在中国西南实业协会上海分会复会大会上讲话(1946 年 7 月 19 日),上海档案馆馆藏,档案号:Q398-6-6。

［5］钱新之先生在中国西南实业协会上海分会复会大会上讲演(1946 年 7 月 19 日),上海档案馆馆藏,档案号:Q398-6-6。

中国西南实业协会属于以金融实业界中上层金融家、工业家为主体的实业团体,在其成立之初,规定以协助政府方面完成推进西南经济建设、实业界本身方面的沟通产销、调节国内市场、促进土货外销为宗旨。[1] 1941年4月通过的《中国西南实业协会章程》中,又进一步明确规定,"以集合工商农矿各业开发川、康、滇、黔、湘、桂等省资源,增进后方生产,巩固抗战力量为宗旨"。[2]《中国西南实业协会章程》规定该会会员分个人会员和团体会员两大类:从事或研究工商农矿金融事业,赞成中国西南实业协会宗旨,经过两名会员介绍,并经过理事会通过者,可以加入中国西南实业协会为个人会员为甲种会员;实际经营农矿工商金融事业的团体,经过两名会员介绍和理事会通过,可以为中国西南实业协会团体会员。《实业通讯》创刊号上刊载的《入会资格》更明确规定了4项入会的基本条件:农工商矿金融各界有地位者、有专门技术者、社会上有声望事业上有基础者、大学毕业者,"凡有上列各项资格之个人或在西南各省从事农工商矿事业之团体,经理事二人之介绍,理事会之通过,均得为本会会员"。[3] 由于上述资格限制,能够加入中国西南实业协会成为会员的主要是金融、实业界的中上层人士,或大中型工厂企业、金融机构。中国西南实业协会总会以及四川分会,拥有在渝工商企业、金融机构等400多家团体会员,包括中央、中国、交通、农民、川省、金城、上海、川康、川盐、美丰、聚兴诚、和成等银行,也包括民生公司、天府煤矿、四川丝业公司、川康兴业公司、华西实业公司、中国国货公司、宝元通公司等工矿商业企业,还包括马寅初、陈望道、茅以升、章乃器等在内的数十位名流学者为个人会员。中国西南实业协会总会会址开始时在重庆中四路98号,不久杨粲三和刘航琛捐出重庆白象街15号修建西南实业大厦,成为新的会址。中国西南实业协会章程规定该会每年举行一次会员大会,推举理事25~35人组成理事会,理事会推举7~11人为常务理事,常务理事推举1人为理事长,统辖会务。会员大会另推举17~21人为监事,监事推举3~5人任常务监事,监察会务。理事、监事均以1年为任

［1］《本会纪略》,《实业通讯》创刊号,1940年1月1日,第42页。
［2］《中国西南实业协会章程》(1941年4月30日),重庆市档案馆馆藏,档案号:0207-1-493。
［3］《本会纪略·入会资格》,《实业通讯》创刊号,1940年1月1日,第41页。

期。理事会聘任总干事,总干事对外代表协会,执行大会决议,执行理
事会决议、召集理事、监事会议,处理日常会务。不过从实际情况看,
中国西南实业协会总会张群既是名誉理事长,也是实际的理事长。理
事有张群、范旭东、缪云台、吴蕴初、孙越崎、钱新之、康心之等 35 人。
常务理事有张嘉璈、吴鼎昌、缪云台、周作民、钱新之、刘航琛、卢作孚、
康心如、吴晋航、胡子昂等 15 人。监事有刘鸿生、卢作孚、何淬廉等 15
人,总干事为何北衡。[1] 中国西南实业协会在组织构架上的另一个
特点,是上海分会和四川分会的特殊重要地位。两个分会不仅先于总
会成立,而且是该协会的两个重心所在。上海分会的重要性不仅在于
其发起之功,更重要的是与其相联系多是当时中国金融实业界举足轻
重的人物,因此抗战胜利后上海分会复会,自然就造成中国西南实业
协会的力量重心的转移。四川分会的重要性在于川渝地区是战时后
方经济的重心所在,川渝企业界、金融界占尽天时地利人和的优势,在
全面抗战期间经济力量大为提高,并在该分会的领导层产生了一批有
能力、有实力的人物。如 1940 年 3 月四川分会第 2 届年会推选的 35
位理事中有川帮金融家、企业家康心如、康心之、何北衡、卢作孚、胡叔
潜、温少鹤、宁芷村、刘航琛、张澍霖、吴晋航、潘昌猷,监事中有川帮企
业家胡子昂等人,川帮企业家浦心雅为理事会总干事,皆为一时人选。
会务方面,中国西南实业协会在开办之初,主要的会务有 4 项,即:关
于西南各省之调查统计及研究事项;关于西南各省实业经营之设计事
项;关于经营西南各省实业资金之筹集事项;关于经营西南各省实业
人员之训练及技术管理之策进事项。[2] 随着工作的展开,会务有所
增加。到 1941 年会务增加一项,即关于西南各省实业进行之协助事
项等。[3] 上述各项会务除重大者由张群亲自主持外,日常工作由常
务理事张肖梅、总干事何北衡等主持。该会在成立之初,中心工作为
设立物产陈列馆、土产公司,创办《实业通讯》。会务活动经费,主要来
自会员交纳的会费,部分来自经济行政机关的拨款,1939 年经费为 6

---

[1]《本会纪略》,《实业通讯》创刊号,1940 年 1 月 1 日,第 41-43 页。

[2]《西南实业协会》,《云南实业通讯》第 1 卷第 1 期,1940 年 1 月,第 4 页。

[3]《中国西南实业协会章程》(1941 年 4 月),第 2 页。 重庆市档案馆馆藏,档案号:0207-1-493。

万多元,1940 年经费为 7 万多元,1941 年经费增加到近 30 万元。[1]
中国西南实业协会成立后,1940 年 1 月创刊了《实业通讯》月刊,从第
1 卷第 2 期起,改为《西南实业通讯》。《西南实业通讯》由中国西南实
业协会常务理事张肖梅任主编,主要撰稿人多为后方实际从事实业的
人士,比较能够及时迅速地反映后方企业界的景况与呼声。中国西南
实业协会还编辑了《四川工厂调查录》,并以中国国民经济研究所名义
出版《四川经济参考资料》《云南经济》《贵州经济》等内容丰富的西南
主要省份经济资料,供后方实业界参考。中国西南实业协会最具有特
色的活动方式是主持举办后方实业界的星五聚餐会。对此,下文将有
详细考察。

　　中国西南实业协会在 20 世纪 30 年代末到 40 年代的中国工业
史、经济社团史上具有重要的历史地位和作用,主要表现在:①该协会
是 20 世纪 30 年代末和 40 年代最具广泛性和影响力的实业团体组
织,为增强抗战经济力量、推动西南经济开发、凝聚工业界力量发挥了
重要的作用。中国西南实业协会有总会,也有各地分会,会员众多,力
量雄厚。其会员既有民族资本工业家、银行家,也有国营企业的负责
人,还有经济学界的专家学者和经济行政当局的主管人员。会员代表
的广泛性,成为该协会充满活力与生气的源泉之一。作为后方实业界
的重要力量,中国西南实业协会经常与其他工业团体共同采取行动,
并能在这些活动中发挥组织中枢的关键作用。在后方经济状况日益
严峻的情况下,中国西南实业协会与迁川工厂联合会、重庆市国货厂
商联合会一道,经过几个月的反复研讨,并经各个团体分别通过,于
1942 年 6 月联合在《中国工业》杂志上公开发表题为《工业界之困难
与期望》的呼吁书。这篇代表后方工业界发表的呼吁书是后方工业经
济史的一个重要文献,它不仅分析了工业、工业家对国家独立自由的
重要作用,而且对重庆国民政府的战时经济统制政策提出了委婉而大
胆的批评,从而提出了工业界对税捐、资金、原料、运输、管制的一系列

---

　　[1]《本会财务状况报告》(1942 年 11 月),重庆市档案馆档案,档案号: 0296-14-273。

主张。[1]《工业界之困难与期望》是后方工业界力量得到初步结集后,工业界为自身生存和发展第一次明确地发表自己的主张,喊出自己的声音,此后这种声音就越来越多。1945 年 10 月 19 日,中国西南实业协会甚至邀请周恩来在星五聚餐会上作演讲,系统地阐述中共对于私有财产制度、资本主义、和平与发展、工业化等经济问题和社会问题的主张。当天前去听讲的工商界会员空前踊跃,"出席人数是空前的多,除了会员之外,还有许多是特别来旁听的,坐位不够,大家只得站着,屋里站不下了,只好挤到窗外门外去。因为大家尤其是大后方满腹辛酸的民营工业的人士,对于这个问题是太关心了,也太需要寻找一个解答"[2]。由于坚持了实事求是的原则,周恩来的演讲引起了与会者的强烈共鸣,对消除民族工商业者对于中国共产党的疑虑,增进他们对共产党的了解,对团结广大工商业者,对巩固和扩大统一战线,起到了积极的作用。1946 年 3 月在重庆成立的中国中小工厂联合会,是在中国共产党领导下成立的,主要由中小企业主和手工业者组成一个具有全国规模的工业团体。1946 年 6 月 19 日和 24 日中国中小工厂联合会在中国西南实业协会的星五聚餐会连续两次参加中小工业座谈会,并在 1946 年《西南实业通讯》第 13 卷第 3、4 期编辑出版《中小工业专号》,抨击国民党政府荒谬的经济政策。②该协会的产生与发展、领导层构成和活动方式,受到上海或来自上海的金融实业家的巨大影响。中国西南实业协会的实践从一个侧面表明上海金融家和实业家是后方工商实业界力量集结的主要动力。上海是 19 世纪末 20 世纪初发展起来的中国金融、工业和贸易中心,上海金融实业界则是当时中国经济实力、组织力、创造力最强的经济、社会力量。1927 年南京国民政府建立以后,商会作为工商实业界有组织的主要力量被迅速置于国民党的政治监督和组织管理之下。到 1929 年前后,原来作为工商实业界喉舌的商会已经难以再发挥重要的作用。到 1931 年九一八事变发生后,工商实业界的力量才开始重新结集。全面抗战爆发

---

[1] 中国西南实业协会、迁川工厂联合会、重庆市国货厂商联合会:《工业界之困难与期望》,
《中国工业(桂林)》第 6 期,1942 年 6 月 25 日,第 5-8 页。
[2]《周恩来同志在星五聚餐会演讲当前经济大势》,《新华日报》,1945 年 10 月 20 日,第 2 版。

后,上海金融实业界的一些思想敏锐的代表人物立刻认识到需要组织自己的力量,一方面以此推动西南经济的发展,增加中国抗战的力量,一方面以此谋实业界内迁后自身的生存和发展。中国西南实业协会上海分会、香港分会、四川分会和重庆中国西南实业协会总会都是在这种认识的基础上,以上海金融实业界及其代表人物为核心筹组起来的。上海金融实业界代表人物和与其关联厂矿企业的内迁,成为中国西南实业协会及后方各地分会发展和走向全盛的动力和主要基础,中国西南实业协会也成为"西南建设的一个重要力量"。[1] 而抗战胜利后上海金融实业界代表人物和与其关联厂矿企业的复员,又造成了中国西南实业协会重心向以上海为中心的沿海沿江地区的再次转移。这一现象说明,虽然有西南当地金融实业家的参加并以重庆为总会所在地,但是中国西南实业协会从根本上说不是西南地区当地金融工商业发展的产物,也不是根基于西南地区金融实业界的实业组织,而是以上海金融实业界动向为转移的实业组织。无论抗战时期或抗战胜利之后,中国西南实业协会一贯强调发展西南经济的宗旨,反映了上海金融实业界发展民族经济,开拓国内市场的愿望和迫切要求,这种愿望和要求与当时国家的需要和西南地区的金融实业界的要求和愿望也是一致的。③该协会把星五聚餐会的活动方式发展成为具有广泛影响的、每周连续进行的实业界大型定期聚会,发展成为凝聚金融实业界力量的有力手段。星五聚餐会这一被后方实业界人士广泛接受的活动方式,不是由中国西南实业协会首创的,但是中国西南实业协会把星五聚餐会的活动方式发展成为一个在实业界和社会上具有广大影响的、每周连续进行的大型定期聚会,大大地增强了当时金融实业界的凝聚力。通过主持和举办星五聚餐会,中国西南实业协会为实业界构建了一个企业家之间、实业团体之间、企业界与政府之间协商、沟通的渠道,产生了巨大的经济和社会影响。而凝聚金融实业界的力量,推动民族经济的发展,则是星五聚餐会始终一贯的目的所在。1943 年 7 月 9 日星五聚餐会上张公权所作《出国考察临别致词》的演讲更清楚地提到了这一点。他在演讲中说:"以前民间工厂,均视利益

---

[1] 钱永铭:《西南实业协会之使命》,《西南实业通讯》第 1 卷第 2 期,1940 年 2 月,第 1 页。

之多少,群相竞争,无法成强有力之单位,即不能称为'工业界',吾人希望将来工业能成为一界,为国家组织中之一组织,国家非有此一界,不能生存。"[1]中国西南实业协会通过星五聚餐会的举办而铸造一个强有力的工业界的愿望虽然没有能够完全实现,但是星五聚餐会的举办无疑是 1929 年国民党完全控制商会组织以后,金融实业界适应中国经济社会发展需要而作出的一个创举。在组织开放、方式灵活、气氛活跃和氛围民主等方面,可以说都远远超过了 1929 年以前的商会。在国民党一党专政的独裁统治下,星五聚餐会从上海创始,中经在香港的延续,然后在位于重庆的中国西南实业协会主持下发展到全盛,其作用不可小视。

5.中国全国工业协会

中国全国工业协会于 1943 年 4 月 22 日在重庆成立,是后方地区五个主要工业团体中成立最晚的一个。为克服后方地区严重的经济困难发挥了重要的作用。在抗战胜利后经济复员的过程中,中国全国工业协会总会先由重庆迁到上海,随之又迁到南京,在中国工业界的影响与日俱增。

本来重庆市也有一个商会,内迁厂矿的一些负责人如胡厥文、颜耀秋等加入了该商会。但是商会无法解决后方工业界的困难,满足后方工业界的需要。后方经济社会的种种困难,使企业家们感到"办工业必须有相当之集团"。[2] 从 1942 年开始,以中国西南实业协会及其主办的星五聚餐会为代表的后方工业界,就开始对后方工业发展中的困难问题进行讨论,并商讨出一系列的具体解决办法。1942 年 10 月 24 日,迁川工业联合会、国货厂商联合会、中国西南实业协会、中国战时生产促进会等工业团体联合提出了稳定物价的意见,要求政府在解决物价问题时应与社会各界通力合作。但是后方工业团体的意见,"求其实现,则到处碰壁,始终不能得合理之解决"。[3] 在此前后,有

[1] 张公权:《出国考察临别致词》,《西南实业通讯》第 8 卷第 2 期,1943 年 8 月 31 日,第 28 页。

[2] 胡厥文:《后方机器业当前之困难》,《西南实业通讯》第 6 卷第 6 期,1942 年 12 月 31 日,第 30 页。

[3] 崔唯吾:《生产会议筹备之经过及结果之预测》,《西南实业通讯》第 7 卷第 5 期,1943 年 5 月 31 日,第 34 页。

部分从事工业经营的参政员首先提出召开第二次全国生产会议的问题,中国西南实业协会、迁川工厂联合会、中国国货厂商联合会、中国战时生产促进会等四个后方工业团体迅即行动,从 1942 年 9 月起,每周开会一次,讨论相关问题。经过努力,终于在 1942 年冬向国民党十中全会提出,并获得该会决议召集。[1] 随后,国民政府行政院把会议召集事务交给国家总动员会议负责,拟具办法,3 月份要求各省寄送议案。同时,中国西南实业协会、迁川工厂联合会、重庆市国货厂商联合会、中国战时生产促进会等四个后方工业团体为推动国民政府召开第二次全国生产会议,各推出代表二三人,在 1943 年 2 月联合组成了生产会议促进会。[2] 工业界代表聚集在一起,感到商会不能代表自己的利益,不能及时有效地表达自己的要求,而工业界缺乏自己的专门组织,有关工业生产上的各项困难以及需要改进的地方,很少有相互交换意见和共同研究的机会,特别是太平洋战争爆发后,后方工业界遭遇到前所未有的困难,刻不容缓地需要团结起来,共同设法克服困难。而迁川工厂联合会几年来的经验,也证明有成立一个工业家自己的独立组织的必要。于是各地工业界的代表开始筹备发起成立全国性的工业联合会,但是国民政府社会部对此不予支持,只允许先成立一个学术性团体,于是,只得改会名为中国全国工业协会,并由吴蕴初、胡西园、颜耀秋等负责筹备,胡西园为筹备主任。经过筹备,1943年 4 月 22 日,中国全国工业协会在重庆迁川大厦召开成立大会,出席的代表有 100 多人,来自湖南、广西、广东、江西、云南、贵州、陕西、甘肃等省,大会通过了该会的组织章程。中国全国工业协会成立后,各地分会也相继成立,首先是湖南、广西、广东三省工业界联合在广西桂林成立了中南区分会,中南分会会员工厂在湘桂战役之前有 100 多家[3],同年中国西南实业协会云南分会及其举办的星五聚餐会改组

---

[1] 《第二次全国生产会议的始末》,《中国工业(桂林)》第 18 期, 1943 年 8 月 1 日, 第 36 页。

[2] 《所望于全国生产会议者》(中央日报社论),转自《西南实业通讯》第 7 卷第 6 期, 1943 年 6 月 30 日, 第 49 页。

[3] 《请求协助湘西工厂内迁,渝工业界人士发出紧急呼吁》,《商务日报》, 1944 年 6 月 29 日, 第 4 版。

为中国全国工业协会云南省分会。[1] 贵州省分会成立于 1945 年 7 月 20 日,以贵州企业公司总经理彭湖为理事长[2],1945 年抗战胜利前夕又有重庆区分会、川东区分会和兰州分会相继成立。重庆区分会首任理事长为李烛尘,第二任理事长由豫丰纱厂负责人潘仰山担任。[3] 该组织成立后地位重要,成为重庆著名的五个工业团体之一。到抗战胜利时为止,参加该会的有民营、国营和其他工业公会等 700 多个单位。[4] 就连资源委员会所属中央机器厂、中央电工厂、资渝钢铁厂等国营工厂也加入为会员工厂。[5]

抗日战争胜利后,1945 年 9 月吴蕴初回到上海,在上海设立工业协会上海办事处,重庆总会理事长一职由该会常务理事胡西园代理。接着,中国全国工业协会相继成立了苏南区、湖北、青岛、天津等分会。黄炎培、胡厥文、吴羹梅、杨卫东、胡西园、章乃器、孙起孟等人感到工业协会所能起到的作用有限,1945 年 9 月 29 日在重庆冉家巷集会,决定发起筹组中国民主建国会。1945 年 12 月 16 日,中国民主建国会在重庆正式成立,推举胡厥文、黄炎培等 11 人为常务理事,通过成立宣言、政纲、组织原则、章程,并决定创办《平民周刊》。1946 年 3 月中国全国工业协会总会迁到上海,同年 11 月总会迁南京,11 月 11 日在南京举行成立大会,经呈请国民政府主管机关核准,决定以每年 11 月 11 日为工业节。1948 年 11 月 11 日正式改组为中国工业会,著名化学工业家吴蕴初为理事长,著名工业企业家胡西园、潘仰山、周茂柏等任常务理事。该会成立后,"便致力于中国工业化运动"[6]。该协会最初从事的工作主要有 4 项:①推动制定独立于商会法之外的工业会法;②加紧研究战时工业经济;③筹划战后工业对策;④研究修改商约相关问题。为此,该协会专门成立了中国工业经济研究所,进行研究,成

---

[1] 王振芳:《云南经济建设面面观》,《西南实业通讯》第 8 卷第 4 期,1943 年 10 月 31 日,第 30 页。

[2] 《会务报道·贵州省分会成立》,《工商通讯》第 11 期,1944 年 8 月 10 日,第 5 页。

[3] 《中国全国工业协会重庆市分会第二届理监事名册》,经济部燃料管理处档案,重庆市档案馆馆藏,档案号:0021-2-234。

[4] 《中国全国工业协会各地分会相继成立》,《中国工业(桂林)》第 28 期,1945 年 7 月 20 日,第 37 页。

[5] 《会务报道·举行第七次理监事聚餐会》,《工商通讯》第 10 期,1944 年 7 月 10 日,第 6 页。

[6] 薛桂轮:《工业化运动》,《工业通讯》第 8 期,1944 年 5 月,第 2 页。

绩斐然。

抗战胜利前夕,该会组织了对敌要求赔款委员会,调查日寇侵华战争给中国工业界造成的损失;为利用外资,该会还积极筹组中外资本技术合作委员会,以便在战后吸收外资,发展中国战后工业;到 1945 年 7 月止,中国全国工业协会先后成立了中南区分会(桂林)、云南省分会(昆明)、江西省分会、贵州省分会、重庆区分会、川东区分会等分会组织,会员多达 700 余个单位。

中国全国工业协会显然属于工业界中上层人士为主体的纯粹工业团体组织。该协会章程规定,"本会以联合全国工矿业共谋发展为宗旨"。[1] 凡属于中国资本,有机械动力设备或雇佣工人 30 人以上,经营各项工矿业的厂矿公司,不论公营民营(法令规定的国家专营事业除外),均可以成为会员。从实际上看,参加中国全国工业协会的主要是大中型工厂,如中国工业协会重庆分会有会员工厂 470 家,以大中型工厂为主。[2] 该协会总会在组织上,由理事长主持会务,常务理事协助理事长分别主持总务、财务、组织及编纂等事务,另外设有总干事,负责处理具体事务。总干事之下设立总务、财务、组织、总纂等股。[3] 在组织形式上,总会与各地工业协会之间无统辖关系,总会、所有分会组织都是有独立性的组织。分会组织中,国营企业和省营企业负责人起了很大的作用,如贵州省分会由贵州企业公司总经理彭湖于 1944 年 5 月 30 日负责开始筹备,贵州企业公司、中国植物油料厂贵州厂、中国火柴原料厂贵阳厂、中国农林机械公司贵阳制造厂、中国铁工厂等 5 个单位负责人为筹备委员。7 月 20 日该分会正式成立,以彭湖为理事长。[4] 会员中一部分为发起会员,其余都是辗转介绍加入。入会时,先填写入会申请书,有两家会员工厂介绍,并经各地工业协会理事会核准。会员分为工厂会员与团体会员两种,开始时会员主要是各业工厂,后来改定章程,以同业公会为团体会员。[5] 工厂会员

---

[1]《中国全国工业协会章程》,第 6 页,重庆市档案馆馆藏,档案号:0328-71。

[2]《星五聚餐会第一次中小工业座谈会纪录》,《西南实业通讯》第 13 卷第 3、4 期合刊,1946 年 4 月 30 日,第 21 页。

[3]《中国全国工业协会办事细则》,《工业通讯》第 6 期,1944 年 3 月,第 7 页。

[4]《会务报道·贵州省分会成立》,《工商通讯》第 11 期,1944 年 8 月 10 日,第 5 页。

[5] 翟开明:《工协与工联》,《工商通讯》第 11 期,1944 年 8 月 10 日,第 3 页。

必须符合工厂法规定的条件,同时根据其资本的数额、机器设备和工人人数分为甲、乙、丙三级,团体会员为乙级。会员根据等级交纳不同的会费,并随物价予以调整。[1] 1944年中国全国工业协会重庆分会成立时李浊尘任理事长。该协会章程规定协会的任务为10项:①促进产品标准化,②促进全国工业化,③促进工业金融的发展,④增进劳工的福利,⑤推行事业保险与必要的统制,⑥进行工矿业的调查统计与资料编辑,⑦办理技工劳动补习教育,⑧举办工矿展览,⑨呼吁维护生产事业,⑩联合全国工矿业共谋发展。[2] 吴蕴初担任理事长,胡西园、朱伯涛、潘仰山、周茂柏、张剑鸣、马雄冠等21人为理事,其中胡西园、朱伯涛、潘仰山为常务理事,庄茂如、陶桂林等7人为监事,吴羹梅为总干事,协会章程规定有机械动力设备或平时雇佣工人30人以上者的国营、民营工矿业矿厂公司皆可以为会员。该协会成立后,主要有4项工作:①努力促成独立于商会法之外的工业会法的制定,以便早日成立工业会;②研究工业经济;③准备战后工业复员对策;④对于修订商约提供意见。此外促成工业产品标准化,促进工业金融的发展,增进劳工福利,推进事业保险,呼吁政府维护工业等也是重要的方面。[3]

中国全国工业协会成立后,直接推动了1943年6月第二次全国生产会议的召开,并为在后方的企业解决了许多实际困难。成立工业会的努力一直在进行,胡西园不断着文呼吁并论述成立工业会的必要性。[4] 1943年中国国民党召开十一中全会,中委吴敬恒等提出了有关制定工业会法,设立工业会的提案,并得到通过。[5] 于是行政院令社会部、经济部分别制订工业会法。而工业界则开始组织中国工业协会。社会部、经济部随后分别拟订了工业会法草案和工商会法草案。

[1] 陈真、姚洛合编:《中国近代工业史资料》第一辑,北京:生活·读书·新知三联书店,1957年,第645页。

[2] 《中国全国工业协会章程》,第6-7页,重庆市档案馆馆藏,档案号:0328-71。

[3] 《中国全国工业协会成立大会宣言》,重庆市档案馆馆藏,第1-5页;徐盈:《当代中国实业人物志》,上海:中华书局,1948年,第57-59页。

[4] 胡西园:《工业同业组织之改进与工业会》,《工业通讯》第5期,1944年2月10日,第1-2页。

[5] 吴敬恒等:《政府应速制工业会法使各地工业同业公会不仅附属于商会另组工业会以发展工厂增加生产案》,《工业经济参考资料》第4期,1944年12月,第1-2页。

然后由行政院令中央设计局拟订立法原则,再交社会局拟订。1944 年 6 月 28 日,全国工业协会第七次理监事会议,请中央设计局设计委员李木园和资源委员会秘书吴兆洪商谈工业会法,据说,工业会法正由中央设计局工业组、经济组、政治组草拟,已经接近完成。[1] 大约不久以社会部名义拟定的《工业会法草案》就正式出台。1944 年美国工商界发起召开纽约国际通商会议,得到中国后方工商界热烈响应。8 月初中国参加会议的代表确定为张公权、陈光甫、范旭东、卢作孚、李铭、贝祖贻 6 人,分别代表中国银行业、化工业、运输业、进出口业。8 月 30 日中国全国工业协会宴请出席国际通商会议的代表,并交换意见。[2] 9 月 25 日中国全国工业协会与中国战时生产促进会、中国西南实业协会、迁川工厂联合会、重庆市国货厂商联合会等后方主要代表 60 余人,在迁川大厦大礼堂举行国际通商会议美方建议 9 项提案座谈会[3],向参加通商会议的代表提出了许多建议。1945 年 5 月 24 日,中国全国工业协会等五大工业团体邀请主管当局、产业界领袖、各工业同业公会负责人以及经济学者专家等举行座谈会,征求意见。为举行此次座谈会,中国工业经济研究所事前还拟定了讨论纲要,分送参加会议的代表。会议认为工业会的主要任务为培养工业界的合作精神。[4] 抗战胜利后,国民政府对后方民营工厂的军工订货完全停止,致使后方民营工厂陷入一片混乱。为此,迁川工厂联合会与全国工业协会等重要工业团体在重庆联合召开会员大会协商讨论出解决困难的 4 项办法,并推举胡西园、胡厥文、吴羹梅等人为代表,向国民政府交涉实施。经过胡西园等人的不懈努力,甚至直接面谒国民政府最高当局,促使蒋介石作出了发放 50 亿元工业贷款给内迁工厂的决定。9 月上旬迁川工厂联合会将 50 亿元工业贷款发放给近 300 家迁

[1]《举行第七次理监事聚餐会》,《工业通讯》第 10 期,1944 年 7 月 10 日,第 6 页。

[2]《欢宴出席国际通商会议代表并拟举行九案座谈会》,《工业通讯》第 12 期,1944 年 9 月 10 日,第 6 页。

[3]《国际通商会议美方建议九项提案座谈会记录》,《工业通讯》第 13 期,1944 年 10 月 10 日,第 7-10 页。

[4]《工业会与工业同业公会制度研究——论工业团体与工业建设之关系以及中国工业会法应采之基本原则》,《工业问题丛刊》第 3 期,1945 年 6 月 15 日,第 8 页。

川工厂[1],解决了部分内迁工厂的燃眉之急。该会成立后,创办中国工业经济研究所研究中国工业的种种问题,出版了一系列重要的书刊。到1946年上半年,已经出版的书刊有工业问题座谈会纪要合辑、战时生产局特辑、重庆煤矿业及煤焦管制问题、工业会与工业同业公会制度研究、战时工业管制检讨(以上五种为工业问题丛刊1—5号)、物价问题特辑之一、抗战六年来我国工业技术之进步、英美产业界对战后经济复员之意见、关于工业会之重要文献、第二次美国工业战争会议提案及中美商会筹备会议纪录、四川工矿业调查、国际贸易政策、战时我国火柴工业及火柴专卖概况、工业统计资料提要(以上九种为工业经济参考资料1—9号)、战后工业、十年来工业管理之进步(以上两种为工业丛书1—2)和民营厂矿内迁纪略等。[2] 这些书籍,在当时是针对现实的需要出版的,对于当时后方工业界具有重要的参考价值。该会还与迁川工厂联合会及中国全国工业协会重庆分会合作,接办创刊于桂林、内迁到重庆的《中国工业》月刊社,由中国工业经济研究所和中国工合研究所负责编辑,章乃器任主编。《〈中国工业〉复刊词》中明确表示:"本刊的复刊,可说是工业界一致的要求——我们要有自己的舆论机关。本刊今后的内容,将保留过去的传统,而更求其能适合当前时代的需求。我们不愿空谈政治,而愿从工业的岗位,提出实际的关于政治、经济、社会以至工业本身的意见,介绍各种有关工业的新知识,并报导我国工业的实况。"[3]

中国全国工业协会是中国产生机器工业以来第一个纯粹由工业界人士和厂商组成的全国性社团,在应付全国抗战时期经济困难、维护会员利益、促进工业界团结方面发挥了重要的作用,在战后经济复员中也发挥了重要的作用。

南京国民政府于1947年颁布《工业会法》后,1948年11月11日中国全国工业协会正式改组为中国工业会,争取多年的目标终于实现。

---

[1] 胡西园:《抗战胜利后内迁工厂陷入困境》,《中华文史资料文库》第12卷,北京:中国文史出版社,1996年,第972-974页。

[2]《中国工业经济研究所出版目录》,《中国工业(桂林)》第34、35期合刊,1946年7月,第22页。

[3]《复刊词》,《中国工业(桂林)》第28期,1945年7月,第9页。

五工业团体在 1944 年、1945 年两年间,联合进行工作甚多。1944 年 1 月 11 日举行救济冶炼、机器两业座谈会,讨论农业机械化问题。8 月,联合重庆市商会、银行公会,发起组织新兵服务社。9 月 25 日,召集中国出席国际通商会议代表及专家学者,讨论通商会议九大议题。11 月,开会邀请纳尔逊、翁文灏等,陈述对战时生产局的意见,并起草战时生产局成立后政府对于工业应有措施的建议,内容广泛涉及工业重组、集中生产、订货政策、物价管制、运输税制等。[1]

(三)其他工商团体

　　重庆的工业社团还有中国全国工业合作协会、中国工矿建设协会、中国进出口贸易协会、中国战后建设协会、工商企划协进社、公益工商研究所、经济研究社、中华营建研究会、文化经济建设协会等。[2]

1.中国全国工业合作协会

　　中国全国工业合作协会是全国抗战期间兴起的工业合作运动的协调机构,成立于武汉,之后迁到重庆。

　　全国抗战初期,沿海沿江地区的上海、汉口等工业集中区域相继沦陷,工厂不得不停业,造成大批工人失业,上海尤其严重。当时上海各界爱国人士有"星一聚餐会"的活动,正是在这个聚餐会上,海伦·斯诺提出工业合作的设想。这一设想的价值在于"使得转移技术工人就等于替代大工厂迁到内地成为可能"[3],得到与会者的赞成。于是,上述聚餐会上组成中国工业合作社设计委员会,并推举当时担任上海公共租界工部局工业科科长的新西兰人艾黎为召集人。在艾黎主持下,制订了计划草案。1938 年 4 月 3 日,艾黎、海伦·斯诺、埃德加·斯诺、徐新六、胡愈之等 11 人在上海成立了促进中国工业合作社委员会。此后相关人士分别到武汉与中共方面和国民政府方面接洽,得到支持。艾黎也于同年 6 月到达汉口,着手筹备工业合作社。经过

---

[1] 傅润华、汤约生主编:《陪都工商年鉴》,张研、孙燕京主编:《民国史料丛刊》(605 册),郑州:大象出版社, 2009 年, 第 56 页。

[2] 傅润华、汤约生主编:《陪都工商年鉴》,张研、孙燕京主编:《民国史料丛刊》(605 册),郑州:大象出版社, 2009 年, 第 57 页。

[3] 陈翰笙:《合工:中国合作社史话(1947 年)》,汪熙、杨小佛主编:《陈翰笙文集》,上海:复旦大学出版社, 1985 年, 第 180 页。

筹备,中国全国工业合作协会于1938年8月5日在汉口正式成立,行政院院长孔祥熙任理事长,曾经担任过甘肃省民政厅厅长的刘广沛任秘书长,艾黎任技术顾问,王世杰、邵力子、张治中、杭立武、俞鸿钧、沈钧儒、黄炎培、林伯渠、董必武、邓颖超等为理事。不过这时,组织尚并不健全。中国全国工业合作协会成立后,在汉口举办了一个短期工业合作讲习班,主要讲如何组织工业合作社,参加者有二三十人。随后中国全国工业合作协会派卢广锦到宝鸡开办了中国全国工业合作协会西北区办事处,开始从事实际的工业合作运动。

1938年年底,中国全国工业合作协会总会和理事会在重庆成立。总会由刘广沛任总干事,下设总务、业务、推进、组织、技术、财务六组。理事会由孔祥熙任理事长,宋美龄任名誉理事长。全国抗战期间,总会有过多次改组,继刘广沛之后担任总干事的有周象贤、徐维康、张福良等。总会的主要任务是协调和推动群众在大后方开展工业合作运动,从事工业生产,供应军需民用物品。在有关方面的支持下,工业合作运动在大后方各地相继开展。1939年初,中国全国工业合作协会相继在四川成都、江西赣县、湖南邵阳成立了川康、东南、西南三个办事处,从此工业合作运动在全国范围内开展起来。1940年12月全国有1792个合作社,后经过整顿到1942年5月仍有1596个合作社,社员有22000人,股金400万元,贷款1300万元,每月生产价值约为1700万元,1942年还成立了代营总处。[1]

中国全国工业合作协会推动的工业合作运动,协助失业员工和沦陷区撤退的人民,组织工业合作社,从事工业生产。由于利用旧工业的设备人才,发展新事业,能够适应战时需要,所以颇有成效。

全国抗战后期中国全国工业合作协会改组为全国工业合作促进委员会。

2.中华工商协进社

1939年2月4日,中华工商协进社在重庆成立,该会的发起人有潘昌猷、宁芷邨、颜耀秋、吴承洛、何北衡、范崇实、寿景伟、吴晋航、胡仲实、庞赞臣、宋师度、周懋植、欧阳仑、温少鹤、康心如、胡子昂等,翁

---

[1] 褚葆一:《中国战时工业建设的梗概》,《新工商》第1卷第5、6期,1943年12月1日,第20页。

文灏等参加了成立大会。会员有 200 多个单位,个人会员有潘昌猷、宁芷邨、颜耀秋、吴承洛、何北衡、范崇实、寿景伟、吴晋航、胡仲实、庞赞臣、宋师度、温少鹤、康心如、胡子昂、周荟柏、吴麟书、古耕虞、胡西园、王性尧、吴羹梅、林继庸、陶桂林、崔唯吾等,团体会员有四川水泥公司、天原电化厂、龙章公司、上海机器厂、久大盐业公司、永利公司、冠生园食品公司、上海五金厂、聚兴诚银行、中国国货联营公司、中国茶叶公司、四川丝业公司等。在该会《中华工商协进会缘起》一文中,宣告其成立后任务有 10 项,主要有:①调查各地工商业状况,以谋改进;②敦促工商界成立商会和同业公会,以健全经济统制的基础;③改进手工业,推动省际、国际贸易;④推动国货推销机构的扩展和国货推销网的形成,以建立合理的经济体系;⑤推进产销合作;⑥集资兴办国家社会急需的工商企业;⑦协助工商团体训练干部;⑧促进华侨回国投资;⑨发行刊物,以普及工商知识和管理知识;⑩加强各团体间的联系。[1]

3.中国纺织工业公会联合会

全面抗战时期,棉纺织工业在西南西北获得了比较大的发展,经过几年的筹备,1945 年 8 月 28 日,中华民国机器棉纺织工业同业公会联合会在重庆举行成立大会,选举产生第一届理事会、监事会,第一届理监事会推举束云章为理事长,李升伯、荣尔仁、杜月笙、苏汰余为常务理事,李国伟为常务监事,吴味经为总干事,厉无咎、蒋迪先为副总干事。在该联合会尚在筹备的时候,该会筹备会就与中国棉业协会、中国纺织学会举行联席会议,讨论了有关棉纺织业的有关问题以及着手解决办法。因此联合会成立后,当即决定成立棉业促进委员会,推举束云章为主任委员,以束云章、李升伯(中国棉业协会理事长)、朱仙舫(中国纺织学会理事长)、冯泽芳、荣尔仁为常委。束云章、朱仙舫、李升伯一致认为棉纺织业以一年为期,举办五项工作:①棉种选育及棉籽储备;②准备实施棉花分级检验;③棉产调查;④创办纺织染专科学校;⑤设立纺织染实验所。[2]

---

[1]《工业协进社今成立宣言十项任务》,《商务日报》1939 年 2 月 4 日,第 3 版。

[2] 佚名:《追记中国纺织工业公会联合会》,《新世界》1946 年第 6 期,1946 年 6 月,第 25-26 页。

三、工业界在重庆的重要活动

（一）金融实业界星五聚餐会

1.星五聚餐会的缘起

星五聚餐会在"九一八"事变后由中国银行总经理张公权发起，1932 年 3 月开始在上海举行。"八一三"全国抗战爆发后，上海民营厂矿掀起内迁运动，也有部分工商界人士南迁香港，加上若干银行、厂商原在香港就有分支行或驻港办事处，一时间由上海迁港的银行（或分行）、厂商（包括办事处）数达到 30 多家[1]，其中包括商务印书馆、大华铁厂、中国化学工业社、康元制罐厂、大中工业社、家庭工业社、天厨味精厂、益丰搪瓷公司、香港中国国货公司、申新纱厂、大中华橡胶厂、新亚化学制药公司、新亨营造公司、兴华行、振华茶叶公司、中国国货联合营业公司、五洲制药厂、美亚织绸厂、三友实业社、震旦灭火机厂、中国银行香港分行、上海银行香港分行、交通银行香港分行等。由于香港已经"成为上海与内地联系之中心，并为国内外交通之枢纽，星五聚餐会乃移港继续举行"。[2] 1938 年 5 月 13 日，侨港的上海金融、实业界人士张禹九、张肖梅、史久鳌等人，假香港何东爵士公馆举行聚餐会，参加者有 50 多人，代表 30 多家迁港企业和金融机构。在这次聚餐会上，张禹九、史久鳌等向与会实业界人士说明了发起举行香港聚餐会的动机，得到与会实业界人士的赞成。接着美亚织绸厂董事长兼总经理蔡声白邀集各厂商代表，于 5 月 20 日在胜利酒店欢宴，这是香港星五聚餐会的第一次聚餐。[3] 香港星五聚餐会于是即席成

---

[1] 《星五聚餐会举行百次纪念》（录自《大公报》），《香港星五聚餐会百次纪念特刊》，香港星五聚餐会百次纪念特刊，1940 年，第 7 页。

[2] 《实业问题星五聚餐会之意义》，第 1 页，重庆市档案馆馆藏，档案号：0296-10-273。

[3] 刘履吉：《香港星五聚餐会务纪要》，《香港星五聚餐会百次纪念特刊》，香港星五聚餐会百次纪念特刊，1940 年，第 27 页。

立[1],康元制罐厂负责人阮维扬任总干事,规定每星期五中午举行餐叙,以东亚银行 901 号为聚餐会办事处。从此开始到 1940 年 4 月 19 日,在前后约 1 年又 336 天中,香港星五聚餐会员厂商由 30 家左右增加到 60 多家,"其间每周集会,从未间断"。当 1940 年 4 月 19 日聚餐次数达到 100 次时,举行盛大纪念会,著名金融家宋汉章、钱新之和曾经担任中国驻美大使的王正廷等 100 多人出席,会后香港星五聚餐会正式改组为中华国货产销协会香港分会,成为一个社团组织。[2]

2.重庆金融实业界星五聚餐会

在香港星五聚餐会举行的同时,重庆、成都、昆明、桂林等后方各主要城市,也有了星五聚餐会的组织。为求金融实业界加强联系,以推动生产事业的发展,中国西南实业协会联合四联总处、经济部工矿调整处、燃料管理处、平价购销处、中国工业合作协会、重庆市国货厂商联合会、迁川工厂联合会以及中国、交通、四川省、美丰、聚兴诚等银行,发起组织实业界聚餐座谈会,初拟半月举行一次。[3] 到 10 月初,决定正式名称为"实业界聚餐座谈会",并决定改为每月一次,凡公私实业机关团体、工厂商矿、金融、经济各界均可参加。上午 11 时到下午 1 时为自行联络、接洽时间(其中 12 时到下午 1 时为聚餐时间),下午 1 时开始为专家、名人演讲及讨论时间。参加者预交半年餐费,并发布通知。[4] 到 10 月 18 日,报名参加者已达 180 家。于是决定第一次聚会在 10 月 25 日中午 12 时于重庆生生花园举行,并邀请中国西南实业协会四川分会名誉理事长、国防最高委员会张岳军致辞,经济部长翁文灏、著名会计学家潘序伦演讲。[5]

1940 年 10 月 25 日,由于恰遇日军飞机空袭,原定 12 时开始的实

[1] 阮维扬:《星五聚餐会之感想》,《香港星五聚餐会百次纪念特刊》,香港星五聚餐会百次纪念特刊,1940 年, 第 26 页。

[2] 阮维扬:《发刊词》,《香港星五聚餐会百次纪念特刊》,香港星五聚餐会百次纪念特刊,1940 年, 第 1 页。

[3]《本会纪略·今后实际工作计划》,《西南实业通讯》第 2 卷第 1 期,1940 年 7 月, 第 66 页。

[4]《本会启事·实业界聚餐座谈会办法》,《西南实业通讯》第 2 卷第 4 期,1940 年 10 月, 无页码。

[5]《本会纪略·实业聚餐座谈会第一次集会定期举行》,《西南实业通讯》第 2 卷第 5 期,1940 年 11 月, 第 67 页。

业界聚餐座谈会假座生生花园举行第一次集会,推迟到下午 3 时正式开始,出席座谈会的代表有 200 人左右,代表 180 多个单位。先由张群致辞,随之翁文灏演讲,再次由上海分会代表介绍上海最近情况和工商业概况,最后与会者讨论,直到晚上 7 点才散会。[1] 由于各种原因,这样的聚会没能持续下去。直到太平洋战争爆发后,中国沿海完全被日军封锁,后方经济困难加剧,后方金融实业人士为加强联络、互通有无,克服困难,决定"赓续沪港星五聚餐办法,集合实业、金融、经济各界人士数十人,每周作一次之会谈"。[2] 于是在 1941 年 12 月 19 日,聚集在重庆的后方金融实业界人士举行了内迁后的第一次星五聚餐会,从此"生活在缺乏工业俱乐部一类组织的陪都实业界智识分子,无不以星期五的集会,为每个星期内最有意义的活动,除非有重要事务,绝不肯轻易放过的"。后方各个工业团体的代表人物,也都乐于到星五聚餐会"发表他们的主张,陈述他们会员事业的困难"。[3] 到 1942 年 11 月的时候,重庆的星五聚餐会已经举行 48 次,参加人数增加到 100 多人。星五聚餐会在全国抗战大后方发展到全盛时期。抗战胜利之初,重庆星五聚餐会仍然非常兴盛。重庆谈判期间,毛泽东几次接见重庆工商界代表人士,说明中国共产党的经济和政治主张。毛泽东返回延安后,周恩来于 1945 年 10 月 19 日在重庆星五聚餐会上作了题为《当前经济大势》的讲演,产生了极大的政治影响。1946 年 6 月 19 日和 1946 年 6 月 24 日,重庆星五聚餐会连续两次举办中小工业座谈会,讨论经济复员时期中小工业的发展问题,抨击国民政府经济行政当局荒谬的经济政策。同时,随着经济复员的部分实现,从沿海沿江地区内迁到大后方的多数工商界人士逐渐返回原籍,其经营重心也随之转移。在这种情况下,中国西南实业协会上海分会于 1946 年 7 月 19 日在上海复会,紧接着恢复了上海星五聚餐会的组织与活动。复员回到武汉的工商界人士也组织和举办了星五聚餐会的活动。

---

[1]《本会纪略·举行第一次实业界聚餐座谈会》,《西南实业通讯》第 2 卷第 6 期,1940 年 12 月,第 67-68 页。

[2]《星五聚餐会演讲纪录》编者附识,《西南实业通讯》第 5 卷第 1 期,1942 年 1 月 31 日,第 45 页。

[3]《实业问题星五聚餐会之意义》,第 2 页,重庆市档案馆馆藏,档案号:0296-14-273。

1948 年 3 月的一份材料显示,参加武汉星五聚餐会的团体会员达 49 家之多,其中除武汉行辕经理处带有军政色彩外,其余全是金融实业界会员,包括 23 家银行或银行的分支行,25 家厂商矿企业。[1] 由于这一时期金融实业界人士逐渐分散到各地,星五聚餐会在重庆、上海、武汉等城市分别举行,从而分散了工商界本来就有限的力量,加上经济、社会、军事、政治诸方面动荡加剧,不少有实力的工商业者又开始酝酿南迁香港等地,星五聚餐会的影响迅速下降,走向衰落。全国解放前后各地星五聚餐会相继解散,上海等地则一直维持到 1952 年。

星五聚餐会不是遵照相关法规成立的社团组织,也没有明文规定的宗旨。不过正如其发起者之一的史久鳌所说:星五聚餐会名称是聚餐会,"实际上并不是为我们同人自己好吃饭而聚餐,其目的是为谋使一般人有饭吃"。[2] 星五聚餐会活动内容主要是包括聚餐、座谈和演讲:"每星期五举行叙餐会时,除会员间彼此叙谈交换着意见外,有时敦请专家演讲,增进同人知识。有时邀致国内各地的来宾报告各地情形,一方借此互通消息,一方可使各人的事业赖以改进。"[3] 这种具有开放性的组织形式和具有多样性的活动方式,在上海、香港、重庆等地星五聚餐会的各个时期一脉相承,只是规模逐渐扩大有所不同而已。星五聚餐会的参加者以金融实业界的中上层人士为主,在上海初创时期只有 10 来人,到全面抗战时期达到全盛的时候参加人数最多有数百人,多数是迁川工厂联合会会员工厂在渝负责人和四川籍实业家、银行家。持续了 10 多年的聚餐座谈活动中,星五聚餐会以十分独特的组织形式和活动方式体现了旨在推动金融实业界加强情感联系和信息交流、振奋企业精神、强化经济互助等功能与特点。[4] 就组织形式而言,星五聚餐会设有干事会,干事会负责安排聚餐、座谈、邀请演讲人等具体会务工作。星五聚餐会在上海初创时期的详细组织情况

[1]《武汉星五聚餐会会员一览表》(1948 年 3 月),重庆市档案馆馆藏,档案号:0296-3-33,第 151 页。
[2] 史久鳌:《星五聚餐会沿革》,《香港星五聚餐会百次纪念特刊》,香港星五聚餐会百次纪念特刊,1940 年,第 4 页。
[3] 宋汉章:《香港星五聚餐会百次纪念》,《香港星五聚餐会百次纪念特刊》,香港星五聚餐会百次纪念特刊,1940 年,第 3 页。
[4] 阮维扬:《星五聚餐会之感想》,《香港星五聚餐会百次纪念特刊》,香港星五聚餐会百次纪念特刊,1940 年,第 24-26 页。

不明。星五聚餐会在香港举办时期总干事由康元制罐厂香港办事处负责人阮维扬担任，刘履吉、陈南生为干事，并设有办事处。重庆时期的星五聚餐会由中国西南实业协会发起和主办，实际负责人是张肖梅，干事会由张禹九、陈叔敬、吴味经3人组成。张肖梅是著名经济学者，留英回国的博士，张公权胞弟张禹九之妻。张禹九是中国银行重庆分行经理，陈叔敬是重庆国货公司经理兼重庆牛奶场场长，吴味经是财政部花纱布管理处所属福生庄总经理。聚餐是星五不可或缺的重要内容之一，聚餐的时间为星期五的中午，餐费由参加聚餐会的会员根据自己参加聚餐会的次数交纳。聚餐受到参加者的重视，原因在于聚餐实际上是为参加聚餐的代表提供了定期进行个别交流机会，通过聚餐时的个别交流，参加者既可以"互相联络，密切合作"，又可以相互"交换各人的经验和见解，来共同谋取一般工商业的改进及发展"。[1] 对平日各自忙于经营业务，惜时如金，又需要彼此加强联系、沟通、交流以开拓事业的金融实业界人士，星五聚餐会的定期聚会无疑为他们提供了一个最为方便的场所和机会。正是此种原因和实际需要，"陪都实业界智识分子，无不以星期五的集会，为每个星期内最有意义的活动"。[2] 座谈会也是星五聚餐会的一项主要内容，有专题座谈会和普通座谈两种。专题座谈会主要针对经济生活中的重大问题，在中午聚餐结束后进行专题性座谈讨论。这样的专题座谈会通常经过一次讨论就得出结论或找到办法，如1942年6月19日星五聚餐会邀请有关经济金融各专家讨论了后方设立证券市场问题，1942年11月20日星五聚餐会专门举行了讨论物价问题座谈会，1943年1月8日星五聚餐会专门举行了限价问题讨论会，1943年3月19日星五聚餐会专门举行了棉纱问题座谈会。特别重大的问题可以在星五聚餐会连续讨论两次，如1942年4月17日和24日在章乃器、潘序伦主持下连续举行了两次讨论工业资金问题与纳税问题的座谈会，1945年9月21日和28日星五聚餐会就工业问题连续举行两次座谈会，1946年6月19日和24日星五聚餐会就中小工业问题连续两次举行座谈

---

[1] 史久鳌：《星五聚餐会沿革》，《香港星五聚餐会百次纪念特刊》，香港星五聚餐会百次纪念特刊，1940年，第4页。

[2] 《实业问题星五聚餐会之意义》，第2页，重庆市档案馆馆藏，档案号：0296-14-273。

会。星五聚餐会对于重大问题举办的专题座谈会,在讨论出具体结论和办法后,会把这些结论和办法提供给会员厂商或政府经济行政部门参考。特别重大的问题,还会联合各工业团体一道采取联合行动。除了上述这些专题座谈会外,星五聚餐会还经常在演讲者进行演讲前后举行座谈,通过座谈交流意见,增进了解,掌握情况,加强合作。演讲是星五聚餐会一项具有特色的重要活动,通常每次星五聚餐会邀请一到两位演讲者,多的可以邀请三位。受到邀请进行演讲的大部分是金融、实业界有成就的著名代表人物,也有主管经济行政的官员、国家行局负责人、中央部会和各地行政首长、经济学家、社会名流。全面抗战时期在重庆的星五聚餐会进行演讲的著名实业界领袖人物有章乃器、吴味经、厉无咎、尹致中、吴羹梅、胡厥文、马雄冠、胡子昂、孙越崎、黄墨涵、胡西园、康心如、卢作孚、潘仰山、吴蕴初、章剑慧、刘鸿生等。主管经济行政的官员、国家行局负责人、中央部会和各地行政首长有王洸、李景潞、徐伯园、何北衡、张丽门、高秉坊、庄仲文、贺衷寒、谷正纲、吴稚晖、林继庸、刘芸攻、吴国桢、张公权、吴承洛、蒋廷黻、张笃伦等。学者名流有吴景超、杨荫溥、胡政之、王芸生、黄任之、褚辅成、顾毓瑔、潘序伦、邵力子、方显廷、郭沫若、李紫翔、刘泗英等。重庆谈判后不久,1945年10月19日周恩来也应中国西南实业协会邀请,在星五聚餐会上作了《当前经济大势》的演讲,在重庆和后方实业界产生了相当大的影响。星五聚餐会的活动情况和座谈、演讲内容,在上海星五聚餐会的初创时期和香港星五聚餐会的发展时期都没有公开报道或很少报道,因此社会给予的关注很少。香港星五聚餐会举办到100次的时候,曾经举办了一个大型的纪念活动,邀请了上海、东南亚和内地的著名的金融巨子、工商界巨头、社会名流参加,并邀请《大公报》、香港和东南亚的报刊记者采访,纪念会还编印了《香港星五聚餐会百次纪念特刊》广为赠送,星五聚餐会开始逐渐为社会所了解。重庆时期星五聚餐会的情况有了极大的变化,无论是专题座谈会的发言还是各方面人士在星五聚餐会的演讲,均由《西南实业通讯》编辑部进行速记,除了少数座谈和演讲内容由于涉及国家秘密不便公开发表外,其余全部按期在《西南实业通讯》上刊载。而这些被刊载出来的星五聚餐会座谈会发言和演讲,很快就"成为读者最感兴趣之一栏"[1],重庆的报纸和杂志,也经常对星五聚餐会的情况进行报道,星五聚餐会在社会上的影响由此不断扩大。

3.星五聚餐会的社会影响

星五聚餐会从 20 世纪 30 年代初产生一直延续到中华人民共和国成立之初,在纷乱异常的中国社会、政治环境中辗转各地,坚持 20 年,不断发展。特别是在中国西南实业协会主持下,星五聚餐会发展到全盛,成为当时不得多见的带有鲜明民族工商业特色的经济实业界大型定期聚会。星五聚餐会的举办无疑是 1929 年国民党完全控制商会组织以后,在国民党一党专政的独裁统治和外敌肆虐的双重挤压中,金融实业界适应中国经济社会现实条件和发展需要而作出的一项意义非凡的创举,产生了重大经济和社会影响。①星五聚餐会是一个由小到大,由微到显逐渐发展壮大,每周连续举行的实业界大型定期聚会,对于凝聚、整合金融实业界的社会力量发挥了巨大的作用。星五聚餐会在上海初创时期规模很小,但是由于其独具特色的活动方式和交流协商的民主气氛深受欢迎,并不断发展、壮大。中国西南实业协会更把星五聚餐会的活动方式发展成一个按周连续进行的大型定期聚会。通过主持和举办星五聚餐会,中国西南实业协会为实业界搭建了一个企业家之间、实业团体之间、企业界与政府之间协商沟通的平台,甚至可以说创造了一种沟通交流的有效机制,从而产生了巨大的经济和社会影响。经济社会影响的不断扩大又进一步增进了金融实业界的凝聚力,除了中国西南实业协会的会员代表外,聚集在重庆的迁川工厂联合会、重庆市国货厂商联合会、中国全国工业协会、中国战时生产促进会以及企业经济团体、社会团体、社会人士都积极踊跃地参加了星五聚餐会的活动,使每次聚餐会的人数在一般情况下也有两三百人,盛况空前。而凝聚金融实业界的力量,推动民族经济的发展,也正是星五聚餐会始终一贯的目的所在。早在 1940 年香港星五聚餐会百次纪念大会时,《星岛日报》就发表文章,提出星五聚餐会

---

[1] 张肖梅:《本刊编辑调查工作报告》(1942 年 11 月),第 1 页。 重庆市档案馆馆藏,档案号:0296-14-273。

"事实上就是增进着许多国货工业家合作协助的一个组织"[1]。星五聚餐会的创始人张公权在 1943 年 7 月 9 日重庆星五聚餐会所作《出国考察临别致词》的演讲，更明确提出需要凝聚工业界力量这一关键问题。他说："以前民间工厂，均视利益之多少，群相竞争，无法成强有力之单位，即不能称为'工业界'，吾人希望将来工业能成为一界，为国家组织中之一组织，国家非有此一界，不能生存。"[2]张公权希望通过星五聚餐会的举办而铸造一个强有力的工业界的愿望虽然没有能够完全实现，但是星五聚餐会在凝聚金融实业界力量方面发挥的举足轻重的作用，则是不容置疑的。②星五聚餐会融合传统与现代，为当时中国金融实业界的交流与合作，创造出了一种开放灵活、气氛活跃、快捷及时、务实有效的组织形式和活动方式。中国有自己源远流长的工商业文化传统，重视人与人之间直接面对面的交流，而通过请吃饭来营造良好的交流氛围更是工商业者重要的交流手段之一。不过传统的请吃饭过于费时、费力，且交流方式和内容过于简单，不能适应节奏和变化日益加快的现代经济生活。现代经济生活需要一种既符合中国工商文化传统，又开放灵活、气氛活跃、快捷及时、务实有效的组织形式和活动方式，而星五聚餐会的创办者和主持者恰恰就设计出了具有上述这些特征的星五聚餐会，并在实践中不断发展和完善。星五聚餐会的交流方式，大大超越了偶然性很大的请吃饭的传统交流方式，不仅每周定期进行，而且交流方式多样，有个别交流，有集体参与的互动式座谈，还有各方面的企业家、专家名流、经济行政主管官员就各类问题所作的内容丰富的演讲。星五聚餐会巧妙地把传统与现代融为一炉，因此它一经产生，就得到工商界的欢迎，并逐渐发展成一种工商界喜闻乐见的活动方式和组织形式。由于星五聚餐会的巨大成功，用座谈会的方式向国民政府经济行政部门提出建议、发出呼吁逐渐成为工业界经常采用的手段之一，如从 1943 年 9 月到 1944 年 4 月不到一年的时间里，中国西南实业协会、中国全国工业协会、迁川工厂联合会

---

[1]《国货工业的有计划发展》（转自《星岛日报》），《香港星五聚餐会百次纪念特刊》，香港星五聚餐会百次纪念特刊，1940 年，第 17 页。

[2]张公权：《出国考察临别致词》，《西南实业通讯》第 8 卷第 2 期，1943 年 8 月 31 日，第 28 页。

等五工业团体，多次邀请有关各部门、经济专家、主管当局，举行大型座谈会，如黄金问题座谈会、物价和工业问题座谈会、钢铁机器酒精等工业问题座谈会、修筑轻便铁路修理船舶问题座谈会、经济法令实施实况问题座谈会等。这些大型座谈会举办前，通常由中国工业经济研究所拟定出讨论大纲，会上由各实业团体的代表"报告各部门的困难情形，互相交换意见，共同研讨解决办法"。[1] 各次座谈会上提出意见和形成的具体方案，在会后由中国工业经济研究所根据会场记录，再添加相关材料，分别整理编印成《黄金与物价专刊》《物价与工业问题座谈会纪要》《工业界当前之困难》《工业界当前困难解决办法》《经济法令实施实况座谈纪要》等册子，分送工业界各团体、有关主管行政机关和有关专业人士参考，这样做往往能够产生一定的实际效果。③

星五聚餐会是以金融实业界为基础，强调交流、协商、合作的金融实业界大型定期聚会，同时它也采取一系列具体的措施和行动，直接推动了若干经济事业的发展及工业界关心的重大问题解决的进展。1932年3月星五聚餐会在上海创始后，8月就促成了上海中华国货产销协会的成立和上海国货介绍所（总所）及各地分所的创办。在星五聚餐会的推动下，上海中华国货产销协会和上海国货介绍所（总所）不久又成立联合办事处，在上海和各地创设中国国货公司。正是在此项努力的基础上，肇始于辛亥革命前后的中国国货运动，终于在1937年5月诞生了以建立全国国货推销网著称的中国国货联合营业公司。后来星五聚餐会的主办者在回顾这些成就时不无自豪地说："吾人观于国货公司之分布，能于短时期内蓬勃繁荣，益信事在人为，更励其努力迈进之志愿，而此伟大之事业，乃发端于星五聚餐会膳余研讨之中。"[2]

香港的星五聚餐会从1938年开始举办后，也能够借进膳聚谈的机会，研讨国货工商协进的办法，"对于联络交谊，沟通技能，呼吁改良，协助建设，凡属有利于产销，莫不竭诚以服务。举其大者，例如协助本港国

---

[1] 迁川工厂联合会第六届理事会：《一年来的迁川工厂联合会》，《迁川工厂联合会第七届年会特刊》，1944年4月17日，第8页。

[2] 胡士澄：《中国国货公司的史实》，《香港星五聚餐会百次纪念特刊》，香港星五聚餐会百次纪念特刊，1940年，第46页。

货公司之筹设,请求后方陆地兵险之举办,其实现之迅速,本会均有力焉"。[1] 香港的星五聚餐会还在香港、澳门创办了两个中国国货公司和香港中国国货公司九龙分公司。[2] 重庆星五聚餐会无论在影响上还是在推动工业界所关心的具体事务的解决方面,都远远超过上海和香港的星五聚餐会。例如,1943 年 6 月在重庆召开的全国第二次生产会议,是全面抗战时期由实业界推动召开的重要经济会议,而这次"生产会议之发起,最早者为本会(指中国西南实业协会),亦为星五聚餐会"。[3] 出席这次会议的代表 282 人,代表提案共有 446 件。会议的中心议题是工业问题,发表了《第二次全国生产会议宣言》,对相关问题提出了相应的解决方案。[4] 可见,星五聚餐会确实已经成为当时金融实业界中能够产生巨大的动员能力、推动实际工作向前发展的重要力量。

(二)从关注工业到关注政治

随着经济越发困难,从关注工业发展本身的问题,到关注工业团体组织问题,到组织工业界为基础的政党,重庆工业界走过了一个不断转变的过程。

1.关注工业自身发展的问题

工业发展中问题很多,但是长期得不到合理的解决。1939 年 5 月 5 日,第一次全国生产会议在重庆召开。从 1942 年起,后方工业界就不断开会讨论工业发展中遇到的困难问题,并商讨解决的办法,但是问题始终得不到解决。

1942 年 6 月,中国西南实业协会、迁川工厂联合会、重庆市国货厂商联合会联合发表《工业界之困难与期望》,这是全面抗战中期后方

---

[1] 阮维扬:《发刊词》,《香港星五聚餐会百次纪念特刊》,香港星五聚餐会百次纪念特刊,1940 年,第 1 页。

[2] 史久鳌:《星五聚餐会沿革》,《香港星五聚餐会百次纪念特刊》,香港星五聚餐会百次纪念特刊,1940 年,第 6 页。

[3] 崔唯吾:《生产会议筹备之经过及结果之预测》,《西南实业通讯》第 7 卷第 5 期,1943 年 5 月 31 日,第 34 页。

[4] 《第二次全国生产会议宣言》,《西南实业通讯》第 7 卷第 6 期,1943 年 6 月 30 日,第 47-48 页。

"工业界一个重要的文献"，"是陪都工业界同人经过了几个月的研讨而完成的，并经迁川工厂联合会，中国西南实业协会及重庆市国货厂商联合会三工业团体通过，联名送本刊（《中国工业》）发表。这三个工业团体所提出的困难与期望，不但可以代表陪都的工业界，也正是我全国工业界所一致感觉与迫切要求的"。[1] 其中所提困难与期望有五大项：甲、关于捐税者，乙、关于资金者，丙、关于原料者，丁、关于运输者，戊、关于管制者。[2]

1942年6月，陪都主管棉纱平价的穆藕初，在《中央日报》和《农本月刊》上发表《棉纱平议》，"力辟棉贱伤农，纱贱无以奖励生产之说"，指出"为棉贱伤农之说者，就事实观察，并非为农民而言，乃系假农民之名位囤户立言"。而"所谓纱贱影响生产者，不待辩而知其别有用心矣"。[3] 穆藕初的观点引起重庆豫丰、申新、裕华、沙市四大纱厂负责、主持人苏汰余、章剑慧、潘仰山、萧伦豫等人的反驳，其驳论载于6月28日《大公报》，由此开展了关于棉纱价格问题的论战。双方你来我往，各执理由，总括两方面论驳的要点在于：第一，关于棉价，穆藕初认为，陕棉的大部分已经掌握在大户之手，因此价贱并不伤农。而苏汰余等人则认为，政府对农产品未全盘统制之时，骤然压低棉价，必将使棉产减少，影响各纺织厂必需的原料，至于现有棉花，即使大部分在厂商和大户之手，但厂商与大户性质不同，不可混为一谈。第二，关于纱价，穆藕初认为，按照当时棉纱售价，每包尚可赢利900元。[4]

于是1943年2月起迁川工厂联合会、中国西南实业协会、重庆市国货厂商联合会、中国战时生产促进会4个工业团体为推动政府召开全国生产会议解决生产问题，联合组织了全国生产会议促进会，每月开会，商讨促进召开全国生产会议的办法。在工业界的推动下，1943年6月1日到9日，第二次全国生产会议在重庆举行。

---

[1] 中国西南实业协会、迁川工厂联合会、重庆市国货厂商联合会：《工业界之困难与期望》，《中国工业（桂林）》第6期，1942年6月25日，第5页。

[2] 中国西南实业协会、迁川工厂联合会、重庆市国货厂商联合会：《工业界之困难与期望》，《中国工业（桂林）》第6期，1942年6月25日，第6-8页。

[3] 穆藕初：《棉纱平议》，赵靖主编：《穆藕初文集》，北京：北京大学出版社，1995年，第588页。

[4] 孙思庸：《棉纱价格问题论争平议》，《中国工业（桂林）》第10期，1942年10月25日，第6页。

1939 年 5 月 5 日,第一次生产会议在重庆召开。到 1942 年,工业生产出现了"许多急待解决的问题"。从 1942 年下半年开始,先由部分从事工业经营的参政员提出,随后中国西南实业协会、迁川工厂联合会、中国国货厂商联合会、中国战时生产促进会多方努力,于当年冬在国民党五届十中全会上提出,并由会议决定召集。[1] 经过一番准备,1943 年 6 月 1 日到 9 日,第二次生产会议在重庆召开。出席会议的代表达 400 多人[2],除政府机关 100 多人外,各生产部门,各工业区,各金融机关,各业专家,经过行政院批准参加的代表有 130 多人。代表涵盖的范围广泛,食品工业、毛刷业、针织业、洗鬃业都有代表参加,同时,代表中实际从事工业生产的人员多于未实际参与生产的人员。[3]

第二次生产会议蒋介石到场致辞,闭幕时通过并发表了《第二次生产会议宣言》。这次会议,收到提案 446 件[4],"会议的重心在工业"[5],工业组提案多达 128 案,有关于统筹生产事业者,有关于工业合理化者,有关于工业原料及材料者,有关于工业设备者,有关于工业动力者,有关于工业奖助者。金融组 123 件提案中,有关工贷者 44件,有关流通及吸收产业资本者 9 件,有关工业资本问题及税收制度者 57 件。总之,当时"工矿生产上最重要的几个问题,此次会议中都提出了详细建议"[6]。

2.工业会立法问题

1938 年至 1949 年,尤其八年全面抗战时期,是重庆城市近代化过程中的一个关键时期,也是重庆工商团体最为繁盛的一个时期。当时重庆被升格为特别市(即直辖市)又是战时首都,政治地位空前提高,

[1]《第二次全国生产会议的始末》,《中国工业(桂林)》第 18 期,1943 年 8 月 1 日,第 35-36页。

[2] 毕天德、余蕴兰:《第二次全国生产会议特辑》,《西南实业通讯》第 8 卷第 1 期,备注:具体时间未能核实。 第 3 页。

[3]《第二次全国生产会议的始末》,《中国工业(桂林)》第 18 期,1943 年 8 月 1 日,第 36页。

[4] 毕天德、余蕴兰:《第二次全国生产会议特辑》,《西南实业通讯》第 8 卷第 1 期,第 3 页。

[5]《第二次全国生产会议的始末》,《中国工业(桂林)》第 18 期,1943 年 8 月 1 日,第 37页。

[6]《第二次全国生产会议的始末》,《中国工业(桂林)》第 18 期,1943 年 8 月 1 日,第 38-39页。

成了全国的政治中心。重庆也是各党各派和各种文化人士汇集之地,是全国的文化中心。更重要的是,由于大量的工厂企业内迁,加之国民政府的重点建设,尤其是工业的增长,使重庆由一个近代的商业中心发展成了工商业都比较发达的经济中心。这一切都是工商团体发展的基础,加上国民政府为了实施战时经济统制,制定了一系列工商团体法规,其中最重要的有 1938 年颁布的《工业同业公会法》《商业同业公会法》《输出业同业公会法》和修正的《商会法》,1942 年的《非常时期人民团体组织法》,1947 年的《工业会法》等。由于重庆政治、经济、文化地位的提高,以及这些法令的颁布实施,工商团体发展到了一个新的水平。首先,工商团体的构成发生了变化,同业公会依法分为工业、商业和输出业三大类。尤其是工业会的成立,打破了工商不分的传统,工商团体的行业特性十分明确。其次,由于重庆的工厂多系外地迁来,隶属关系不同,利益分歧较大,因此在商会和同业公会之外,还有许多其他形式的团体,突出了工商组织的利益集团性。最后,工商团体的数量大大增加,组织更加科学合理,活动积极,发挥的作用十分明显。[1]

五大工业团体,尽管成立先后不一,成员各不相同,组织互不隶属,但在寻找工矿业发展中的困难解决办法,在加强后方工业界团结的努力中,互相协调,开展了一系列重要的团体行动,并取得了相应的结果,如呼吁颁布工业会法,筹备成立工业会,推动第二次全国生产会议的召开,在宪政运动、国共合战等政治性事件中提出工业界的政治主张,举办星五聚餐会等。

从 1942 年起,后方工业界人士开始不断要求当局正式颁布工业会法,他们认为要发展工业,必须要有良好的工业公会组织,这样的组织一方面可以维护工业界的团结,保证工业界的发展,另一方面能够促成工业界的互助团结,解决工业界的困难,而当时实行的工商不分的公会组织,不能兼顾工业界的利益,十分不利于工业的发展。[2] 被工业界推举为全国工业团体立法问题起草人的胡西园在 1943 年元旦

---

[1] 曹海科:《试论开埠以来重庆工商团体的演变》,孟广涵、周永林等主编:《一个世纪的历程——重庆开埠 100 周年》,重庆:重庆出版社,1992 年,第 313-314 页。

[2] 《工业界请颁布工业会法》,《商务日报》1944 年 6 月 28 日,第 4 版。

在《全国工业团体立法问题》中说:给予工业组织以独立于商会组织以外的独立法定地位,"颇为当务之急",因为工商业立场不同,在同一团体中,不仅不足以产生合作奋斗的集体力量,而且会发生利益冲突。同业公会由于仍归各地商会领导,所以同样不能发挥独立的作用。他列出工业团体立法的理由有:第一,工业从事生产,商业从事交易贩卖,二者精神不同。第二,工业所需资金数额巨大,资金周转比较缓慢,而商业与此不同,二者性质不同。第三,举办工业必须有相关专门知识,与一般商业不同。第四,同类工厂在同一城市单位有限,而商铺可以很多。因此当局应当修改商会法与工业同业公会法,以便组织与商会具有对等地位的工业团体工业会,推动工业发展,加强工业界的联系。[1] 工业界成立工业会的呼吁虽然得到社会各界的同情,但是经济部认为工商本来不分,决定维持现状。

中国当时没有工业会法。直到 1945 年 5 月,中国国民党六全大会才推定人员起草。因此,全面抗战时期,各同业公会都隶属于重庆市商会。工业界、实业界为工作便利,加强团结,在商会之外另组若干工业团体、实业团体。其中,主要的组织有中国生产促进会、迁川工厂联合会、中国全国工业协会、重庆国货厂商联合会、中国西南实业协会等。其成立并无依据的法规,因此,名义上这些团体均属所谓研究机关。[2] 不过,实际上,这五个团体,会员众多,不仅"可代表后方工业实业界之最大多数",而且"五团体联系甚密,步调一致,为工业组织一大结合"[3]。

直到 1947 年颁布《工业会法》,重庆市工业会成立。从此商会的会员中不再包括工业同业公会的代表。

3.民主建国会的诞生

1944 年初,大后方兴起颇有声势的宪政运动。1944 年 9 月 4 日,黄炎培、褚辅成、王云五、卢作孚、胡西园、章乃器等重庆工商、文化、教

---

[1] 胡西园:《全国工业团体立法问题》,《工商新闻·民国三十三年元旦特刊》,1943 年,第 97 页。

[2] 潘仰山:《一年来之国货厂商联合会》,《工商新闻民国三十二年元旦特刊》,1943 年 1 月 1 日,第 60 页。

[3] 傅润华、汤约生主编:《陪都工商年鉴》,张研、孙燕京主编:《民国史料丛刊》(605 册),郑州:大象出版社,2009 年,第 55 页。

育界名流 30 余人，联合发表《民主与胜利献言》，提出 9 项主张，要求国民党政府实行民主，"一新政象"。1944 年 12 月 26 日，重庆市商会、中国全国工业协会、迁川工厂联合会、中国战时生产促进会、中国西南实业协会、国货厂商联合会等 6 个著名工商团体联合发表对时局的主张，呼吁政府实施宪政、厉行民治。

1945 年 4—6 月，中国共产党在延安召开第七次全国代表大会，毛泽东的政治报告《论联合政府》，明确提出中国共产党的战后建国方案。黄炎培到延安，回到重庆后，黄炎培自费出版了《延安归来》，并于 8 月下旬找到迁川工厂联合会的胡厥文等，提出组建政党的问题，并决定邀请章乃器、施复亮、孙起孟等参加筹备工作。[1]

1945 年 9 月 17 日，重庆谈判期间，毛泽东在桂园举行茶会，招待产业界人士。9 月 29 日，黄炎培、胡厥文、胡西园、吴羹梅、章乃器等商定组织名称为"民主建国会"。1945 年 10 月 19 日，毛泽东回延安后，周恩来应中国西南实业协会的邀请，出席重庆星五聚餐会，讲演"当前经济大势"。此次星五聚餐会"出席人数是空前的多，除了会员之外，还有许多是特别来旁听的，坐位不够，大家只得站着，屋里站不下了，只好挤到窗外门外去"。[2] 讲演会由著名电光源工业家胡西园主持。周恩来首先讲政治环境问题。他认为工业界关心政治是一个进步现象，他赞同工业界派代表参加即将召开的政治协商会议，代表工业界讲话的要求，认为这是完全合理而且是十分必要的。他指出：为了战后工业建设，首先要安定政治环境，而要安定政治环境，不外和平与民主两件事。关于和平，最重要的是要国共双方军事上都停止前进，避免冲突，这样交通才能迅速恢复，工业复员才能顺利进行。关于民主，不但政治上要民主，经济上也要民主。现在是管制得太多，统制得太过分，弄得市场紊乱，工商凋敝。今后的中国，经济上一定要有一段自由发展的时期，来扫除封建性的剥削经济。这样，才能使中国走上富强的道路。所以，工业界一定要推举代表，积极参加和平建国方案的

[1] 中国民主建国会史稿、中国民主建国会中央委员会宣传部编：《中国民主建国会史稿》，北京：民主与建设出版社，2000 年，第 9-10 页。

[2]《周恩来同志在星五聚餐会演讲当前经济大势》，《新华日报》，1945 年 10 月 20 日，第 2 版。

讨论,决定施政纲领和修改宪法。第二讲资本的问题。周恩来断言:今后中国必然要经过一段保护私有财产,发展资本主义的阶段。他说:中国经济这样落后,发展又这样不平衡,绝不是短时期就能走上社会主义道路的。将来资本主义发展到了某种程度,究竟是否应当转入社会主义,还要用民主的方式来决定。听众听到会心处,"不时发出笑声"。[1] 第三讲发展问题,周恩来说:改善农村经济,提高人民的购买力,工业才有希望。中共主张减租减息,至于耕者有其田以及土地国有,都要放在将来。大规模的集中工业与区域工业,大工业与中小工业,重工业与轻工业,也要配合、结合起来。他说:"我们相信在此后二三十年中必须采用此种相互配合的办法,而且相信此二三十年中虽然不必如苏联建设初期那样饿着肚子以粮食换机器,但是也得要穿布衣服过日子节省下一点钱来购买机器,这一点认识,我们是要有的。"[2] 第四讲税收问题,包括关税和内地税。关于关税,周恩来说:今后中国和别的国家要实行互惠经济,但仍应保护民族工业,因为,我们不能与英美等先进国家竞争,就连日本,在美国政策下,对我国可能还是一个敌人。至于工业税,他认为原则上应该轻,中共在边区实行三年不收工业税的办法。他还认为所得税不应以工厂为主要对象。第五讲劳资问题。周恩来说:中国的劳动者生活太痛苦了,共产党是主张保护的。但是"我们是中国的共产党,我们的一切主张,都不能不从中国的现实出发。中国今天的劳动者与民间资本家,都受压迫,因此不能不互相让步,共同奋斗,以求中国工业的发展"。[3] 周恩来的讲演,对工商业者产生了广泛和深远的影响。

1945 年 11 月 10 日,重庆的中国全国工业协会、中国全国工业协会重庆分会、迁川工厂联合会紧急呼吁国共两党解决政治争端,从速召开政治协商会议。1945 年 12 月 16 日,民主建国会在重庆正式成立。在民主建国会发起和成立过程中,以黄炎培为首的以中华职业教

<hr />

[1]《周恩来同志在星五聚餐会演讲当前经济大势》,《新华日报》,1945 年 10 月 20 日,第 2 版。

[2]周恩来:《当前经济大势》,《西南实业通讯》第 12 卷第 3、4 期合刊,1945 年 10 月 30 日,第 41 页。

[3]《周恩来同志在星五聚餐会演讲当前经济大势》,《新华日报》,1945 年 10 月 20 日,第 2 版。

育社社员为骨干的与工商界有密切联系的文化教育界的中上层知识分子,以及以胡厥文为代表的迁川工厂联合会的成员以及与他们有联系的民族工商业者,发挥了主要作用。[1]

1946 年 1 月 7 日,政治协商会议在重庆政府礼堂开幕,1946 年 1 月 11 日,民主建国会、迁川工厂联合会、中国人民建国会等联合举行代表会议,决定组织政治协商会议陪都各界协进会,本日起开始工作,每日举行会议,并向各界报告,以表达民意。

---

[1] 张军民著:《中国民主党派史》(新民主主义时期),哈尔滨:黑龙江出版社,2006 年,第342 页。

第六章
———————
企业制度视野下的重庆近代工业

毫无疑问，现代社会的物质基础是工业体系，企业则是工业体系中的主导性力量。[1] 重庆近代工业尽管产生的时间较晚，但在全面抗战爆发前已经有了初步的发展，在全面抗战中由于迁建而得到显著发展。重庆近代工业企业具有显著的特点。这些特点突出地表现为：国家资本企业在资本规模、技术能力、管理水平、厂商制度等方面，具有相当的优势。同时，大中型民营厂矿充满活力，中小工业在数量方面拥有绝对优势。大中型民营企业和中小工业在整个工业经济体系中发挥着重要的作用。

一、国家资本厂矿的企业制度

就企业制度而言，兵工企业、资委会厂矿、国家行局以及省营企业，作为在重庆近代工业发展中居于绝对主导地位的国家资本工业企业，有自己的特色。在重庆近代工业发展史上，这类厂矿应该受到高度重视，值得深入研究。

（一）兵工厂

全面抗战时期，通过内迁、合并、新建得到迅速发展的重庆兵工工业，实行军事化的管理和经营模式。

国民政府军政部兵工署是全国兵器工业生产、建设的直接组织领导机构。1928 年 12 月 11 日国民政府颁布的《军政部兵工署条例》规定，"兵工署直隶于军政部，掌管全国兵工及关于兵工之一切建设事宜"。[2] 此后，兵工署的组织屡经调整。1939 年 3 月，兵工署设有署本部、制造司、技术司、军械司、购料委员会、兵工研究委员。[3] 1946

---

[1] 〔美〕凡勃伦著，蔡受百译：《企业论》，北京：商务印书馆，2011 年，第 1 页。

[2] 《军政部兵工署条例》（1928 年 2 月 11 日），《中国近代兵器工业档案史料》编委会编，《中国近代兵器工业档案史料》（三），北京：兵器工业出版社，1993 年，第 12 页。

[3] 《军政部兵工署组织系统表》（1939 年 3 月），《中国近代兵器工业档案史料》编委会编，《中国近代兵器工业档案史料》（三），北京：兵器工业出版社，1993 年，第 18 页。

年 9 月 9 日,兵工署增设化学兵司。[1] 1946 年 5 月国防部成立后,兵工署改隶联合勤务总司令部,并于当年 9 月 1 日实行新编制。按照新编制,兵工署设有署办公室、综核室、总务处、财务处、警务处、训练司、工业(务)司、研究发展司、外勤司、化学兵司等。[2] 1948 年 5 月 1 日,兵工署又增设兵器检验处。[3] 兵工署尽管在组织上多次调整,但主管兵工生产建设的职责始终未变,即兵工署始终"管理并监督兵工厂一切业务"。[4] 全面抗战爆发后,为适应兵工厂内迁之需,兵工署于 1937 年 9 月 10 日决定在香港、重庆、长沙、西安设立办事处,并任命各办事处处长,其中重庆办事处处长为胡霨。[5] 10 月 1 日,兵工署驻重庆办事处正式成立。根据《兵工署驻重庆办事处规则》,该处实行处长负责制,处长"秉承兵工署办理左列事项":①兵工署在川接洽及调查事项;②兵工材料保管及运输事项;③协助兵工署各附属机关移川事项;④办理兵工署直辖四川各厂请托事项;⑤奉令特交饬办事项。[6] 据该处处长胡霨报告,到 1938 年 10 月中旬为止,该处主要从事五方面的工作:①协助兵工厂迁渝迁川复工。先后协助光学厂、百水桥研究所、第 21 工厂、第 23 工厂、第 25 工厂、第 50 工厂、炮兵技术研究处、陕西第一兵工厂筹备处、应用化学研究所、钢铁厂迁建委员会、航空兵器技术研究处等,分别在重庆、万县、泸州各地租赁办公房屋,察勘厂址,以及提卸各厂运输器材,觅地存放,请兵警卫,并代办对外各项事件。②办理运往重庆的兵工署库存器材、枪炮弹药材料、重

[1]《兵工署化学司沿革》(节选)(1946 年),《中国近代兵器工业档案史料》编委会编:《中国近代兵器工业档案史料》(三),北京:兵器工业出版社,1993 年,第 29 页。

[2]《兵工署署长办公室为该署实行新编制通报》(1946 年 9 月 9 日),《中国近代兵器工业档案史料》编委会编:《中国近代兵器工业档案史料》(三),北京:兵器工业出版社,1993 年,第 23-26 页。

[3]《兵工署为兵器检验处成立调任王铨为处长训令》(1948 年 6 月 5 日),《中国近代兵器工业档案史料》编委会编:《中国近代兵器工业档案史料》(三),北京:兵器工业出版社,1993 年,第 36 页。

[4]《兵工署职掌概要表》(1947 年 4 月 15 日),《中国近代兵器工业档案史料》编委会编:《中国近代兵器工业档案史料》(三),北京:兵器工业出版社,1993 年,第 34 页。

[5]《兵工署组设香港重庆长沙西安办事处并分别委派处长训令》(1937 年 9 月 10 日),《中国近代兵器工业档案史料》编委会编:《中国近代兵器工业档案史料》(三),北京:兵器工业出版社,1993 年,第 70 页。

[6]《兵工署驻重庆办事处规则》(1937 年 10 月),《中国近代兵器工业档案史料》编委会编:《中国近代兵器工业档案史料》(三),北京:兵器工业出版社,1993 年,第 72 页。

要文件库存问题。③购置迁渝迁川各兵工厂厂房及兵工署办公厅、兵工专门校校舍。④由云南陆路运渝军械炮弹等，先后共计运输 6 次，均派员逐一接收点交军事委员会重庆行营第二军械分库核收存库，取据呈报。⑤水路方面，负责办理与重庆民生实业公司运输兵工器材合同相关事宜。兵工署第一次与民生公司签约运输各厂 14000 吨器材，共计运到重庆者为12984.83吨，该处经派员察看水呎、结付运费，并雇用驳船提卸工人，分别协助各厂提卸，运厂安装。第二次与民生公司签约运输迁建会及各厂 8 万吨器材，也已遵照令按照合同办理察看水呎，分期支付运费等工作。[1] 1946 年 4 月 26 日，兵工署长杨继增以军政府随国民政府还都南京在即，所属各兵工厂经整理编并后重心仍在川渝，所有厂及其他兵工署附属在川渝机关，应有统一督导机构以资管理为由，呈请军政部准予设立兵工署四川区办事处，以兵工署副署长李承干兼任办事处主任，编制员额 36 人。[2] 该签呈获批准，随即于 6 月 1 日设立了兵工署四川区办事处。后李承干于 1947 年 5 月赴美考察，主任一职由第 20 兵工厂厂长陈哲生兼任。[3] 该处负责办理兵工署各兵工厂经费转发、拨发短期周转金、购置本地材料、核发材料、扣收料款、转发各厂饬造令、监督各厂营造、成品及材料运输洽办、成品检验、治安事项等。[4]

在兵工署直接组织领导下，兵工生产由兵工厂根据统一部署负责完成。1929 年 10 月 31 日，行政院颁布兵工厂组织法训令。[5] 该法规定："兵工厂直隶于军政部兵工署，制造陆海空军军用各种兵器、弹

[1]《胡爵报告渝办工作给兵工署呈文稿》（1938 年 10 月 12 日），《中国近代兵器工业档案史料》编委会编：《中国近代兵器工业档案史料》（三），北京：兵器工业出版社，1993 年，第77-78 页。

[2]《杨继曾为设兵工署四川区办事处给继蔚俞大维签呈》（1946 年 4 月 26 日），《中国近代兵器工业档案史料》编委会编：《中国近代兵器工业档案史料》（三），北京：兵器工业出版社，1993 年，第 83 页。

[3]《兵工署四川区办事处沿革表》（1948 年 4 月），《中国近代兵器工业档案史料》编委会编：《中国近代兵器工业档案史料》（三），北京：兵器工业出版社，1993 年，第 86 页。

[4]《兵工署四川区办事处组织及职掌表》（1946 年 6 月 16 日），《中国近代兵器工业档案史料》编委会编：《中国近代兵器工业档案史料》（三），北京：兵器工业出版社，1993 年，第85 页。

[5]《行政院颁布兵工厂组织法训令》（1929 年 10 月 31 日），《中国近代兵器工业档案史料》编委会编：《中国近代兵器工业档案史料》（三），北京：兵器工业出版社，1993 年，第 231页。

药、器具及材料。"厂长"综理全厂事务",各厂设总务处、工务处、审检处、审计处、技术委员会、教育委员会等。[1] 1931 年 7 月 15 日,行政院颁布《修正兵工厂组织条例》。[2] 该条例规定的主要变化在于把前述技术委员会合并于审检处。全面抗战时期,兵工厂组织机构有较大的变化,不仅出现总、分、支厂组织形式,还出现各种附属单位。1943年 4 月,军政部颁兵工厂调整紧缩编制令,要求各兵工厂根据四项原则,按照甲乙两种组织系统进行兵工厂组织的调整。[3] 1948 年 10月,南京国民政府国防部第 442 号代电,要求统一核定兵工厂总厂、分厂核心编制。[4] 据此,兵工厂总厂设厂长、副厂长,分厂设主任负责生产经营和管理。

在兵工署直接组织领导,兵工厂负责生产的体制下,重庆兵工生产实行的是基于国家资本军事化的集中统一的生产管理模式。

在财务管理上,早在 1933 年 9 月初,国民政府军事委员会就制定了《兵工会计试行规则草案》并在兵工厂试行,对预算、成本、盈亏、流动资金等作了相应的规定。该规定把兵工制造预算分为械弹制造与原料制造两种。械弹制造分经常额造、临时加造、代造及修械 4 种。额造、加造数量由军事最高机关核定,代造及修械由军事高级机关核准。该规定要求各兵工厂年终要把资产负债表、物产损益表、副产品及废品变价表、折旧费修理费收支表、年度收支报告表、年度出品报告表、成本计算书等 7 种统计表上报兵工署转呈备案。关于上述统计表中的成本计算方法,规定由直接工资、直接材料费、摊费综合得出。其中摊费以百分计,有间接工资、间接材料费、工具消耗费、原动力、电灯

[1]《行政院颁布兵工厂组织法训令》(1929 年 10 月 31 日),《中国近代兵器工业档案史料》编委会编:《中国近代兵器工业档案史料》(三),北京:兵器工业出版社,1993 年,第 231页。

[2]《行政院颁布修正兵工厂组织条例训令》(1931 年 7 月 15 日),《中国近代兵器工业档案史料》编委会编:《中国近代兵器工业档案史料》(三),北京:兵器工业出版社,1993 年,第238-240 页。

[3]《兵工署制造司颁发兵工厂调整编制原则及组织系统表代电》(1943 年 4 月 6 日),《中国近代兵器工业档案史料》编委会编:《中国近代兵器工业档案史料》(三),北京:兵器工业出版社,1993 年,第 246 页。

[4]《联勤总部转发兵工厂统一核心编制给兵工署代电》(1948 年 11 月 16 日),《中国近代兵器工业档案史料》编委会编:《中国近代兵器工业档案史料》(三),北京:兵器工业出版社,1993 年,第 254-255 页。

炉火及电扇凉篷等费、工作机器及器械之修理费、建筑之修缮费、运输费、包装费、试验及研究费、机器及建筑折旧费、薪金、职工福利费、办公费、器具设备费、杂费、艺徒教练费、警备费等18种。盈亏由兵工署拟定用途或补救办法呈请核准施行。在流动资金方面,规定各厂在开办时,依据制造能力,由国库拨付一次流动基金,其款额由兵工署拟定呈请核准拨发。[1] 上述办法于1933年11月、1934年5月两次修订,并制定了《兵工会计试行细则初步草案》。兵工署署长俞大维在给军政部的呈文中说:施行兵工会计的目标有两个:一为实行查账制度,"并逐渐统一会计规程";二为完成成本会计"以得精确之稽核,实行科学管理"。[2]

全面抗战时期,兵工署署长俞大维于1940年6月17日以训令形式,要求各兵工厂按照兵工会计规程草案办理兵工会计事项具报,并规定和下发了《兵工会计规程草案试行程序表》。[3] 1943年12月29日,兵工署又颁发《修正兵工厂会计科目及制造费用细目表》,自1944年起施行。[4] 1945年12月,《兵工会计规则》《兵工厂制造单价拟定及调整办法》《兵工厂盈亏处理办法》等相继颁布,[5] 表明兵工财务管理已经形成了一套较为系统完整而成熟的管理方法。重庆作为兵工厂的集中区域,既是这些管理方法得以成型的现实基础,又是落实这些方法的主体。

在人事管理方面,1940年4月30日,兵工署专门就技术人员和非技术人员作了明确的区分,规定:兵工署业务以内,"属于技术部分者,计有工厂设计、工厂管理、工厂会计、工厂建筑、兵工弹药之设计、制

[1]《兵工会计试行规则草案》(1933年9月2日),《中国近代兵器工业档案史料》编委会编:《中国近代兵器工业档案史料》(三),北京:兵器工业出版社,1993年,第741-742页。

[2]《兵工署饬各厂自二十三年度起试行兵工会计训令稿》(1934年7月10日),《中国近代兵器工业档案史料》编委会编:《中国近代兵器工业档案史料》(三),北京:兵器工业出版社,1993年,第746页。

[3]《兵工署试行兵工会计规程草案训令》(1940年6月17日),《中国近代兵器工业档案史料》编委会编:《中国近代兵器工业档案史料》(三),北京:兵器工业出版社,1993年,第749-750页。

[4]《兵工署颁发修正兵工厂会计科目及制造费用细目表训令》(1943年12月29日),《中国近代兵器工业档案史料》编委会编:《中国近代兵器工业档案史料》(三),北京:兵器工业出版社,1993年,第751-752页。

[5]《兵工会计规则》(1945年12月14日),《中国近代兵器工业档案史料》编委会编:《中国近代兵器工业档案史料》(三),北京:兵器工业出版社,1993年,第753-755页。

造、检验、管理,兵工原料与有关工业之调查研究及统计、兵工教育,以及与兵工有关之科学研究,如毒气治疗,霉菌研究等项是"。并规定,(甲)上项职务,除特殊情形外,自应以任用技术出身专家为原则。(乙)非技术出身,但曾在本署暨所属厂所,或其他机械、化学工厂工作有年,具有专门经验,又成绩卓著,确能胜任者,并得同技术人员待遇。(丙)曾在国内外大学或专门学校理工科毕业的技术出身人员,如业务上需要,暂任非技术性质的职务者,亦应以技术人员待遇。(丁)其余各项人员,概以陆军官佐,或同陆军官佐待遇。[1] 这些规定,保证了兵工厂技术岗位上的人员皆为懂业务的专业人员。为避免采购人员营私舞弊,兵工署规定采购人员以一年一换为原则。[2]

在员工权益、待遇方面,1932 年 1 月 20 日国民政府公布实施的《兵工署直辖各厂工人待遇暂行简章》(共 16 条)就规定:工人每日工作时间以八小时为原则,因军用紧要得呈请延长;工人加工每三小时作半工计算,以出品数量计者,不在此例;对于工人患病、工伤、死亡等,也有相应的明文规定。[3] 1937 年 1 月,军政府公布《修正兵工署直辖各厂工人待遇暂行规则》(共 52 条)。1937 年 7 月 22 日,国民政府颁布《军用技术人员任用暂行条例》,规定"军用技术人员之薪俸,除照陆军军官佐之薪俸定额外,并酌给技术加薪"。"军用技术人员退职时,合于左列各款之一者,给予终身赡养金,其金额与军官佐同。"[4]1938 年 10 月 26 日,兵工署颁布经军事委员会委员长核准的《军用技术人员暂行给与标准训令》。[5] 1939 年 4 月 29 日,兵工署

[1]《兵工署为新进资历甚优人员务必事前声明通令》(1940 年 4 月 30 日),《中国近代兵器工业档案史料》编委会编:《中国近代兵器工业档案史料》(三),北京:兵器工业出版社,1993 年, 第 823-824 页。

[2]《兵工署为采购人员仍应以一年一换为原则训令》(1945 年 7 月),《中国近代兵器工业档案史料》编委会编:《中国近代兵器工业档案史料》(三),北京:兵器工业出版社,1993 年,第 846 页。

[3]《国民政府公布兵工署直辖各厂工人待遇暂行简章给行政院指令》(1932 年 1 月 20 日),《中国近代兵器工业档案史料》编委会编:《中国近代兵器工业档案史料》(三),北京:兵器工业出版社,1993 年,第 890-892 页。

[4]《兵工署转发军用文官任用暂行条例及军用技术人员任用暂行条例训令》(1938 年 1 月 25 日),《中国近代兵器工业档案史料》编委会编:《中国近代兵器工业档案史料》(三),北京:兵器工业出版社,1993 年,第 833-835 页。

[5]《兵工署转颁军用技术人员暂行给与标准训令》(1938 年 10 月 26 日),《中国近代兵器工业档案史料》编委会编:《中国近代兵器工业档案史料》(三),北京:兵器工业出版社,1993 年,第 897-899 页。

《修正所属各机关员司加工益薪办法》公布实施。[1] 1939 年 5 月 26 日兵工署以训令形式,确定兵工厂工人视为军属身份,按照军法进行管理。[2] 1940 年 11 月,兵工署重行颁布《修正政军部兵工署直辖各厂工人待遇暂行规则》(共计 59 条)。[3] 1947 年 5 月 14 日,兵工署颁发《兵工厂工人待遇规则》,共计 12 章 83 条,内容涵盖招雇、工时及工资、福利、例假、请假、考绩、奖惩公差及旅费、恤养、解雇等。[4]

全面抗战时期和战后时期,由于通货膨胀严重,兵工署还有不少临时性应对措施,特别是以增加生活福利的办法应对。这些办法包括遭受空袭损害救济、举办消费合作社、加发廉价食米、给予食米补助费、提倡工余正当娱乐、酌发职工房租补助费、职工生育子女补助等。还举办为数颇多的子弟学校[5]。

(二)资源委员会厂矿

资源委员会厂矿是国家资本中经营和管理相对成功的典型。钱昌照曾经表示:资源委员会企业"各员工廉洁自守,勤奋从公,确信尚能做到"[6]。时人在谈及资源委员会时,也称该会在人事及管理上与其他公营事业机关相比"能以事业为重心,是不容抹煞的",其主持人翁文灏、钱昌照的个人品格,也是值得信任的。[7] 相关研究也认为:

[1]《兵工署修正所属各机关员司加工益薪办法》(1939 年 4 月 29 日),《中国近代兵器工业档案史料》编委会编:《中国近代兵器工业档案史料》(三),北京:兵器工业出版社,1993年,第 899-900 页。

[2]《兵工署就各兵工厂工人视为军属以军法管理并准予缓役训令》(1939 年 5 月 26 日),《中国近代兵器工业档案史料》编委会编:《中国近代兵器工业档案史料》(三),北京:兵器工业出版社,1993 年,第 816 页。

[3]《兵工署重行颁发直辖各厂工人待遇暂行规则》(1940 年 11 月),《中国近代兵器工业档案史料》编委会编:《中国近代兵器工业档案史料》(三),北京:兵器工业出版社,1993 年,第 906-911 页。

[4]《兵工署颁发兵工厂工人待遇规则训令》(1947 年 5 月 14 日),《中国近代兵器工业档案史料》编委会编:《中国近代兵器工业档案史料》(三),北京:兵器工业出版社,1993 年,第 927-933 页。

[5]《兵工署改正各厂职工子弟学校名称训令》(1940 年 7 月 5 日),《中国近代兵器工业档案史料》编委会编:《中国近代兵器工业档案史料》(三),北京:兵器工业出版社,1993 年,第 1044 页。

[6] 钱昌照:《致香港大公报胡政之先生函》,《资源委员会公报》第 1 卷第 5 期,1941 年 11 月 16 日,第 86 页。

[7] 李紫翔:《论国营事业的出售》,《西南实业通讯》第 14 卷第 5、6 期合刊,1946 年 12 月 30 日,第 2 页。

资源委员会形成了一套卓有成效的人事和财务会计制度。[1]

在厂矿组织形式上,资源委员会厂矿大多属于非股份制企业。1938年11月28日资源委员会会令公布,1942年10月、1944年6月修正公布了《资源委员会附属机关组织通则》。第二条规定,"附属机关组织之名称,得按其性质,分别定为处、局、厂、所及公司"。第三条规定,"附属机关组织工、矿、电三部份,各分为甲、乙、丙、丁四种"。[2]工业部分中,甲种组织的组织系统由总经理及协理(或厂长及副厂长),总务、工务、业务、会计诸处长,各课长,各股长组成。乙种组织的组织系统由经理及副经理(或厂长及副厂长),总务、工务、业务、会计诸课长,各股长组成;丙种组织的组织系统由厂长,总务、工务、业务、会计诸课长,各股长组成;丁种组织的组织系统由厂长,总务、工务、业务、会计诸股长组成。甲乙两种组织可以设置总工程师及秘书。矿业部分中,甲种组织的组织系统由总经理及协理(或局长及副局长),总务、工务、业务、会计诸处长,各课长,各股长组成。乙种组织的组织系统由经理及副经理(或局长及副局长),总务、工务、业务、会计诸课长,各股长组成;丙种组织的组织系统由局长,总务、工务、业务、会计诸课长组成;丁种组织的组织系统由局长,总务、工务、业务、会计诸股长组成。甲乙两种组织可以设置总工程师及秘书。电业部分中,甲种组织的组织系统由总经理及管理协理(或厂长及工程协理),总务、业务、发电、供电会计诸课长及材料库主任,各股长、室长、队长、所长组成。乙种组织的组织系统由经理及副经理(或厂长及工程协理),总务、业务、发电、供电、会计诸课长及材料库主任组成;丙种组织的组织系统由厂长,总务、业务、发电、供电、会计诸课长及事务长、工务长、材料库主任组成;丁种组织的组织系统由厂长、事务、工务、会计股长组成。对于附属机关技术人员、事务人员、医务人员,上述通则中也有明文的规定。[3]

---

[1] 郑友揆、程麟苏、张传洪著:《旧中国的资源委员会(1932—1949)——史实与评价》,上海:上海社会科学院出版社,1991年,第313,328页。

[2] 程玉凤、程玉凰编:《资源委员会档案资料初编》,台北:"国史馆",1984年,第378页。

[3] 程玉凤、程玉凰编:《资源委员会档案资料初编》,台北:"国史馆",1984年,第378-388页。

资源委员会在发展过程中,建立了一套相当科学严格的监督和管理制度。资源委员会为加强管理,1939 年 3 月 6 日,会令公布《资源委员会视察附属事业机关办法》。该办法规定:"各附属事业机关由本会派专门委员技正或其他高级人员视察之。""本会对于附属各事业机关,每年至少派员视察一次。必要时,得随时派员视察之。"[1]视察内容广泛全面,其中管理方面包括工矿电三业通用 16 项。工矿电三业中,工务方面,工业用 18 项,矿业用 20 项,电业用 21 项;业务方面,工矿二业用 17 项,电业用 17 项;会计方面,工矿电三业通用 18 项。[2]办法除规定被视察机关须给视察工作提供方便外,还规定视察人员"不得直接发表意见或批评","不得直接干涉被视察机关用人行政或妨害其工作","视察时应竭力避免应酬"。视察人员"应将视察所得并加具个人意见,编制视察报告书,于视察完毕后 15 日内呈会查核"。[3]

　　资源委员会在经营工矿电事业中还有一个重要特点,就是合作办企业。在重庆,这类企业的代表性厂矿,一个是迁建委员会大渡口钢铁厂,一个是天府煤矿。其中迁建委员会大渡口钢铁厂由经济部资源委员会与军政部兵工署合办,兵工署制造司司长杨继增(后任副署长、署长)为主任委员,资源委员会杨公兆、恽震、胡蔚等为委员,委员会下设技术室、会计室及总务、铁炉、钢炉、轧机、动力、建筑、运输等股。1940 年并入第 3 兵工厂(即上海炼钢厂)后,组织机构进行了调整,设总务办公厅、专员室、工务处、建筑工程处、会计处、职工福利处、购料委员会、稽查组、警卫队等,以及水电、炼铁、炼钢、轧钢、炼焦、耐火材料、机械加工、南桐煤矿、綦江铁矿、綦江水道等七制造所、两矿及一运输管理处。[4] 抗战胜利后机构压缩,1949 年改称兵工署第 29 兵工厂。在生产经营上,迁建委员会大渡口钢铁厂根据兵工署生产指令和

[1] 资源委员会参事室编:《资源委员会法规汇编》第 2 类《管理法规》第 4 辑 "业务管制其他",资源委员会,1947 年,第 108 页。

[2] 资源委员会参事室编:《资源委员会法规汇编》第 2 类《管理法规》第 4 辑 "业务管制其他",资源委员会,1947 年,第 110-117 页。

[3] 资源委员会参事室编:《资源委员会法规汇编》第 2 类《管理法规》第 4 辑 "业务管制其他",资源委员会,1947 年,第 109 页。

[4] 重钢志编辑室编,谭其翔、相兴主编:《重钢志(1938—1985)》,重庆钢铁公司,1987 年,第 10、19 页。

制造经费组织生产,以供兵工生产所需的钢铁材料。天府煤矿是一家民营煤矿公司,1933 年 6 月由嘉陵江三峡地区同兴煤矿、福利煤矿、又新煤矿、天泰煤矿、和泰煤矿、公和煤矿实行联合,邀集民生公司、北川铁路公司投资成立的股份有限公司,以卢作孚为董事长,刘宗涛、邓少琴、黄云龙等先后担任经理。[1] 1938 年 5 月 1 日,天府煤矿公司、北川铁路公司与中福公司正式合并为天府矿业股份有限公司,资本共为 220 万元,其中北川铁路和旧天府煤矿共出资 80 万,中福公司出资 80 万,向经济部借款 60 万,以新式机器开发煤矿。[2] 5 月 28 日天府矿业股份有限公司在汉口江汉路民生公司召开创立会,推选出了第 1 届董监事,第 1 届董监事会议推举卢作孚为董事长、孙越崎为总经理。[3] 新公司成立后,实行矿厂两级领导。[4] 在半年内就开始发电,但是合办 1 年左右的时候,股东们见煤的出产没有增加,出的多是石头,纷言:“天府在开石头矿,不是开煤矿。”卢作孚亲自到矿考察,知道是从头开始,而且所花的现款都是出自中福公司,因而向川方股东解释,请大家不要相信流言。这样经过 3 年左右,坑内外工程完成,采煤完全应用机器,天府煤矿年产量达到 50 万吨,占重庆全年用煤的一半左右。天府还是第一个由迁川厂矿与当地企业在四川合办的公司,卢作孚与孙越崎合作融洽,保证了天府的成功。[5]

在建设精神方面,正如钱昌照所说,资源委员会强调三个字、两句话:“三个字就是公,诚,拼。两句话就是坦白心地,活泼精神”[6]。

(三)地方公营企业

全面抗战时期,省营企业在后方各地得到迅速发展。四川丝业公

---

［1］天府矿业股份有限公司编:《天府煤矿概况》,大东书局,1944 年,第 5 页。

［2］《北川天府中福合资经营资本二百廿万》,《嘉陵江日报》,1938 年 5 月 1 日,第 3 版;天府矿业股份有限公司编:《天府公司概况》,大东书局,1944 年,第 1-41 页。

［3］《天府矿业股份有限公司创业会记录》,重庆档案馆藏天府煤矿股份有限公司档,档案号:024-2-13。

［4］天府矿务局志编审委员会编:《天府矿务局志(1933—1985)》,天府矿务局,1991 年,第 15 页。

［5］《天府矿业公司速写》,《新世界》1944 年复刊号,1944 年 3 月 15 日,第 50-51 页。

［6］钱昌照:《重工业建设之现在及将来》,转自重庆市档案馆、四川省冶金厅、《冶金志》编委会合编:《抗战后方冶金工业史料》,重庆:重庆出版社,1988 年,第 815 页。

司和川康兴业公司是其代表。

四川丝业公司成立于 1937 年,为四川省建设厅在川北蚕区筹办的蚕种制造场与桑园及重庆四川生丝公司合组,接收四川各地几个小型丝厂而成,性质为官商合办。1939 年,四川省政府颁布管理蚕丝办法大纲 13 条,以蚕丝试验场为改良蚕种制造及土蚕种研究机关,四川丝业公司为制种、收茧、制丝机关,赠送蚕种及省定蚕价统制收茧办法不变,但对于商股,改为只保息不保产。对于土丝,该办法规定另设土蚕土丝管理委员会管理分配事宜。[1] 据此,四川丝业公司又接收若干小丝厂,并在四川各地建设多处蚕种制造场。1940 年春,四川省政府公布改良蚕价为每公斤 4.5 元,但市场价却达到每公斤 6 元甚至 7 元,统制办法无形之间被打破,四川丝业公司损失惨重。由于蚕种费负担远远超出省政府预算范围,蚕种费遂不得不先改为中央、省政府、四川丝业公司三方负担,继改为由中央和省政府负担,省政府也不再公布蚕价。[2] 1941 年四川省政府再次修正蚕丝管理办法大纲,取消丝业公司独家制种、收茧垄断权力,制种收茧改为准许制度,同时解除对丝业公司保息的责任。商股到 1942 年增资为 3000 万元,川康兴业公司投资 850 万元。

1940 年 5 月,蒋介石兼任四川省政府主席。11 月 1 日川康经济建设委员会在成都成立,蒋介石兼主任委员,邓汉祥为秘书长。川康经济建设委员会成立后,负责川康地区经济建设的筹划、准备工作,一面调查川康各地的经济情况,拟定经济建设进行方案,一面积极筹备成立川康兴业公司。1941 年初期,张群到成都主持川政,加快了川康兴业公司的筹备工作。1942 年 3 月,川康兴业公司正式成立,以经营及协助川康各项实业,促进川康经济建设委员会计划的实现为宗旨,张群任董事长,邓汉祥任总经理,总公司设于重庆,资本额定为 7000 万元,分为 70 万股。其中 40 万股为官股,由中央认购 30 万股,川康两省政府合计认购 10 万股。商股 30 万股,由四行两局和四川省银行

---

[1] 范崇实:《四川丝业公司成立经过》,《西南实业通讯》第 9 卷第 5 期,1944 年 5 月 31 日,第 2 页。

[2] 范崇实:《四川丝业公司成立经过》,《西南实业通讯》第 9 卷第 5 期,1944 年 5 月 31 日,第 2 页。

认购半数以上,其余为金城、和成、美丰等银行及各县市有关方面认购,到 1943 年收足股本。[1] 从上述股本结构看,川康兴业公司由中央和川康两省政府与民间资本合组而成,符合特种股份有限公司条例的规定,是典型的省营企业公司组织。在业务方针上,川康兴业公司以吸引游资及扶助、提倡民营事业为主,扶助对象以与抗战军事有密切关系者、为战时民生迫切需要者、产品能替代舶来品或适合国民经济需要者三项为标准。该公司提倡民营事业的方式有代募股本和公司债、承购股票和公司债、业务与技术扶助、代办购运、办理保证等,主要为投资和代办原料两种。

二、大中型民间厂矿企业制度

民营大中型厂矿在抗战全面爆发后,随着内迁厂矿的复工和重庆当地厂矿的发展壮大而迅速增加。从企业制度上看,既有非股份制厂矿,也有现代色彩突出的股份制厂矿,甚至还出现了以民生公司为代表的企业公司性质的现代企业。

(一)控股性集团企业

民生公司作为抗战时期后方主要的轮船公司,在人员内迁、物资抢运、军品运输和军队运输等方面,发挥了无可替代的重要作用。据不完全统计,截至 1942 年年底,民生公司在战时的运输量计有兵工器材约 17 万吨,壮丁部队约 200 万人,军品辎重约 26 万吨,其他工商物资,尚未计入。[2]

民生公司在战时运输中发挥了重要作用,也在抗战中得到了迅速发展。就轮船而言,到 1939 年,民生公司的轮船数量达到 116 艘,吨位达到 30400 多吨。此后 17 艘新轮船先后建造完成并加入航行,购

---

[1] 杨及玄:《省营公司发展声中的川康兴业公司》,《四川经济季刊》第 1 卷第 4 期,1944 年 9 月 15 日,第 317-318 页。

[2] 龚学遂著:《中国战时交通史》,北京:商务印书馆,1947 年,第 230 页。

进 4 艘海关轮船,合计前项轮船,民生公司的轮船最多时达到 137 艘,吨位 36000 多吨。[1] 尽管一些船只由于不适于战时运输要求或不适于川江航运要求而拆毁,但是到抗战胜利时,民生公司仍有 84 艘轮船,吨位 26000 吨。民生公司还通过战时运输特别是抢运内迁工厂机器设备,以运费折成投资,成为武汉大成纺织印染公司、武汉周恒顺机器厂、上海大鑫钢铁厂、河南中福煤矿公司等大型企业的股东。同时又以大量资金投资于其他各种工商矿企业,成为一家具有投资公司性质的公司制企业。[2] 民生公司创办和参与投资的重要工商矿企业和金融机构,在抗战时期计有民生机器厂、合川电水厂、天府煤矿、大明染织厂、恒顺机器厂、渝鑫钢铁厂、富源水力发电公司、北川铁路、强华轮船公司、合川华银煤矿公司、长安保险公司、嘉阳煤矿、江合煤矿、重庆轮渡公司、川康银行、民安保险公司等 10 多家工商企业和金融机构,这些企业中不少都是后方有名的大企业。

民生机器厂成立于 1928 年 9 月,当时只能修理小型轮船。抗战爆发后,民生机器厂发展迅速,成为后方最大、技术力量雄厚的著名机器造船厂。首先,民生机器厂在战时业务能力迅速扩大,能够胜任民生公司全部轮船的修理、旧船的整理和新船的建造,是后方唯一优良的船用锅炉制造工厂。[3] 其次是民生机器厂在战时网罗了一大批技术人才和技工。许多有名的造船工程师、机械工程师,在战前不愿到四川工作。但是战事一起,江南造船厂、马尾造船厂、大沽造船厂、青岛海军工厂等著名船厂的所在地相继沦陷,有爱国心的造船界技师和技工辗转来到内地。业务扩大了的民生厂,自然成为他们献身抗战事业、施展才干的舞台。如著名的轮机工程师周茂柏应卢作孚之邀担任民生机器厂厂长,著名的电气工程师陈仿陶应邀任副厂长兼工务处处长。江南造船厂造船专家叶在馥被聘任为民生厂总工程师。叶在馥领导下的民生厂技术室,有工程师和技术人员 20 人左右。民生厂工

---

［1］张守广、项锦熙主编:《卢作孚全集》第 3 卷,北京:人民日报出版社,2016 年,第 1142 页。

［2］张忠民著:《艰难的变迁——近代中国公司制度研究》,上海:上海社会科学院出版社,2002 年,第 199-200 页。

［3］张守广、项锦熙主编:《卢作孚全集》第 3 卷,北京:人民日报出版社,2016 年,第 1144 页。

务处修造总监王超也是知名之士,工务处之下的 7 个工场分别由刘学曾等 7 位工程师主持,每个工场也有技术人员 3 到 5 人不等,由此形成了民生厂雄厚的技术阵容,[1]担负起了公司全部轮船修造的责任。民生机器厂在抗战时期先后为民生公司制造了煤轮 17 只、浅水油轮 2 只,共 19 只轮船。这些轮船的锅炉由民生厂自己制造,轮机有一部分为恒顺机器厂代造,"后方自造锅炉轮机,实以民生公司为第一次"。[2]

大明染织公司由三峡染织厂与内迁的常州大成纺纱厂、汉口隆昌染织公司合组而成,1939 年 2 月正式成立,资本 40 万元,董事长为卢作孚,刘国均为经理,查济民为厂长(原来大成厂工程师),常务董事有刘丕基(原来汉口大成四厂厂长)、王莱山(原来三峡厂经理)。在刘国均、查济民等人的悉心经营下,该厂发展成为大后方纺织染齐全的著名工厂。

渝鑫钢铁厂股份有限公司前身是 1933 年 8 月筹办、1934 年 9 月建成投产的上海大鑫钢铁厂,主要设备有炼钢电炉、熔铁高炉以及各种工作机,主要产品有铸钢、铸铁、马铁以及各种合金钢铁原料、工业机器。该厂创办人余名钰原籍浙江省镇海,北京大学毕业后,留学美国获冶金硕士学位,回国后曾在安徽宣城、江西安福、云南个旧开过钨矿、锡矿,并曾任云南省府交通司司长,主持云南省工矿行政。大鑫钢铁厂开工后,业务进展十分顺利。到 1936 年时,不仅上海的江南、瑞镕、耶松、合兴等各造船厂,上海美商电力公司、法商水电厂、英商公共汽车公司、公共租界工部局、自来水厂等中外厂商、机构所需机件材料向大鑫厂订购,而且国内京沪、杭沪、津浦、陇海、平汉、粤汉、平绥等各铁路所需配件也由大鑫厂供应。在战前民营钢铁厂中,大鑫钢铁厂坐了第一把交椅,余名钰也由此成为钢铁工业界的知名人物。1937 年 6 月大鑫钢铁厂呈请内迁,7 月 28 日奉令迁鄂,8 月 20 日领到铁道部贷款,余名钰不顾正患盲肠炎,毅然卧病安排内迁。8 月 30 日大鑫钢铁厂 900 名职工中的 300 多名与器材由苏州河绕道内迁,9 月 7 日器材

---

[1] 《后方最大的机器造船厂——民生机器厂》,《新世界》1944 年第 5 期,1944 年 5 月 15 日,第 46-49 页。

[2] 《民生公司在长江》,《新世界》1945 年第 11 期,1945 年 11 月 15 日,第 10 页。

运抵镇江装轮船运往汉口,9月16日抵达汉口后,在武昌簸其山圈地建厂。10月初大鑫钢铁厂又奉令迁炉大冶,11月27日奉令迁渝。11月底,大鑫钢铁厂与民生公司订立合资合同,改组大鑫钢铁厂为大鑫钢铁渝厂股份有限公司,资本55万元,双方各半。继奉当局之命改名为渝鑫钢铁厂股份有限公司,卢作孚担任董事长,余名钰为总经理兼总工程师。民生公司当时承担军运任务,船舶不敷调配。为速图装运计,12月初余名钰租用木驳7艘、拖轮2艘,将重要机件由汉运宜,抵宜后再交民生公司轮船转运至渝。到1938年2月9日,渝鑫钢铁厂抵达重庆员工300多人,机件基本全部运到。在从上海到重庆的迁移过程中,公司先后在上海、镇江、汉口、宜昌、万县、重庆分设6个办事处从事有关工作,而全体内迁人员从8月15日发薪后,"经过六个月之久,未曾领得分文薪给,伙食由公司供给外,甚至日用零物亦无力购买"。[1] 至此同人结束长达6个月内运旅途的风餐露宿,在民生公司江北堆栈成立临时工厂,开始生产。到重庆后,余名钰经过20多天奔走,选定沙坪坝小龙坎土湾为厂址建厂,到1938年3月20日购定厂基用地,4月开始复建工程,6月到9月新厂各部分相继复工生产。除生产国防需要以及各界委托制造的机件和钢料外,渝鑫钢铁厂还添造大批设备分装重庆总厂,同时于1938年夏在土湾对岸的江北石马乡设立第1分厂,专门从事轧钢、拉线、制钉等业务,在北碚江家沱设立第2分厂。为谋原料自给,渝鑫钢铁厂在涪陵承租矿洞岩铁矿。1940年夏,渝鑫钢铁厂收购北碚后峰岩深灰沟煤矿,采煤炼焦。此外,渝鑫钢铁厂还投资大鑫火砖厂、清平煤铁厂、中国金属制片厂等。1939年金城银行加入股份45万元,渝鑫钢铁厂总资本达到200万元。[2] 从1940到1941年,渝鑫钢铁厂作为国民政府协助的重点厂家,得到贷款370万元。[3] 到抗战胜利前夕,除总厂外,有江北石马乡分厂(轧钢)、长寿县詹家沱分厂(电冶锰铁、矽铁等)、北碚江家沱分厂(马丁

[1] 重庆市档案馆、四川省冶金厅、《冶金志》编委会合编:《抗战后方冶金工业史料》,重庆:重庆出版社,1988年,第393页。
[2] 《工商介绍·渝鑫钢铁厂》,《新工商》第1卷第1期,1943年7月1日,第103页。
[3] 重庆市档案馆、四川省冶金厅、《冶金志》编委会合编:《抗战后方冶金工业史料》,重庆:重庆出版社,1988年,第399页。

炉）、北碚童家溪煤矿及炼油厂、深炭沟煤焦厂、石柱县氟石矿、彭水县遗彭乡矿洞岩铁矿、遵义团溪锰矿、安顺氟石矿等 9 个分矿厂，[1]工人 1000 多人，其中技术工人 800 多人。由于规模庞大，渝鑫钢铁厂形成了制造系统齐全、产品种类多样、自主制造机器的特点，[2]在后方钢铁工业中树立了信誉。

1938 年夏，武汉周恒顺机械厂自雇木驳船和拖轮，装运本厂拆迁机件到宜昌后，无力继续上运。卢作孚派人找到在重庆的周恒顺机器厂创办人周仲宣及其子周荟柏，商谈在重庆合作设厂事宜。双方商定周恒顺机械厂在宜昌的机件作价 25 万元，民生公司以轮船运费作抵投资 25 万元，改组公司成立恒顺机械厂股份有限公司。1939 年 4 月 4 日恒顺机器厂股份有限公司在重庆正式成立，注册资本 100 万元，资产约 400 万元，厂址在重庆李家沱，卢作孚担任董事长，周茂柏任总经理，日常事务由周英柏以总稽核的名义负责。公司成立后，6 月复工，侧重轮船机器的制造与修理，业务发达，是后方三大民营机器厂之一。该厂在抗战时期为民生公司制造了川江行驶主力"山"字号 10 艘新轮和"水"字号 4 艘新轮的蒸汽主机。卢作孚曾经称赞负责恒顺机械厂和民生机器厂的周茂柏"头脑相当精明，对内对外都多办法"。[3]

（二）股份制工业企业

现代企业通常指股份制企业。20 世纪 30 年代特别是全面抗战爆发后，大中型民营股份制厂矿在重庆聚集和发展。重庆本地企业有四川水泥厂股份有限公司，内迁厂矿有刘鸿生企业、天字号化工企业、裕大华企业等。

四川水泥厂股份有限公司设于重庆南岸玛瑙溪，采用公司组织，在股东会之下设董事会，推吴受彤任董事长，胡光麃、刘航琛为常务董事，以潘昌猷、康心如、杨粲三、刘鸿生、胡子昂、汪栗甫等分任董事和

[1] 重庆市档案馆、四川省冶金厅、《冶金志》编委会合编：《抗战后方冶金工业史料》，重庆：重庆出版社，1988 年，第 431 页。

[2]《余名钰的渝鑫钢铁厂》，《新世界》1944 年第 9 期，1944 年 9 月 15 日，第 22 页。

[3] 张守广、项锦熙主编：《卢作孚全集》第 3 卷，北京：人民日报出版社，2016 年，第 1145 页。

监察人,官股董事为关吉玉,宁芷村为董事兼总经理,以徐宗漱任制造厂厂主任,康振钰任工程师。总经理管理制造厂、采石厂、石膏厂、制桶厂。经理部门分总务、会计、业务三股办事。公司事务所设在城内。制造厂除生产车间外,分设化验室、修理间、包装房、成本会计等几个单位,以厂主任负生产全责。[1] 四川水泥厂机器设备,有轧石机 1 座,淘泥机 1 座,生料机 1 座,送浆机 5 套,储浆柜 6 座,旋窑 1 座,煤粉磨 1 座,折煤及喷煤设备 1 套,水泥磨 1 套,水泥柜 4 座,包装机 4 套,压气机 2 座,厂内运输设备俱全。所有专门造水泥机器,除淘泥机自制外,全部为丹麦史密芝公司产品,大小马达为德国西门子公司产品。至于制桶厂,所有烘木、解木、锯木等机器,都配备齐全。船务组有 50 吨以上大木船 10 多只,运煤处也有 10 吨以下小木船几十只,适应江水涨落,以供应用。公司大小厂房四五十座,各课组办公室 30 多座,职工宿舍数百间。其他如礼堂、理发室、职工子弟学校、职工消费合作社、浴室、理发室等一应俱全,占地 200 多亩,职工上千人。总之,"其组织与设备之完善,机器采用之新颖,国内该业中,尚属罕见"。[2] 这座日产 150 多吨水泥的现代化水泥厂,对于重庆城市现代化的意义,是巨大的。

刘鸿生企业的开创人是著名企业家刘鸿生,他从 1909 年开始作为上海开滦矿务局职员为英商开滦矿务局在上海推销煤炭,两年后成为该公司驻上海买办。第一次世界大战期间,刘鸿生自租轮船从秦皇岛运销开滦煤到上海,获利丰厚,成为百万富翁。此后刘鸿生在上海、苏州、无锡、常州等地与人合伙开设煤号、煤公司。1918 年,刘鸿生开始创办码头堆栈事业。1927 年 10 月,刘鸿生创办中华煤球厂,主要生产机制煤球。上述事业大多与煤炭有关,刘鸿生成为上海和长江下游有名的煤炭大王。在经营煤炭的过程中,刘鸿生看到第一次世界大战中办工厂的人都发了财,同时受到抵制日货爱国运动的影响,于 1920 年集资 12 万元,在苏州创办鸿生火柴公司,从此开始经营工业。1925

---

[1] 中国民主建国会重庆委员会、重庆市工商业联合会合编:《重庆工商史料选辑·第 1 辑》(内部发行),1962 年,第 60 页。

[2] 黄惊东:《四川水泥公司一瞥》,《西南实业通讯》第 14 卷第 3、4 期合刊,1946 年 10 月 30 日,第 15 页。

年刘鸿生收购燮昌火柴公司上海、苏州两分厂,营业状况逐渐好转。1926 年燮昌火柴公司增加资本为 50 万元,改组为华商鸿生火柴股份有限公司。1929 年 11 月刘鸿生当选为全国火柴同业联合会常务委员会主席。1930 年 7 月鸿生火柴公司与荧昌火柴公司、中华火柴公司合并,成立大中华火柴公司,总资本 191 万元,刘鸿生任总经理,其后各地都有火柴公司加入联营。到 1934 年大中华火柴公司成为中国最大的火柴公司,拥有苏州鸿生厂、周浦中华厂、上海荧昌厂、镇江荧昌厂、九江裕生厂、汉口炎昌厂、杭州光华厂等 7 家火柴制造厂和上海东沟梗片厂,总资本达到 365 万元,年产火柴 15 万箱,[1]成为中国的火柴大王。1920 年 9 月,刘鸿生等人邀集上海工商界人士发起创办华商上海龙华水泥有限公司,资本 120 万元。1921 年南通张謇兄弟入股,1922 年 9 月刘鸿生被推举为总经理,1923 年 7 月建成投产。设备完善,产品质量优良。1930 年 7 月刘鸿生创办的章华毛纺织厂建成投产,同时刘鸿生还创办华丰搪瓷厂,两厂原料均来自国外。1933—1936 年,刘鸿生还担任了国营招商局总经理,对其进行了大规模的整理,使招商局的经营管理状况大为改观。在自营事业方面,到抗战前,刘鸿生投资的事业,除了火柴、水泥、煤炭、招商局、运输以外,还有毛纺织厂、搪瓷、堆栈、码头、银行等 10 大类。

1937 年上海八一三抗战期间,对于抵抗日本的侵略,刘鸿生积极主动。但他十分顾虑企业内迁后的生存问题,试图利用洋商和租界保护上海的企业,等待战局变化。结果收效甚微,使刘氏企业损失惨重,如属于刘氏企业的上海水泥厂,刘鸿生代表该厂与德商禅臣洋行订立财产移交保管合同,由禅臣洋行保管。但是日军控制上海后,驱逐禅臣洋行员夫,把该厂列入军管理工厂,大肆掠夺。章华毛绒纺织公司在抗战爆发后停工,先后从浦东本厂迁移机器设备到浦西租界区并设立了两个分厂,章华浦东本厂与德商礼和洋行订立财产转让合同,以求得到保护。后日军进入该厂,驱逐德商人员强占该厂,委任日商上海纺织株式会社进行管理。太平洋战事爆发后,浦西租界的章华分厂

---

[1] 上海社会科学院经济研究所编:《刘鸿生企业史料》(上),上海:上海人民出版社,1981年,第 74-154 页。

也被日军查封。大中华火柴公司所属各厂也相继被日军军管,其他刘氏企业的煤矿码头等事业也惨遭相同的命运。1938 年日方多次要求他合作、出面担任伪职,刘鸿生为避免纠缠和寻找新的发展空间,1938年 6 月秘密离开上海赴香港。

1938 年 6 月底刘鸿生抵达香港,7 月就考察了广西、贵州、云南、四川、甘肃、陕西等西南、西北各省。回香港后,他筹建香港大中国火柴公司,在四川与人合办重庆华业火柴厂,同时决定筹办四川毛厂。经过筹备,香港大中国火柴公司于 1939 年 4 月开工建设,资本 30 万元,刘鸿生担任总经理。1940 年 4 月建成投产,营业状况良好。1940年 12 月,香港大中国火柴公司自制火柴原料成功。在此前后,1938 年夏属于上海大中华火柴公司的九江裕生火柴厂内迁湘西,后冒险把设备、原料运到重庆。经与重庆本地企业华业火柴厂筹商,裕生火柴厂以原材料和机器设备作价投入华业厂,把华业厂改组为重庆华业和记火柴股份有限公司,资本 25 万元,刘鸿生任总经理,大中华火柴公司拥有该公司五分之三股权。1939 年 4 月重庆华业和记火柴股份有限公司复工,6 月开始生产,年产火柴 2000 多箱,连年盈利,1941 年 4 月增资为 50 万元。为解决后方火柴原料缺乏的问题,1939 年 9 月大中华火柴公司与川黔火柴工商业联合会发起组织火柴原料制造厂,并推举刘鸿生等 3 人为主任委员。1940 年 1 月火柴原料制造厂发起筹备各方决定将资本额增加为 100 万元,厂名定为中国火柴原料厂股份有限公司,4 月进一步增资为 200 万元,实收 50 万元。5 月中国火柴原料厂股份有限公司正式成立,刘鸿生为董事长,林天冀为总经理,制造厂厂址设在四川长寿。1940 年 8 月由于资金短缺,吸收官股 100 万元,合商股 100 万元,资本总额为 200 万元。从此该公司成为官商合办性质的火柴原料公司。1941 年 12 月该公司改组为中国火柴原料厂特种股份有限公司。1942 年 5 月增资为 2800 万元,其中官股 1000 万元,商股 1800 万元。1944 年 3 月再次增资为 5000 万元。该公司建成后,连年盈利,1942 年盈利 139 万余元,1943 年盈利 952 万余元,1944

年盈利6626万余元,1945年盈利1亿989万余元。[1]

中国毛纺织厂从1938年开始筹备,1939年秋正式发起,资本300万元,厂址设在巴县李家沱。1939年12月经济部100万元股份加入该厂,合商股共为400万元。1940年春中国毛纺织厂正式成立,宋子良为董事长,刘鸿生为总经理。机器设备部分来自上海章华毛纺织厂,部分为自英国等地采购所得。在技术力量方面,章华毛纺织厂的骨干包括技术人员、管理人员、技工等在1940年10月和1941年2月分两批举家迁到重庆,这些人又培训了大量本地工人。到1942年春,大部分机器设备陆续运到了重庆,7月中国毛纺织厂正式开工,原料主要来自西北西宁、宁夏。该厂开工后连年获利,当年获利72万元,1943年获利5241万元,1944年获利1亿1150万元,1945年获利2亿2636万元。[2] 1943年该厂资本增加为1200万元。在该公司创办、发展的过程中,1941年初该厂与复兴公司合资500万元,在兰州创办西北洗毛厂,该厂1943年8月建成投产,机器设备主要由重庆制造。同年刘鸿生又发起筹办兰州西北毛纺织厂,初定资本3000万元,1944年4月增加资本额为1亿元,1945年1月建成开工。中国毛纺织公司还对给水、电力、制帽等有关行业进行投资,到1944年12月31日该公司长期投资的企事业单位8家,投资额2217万元。[3]

1940年12月应蒋介石电邀,刘鸿生飞抵重庆。在重庆的几年间,刘鸿生以弹子石华业火柴厂为家,以个人或大中华公司的名义,在西南、西北地区直接间接投资的火柴厂和火柴原料厂就达到8家之多,[4]另有毛纺织厂3家,水泥厂2家,给水、电力、电磁、制帽等厂各1家,在后方火柴工业、毛纺织工业中有着举足轻重的影响。刘鸿生还应邀担任火柴专卖公司总经理。此外,刘鸿生在抗战期间还担任了中国西南实业协会监事、重庆中国国货厂商联合会理事、宁波旅渝同乡

---

[1] 上海社会科学院经济研究所编:《刘鸿生企业史料》(下),上海:上海人民出版社,1981年,第183页。

[2] 上海社会科学院经济研究所编:《刘鸿生企业史料》(下),上海:上海人民出版社,1981年,第200页。

[3] 上海社会科学院经济研究所编:《刘鸿生企业史料》(下),上海:上海人民出版社,1981年,第211页。

[4] 张圻福、韦恒著:《火柴大王刘鸿生》,郑州:河南人民出版社,1990年,第153页。

会会长等职。重庆谈判期间，刘鸿生作为后方著名工商界人士之一，在 1945 年 9 月 17 日也受到毛泽东的接见。

天字化工事业指由吴蕴初开创的包括天厨味精、天原电化、天利氮气、天盛陶器等在内的化工企业。吴蕴初，江苏嘉定人，13 岁入私塾，15 岁进入上海广方言馆学习一年，又进入陆军部上海兵工学堂学习化学，1913 年入汉冶萍公司汉阳铁厂，历任化验师、制砖厂厂长、汉阳兵工厂理化科长、制药科长等。第一次世界大战期间，吴蕴初被汉口炽昌硝碱公司聘为工程师兼厂长。1923 年 8 月吴蕴初与张逸云以合伙公司的组织形式在上海创办天厨味精厂，资本 5 万元，张逸云为总经理，吴蕴初为经理兼技师，生产佛手牌味精，当年产量 3000 公斤，深受市场欢迎。1928 年天厨味精厂增资为 10 万元，改组为无限公司。1932 年天厨味精厂产量达到 159000 公斤。1935 年 7 月 1 日天厨味精厂改组为上海天厨味精厂股份有限公司，资本 220 万元，张祖安为董事长，吴蕴初为总经理。1936 年天厨味精厂味精产量达到 22 万公斤，在国内味精厂中，"规模之大，堪称巨擘"。[1] 1929 年 1 月，吴蕴初在上海菜市路创办中华工业化学研究所，进行试验和研究，自任董事长。1929 年 5 月吴蕴初以 20 万元资本在上海创办天原电化厂，1930 年 11 月 10 日建成投产，生产味精原料，是中国唯一的酸碱工厂，业务发达。1933 年天原电化厂资本增加到 60 万元，抗战爆发前资本已经增加到 105 万元。1933 年 9 月，吴蕴初又集资 100 万元筹办天利氮气厂，低价购进美国试验设备，1935 年 1 月该厂建成投产。1934 年吴蕴初在上海创办天盛陶器厂，1935 年春投产。抗日战争前，吴蕴初经营的天厨味精、天原电化、天利氮气、天盛陶器等四个化工企业，构成了一个实力雄厚的天字号化学工业系统。

1937 年上海八一三战事爆发时，吴蕴初正代表资源委员会在欧洲谈判购买人造石油设备事宜，闻讯后立即回国。回国后，他一方面决定把大量味精存货运往香港，筹设香港天厨味精厂；一面组织所属各厂内迁，以求新的发展。天原、天利两厂内迁得到经济部 40 万元的补

---

[1] 重庆市档案馆、重庆天原化工厂合编：《吴蕴初与中国天字化工企业》，重庆：科学技术文献出版社重庆分社，1990 年，第 74 页。

贴,天厨、天盛两厂则是自行内迁。1937 年 10 月 27 日,天原、天利、天盛、天厨机件设备分装 24 艘木船,先后由苏州河及南黄浦江绕道内迁,其间被炸沉 5 艘,失踪 1 艘。运抵镇江后吴蕴初高价雇用拖轮,把上述木船拖抵汉口,运出的机器设备以天原厂比较齐全。吴蕴初本计划在武汉设厂,并在汉口刘家庙购地 250 多亩作厂址,后因武汉也面临危机,放弃了该项计划,再次内迁。1938 年 3 月,天原、天厨、天利三厂在重庆状元桥设立了联合办事处。随后,天原、天厨、天利、天盛机器设备相继运抵宜昌。由于轮船难觅,除小部分大件得以利用轮船装运外,大部分机械设备用柏木船装运内迁重庆,期间颇有损失。

1923 年天厨味精厂在上海创办,出品有佛手牌味精、鼎牌味宗、酱油精、淀粉、糊精、酱色饴糖及各种亚基酸等。味精的制法在 1926 年先后获得美、法、英等国的特许专利,国内外赛会所得的奖状尤不胜枚举。1932 年味精生产量 30 倍于 1923 年,味精销行于国外者 2 倍于国内。味精所用的主要原料面筋为该厂自制,盐酸为该厂主办的天原电化厂所制。1933 年 2 月该厂独捐全金属战斗及教练飞机各一架与中国航空协会,定名曰"天厨"号。1934 年 1 月创办天利氮气制品厂,1935 年 8 月改组为股份有限公司。1938 年沪滨沦陷,于九龙设立香港工厂,出品有味精、漂白粉、盆酸、烧碱、淀粉等,并将一部分机材迁汉。1940 年于重庆设立四川工厂,除味精已出品外,淀粉、酱油均在逐步进行中。1941 年 7 月,总公司因在沪不堪敌伪利诱威迫,由沪迁渝。[1]

1938 年 3 月,在经济部工矿调整处和四川建设厅驻渝办事处的协助下,吴蕴初选定重庆江北猫儿石为厂址,首先将天原厂恢复生产。当时选择在猫儿石建厂的还有龙章造纸厂、维昌纱厂、顺昌机器厂等迁川工厂。1940 年 6 月天原渝厂建成复工,资本 300 万元,参加投资的金城银行代表戴自牧任董事长,吴蕴初任总经理。1943 年 10 月天原渝厂增资为 1000 万元,加入资源委员会 470 万元股份。[2] 由于后

---

[1]《天厨味精厂简介》(1942 年 1 月),重庆市档案馆、重庆师范大学合编:《中国战时首都档案文献·战时工业》,重庆:重庆出版社,2014 年,第 635 页。

[2] 上海市档案馆编:《吴蕴初企业史料·天原化工厂卷》,北京:档案出版社,1989 年,第 304-305 页。

方电解工厂只此一家,业务十分兴旺,1941 年净盈余 1293288 元,1942年盈利 7446992 元,1944 年盈利 15621465 元。[1] 1943 年吴蕴初向中央、中农银行贷款 4000 万元,开始筹备天原宜宾分厂,1946 年该厂建成投产。

1940 年 2 月天厨川厂开始筹备复工,7 月与天原渝厂订立租地契约,租用该厂猫儿石部分厂地作为建厂之用。12 月天厨川厂建成复工,月产味精 8000 斤左右。为解决原料问题,1941 年 6 月天厨川厂与金城银行租用天原渝厂部分厂地合办天城淀粉工业厂股份有限公司,分淀粉厂和面粉厂两部分,戴自牧任董事长,吴蕴初任总经理。1942年 4 月双方拆伙,天城公司淀粉厂归天厨川厂,面粉厂归金城银行。[2] 天厨川厂在生产趋于稳定的情况下,努力改进技术设备,提高产品质量,在后方赢得声誉。在 1943 年桂林举办的国货展览会上,天厨川厂生产的味精获得特等奖。

为维持天厨味精厂海外市场,1938 年初天厨味精厂开始筹建香港分厂,5 月在九龙购定厂址,6 月开始建厂,先后投资 200 万元。1940年 3 月香港工厂正式建成生产,注册资本 100 万元,主要生产味精及军用漂白粉。珍珠港事件后,日军占领九龙,先把天厨港厂库存器材等全部劫夺,后又强占该厂。天厨港厂员工在吴蕴初夫人吴戴仪的率领下,用化名偷渡的方法携带部分设备撤退到重庆,并入到天厨川厂。

吴蕴初在后方除经营自己的企业外,还担任了中国全国工业协会理事长、迁川工厂联合会副理事长等职务,是后方企业界的著名人物。

(三)非股份制企业

荣家企业是江苏无锡荣宗敬、荣德生兄弟创办的,包括茂新面粉公司、福新面粉公司、申新纺织公司三个企业系统以及相关企业组成的大规模民族资本面粉、纺织工业企业集团。荣宗敬、荣德生兄弟是

---

[1] 重庆市档案馆、重庆天原化工厂合编:《吴蕴初与中国天字化工企业》,重庆:科学技术文献出版社重庆分社,1990 年,第 487—488 页。 该书第 211 页吴蕴初报告 1944 年该厂纯益为45880104元。

[2] 上海市档案馆编:《吴蕴初企业史料·天厨味精厂》,北京:档案出版社,1992 年,第 154页。

中国著名的民族资本企业家,在当时实业界有"面粉大王""纺织大王"的称号。

荣氏企业中内迁的企业主要是汉口福新第5面粉厂(以下简称"福新5厂")、申新第4纺织厂(以下简称"申新4厂")。汉口福新5厂资本30万元,1919年10月建成营业,荣月泉为经理,荣德生的长女婿李国伟为协理。1921年荣宗敬又集资30万元在汉口创设申新4厂,并于1922年2月建成投产,该厂有纱锭14720枚,也由荣月泉任经理,李国伟为协理。1931年荣月泉退休,李国伟接任两厂经理。李国伟毕业于唐山交通大学,经营管理有方,知人善任,在厂中培养形成了包括厉无咎、瞿冠英、龚一欧、黄亦清、龚培卿、蒋叔澄、华迩英等在内的一股新力量,还聘请总工程师萧伦豫改进技术与管理。1933年3月,汉口申新4厂失火被毁,同年重建,1934年建成开工,资本92万元,纱锭4.1万枚。1936年纱锭达到5万枚。沪战爆发后,汉口成为中国政治经济中心,市场上需要的纱布等货由于上海货来源受阻而价格猛涨,1937年申新4厂盈利多达185万余元。由于获利丰厚,1937年底申新4厂资本从92万元增加到220万元,到1938年8月内迁时,申新4厂、福新5厂用所获厚利全部清偿战前积欠中国银行、上海银行的700多万元借款。[1]

1938年5月,徐州会战失利,战事西移,武汉形势可危,李国伟、章剑慧等人开始准备拆机内迁。章剑慧,无锡工商中学毕业,经其表兄李国伟引进,1923年进入汉口申新4厂为练习生,后担任该厂总工程师、厂长,在李国伟离汉期间,全权处理工厂一切事务。卢沟桥事变爆发后,李国伟主张把两厂迁川,但是荣家企业上海股东和汉口部分股东坚决反对,有人声称"宁弃之江中,不愿迁之于川"。[2] 1938年4月,李国伟到重庆实地考察,并听取了厉无咎的意见,决定内迁,遂由厉无咎在重庆购买长江南岸猫背沱50亩地为厂址。5月初李国伟回

---

[1] 上海社会科学院经济研究所经济史组编:《荣家企业史料》(下),上海:上海人民出版社,1980年,第51-52页。

[2] 上海社会科学院经济研究所经济史组编:《荣家企业史料》(下),上海:上海人民出版社,1980年,第205页。

到汉口,就开始安排两厂迁移。此时申新 4 厂有纱机 5.1 万锭、布机1150 台、整染机 1 套、发电机 2 组、福新 5 厂有日产 1.5 万袋的制粉设备。6 月拆迁申新 4 厂旧纱机 2000 锭和福新 5 厂的部分制粉机器设备,在厉无咎的具体安排下雇轮船运往重庆。1938 年秋,武汉沦陷前夕,李国伟又派章剑慧赴重庆筹建申新 4 厂重庆分厂,他自己则陪同在武汉避难的荣德生乘飞机前往香港向茂福申总经理荣宗敬汇报申新 4 厂、福新 5 厂内迁重庆、宝鸡两地的建厂计划,李国伟在香港下飞机时跌伤腿骨在港治疗。荣宗敬认为陕西产棉花,同意在宝鸡设厂,但是不同意在重庆设厂,并嘱李国伟函告章剑慧,迁渝纱机不得动用,命瞿冠英、华逸英在宝鸡遵荣宗敬之命建厂。章剑慧接到信后接受厉无咎建议,另组庆新纺织公司租用申新 4 厂设备在重庆生产。内迁中李国伟、章剑慧发挥了重要的作用。

1939 年 8 月申新 4 厂宝鸡厂部分厂房建成投产,装纱机 4000 锭,租用陇海铁路局旧火车头和柴油引擎作动力。1941 年春安装 1.2 万纱锭的窑洞车间建成投产,1942 年安装 140 台的布机车间建成开始生产。1940 年 10 月福新 5 厂宝鸡分厂也建成投产,日产 2000 袋牡丹牌面粉。鉴于宝鸡两厂规模比较大,李国伟此后就留驻宝鸡,在荣志仁协助下,倾全力于宝鸡厂的发展。章剑慧则为副经理,驻重庆,黄亦清为重庆申新 4 厂、福新 5 厂两分厂厂长,厉无咎为副厂长。瞿冠英为宝鸡申新 4 厂、福新 5 两分厂厂长,华逸英为副厂长,蒋叔澄为工程师。后方荣氏企业,一时间人才济济。1941 年李国伟在宝鸡成立申新4 厂、福新 5 厂总管理处,自任处长,章剑慧为副处长,统辖重庆、宝鸡各厂,标志内迁的申新 4 厂、福新 5 厂已经成为荣家企业内部一个独立的企业系统。

申新 4 厂、福新 5 厂迁重庆后用庆新股份有限公司名义相继复工。申新 4 厂称为庆新纺织厂,1939 年 1 月 20 日开工生产,安装纱机2000 锭,在后方纱厂中开工最早,到 1939 年纱锭达到 5500 枚,布机 80台。福新 5 厂称为庆新面粉厂,1939 年 5 月建成投产,日产面粉 500袋。两厂开工后,所产棉纱、面粉供不应求,获利丰厚,其中庆新纺织厂获利尤厚,每日清晨,经常有客户五六十名"候于厂门,竞求购纱"。[1] 荣宗敬得知后深悔当初反对申新在渝设厂,乃命李国伟、荣尔仁率前汉口厂重要职员于1939年冬由香港飞重庆。1939年12月31日解散庆新厂,1940年1月1日成立申新4厂重庆分厂。两厂在会计和股权上独立,但是在管理上是一个单位。由于福新5厂重庆厂规模小,所以实际上成为申新4厂重庆厂的附属部分。

在内迁过程中,申新4厂、福新5厂损失严重,为充实两厂的机器设备,李国伟在重庆设立了公益铁工厂,在宝鸡设立了宝鸡铁工厂。公益铁工厂原是申新3厂在无锡设立的附属工厂,内迁后1938年6月开始在重庆菜园坝以复兴铁工厂名义开工,为兵工署制造兵工器材,由薛明剑任经理。不久在重庆南岸野猫溪、弹子石添设公协、公益两家分厂。1941年8月与申新4厂重庆修理厂合并,在猫背沱设厂,改组为公益纺织面粉机器厂股份有限公司,资本额500万元,经理由无锡人李冀曜担任,合并后1942年1月1日开工,主要为申新4厂、福新5厂修造纱粉机器以及配件,少量供应各地工厂,[2]并生产部分军工产品。

三、中小工业

受到需要增加、利润优厚、沿海技工内迁和政府鼓励等多重刺激,1938年以后后方地区出现了投资设厂的高潮,新设工厂"接踵成立,一如雨后春笋"[3]。就重庆而言,据1943年8月调查,该区民营工厂达到818家,见表6-1。

---

[1] 上海社会科学院经济研究所编:《荣家企业史料》下册,上海:上海人民出版社,1980年,第207页。

[2] 《工商绍介·公益纺织面粉机器制造公司》,《新工商》第1卷第3期,1943年9月1日,第74页。

[3] 吴文建:《我国战时民营工业之鸟瞰》,《西南实业通讯》第8卷第4期,1943年10月31日,第12页。

表 6-1　重庆民营工厂业别概况（截至 1943 年 8 月）

业别	家数	业别	家数
冶炼工业	14	饮食品工业	65
机械工业	313	文化工业	95
化学工业	129	水电工业	2
电器工业	50	杂项工业	11
纺织工业	126	共计	818
土木建筑工业	13		

资料来源：建子，《川康区的民营工业》，《西南实业通讯》第 8 卷第 5 期，1943 年 11 月 30 日，第 21-23 页。

在纱厂方面，重庆的机器纺纱行业就出现了由 8 家小厂组成的小型纱厂群，见表 6-2。

表 6-2　抗战期间重庆 8 家小型纱厂情况

厂名	纱锭数（锭）	生产量（件）
中国纺织公司	2000	40
维昌纺织厂	1000	30
富华纺织厂	360	10
新民纺织厂	700	16
大中华纺织厂	844	30
振济委员会纺织厂	168	3
民康纺织厂	190	3
中央工业试验所实验厂		3

资料来源：《重庆小型纱厂群》，《新世界》1945 年第 3 期，1945 年 3 月 15 日，第 29 页。

这些小型纱厂除中央工业试验所实验厂、振济委员会纺织厂外，多数是采用机器生产的民营企业，规模虽小，但主持人有理想、有能力。这些人有定期的集会，相互之间联系紧密，各厂组织也很有章法。后来布厂的情况与纱厂情况差别比较大，除极少数采用机器外，主要是手工业工厂。如重庆一地有大小织布厂 724 家，共有铁轮机约 5899

架,其中拥有铁轮机 10 架以上,产量、设备达到一定规模的有 173
家。[1] 生产军布的中小工厂有数百家,钟灵织布厂负责人田钟灵、裕
服织布厂负责人李学民等人联合同业 10 多人发起组织同业公会,
1943 年秋在重庆南岸弹子石成立了军布业联谊社,有 300 多家布厂
参加。

制革工业几乎是手工业的天下。抗战爆发后,皮革出口停止,重
庆的制革工业企业发展比较快。1938 年到 1940 年,光华、华胜、大成
等机器制革厂相继建立,到 1945 年 5 月大小制革工厂有 434 家,其中
机器制革厂只有求新、达成、汉中、华胜昶记、光华、庆丰等 8 家。[2]
整个重庆皮革工厂年产销轻重皮革均在 10 万张以上,军用皮件 80 万
件以上。

后方地区 8 大煤矿产区中最重要的是嘉陵江沿岸矿区,[3] 这里
集中了 215 家小煤矿,其中比较大的有 22 家。仅仅从 1943 年到 1945
年 8 月,就生产煤炭 2240 万吨,使重庆军需民用煤焦供应无缺。[4]

绝大多数中小工业是非公司制企业,股本结构单一,股东构成简
单,多数没有必要成立股东会,也没有董事会,因此治理结构存在严重
的不规范性。不过这些中小工业,经营灵活,能适应战时环境,也有自
己的发展空间。

---

[1] 张文毅:《重庆市一七三家大织户生产情况调查》,《四川经济季刊》第 2 卷第 3 期,1945 年
7 月 1 日,第 285 页。
[2] 徐崇林:《抗战以来之重庆制革工业》,《中国工业(桂林)》第 28 期,1945 年 7 月 20 日,
第 21-22 页。
[3] 《后方十一省之煤矿业》(1942 年),南京中国第二历史档案馆馆藏,档案号:398-19694
(2)。
[4] 徐崇林:《中小工业在抗战中的贡献》,《西南实业通讯》第 13 卷第 3、4 期合刊,1946 年 4
月 30 日,第 1 页。

第七章
————
重庆近代工业与城市化

工业化的进展推动了重庆城市化的进程。在抗战全面爆发前,重庆市人口 47 万,完全为"旧社会中小型市区之组织",四郊完全为村镇。全面抗战期间,重庆市"人口骤增,又遭惨烈轰炸与屡次公路建筑及屋宇兴建",市区内"旧踪已荡然无存,半岛上已为混合而无界限之集体,四郊亦因战时疏散之自由建筑,各部相谋,杂乱无章"。[1] 与这种杂乱无章共生的,是重庆城市化的快速发展。

一、作为新兴工业区的重庆

全面抗战时期,在中国现代生产力布局发生的大调整中,川渝地区"一跃而成为大后方工业之中心,工厂数目、工人人数及动力设备几皆占战时全国总数之一半,即仅以厂数而论,较战前增加 16 倍以上,不特数量激增,性质也显见改变。战前几尽属小规模之轻工业,战时则重基本工业,各工业部门亦均有普遍发展"。[2] 而川渝之中,重庆又超过四川,所谓"工厂分布,大部集中战时首都之重庆及其邻近各地,厂数占全川工厂数三分之一,以其不特当长江、嘉陵江之会口,水运至便,且陆路四达,为西南各省交通之枢纽,生产运销均极便利。故工厂林立,成为四川最重要之工业区域"。[3] 川西成都的工业地位"远不及重庆之优越","工厂数目仅得重庆附近厂数四分之三"。[4]

(一)影响工业区分布的主要因素

影响工业区的基本因素是物产、交通、市场和社会,但核心因素是技术能力。

---

[1] 陪都建设计划委员会编:《陪都十年建设计划草案》,陪都建设计划委员会,1947 年,第 105 页。

[2] 傅润华、汤约生主编:《中国工商要览》,南京:中国工商年鉴纂社,1948 年,第 157 页。

[3] 傅润华、汤约生主编:《中国工商要览》,南京:中国工商年鉴纂社,1948 年,第 157 页。

[4] 傅润华、汤约生主编:《中国工商要览》,南京:中国工商年鉴纂社,1948 年,第 157 页。

从地势上看,重庆以丘陵、低山为主,是著名的山城。岩石组成的坚硬山体,和平时期不利于交通建设和经济事业的开展,战时却可以通过开凿洞窟成为掩护工业生产的自然屏障。重庆四周特别是北部的大巴山挡住了自北而来的寒冷空气,加上地处亚热带,气候湿润,致使重庆在秋末到初春形成雾季,雾重庆由此得名。每年七八月,进入盛夏的重庆骄阳似火,是长江流域城市中的三大火炉之首。雾重庆阴冷潮湿,同时长达半年的雾季在全面抗战时期则为人民生产生活提供了相对难得的安全保障。

由于地处长江上游的多山丘陵地区,重庆适宜农业耕种的土地资源十分贫乏,如以北碚为中心的嘉陵江小三峡一带,山多地少,土地所出仅敷农家三个月生活所需。住民为了生存,必须在农业之外的手工业、矿业中寻找生活的来源。重庆地处长江上游并作为重要港口城市的自然优势,使其具有发展传统工商业的客观条件。

重庆地处长江、嘉陵江两江汇合处,是长江上游的水运枢纽,内河港口城市。因此,重庆很早就是长江上游重要的货物集散码头。1937年,重庆就开辟了四条新的货运交通线。一由重庆装江轮抵达汉口,再通过粤汉、广九两路运抵香港;二由重庆取道公路运抵贵阳,经昆明再由滇越铁路装运出口;三自重庆取道叙府、昭通两地到昆明,再由滇越铁路运抵外洋,或自昆明由陆路取道腾越出口运往缅甸;四借直达飞行于重庆香港间的飞机运输,少量贵重货物如贵重药品及白猪鬃可以通过此通道运输。[1] 水陆空运条件的改善,对于重庆近代工业的发展,是重要的有利因素。

不过,决定近代工业发展的关键在于社会需求尤其是相应的技术因素。长期以来,技术人才的缺乏严重制约着重庆工业的兴起和发展。如前所说,重庆的一些企业家如卢作孚等早就认识到这个问题。重庆华西公司的四川水泥厂,是在上海著名实业家刘鸿生的技术支持下,才得以成功创办的。抗战全面爆发后对军需民用的急切需要,大批技术人才、技术装备、科研院所的内迁,使重庆工业发展技术条件迅

[1] 海关总税务司署统计科税务司阿泽本:《民国二十六年(1937年)海关中外贸易报告》,中国第二历史档案馆、中国海关总署办公厅编,茅家琦、黄胜强、马振犊主编:《中国旧海关史料》第124册,北京:京华出版社,2001年,第462页。

速改善。

（二）工业区的空间分布

重庆传统商业街区中,以新丰街、陕西路、白象街、商业场最为繁盛。新丰街起自文华街,到县庙街为止,"道路宽整,为巴县(重庆)第一大街"[1]。巴县衙署、警察所、镇守使署、卫戍司令部、老古楼、同庆公所、大和洋行、若林洋行、瑞记洋行,皆坐落此一街区。陕西街起自大什字街,到三元路为止,"道路较新街幅稍窄,然亦为有数的大街"。陕西街当时分上中下三段,自南往北,商家栉比,各国洋行多集中于此,钱庄极多,匹头帮也不少,为重庆"精华所在"。白象街起自望龙门,到太平门为止,太平门旧时为重庆"第一码头",大坂、太古、义和诸公司,多集中于此。商业场起自新丰街,到后伺坡为止,修筑于 1915年。商业场有五条街,聚兴诚银行、重庆市总商会、洋广杂货店、轮船公司及外国洋行分布其中。遇到重要事件,各界往往在此集会。[2]重庆曾经是织布业的中心,南岸弹子石、江北沙湾和簸箕石一带为铁木机布厂集中区域,南岸清水溪、江北城区及水府宫、廖家台、三洞桥,为木机机房中心区域。[3]

全面抗战的爆发,使布置后方成为迫切的现实问题。匆忙中发动起来的厂矿内迁,颇有声势。不过,"厂家对于迁移以后的一切问题,像运输的方法,原料的来源,社会的需要,生产的方式,原动力的供给,都很难有彻底的预算和考察。因为想去的那个地方,不但生疏的很"。只管贸然前往,一开始只能完全持一个"到了那里再说的态度"。[4]从上海迁出的民营工厂,初时目的地是武汉。等到了武汉,才发现寻觅购置土地作为厂址与事先想像的大不一样。据湖北省主席何成濬密电,"据武昌洪山、播箕山一带业民呈以各厂商藉用资源会名义,滥征地亩"。有厂家"每亩先以十四元订价后,藉得资源会名义,遂强迫

---

[1] 周传儒编:《四川省一瞥》,商务印书馆,1926 年,第 29-30 页。

[2] 周传儒编:《四川省一瞥》,商务印书馆,1926 年,第 30 页。

[3] 张肖梅编著:《四川经济参考资料》,中国国民经济研究所,1939 年,第 R2 页。

[4] 《李贻棠:工厂二次迁移内地》(1938 年 2 月 1 日),中国第二历史档案馆编:《国民政府抗战时期厂企内迁档案选辑》(上),重庆:重庆出版社,2016 年,第 275 页。

每亩只出价五元等"。[1] 这种情形或许并不普遍,但企图以极低价格购买土地,似乎并非个案,这样做自然引起当地的反感和反对。因此内迁厂商在武汉购地,遇到意想不到的困难。恰在这时,川渝方面向"盲搬"中的迁川厂商表现出了积极欢迎的态度。

1937 年 10 月,四川省主席刘湘就致电四川省政府要求对迁川工厂持欢迎态度,对主持内迁的工厂迁移委员会要"予以特殊便利";在内迁工厂需用厂地、金融周转等方面,要"予以尽量协助"。并强调"凡其他本府能力内所及之事,均应尽量协助,以期各厂早日开工,至为切要"。[2] 刘湘还派员把四川省政府的上述态度报告给资源委员会秘书长翁文灏。四川省工业专家胡光麃也以个人身份到武汉,与负责内迁工作的工矿调整委员会方面多次讨论,交换工厂再迁的意见。[3] 1937 年 12 月 27 日,四川省建设厅长何北衡亲自到武汉洽商工厂迁川事宜。他明确表示:四川省政府愿与工矿调整委员会合作,对于工厂征地问题,愿极力给予方便。当晚工矿调整委员会召集迁川各厂代表座谈,何北衡在座谈会上表示:欢迎炼铁厂、机器厂、化学工厂、玻璃厂、赛璐珞厂、纸厂、皮厂、纱厂等入川,四川对于纱厂甚为急需,若纱厂迁 15 万锭规模以内的纱锭到川渝,原料不成问题。同时,何北衡表示:离重庆 45 公里的北碚,有数千亩平地可供建工业区之用,现正设法接引电力到达。[4] 在武汉,何北衡与工矿调整委员会商定了《工矿调整委员会与四川省政府迁移工厂合作办法》。该办法就调拨民船参加运输、重庆宜昌码头货物装卸、征地建筑手续及经费借

---

[1]《何成濬关于播箕山等地业居征地纠纷致资源委员会密电》(1937 年 11 月 17 日),中国第二历史档案馆编:《国民政府抗战时期厂企内迁档案选辑》(上),重庆:重庆出版社,2016年,第 256 页。

[2]中国第二历史档案馆编:《国民政府抗战时期厂企内迁档案选辑》(下),重庆:重庆出版社,2016 年,第 1005 页。

[3]《林继庸关于在汉口办理厂矿内迁历次工作报告》(1937 年 10 月 19 日—1938 年 1 月 18日),中国第二历史档案馆编:《国民政府抗战时期厂企内迁档案选辑》(上),重庆:重庆出版社,2016 年,第 147 页。

[4]《林继庸关于在汉口办理厂矿内迁历次工作报告》(1937 年 10 月 19 日—1938 年 1 月 18日),中国第二历史档案馆编:《国民政府抗战时期厂企内迁档案选辑》(上),重庆:重庆出版社,2016 年,第 149-150 页。

款、生产原料、金融周转等具体问题，达成一致意见。[1]

为落实在四川购地作为迁川工厂厂址的问题，翁文灏派林继庸前往川渝查看实在情况。林继庸邀约颜耀秋与其一道前往，并在1938年1月22日到重庆。到重庆后，林继庸一行先了解了先期到达的迁川工厂，并就筹组迁川工厂联合会问题作了相关安排。[2] 1月30日到2月2日，林继庸到重庆附近的青木关、歇马场、高坑岩、北碚、北温泉等处查看水利和工业环境。在2月3日的报告中，林继庸认为："该地（北碚）已略具工业区之雏形，惟未展发耳。"[3]同时，林继庸了解到复旦大学也注意着北碚下坝（即后来的夏坝），感到不安，决定先下手为强，"职拟即日赴成都，先解决此事，免为捷足者先得"。[4] 在成都，林继庸"当建厅何厅长、财厅刘厅长及卢作孚先生等面前，确定北碚对河一带为工业区，并指定辟上坝一带平地为商埠。[5] 果然，主持迁校的复旦大学副校长吴南轩也到成都，要求工业区让地。经过争辩，最终"川省政府诸厅长均赞成北碚之上下坝一带为工业区，吴校长乃放弃主张。现在川政府已下令当地官厅指定上坝、下坝一带为工业区，并令原在该地之北碚蚕种制造场准备让迁，复旦大学亦已另觅他地建校，故该地区已确定为建厂之用，各厂家咸为安慰"。[6] 在3月中旬的工作报告中，林继庸认为自己此次四川之行所办重要工作之一是"划定北碚对岸东阳镇上下坝介于温塘峡、观音峡之间沿嘉陵江一

［１］《军委会工矿调整委员会附送与川省商定之迁移工厂合作办法及决定入川工厂表的公函稿》（1938年1月15日），中国第二历史档案馆编：《国民政府抗战时期厂企内迁档案选辑》（下），重庆：重庆出版社，2016年，第1086-1087页。

［２］林继庸：《民营厂矿内迁纪略》，重庆：新新出版社，1942年，第31-32页。

［３］《林继庸呈报厂矿迁移监督委员会驻渝办事处办理工厂迁移工作一至十二号报告》（1938年1月24日—3月5日），中国第二历史档案馆编：《国民政府抗战时期厂企内迁档案选辑》（下），重庆：重庆出版社，2016年，第1095页。

［４］《林继庸呈报厂矿迁移监督委员会驻渝办事处办理工厂迁移工作一至十二号报告》（1938年1月24日—3月5日），中国第二历史档案馆编：《国民政府抗战时期厂企内迁档案选辑》（下），重庆：重庆出版社，2016年，第1096页。

［５］《林继庸呈报厂矿迁移监督委员会驻渝办事处办理工厂迁移工作一至十二号报告》（1938年1月24日—3月5日），中国第二历史档案馆编：《国民政府抗战时期厂企内迁档案选辑》（下），重庆：重庆出版社，2016年，第1098页。

［６］《林继庸呈报厂矿迁移监督委员会驻渝办事处办理工厂迁移工作一至十二号报告》（1938年1月24日—3月5日），中国第二历史档案馆编：《国民政府抗战时期厂企内迁档案选辑》（下），重庆：重庆出版社，2016年，第1099-1100页。

带地段数千亩,为迁川工厂工业区"。[1] 在3月19日林继庸拟送迁川厂矿须知函中,已经明确北碚为工业区。该须知称:重庆地皮极少符合设厂之用,购地困难,"现由林委员圈定重庆附近之北碚为工业区"。该处有平地2000余亩,地价低廉,原料、煤炭及交通均相当方便,河岸不高,起卸货物便利,治安极好,人工低廉,"将来最大多数之纺织厂均须设在该处"。4000千瓦的电力厂已在设计中,约6个月可以完成,已着手设计市区并有码头、商场、公共机关、银行、货仓等,各厂要尽早到厂矿迁移监督委员会办事处核准地段。"当争取此地区时,林委员曾费尽苦心。"[2]

这次川渝之行,林继庸代表的工矿行政方大体上为迁川工厂选定了临时或永久的厂址所在地,当时选定的四个区域,一为重庆城内及附近,一为江北,一为自流井,一为北碚。选择这些区域的时候充分考虑到了各区电力供应的问题:设厂在重庆城内及其附近者,其用电均可仰赖重庆电力公司,该公司原来电价较高,经商洽该公司已答应对迁川厂工业用电分别减价,最低者如大鑫炼铜厂,每度价格平均不过3分。[3] 后来在谈到这次川渝之行时,林继庸说:"论及为工厂择地一点,当时我们曾费了一番研究功夫。……在重庆附近竟找不着一片完好的平地。江水的高低线,相差竟达百尺。上述各项条件有些是勉可适用的,其余如天气影响、地势、疾病各点,是无可选择的。我们只能考虑到空袭安全、迅速复工以及有关各业的联系三点。我们要把山城的重要建造成一个崭新的工业区,以为抗战时期的军需民用供给的重镇。"[4]

1938年国民政府经济部所拟《西南西北工业建设计划》就战时工

---

[1] 《林继庸在川工作情形及开发川资源意见签呈》(1938年3月15日),中国第二历史档案馆编:《国民政府抗战时期厂企内迁档案选辑》(下),重庆:重庆出版社,2016年,第1117页。

[2] 《林继庸拟送迁川厂矿须知函》(1938年3月19日),中国第二历史档案馆编:《国民政府抗战时期厂企内迁档案选辑》(上),重庆:重庆出版社,2016年,第87-88页。

[3] 《工矿调整处重庆办事处办理迁川工厂有关事宜一至十三号报告》(1938年4-9月),中国第二历史档案馆编:《国民政府抗战时期厂企内迁档案选辑》(下),重庆:重庆出版社,2016年,第1132页。

[4] 《林继庸谈迁川居营厂矿的厂址选择与购地问题》(1942年4月),中国第二历史档案馆编:《国民政府抗战时期厂企内迁档案选辑》(下),重庆:重庆出版社,2016年,第1248-1249页。

业建设区域问题,规定:"其地域以四川、云南、贵州、湘西为主,以西康、青海、甘肃、广西、陕西为补。"[1] 在西南,川滇两地又为重点区域。在其具体办法中规定:①新工业区之成立,必须具备若干重要条件,如原料、动力、运输、人工、市场等点,现在川滇两省,条件均渐具备,故大部分工厂拟即设置此处。②鄂西、湘西及广西为新工业之次要区。③贵州、甘肃地在要冲,亦宜种工业种子。④西康、青海、新疆,虽就目前交通情形,尚不合工业区之建设,但亦拟就地方特产、当地需要,筹设工厂,以便能逐渐发展。⑤嗣后各工厂设立地点,"无论管理民营,均须经济部核准,务期合于平均发展及地域分配合理化之原则"。[2]

川渝一带被确定为全面抗战时期的新兴工业区域,后来迁移到这里的大部分工厂,实际上主要集中于重庆与自贡两市。这与林继庸考察后的预想差别不大,不同的是北碚工业区建设计划完全落空。落空的原因主要在于北碚地势偏低、地价较高、距离重庆市区较远、无电力供应等,"各厂不愿往北碚设厂"。[3] 由于迁川厂不愿意到北碚设厂,北碚工业区建设计划最终被放弃。取代北碚工业区的是重庆南岸的李家沱工业区。当时由经济部工矿调整处在重庆南岸李家沱购地数百亩,划为新工业区,并派员常驻办理购地和有关建筑、交通、用水、供电、公共消费合作社等工程设计。[4] 而沿长江、嘉陵江两岸,由于水运便利,成为迁川厂家和新建工厂的首选之地,所谓"沿海沿江工厂,亦多迁至渝郊江边"。[5] 内迁重庆的国民政府,"对于工业区的建设",也"不遗余力"。[6] 形成了由李家沱工业区、小龙坎工业区、磁器口工业区、江北工业区、大渡口工业区等散布城市四郊的多个小工

[1]《经济部关于〈西南西北工业建设计划〉的总说》(1938年),重庆市档案馆、重庆师范大学合编:《中国战时首都档案文献·战时工业》,重庆:重庆出版社,2014年,第4-5页。

[2]《经济部关于在内地创设新工业区的计划》(1938年),重庆市档案馆、重庆师范大学合编:《中国战时首都档案文献·战时工业》,重庆:重庆出版社,2014年,第5页。

[3]《筹设北碚工业区有关材料》(1938年3月27日—4月23日),中国第二历史档案馆编:《国民政府抗战时期厂企内迁档案选辑》(下),重庆:重庆出版社,2016年,第1125页。

[4]《计划动向·甲 官方实业建设计划》,《西南实业通讯》第1卷第3期,1940年3月,第27页;《经济部工矿调整处关于李家沱工业区建设的有关文件(1940年1月23日—2月23日)》,中国第二历史档案馆编:《国民政府抗战时期厂企内迁档案选辑》(下),重庆:重庆出版社,2016年,第1214-1225页。

[5]于登斌:《重庆粮食市场研究》,《新中华》复刊第2卷第7期,1944年7月,第75页。

[6]《计划动向·甲 官方实业建设计划》,《西南实业通讯》第1卷第3期,1940年3月,第27页。

业区共同组成重庆工业区的局面。在星罗棋布的大大小小的工业区，分布着重庆1356家主要工厂，详见表7-1。

表7-1　重庆市工厂地域分布表(1946年)

地段	厂数(家)	百分比(%)	地段	厂数(家)	百分比(%)
半岛	389	28.70	菜园坝	27	1.99
化龙桥	61	4.65	李子坝	20	1.47
小龙坎	122	9.00	沙坪坝	53	3.91
磁器口	15	1.11	香国寺	32	2.36
江北	61	4.50	溉澜溪	53	3.91
弹子石	151	11.20	玄坛庙	27	1.99
龙门浩	27	7.01	海棠溪	68	5.01
其他	181	13.34	总计	1356	

资料来源:陪都建设计划委员会编,《陪都十年建设计划草案》,1947年,第63-65页。

上表显示,重庆工厂分布,以渝中半岛为首,其次为小龙坎、龙门浩、海棠溪、江北、化龙桥、溉澜溪、沙坪坝,均分布在沿江地区。[1] 除重庆市区和迁建区外,"大部集中于长寿、綦江及万县",[2] 万县工厂也多。[3]

后方企业在分布上依然高度集中在少数区域。其中川渝地区是后方企业最集中的地方,在1944年豫湘桂战役之前这里就集中了占总数44.33%的后方企业和58.45%的后方企业资本。[4] 豫湘桂战役大溃败后,该区域工厂企业遭到毁灭性的打击,使后方企业高度集中在少数区域的现象更为突出。

全面抗战时期重庆工厂空间分布的另一个重要特点是开山凿石,设置洞窟工厂。迁运到重庆的纱厂以豫丰规模为最大,而遭受敌机轰炸的损失也以豫丰为最重。据统计,1939年,重庆遭遇空袭38次,豫

[1] 陪都建设计划委员会编:《陪都十年建设计划草案》,陪都建设计划委员会,1947年,第65页。

[2] 中国人民解放军西南服务团研究室编印:《四川省电工矿业》(四川省参考资料之二),1949年8月,第5页,四川省档案馆历史资料。

[3] 傅润华、汤约生主编:《中国工商要览》,中国工商年鉴纂社,1948年,第157页。

[4] 中国第二历史档案馆:《中华民国史档案资料汇编》第5辑第2编《财政经济6》,南京:凤凰出版社,1997年9月,第322-323页。

丰厂房尚未建成,遭受空袭 1 次,被毁坏的厂屋却达 96 间。1940 年,
重庆被炸 78 次,豫丰被炸 6 次(炸弹及燃烧弹 76 枚),初创的临时厂
房悉遭焚毁,纱锭被毁不能修复者达 5000 余枚。1941 年,重庆遭遇空
袭 68 次,豫丰被炸 3 次(炸弹 40 余枚),损毁房屋 80 余间,炸毁纱锭
500 余枚。豫丰合川厂被炸 1 次,损失异常惨重,计投弹百余枚,厂房
及纱锭损失甚多,大电厂锅炉被炸毁,全厂停工三个月。1942 年,豫丰
纱厂被炸 1 次,纱厂所受损失不大。[1] 为避免损失,办法有两个,一
个是疏散,一个是建设洞窟工厂。资料载"历年空袭的影响,是使过度
集中重庆的工厂,再向四方来疏散"。[2] 如豫丰纱厂为保存生产能
力,把渝厂机件一分为三,迁移 15000 锭到川北(合川),1940 年 10 月
中旬开始兴建厂房,迁建费用 280 万元,数月建成投产。1944 年迁移
5000 纱锭到新疆,创办豫丰分厂。[3] 裕华纱厂渝厂则开山凿石,建设
洞窟工厂。尽管如此,该厂仍多次被炸。1940 年 12 月 12 日上午,该
厂渝厂筹备主任许舜五听到警报从山坡上跑进办公室,手握电话,指
挥员工,突发脑溢血,死时还手握电话不放。[4] 到 1941 年年底,重庆
各工厂保护工程建设情形见表 7-2。

表 7-2 工厂疏建保护工程及进度表

厂名	保护工程	1941 年 6 月底进度	1941 年 12 月底进度
中国兴业公司	开凿钢铁部机器厂、动力厂、轧钢厂、电炉厂等防空洞工场	钢铁部机器厂防空洞工场早已竣工,机器亦安装完,早已照常工作;动力厂防空洞工场亦早已竣工并已装妥主要机件;电炉厂防空洞工场已竣工,电炉、吊车、变压器、马达等亦已移装完竣	钢铁部机器厂防空洞工场早已竣工,机器亦安装完,照常工作;动力厂、轧钢厂、电炉厂防空洞工程均已竣工,机器亦已安装妥竣

[1] 佚名:《从原料中心迁出的豫丰纱厂》,《新世界》1944 年第 6 期,1944 年 6 月 15 日,第 19 页。

[2] 佚名:《从原料中心迁出的豫丰纱厂》,《新世界》1944 年第 6 期,1944 年 6 月 15 日,第 19 页。

[3] 佚名:《从原料中心迁出的豫丰纱厂》,《新世界》1944 年第 6 期,1944 年 6 月 15 日,第 19 页。

[4] 佚名:《在建造中的裕华纺织系统》,《新世界》1944 年第 6 期,1944 年 6 月 15 日,第 16 页。

厂名	保护工程	1941 年 6 月底进度	1941 年 12 月底进度
渝鑫钢铁厂	建筑江北及长寿分厂及在原厂开凿防空洞及建筑护墙	江北分厂原厂防空洞及钢骨水泥护墙工程均已完成，长沙分厂建筑厂房完工	已竣工
民生机器厂	疏建唐家沱大沙溪等 4 处分厂及在原厂开凿防空洞工场	工程均已完成	工程均已完成
顺昌铁工厂	开凿动力厂及机器厂防空洞工场	已完成并已将机器移装完竣，照常工作	已完成并已将机器移装完竣，照常工作
上海机器厂	开凿防空洞工场	已竣工并已将主要机器移装完竣	已竣工
新民机器厂	开凿防空洞工场	已竣工并已移装主要机器	已竣工
中国实业机器厂	开凿防空洞工场	已竣工并已将主要机器移装完竣	已竣工
建国机器厂	开凿防空洞工场	工程即将完竣	已竣工
恒顺机器厂	开凿防空洞工场	工程在积极完成	工程已完竣，俟通电后即可将机件运入安装
复兴铁工厂	开凿防空洞工场并建筑野猫溪等三处分厂	工程已完成	已竣工
大公铁工厂	开凿防空洞工场	已竣工，主要机器亦已移装完竣	已竣工
上川实业公司	开凿电机厂、机器厂、农化厂防空洞工场及防空洞仓库	电机、机器两厂防空洞工场已竣工，其他在积极进行中	已竣工
大川实业公司	开凿防空洞工场	已竣工	已竣工
新昌实业公司	开凿防空洞工场	已竣工，正将机器迁入安装	已竣工
中国汽车制造公司	开凿防空洞工场		工程在积极进行中
广和机器厂	在郊外疏建分厂及开凿防空洞工场	已竣工	已竣工
中国建设工程公司	开凿防空洞工场	已竣工	已竣工
合作五金公司	疏建分厂及开凿防空洞成果库	已竣工	已竣工

续表

厂名	保护工程	1941年6月底进度	1941年12月底进度
李家沱工业区	保护600伏安变压器		工程在进行中
四川水泥厂	建筑主要机器水泥护墙14处	已竣工,另用钢板沙包保护主要设备	已竣工
龙章造纸厂	建筑发电厂保护工程及开凿防空洞仓库	已完成,另用钢板沙包保护发电机纸革、马达等	已竣工
天原电化厂	建筑重要设备保护工程及开凿防空洞仓库	已竣工	已竣工
汉中制造厂	建筑保护锅炉工程并开凿防空洞仓库	已竣工	已竣工
利民肥皂厂	建筑鱼鳅壕分厂	工程即将完竣	工程在进行中
光华化学制造厂	开凿防空洞仓库	已竣工	已竣工
华中化工制造厂	开凿防空洞仓库	已竣工	已竣工
大明染织厂	开凿防空洞工场	已竣工并将机器移装完竣	已竣工
申新纱厂重庆厂	建筑陶家石坝分厂	已完成照常开工	已竣工
沙市纱厂	建筑保护主要机器设备工程	已竣工	已竣工
中国标准铅笔厂	疏建分厂及在原厂开凿防空洞工场	均已竣工照常生产	已竣工
西南化学厂	建筑保护主要设备工程及开凿防空洞仓库	已竣工	已竣工

资料来源:中国第二历史档案馆编,《国民政府抗战时期厂企内迁档案选辑》(中),重庆:重庆出版社,2016年,第593-594页,777-778页。

上项表格所列,并非重庆工厂保护工程的全部,如果加上兵工厂的保护工程,规模数量还要大得多。就连时任经济部部长的翁文灏也说:"此种事业的职员及工人,往往在敌机轰炸之下努力奋斗,为国家力图贡献。若干工厂系设在防空山洞之中,其洞窟之容量可大至一百万乃至二百万立方尺,其工程之巨大可想而知。"[1]洞窟工程当然会增加产品的成本和价格,但是比成本更重要的是浸润其中的抗战意志和不屈的民族精神。

(三)产业工人队伍的壮大

重庆市人口,1927 年为 20.8 万人,1935 年增加到 31 万人,1935 年以后市区扩大,又增加到 40.8 万人,1938 年增加到 52.8 万人。1941 年市区再次扩大,人口增加为 70.3 万人。1945 年,进一步增加到124.5 万人。[2] 在市区迅速扩大、人口迅速增加的同时,重庆现代产业大军也迅速成长壮大(见表 7-3)。

表 7-3 陪都全市人口职业统计表(1943—1946)

职业类别	1943 年		1945 年		1946 年	
	人口数(人)	百分比(%)	人口数(人)	百分比(%)	人口数(人)	百分比(%)
农业	110000	14.47	80944	7.71	94428	7.58
工矿业	112400	14.79	157157	14.98	172716	13.87
商业	111900	14.73	195232	18.60	262074	21.04
人事报务	84500	11.12	183542	17.49	222299	17.85
交通业	77000	10.13	73393	6.99	64694	5.19
公务业	61500	8.09	67483	6.43	88360	7.09
自由职业	169500	22.31	23191	2.21	29098	2.34
无职业	14600	1.92	222318	21.19	242201	19.44
职业不详	9250	1.22	44087	4.20	34421	2.76
其他	9250	1.22	2123	0.20	35354	2.84
总计	739900	100	1049470	100	1245645	100

资料来源:陪都建设计划委员会编,《陪都十年建设计划草案》,陪都建设计划委员会,1947 年,第 17 页。

上述统计数字,资料来源不很清楚。但同一资料还提供了根据重庆市警察局、教育部、教育局 1945 年 12 月统计资料的材料,见表 7-4。

---

[1] 翁文灏:《我们的工业》,《中国工业(桂林)》第 7 期,1942 年 7 月 25 日,第 32 页。

[2] 陪都建设计划委员会编:《陪都十年建设计划草案》,陪都建设计划委员会,1947 年,第 22 页。

表 7-4　重庆市人口职业分析统计表(1945 年 12 月)

职业类别	人数(人)	百分比(%)	备注
商业	234278	18.8	
工业	168065	13.4	兵工业未计入
交通运输业	80732	6.5	
矿业	4813	0.4	
农业	102485	8.1	
公务人员	67483	5.4	
自由职业	23191	1.9	
学校教职员	9117	0.7	
学生	118079	9.5	
宗教	1524	0.1	
药户	1474	0.1	
5 岁以下儿童	79495	6.5	
6~15 岁失学儿童	88241	7.1	
无业	255910	20.6	
其他	10767	0.9	
总计	1245645	100	

资料来源:陪都建设计划委员会编,《陪都十年建设计划草案》,陪都建设计划委员会,1947 年,第 48-49 页。

该统计表的意义在于清楚地表明工业人口统计中,没有包括兵工厂。如果加上从事兵工业的人数,会大得多。矿业人口中显然也不包括重庆市区外嘉陵江流域矿业人数,加上后会进一步增大。因此,重庆及其附近的工矿业人口数,实际上远远超过统计人口数。据农林部农业经济司杨绰庵在抗战胜利前后估计:现在重庆附近有工人三十万人,全国工人估计在一百五十万至二百万,以一人养活三人计,即有六百万人。此六百万人,足以影响到五千万人。如果有工业界的同人把这些人组织起来,帮助国家推行政策,一定能有显著的成绩。[1] 著名针织工业家尹致中在 1945 年 9 月 21 日重庆星五聚餐会上也说:"现

[1] 杨绰庵:《目前经济上几点意见》,《西南实业通讯》第 11 卷第 5、6 期合刊, 1945 年 4 月 30 日, 第 69 页。

在重庆各工业技术工人约有十万人，非技术工人倍之，两共在三十万人左右。"[1]如此庞大的产业大军，说明经过全面抗战时期的蜕变，重庆不仅确实已经变成一个"工商并重"的现代都市，[2]从某种程度上看，工业的发展相对于商业的发展还要更显著一些。

对于兵工厂职工子弟学校，军政部在1937年5月就有相应规定。[3] 1940年7月5日，兵工署将兵工署各厂子弟学校名称加以统一，计有第一到第十四共14所子弟学校。其中在重庆者9所。[4] 到1942年11月22日，计有30所子弟学校，其中在重庆者11所。[5] 1944年1月又有子弟中学的创设。[6]

一些工厂对于职工生活是有所考虑的，如四川水泥公司，从创办到1946年，没有发生过工潮。其职工工资，"若以低级劳工月薪四十元者计，复加上星期（每月四日）与加工（每日作时间规定为十小时，实际工作每日十二小时），每月可得十四万五千余元，以此数目尚够一家三口生活之费，何况技术工月薪有四百余者，而茶役与洒劳工之月薪亦多为一二百之数"。[7]

四川水泥公司比较注意职工福利。资料载：

> 计于职工福利方面：有消费合作社之创立，平价供给生活必需用品；有小额贷款，而住房、食堂、浴室、厕所等等均合整洁条件，水电煤等等亦供应不缺。卫生方面：有医药室之设立，伤害与疾病均可医治。

[1]《星五聚餐会工业问题座谈会纪录》（1945年9月21日下午），《西南实业通讯》第12卷第1、2期合刊，1945年8月31日（实际应在9月底以后），第21页。

[2] 陪都建设计划委员会编：《陪都十年建设计划草案》，陪都建设计划委员会，1947年，第17页。

[3]《修正兵工厂职工子弟学校简章》（1937年5月31日），《中国近代兵器工业档案史料》编委会编：《中国近代兵器工业档案史料》（三），北京：兵器工业出版社，1993年，第1042页。

[4]《兵工署改正各厂职工子弟学校名称训令》（1940年7月5日），《中国近代兵器工业档案史料》编委会编：《中国近代兵器工业档案史料》（三），北京：兵器工业出版社，1993年，第1044页。

[5]《兵工署改正各厂职工子弟学校名称训令》（1940年7月5日），《中国近代兵器工业档案史料》编委会编：《中国近代兵器工业档案史料》（三），北京：兵器工业出版社，1993年，第1044-1046页。

[6]《兵工署各厂设立子弟中学办法》（1944年1月），《中国近代兵器工业档案史料》编委会编：《中国近代兵器工业档案史料》（三），北京：兵器工业出版社，1993年，第1047页。

[7] 黄惊东：《四川水泥公司一瞥》，《西南实业通讯》第14卷第3、4期合刊，1946年10月30日，第20页。

教育方面:有职工子弟小学一所,而社会局第四十一劳工补习学校亦于斯处设立,故对于职工及其子女均有受教育机会。娱乐方面:先后有平、川、话、歌咏等团体之组织,每于纪念日或例假日不时公演。运动方面:则有篮、排球队之组织,不时参加本市比赛。职工每于工作之暇,辄漫步于青绿夹道之中,歌声洋溢,笑语频传。抑或于竹篱围绕之运动场上,睹胜争雄,各就其性之所好,尽兴而罢。[1]

然而,抗战结束后,四川水泥公司经营陷入困境,到 1946 年劳工补习及娱乐诸端,"与昔日诚有天壤之别也"。[2]

二、展览会和生产情形

(一)工业产品展览会

20 世纪三四十年代,重庆五大工业团体单独或联合举办了一系列工业产品展览会,通过工业产品的推介传播近代工业文明。这些工业产品展览会有化学工业产品展览会[3]、迁川工厂出品展览会、资源委员会工矿产品展览会、迁川工厂联合会和中国全国工业协会会员厂矿出品展览会、重庆市国货展览会等,其中影响比较大的是重庆工业界在 20 世纪三四十年代举办的三场规模较大的工矿产品展览会。

1.迁川工厂出品展览会

迁川工厂出品展览会由迁川工厂联合会发起,1942 年元旦在重庆牛角沱举办,声势浩大。参展内迁厂家有 200 多家,参观人数多达 12 万人,国民政府林森、冯玉祥、居正、于右任、孙科、何应钦等军政要员,八路军驻渝办事处周恩来、邓颖超、董必武等负责人也参观了展览会

---

[1] 黄惊东:《四川水泥公司一瞥》,《西南实业通讯》第 14 卷第 3、4 期合刊, 1946 年 10 月 30 日, 第 20 页。

[2] 黄惊东:《四川水泥公司一瞥》,《西南实业通讯》第 14 卷第 3、4 期合刊, 1946 年 10 月 30 日, 第 20 页。

[3] 该展览会于 1941 年 1 月 30 日, 由中国战时生产促进会主办,参见傅润华、汤约生主编:《陪都工商年鉴》,张研、孙燕京主编:《民国史料丛刊》(605 册),郑州:大象出版社, 2009 年, 第 55 页。

并题词。展览会大大振奋了坚持抗战的人心士气,《新华日报》曾经发表社论给予高度评价。

2. 资源委员会工矿产品展览会

资源委员会工矿产品展览会于 1944 年 2 月 27 日在重庆求精中学开幕,4 月 4 日闭幕,展览 38 天。其间除了两天休会整理展览品外,"每天都是人山人海,接应不暇。重庆市民至少有五分之一——二十万人在会场上巡礼过"。[1] 对于举办这样的展览会,经济部长、资源委员会主任委员翁文灏说得很明白:"我们天天在喊工业化,我们办这件会的目的就是使人民知道工业化是什么东西。"[2] 当时,资源委员会在后方经过数年建设,已经通过国营或合作的方式创办重工业事业105 个单位,其中工 40 个,矿 42 个,电 22 个,职员 12000 人,工人 17万人,而建设经费从未超出中央财政预算的 3%。[3] 作为军政部兵工系统、航空委员会兵工系统、交通部铁路公路邮电系统及经济部资源委员会中重工业系统这四大国营事业之一,资源委员会举办展览会的目的,还有"给国民以建设工业国家的信心"。[4]

3. 重庆国货厂商联合会国货展览会

重庆国货厂商联合会主办的国货展览会于 1947 年 10 月 10 日开幕,地点在沧白路沧白纪念堂。[5] 对于为什么要举办这样一个国货展览会,潘仰山说:抗战胜利后,工人工资增高,成本价大,重庆工业产品销售困难;银行贷款不易,资金周转困难;美货充斥市场,对国货产品造成巨大冲击。有鉴于此,重庆市国货厂商联合会"为了维护本国工业,向一般国民宣传爱用国货的重要","期望能转变一般盲目崇拜外货的心理,养成爱用国货的习惯",同时"提醒政府注意,我们一切要

---

[1] 余爽仁:《资委会工矿展览会轮廓》,《中国工业(桂林)》第 26 期,1944 年 4 月,第 16页。

[2] 余爽仁:《资委会工矿展览会轮廓》,《中国工业(桂林)》第 26 期,1944 年 4 月,第 16页。

[3] 余爽仁:《资委会工矿展览会轮廓》,《中国工业(桂林)》第 26 期,1944 年 4 月,第 16页。

[4] 余爽仁:《资委会工矿展览会轮廓》,《中国工业(桂林)》第 26 期,1944 年 4 月,第 16页。

[5] 潘仰山:《重庆市国货展览会揭幕献词》,《西南实业通讯》第 16 卷第 4、5、6 期合刊,1947年 12 月 31 日,第 77 页。

安定,我们更需要保护贸易政策,非必需品,绝对不容许输入。国民爱用国货的心理,和政府保护国货的政策,双方配合起来,让我们在安定的环境下,改进我们的国产品,这才是我们提倡国货运动最终极的目的"。[1] 这次展览会,参加展览的厂商有 74 家,计化工 14 家,制药 6 家,五金 2 家,染织 2 家,针织 2 家,食品 4 家,制刷 3 家,水泥 2 家,毛织 1 家,丝织 2 家,制漆 2 家,电工 4 家,橡胶 3 家,卷烟 4 家,机器 8 家,百货 15 家。展览时间一个月零两天,到 11 月 11 日首届工业节结束。[2]

(二)生产情形

以重庆为中心的后方民营大中型企业在抗战期间有重大发展。属于荣家企业的申新 4 厂 1938 年到 1945 年实际盈余折成战前币值数额高达 934 万元,8 年年均盈利率更高达 101.1%。同一企业系统的福新 5 厂 1941 年到 1945 年实际盈余折合战前币值数额也有 61 万元,5 年年均盈利率为 27.2%。[3] 到抗战结束时,两厂已经扩展到 11 个厂,并积累了大量的货币财富。刘鸿生以部分迁川机件为基础,在大后方相继创办了一批颇有规模的企业,其中火柴厂和火柴原料厂就有 8 家[4],还有 3 家毛纺织厂,2 家水泥厂,以及给水、电力、电磁、制帽等厂各 1 家。民生公司所属天府煤矿、大明染织厂、民生机器厂同样获得极大的发展,天府煤矿成为后方地区规模最大的煤矿公司,所产煤炭在抗战后期占重庆用煤量的一半以上。大明染织厂是后方最大的染织厂,民生机器厂是后方 3 家主要的机械厂之一。宝元通公司在战前主要经营百货商业,抗战期间在百货商业获得发展的同时,还把商业资本的一部分用于投资染织业,设立宝星兴业股份有限公司,资

[1] 潘仰山:《重庆市国货展览会揭幕献词》,《西南实业通讯》第 16 卷第 4、5、6 期合刊,1947 年 12 月 31 日,第 77 页。

[2] 《西南经济动态·展览会与工业节》,《西南实业通讯》第 16 卷第 4、5、6 期合刊,1947 年 12 月 31 日,第 76 页。

[3] 上海社会科学院经济研究所经济史组编:《荣家企业史料》(下),上海:上海人民出版社,1980 年 10 月,第 311、313 页。

[4] 张圻福、韦恒:《火柴大王刘鸿生》,郑州:河南人民出版社,1990 年 10 月,第 153 页。

本达到 6000 万元,[1] 拥有成都、重庆、宜宾 3 个工厂。川康兴业公司成立后,当年获得纯利 1271 万多元。在业务方面,除原设各厂外,1943 年又投资万县水电厂、富源水力发电公司,并投资设立成都自来水公司,到 1944 年为止,投资各项事业及承购公司债已达 7460 万元。在纯盈利方面,1943 年、1944 年分别为 1672 万元、2941 万元。[2] 中国兴业公司在 1942 年 3 月和 1943 年 9 月两次增资扩充,资本增加到12000 万元,增加股本主要由国家行局和资源委员会认购。经过增资扩充,生产能力不断提高,从 1942 年上半年起该公司铁产量一直占后方铁产量的 32% 以上,钢产量从 1942 年下半年起也占到后方钢产总量的 32% 以上[3],同时该公司还可以生产多种技术含量较高的机械产品、电信产品和耐水材料。同时,由于战时环境的特殊性,后方大中型企业本身则非常注意分散建厂,以免被日机轰炸,如豫丰纱厂在重庆设厂的时候就分设 3 个厂,后来又迁移 15000 纱锭在合川建立分厂。民生机器厂建设了一个 2486 立方米、全洞长约 1 英里的巨型防空洞工厂[4],先后还建成 5 个分厂。

后方大中型企业是相对于后方众多小型企业而言的,如果与战前沿海大中型企业相比,不仅资本规模不大,而且生产能力有限。就民营钢铁厂而言,到 1944 年上半年为止后方共有钢厂 5 家,铁厂 100家,而资本超过 1000 万元的只有各 1 家。[5] 后方钢铁生产以 1943 年产量为最高,其中钢产量为 30900 吨,生铁产量为 106000 吨[6],实在少得可怜。天府煤矿是后方最大的煤矿,1941 年年产煤炭 17 万吨,与战前年产 100 多万吨的开滦煤矿、中福煤矿、中兴煤矿相比,"实小巫

[1] 交通银行设计处:《宝星兴业公司概况》(1945 年 5 月),重庆市档案馆馆藏,档案号:0288-1-160。
[2] 《川康兴业公司历年业务报告》,重庆市档案馆馆藏,档案号:0296-14-330。
[3] 重庆市档案馆、四川省冶金厅、《冶金志》编委会合编:《抗战后方冶金工业史料》,重庆:重庆出版社,1988 年,第 372 页。
[4] 周茂柏:《抗战第六年之民生机器厂》,民生机器厂 1942 年印,无页码。
[5] 建子:《抗战中长成的民营钢铁事业》,《西南实业通讯》第 10 卷第 5、6 期合刊,1944 年 1 月 31 日,第 2-3 页。
[6] 康步七:《抗战以来之钢铁冶炼业》,《西南实业通讯》第 8 卷第 2 期,1943 年 8 月 13 日,第 6 页。

见大巫"。[1] 1942年上半年时重庆的机器工业厂家约有300家,其中大中型厂合计约占十分之三,其余为小型厂。[2] 1942年后方有26家面粉厂商,面粉实际产量每月仅40多万袋,其中月产1.5万袋以上的大中型厂商只有7家,与战前上海无锡一带大型面粉厂日产万袋、中型厂日产3000袋左右相比,"今日之大厂产量较曩昔小厂犹逊一筹"。[3] 到抗战胜利前夕,后方大型纱厂号称20多家,所有纱锭为数不过23万锭,每年约可生产棉纱137880件,只能"供给后方所需数量约六分之一"。[4] 不过,尽管后方大中型企业在资金、规模和生产能力上均难以与战前的沿海企业相比,但是抗战期间曾经发挥了重要的历史作用却不容置疑。

重庆工业还有一个重要的特点就是生产成本高,其原因是多方面的。抗战胜利前夕胡厥文就说:重庆工业原料单是上坡一项的的费用,将来可能会比从美国设备到中国的运费还多,一旦抗战胜利,我们不能不到沿海争取市场。[5]

三、能源的供应与城市化

以煤炭和电力为代表的能源供应,不仅是推进一个地区工业化的重要保证,而且对于城市化水平的提高具有至关重要的作用。[6]

---

[1]《后方十一省之煤矿业》,《交通银行业务参考资料》第6号,1942年9月,中国第二历史档案馆馆藏,档案号:398-19694(2)。

[2] 周茂柏:《后方机器工业及其调整问题》,《西南实业通讯》第6卷第1期,1942年7月,第9页。

[3]《后方面粉业概况》,《交通银行业务参考资料》第9号,1943年3月,中国第二历史档案馆馆藏,档案号:398-19695。

[4] 全国机器棉纺业同业公会:《后方棉纱生产供应及困难情形》,《迁川工厂联合会第八届年会特刊》,1945年4月17日,第20页。

[5] 徐盈:《胡厥文》,徐盈:《当代中国实业人物志》,中华书局,1948年,第152-153页。

[6] 裴广强:《工业革命史煤炭问题研究中的三个维度》,《史学理论研究》2015年第2期,第84-95页。

（一）煤炭的供需

1.重庆煤炭的需要量

早在 1938 年就有人指出："自抗战以来，国府内迁，工厂难民之移集渝市，与日俱增，煤之供给与需要是否适应，乃为政府当局及关心社会问题者所急欲知。"[1]重庆所需煤炭大多数来自嘉陵江流域各煤矿，长江沿岸江津、永川所产也有部分运重庆销售。1937 年上述两区各煤矿大约年产煤 496500 吨，焦 50400 吨。其中 43 万吨运重庆销售。[2]到 1940 年，"人烟日臻稠密，工厂踵至，轮舶麇集，每月所需燃煤，已由 3 万吨左右，而增至 6 万吨以上，其需要之迫切，实有过于其他市区，或其他工业区；而嘉陵各矿，适在其附近，所负供给燃料之使命，自亦较他处煤矿为尤重"。[3]

史实证明，全面抗战时期重庆产煤区大体能够保证重庆城市和工业用煤的基本需要。1936 年，重庆全年用煤仅 30 万吨。到 1938 年，重庆用煤数量，增加到 45 万吨。此后，因工厂迁渝、人口日增，到抗战胜利前，需煤量月达 8.5 万吨、焦 1.27 万吨。[4]全面抗战时期在重庆发展起来的工厂，尤其是兵工厂、纺织厂及机械厂等，因电力供应不足，多自设电厂，因此需煤较多。重庆并不适于大规模重工业，抗战胜利前后，重庆工业需煤量为 3.5 万吨、焦 6 千吨（合煤 1.5 万吨），合计需煤 5 万吨，现时除电力厂及兵工厂，仍维持原状外，其他铜铁机械等厂，几乎全部停工。[5]见表 7-5、表 7-6。

---

[1] 马浚之：《重庆市煤焦运销概况》（1938 年），重庆市档案馆、重庆师范大学合编：《中国战时首都档案文献·战时工业》，重庆：重庆出版社，2014 年，第 495 页。

[2] 马浚之：《重庆市煤焦运销概况》（1938 年），重庆市档案馆、重庆师范大学合编：《中国战时首都档案文献·战时工业》，重庆：重庆出版社，2014 年，第 497-502 页。

[3] 朱谦：《重庆市用煤之来源及其产销概况》（1940 年），重庆市档案馆、重庆师范大学合编：《中国战时首都档案文献·战时工业》，重庆：重庆出版社，2014 年，第 502-503 页。

[4] 陪都建设计划委员会编：《陪都十年建设计划草案》，陪都建设计划委员会，1947 年，第 228 页。

[5] 陪都建设计划委员会编：《陪都十年建设计划草案》，陪都建设计划委员会，1947 年，第 230 页。

表 7-5 重庆用煤数量(1945 年 8 月)

用煤方	数量(吨)	百分比(%)
兵工厂	22000	25.9
电力厂	13000	15.4
钢铁厂	3000	3.6
纺织厂	11000	12.9
轮船	11000	12.9
化工厂	8500	10.0
机械厂	1500	1.7
市民	15000	17.6
合计	85000	100

资料来源:陪都建设计划委员会编,《陪都十年建设计划草案》,陪都建设计划委员会, 1947 年,第 229 页。

表 7-6 重庆用焦数量(1945 年 8 月)

用焦方	数量(吨)	百分比(%)
市民用焦	6400	50.5
兵工厂	2300	18.0
化铁炉	3200	25.2
化工厂	150	1.2
机械厂	650	5.1
合计	12700	100

资料来源:陪都建设计划委员会编,《陪都十年建设计划草案》,陪都建设计划委员会, 1947 年,第 228-229 页。

当然,重庆煤炭生产确实有若干不能令人满意之处,如煤炭中掺杂石子的现象在资料中屡见不鲜。

2.煤田及煤炭生产

重庆附近煤田,主要有观音峡背斜二叠纪煤田、江北县龙王洞侏罗纪煤田、温塘峡西山坪西侧及缙云山西翼侏罗纪煤田、流沥峡背斜东翼太和场一带侏罗纪煤田、流沥峡背斜东翼嘉陵江南岸侏罗纪煤田、流沥峡背斜西翼侏罗纪煤田、万盛场二叠纪煤田、桃子荡二叠纪煤田。[1] 重庆所用煤焦,大部分也来自这些地方。即来自合川以下嘉陵江沿岸各矿,沿长江两岸江津、永川所产的煤焦,以及南川万盛场、綦江桃子场一带、贵州桐梓所产煤焦,有部分运销重庆。[2]

嘉陵江煤矿,主要为分布在合川下游的各矿,沿嘉陵江出口者有巴县、江北、璧山、铜梁、合川各县所属各煤矿。这一带煤田,凡属于侏罗纪者,含挥发成分较高,易于燃烧,唯煤层大率甚薄,不能大规模开采;其属于二叠纪者,煤层虽属较厚,但含硫过高,所炼焦炭,质量稍次,为嘉陵江煤矿的缺点。核计嘉陵江各矿,每月总产量近 500 万吨。有矿厂 50 余家,另有小窑若干座,其中以天府、宝源、三才生等矿产量较多,燧川、裕蜀、全记等矿次之。天府、宝源、三才生等矿,略有新式设备,余均系土法开采,每吨开采成本约为十数元。[3] 嘉陵江各矿所产煤焦,销售于重庆市者,十之八九;销售于合川、江津及涪江盐场者十分之一二。[4]

南川矿商之著名者,为东林、天辅两公司,并有新记、福记等厂。另有小窑多座,故东林等公司,一面采矿,一面收煤,以土法炼焦,每月约得原焦 5000 吨,运至渝市,供工厂及居民生活之用。此外有国营之南桐煤矿,原拟于 1940 年内大量出煤,在其本身尚未能大量生产之先,暂收煤专炼洗焦,供给各钢铁厂之用,而东林公司所产之煤斤,除一部分炼焦外,并供四川水泥厂之用。唯在 1939 年期内,堰坝毁坏,外运不易,现时所修闸门,虽已告成,而辗转提拔,每吨运渝费用,需 30 余元至 40 余元,而在蒲河镇之焦价,每吨不过 16 元至 20 余元耳。现时在渝市销售南川焦炭,较多者为东林公司、天辅、新记、福记等,亦各有销售处,但为量甚微。[5]

---

[1] 陪都建设计划委员会编:《陪都十年建设计划草案》,陪都建设计划委员会,1947 年,第 223-226 页。

[2] 陪都建设计划委员会编:《陪都十年建设计划草案》,陪都建设计划委员会,1947 年,第 222 页。

[3] 朱谦:《重庆市用煤焦之来源及其产销概况》(1940 年),重庆市档案馆、重庆师范大学合编:《中国战时首都档案文献·战时工业》,重庆:重庆出版社,2014 年,第 503 页。

[4] 朱谦:《重庆市用煤焦之来源及其产销概况》(1940 年),重庆市档案馆、重庆师范大学合编:《中国战时首都档案文献·战时工业》,重庆:重庆出版社,2014 年,第 506 页。

[5] 朱谦:《重庆市用煤焦之来源及其产销概况》(1940 年),重庆市档案馆、重庆师范大学合编:《中国战时首都档案文献·战时工业》,重庆:重庆出版社,2014 年,第 507 页。

根据 1939 年的材料,重庆市(包括磁器口、沙坪坝、南岸、江北等处)用煤,工厂、轮船、住户、商店以及相关团体等,月需煤 4 万 1000 吨,焦炭约七八千吨,实超过嘉陵江各矿所供给的数量。超过部分,远者来自犍为、屏山、高珙等县,近者来自南川、桐梓。除犍为、屏山、高珙各属煤斤,相距过远,转运不易,为一种临时补充品,南川煤焦,于渝市用,已具有历史上之关系。[1]

重庆区大小煤矿 137 家,1944 年全年产量合计 1136155 吨。其中年产量在 1 万吨以上者有 13 家,这 13 家煤矿占煤矿总数的9.5%,产量则达到797985 吨,占 1944 年重庆区煤产总量的 70%;年产量 5 万吨以上的煤矿有 3 家,合计全年产量 530578 吨,约占重庆区域煤产总量的 47%;产量在 10 万吨以上者只有天府一家,合计 374593 吨,约占重庆区煤产总量的 33%。[2] 推销方面,各大煤矿在重庆市区内都设有营运处或类似机构,负责营销业务。但自从实施煤焦管制后,煤焦经营均交管制机关统筹配拨,推销工作发生根本变化。[3]

当时重庆区煤炭生产,"不患采而患运,运输问题,最为严重。运费最低煤矿,亦达成本百分之二十以上。故欲求产量扩充,首宜改良运输,以人力担运,而供给大量之需求,势有未能。至若成本之加重,煤质之粉碎,又其次焉者也"。[4] 煤的运输方面,重庆区各矿中筑有轻便铁路者有天府、三才生、宝源、全济、江合、建川、华安等 7 家。但利用机车运输者只有天府 1 家,其他 6 家均用人力推车,每车载重从半吨到一吨半不等。运输线路有分为两段者,如和平、复兴隆、兴国各矿在江边,自矿到河边船上一段用人力挑运,之后则为船运。三才生、全济、江合各矿因为有铁路直达江边,然后装船河运。建川煤矿除铁

---

[1] 朱谦:《重庆市用煤焦之来源及其产销概况》(1940 年),重庆市档案馆、重庆师范大学合编:《中国战时首都档案文献·战时工业》,重庆:重庆出版社,2014 年,第 507 页。

[2] 沈经农:《重庆煤矿业及煤焦业管制问题——重庆煤业经济研究初步报告》,中国工业问题研究所编辑,《工业问题丛刊》第四号,上海:工商经济出版社,1945 年 7 月 30 日,第 2 页。

[3] 沈经农:《重庆煤矿业及煤焦业管制问题——重庆煤业经济研究初步报告》,中国工业问题研究所编辑,《工业问题丛刊》第四号,上海:工商经济出版社,1945 年 7 月 30 日,第 2 页。

[4] 陪都建设计划委员会编:《陪都十年建设计划草案》,陪都建设计划委员会,1947 年,第 233-234 页。

路、推车外,在坡度较大之处须用绞车。天府煤矿则分三段运输:第一段为铁路机车拖运,第二段为绞车,第三段为装船河运。分段最多的是宝源煤矿,多达六段,计分滑拖、内段铁路、运河船运、人力挑运、外段铁路、河运。由于各煤矿运输方法不同,路程远近有别,因此,运费也不相同。[1]

3.供需问题

孙越崎说:"重庆附近之煤,多来自嘉陵江,嘉陵江沿岸煤矿甚多。次则来自綦江,綦江较大之矿,不过二三个。嘉陵江煤称为小河,綦江煤因长江运来,故称为大河。而重庆所用之煤,实以小河煤为主。"[2]綦江南桐煤矿为兵工署及资源委员会合办,生产岚炭焦炭,专供大渡口钢铁厂之用。[3]

全面抗战爆发以后,特别是沿海沿江厂矿内迁以后,重庆成为后方最大的工业中心。由于工业生产的迅速增加,轮运的繁忙,人口的增加,煤炭消费量逐年增加,刺激煤业增加产量。或增加设备扩充规模,或投资开设新矿,因此煤产量逐年增加。1938年产量不到770000吨,到1943年则超过1200000吨,五年中增产156%。大矿的煤产量增加尤多。[4](见表7-7)

表7-7 重庆各大煤矿历年增产率

矿名	每月产量(吨)		6年中增产率(%)
	1938年	1944年上半年	
天府	7500	36000	380
三才生	5500	8000	45
宝源	10000	13000	30
全济	1050	3500	233

[1] 沈经农:《重庆煤矿业及煤焦业管制问题——重庆煤业经济研究初步报告》,中国工业问题研究所编辑,《工业问题丛刊》第四号,上海:工商经济出版社,1945年7月30日,第2页。

[2] 孙越崎:《后方煤矿生产实况与困难问题及解决途径》,《西南实业通讯》第11卷第1、2期合刊,1945年2月28日,第37页。

[3] 孙越崎:《后方煤矿生产实况与困难问题及解决途径》,《西南实业通讯》第11卷第1、2期合刊,1945年2月28日,第37页。

[4] 沈经农:《重庆煤矿业及煤焦业管制问题——重庆煤业经济研究初步报告》,中国工业问题研究所编辑,《工业问题丛刊》第四号,上海:工商经济出版社,1945年7月30日,第3页。

续表

矿名	每月产量(吨)		6年中增产率(%)
	1938 年	1944 年上半年	
江合	1800	3500	94
燧川	650	1000	54
建川	1400	4000	186
和平	900	1800	100
复兴隆	1050	1600	52
东林	1400	6000	328
各大矿平均增长率			233

资料来源:沈经农,《重庆煤矿业及煤焦业管制问题——重庆煤业经济研究初步报告》,中国工业问题研究所,《工业问题丛刊》第四号,上海:工商经济出版社,1945 年 7 月 30 日,第 3 页。

从上表可见,月产千吨的大矿在 6 年中平均增产率为 233%,而大矿中利用机器生产的天府、建川、全济、东林等矿,产量增加突出,其中尤其以天府煤矿增产最为显著,达 380%。从中也可以看出:如欲增加煤产量,鼓励大矿增加机械设备是最有效的办法。[1]

就每人每年消耗煤量而言,重庆市 1937 年人口为 459302 人,消耗煤炭约 35 万吨,每人折合 760 公斤。1945 年重庆人口1262866人,每年消耗量以 1190000400 公斤计算,每人平均消耗约为 940 公斤。[2]

(二)电力供应

1.重庆电力公司

全面抗战初期,兵工署重庆办事处和经济部工矿调整处就充分意识到电力供应对于确定迁渝工厂选址的重要,如兵工署重庆办事处处长胡霖向兵工署署长俞大维的呈稿中就说:

> 查重庆因交通不便,各厂选择厂址皆在江边,利用水运。沿扬子

---

[1] 沈经农:《重庆煤矿业及煤焦业管制问题——重庆煤业经济研究初步报告》, 中国工业问题研究所编辑,《工业问题丛刊》第四号,上海:工商经济出版社, 1945 年 7 月 30 日, 第 4 页。

[2] 沈经农:《重庆煤矿业及煤焦业管制问题——重庆煤业经济研究初步报告》, 中国工业问题研究所编辑,《工业问题丛刊》第四号,上海:工商经济出版社, 1945 年 7 月 30 日, 第 6 页。

江岸计有第二十工厂（设南岸铜元局旧址）、第五十工厂（勘定郭家沱陕厂行渝筹备处购王家沱集义堆栈为厂址）、迁建会钢铁厂（择定大渡口），相互距离甚远，并无密集之弊；沿嘉陵江岸计有第二十一工厂（在箕箕石设厂）、炮兵技术研究处（厂址勘定空水沱）、重庆炼钢厂（设在磁器口）、第二十五工厂（勘定张家溪为厂址），前三厂各个距离甚远，尚觉疏散。惟查第二十五工厂与重庆炼钢厂相距较近，不免有密集之嫌。惟是渝市府附近多山，较平之地基极不易觅，为急谋进行复工，如选用山地土石方工程甚大，颇费时日，且各厂大多利用电力公司之电力，若厂址距本市过远，电力供给发生问题。[1]

经济部工矿调整处因感到重庆电力公司"设备尚具规模，惟感资本过低之累，周转至为困难，而所领用代现券又奉财政部令收回，经本处协助保证，向四行借款 200 万元，以整理债务"。[2] 其后，重庆附近工业得到迅速发展，重庆电力公司向国外订购的机器未能内运，总厂原有 4500 千瓦发电设备两部，其中一部于 1940 年奉令拆迁设置于鹅公岩山洞内，筹设鹅公岩洞电厂。鹅公岩电厂于 1942 年安装完毕供电。重庆电力公司还协助完成龙章纸厂 1000 千瓦、豫丰纱厂 1500 千瓦、裕华纱厂 1000 千瓦设备安装发电，并在工矿调整处协助下，由重庆电力公司购龙章电流，供应各工厂使用。工矿调整处又督促民生、顺昌、大川、上川等 10 余家重要工厂，自筹发电设备，以防不测。由此，重庆附近工厂用电问题"稍告解决"。工矿调整处还督促豫丰纱厂疏散一部分机械于合川，建立 500 千瓦发电厂 1 所，迅速复工。[3] 1944 年战时生产局成立后，曾计划将重庆电力公司添装 5000 千瓦，机

[1]《兵工署关于在渝兵工厂勘定厂址问题与重庆办事处的往来文件》（1938 年 6 月 22 日—7 月 15 日），中国第二历史档案馆编：《国民政府抗战时期厂企内迁档案选辑》（下），重庆：重庆出版社，2016 年，第 1172 页。

[2] 中国第二历史档案馆编：《国民政府抗战时期厂企内迁档案选辑》（中），重庆：重庆出版社，2016 年，第 557 页。

[3] 中国第二历史档案馆编：《国民政府抗战时期厂企内迁档案选辑》（中），重庆：重庆出版社，2016 年，第 587 页；郑洪泉、常云平总主编，曾妍、王志昆、袁佳红主编：《中国战时首都档案文献·战时科技》（上），重庆：西南师范大学出版社，2017 年，第 1037 页。

件运抵印度后,抗战结束。[1] 后协助北碚富源水力发电厂建成发电。[2]

2.巴县电力公司

巴县电力公司由经济部工矿调整处负责筹办,初期容量为1000千瓦,机件从株洲拆迁而来。1944年4月4日正式建成发电,与重庆电力公司合作,供巴县区工业用电。[3] 1948年4月由资源委员会接管,改为官商合办,官股占二分之一以上,商股不满二分之一,改名为巴县工业区电力股份有限公司。该公司历年发电概况见表7-8。

表7-8 历年发电机概况表

项 目	1945 年	1946 年	1947 年	1948 年
发电（千度）	3884.8	4477.8	5021.1	5527.0
供电（千度）	3843.9	4103.7	4556.0	5054.0
厂用电（千度）	400.9	374.1	465.1	473.0
燃煤（公吨）	7188	7815	8272	8630
发电每度耗煤（公斤/度）	1.850	1.760	1.650	1.540
最高负荷（千瓦）	971	972	958	1080
平均负荷（千瓦）	444	532	832	922
负荷因数（%）	55.3	65.5	86.7	85.2

资料来源:《资源委员会巴县电力公司概况》(1948 年),重庆市档案馆、重庆师范大学合编,《中国战时首都档案文献·战时工业》,重庆:重庆出版社,2014 年,第 544 页。

从该厂业务方面考察,有以下几点值得注意:①该公司发电设备,仅有 1000 千瓦锅炉透平机一座,所能供售的电量自属有限。而各部分应需的管理员工及发电器材等,均不可或缺。以有限之收入供应全厂开支,每月均感经济困难。②该公司地居长江上游,与厂址毗邻各地,并无良好及足用的煤源可供发电。每日所用燃煤,均为天府煤矿产品,远在嘉陵江上的白庙子,输运来厂,所需费用巨大,所以发电成

---

[1] 郑洪泉、常云平总主编,曾妍、王志昆、袁佳红主编:《中国战时首都档案文献·战时科技》(上),重庆:西南师范大学出版社,2017 年,第 1037 页。

[2] 中国第二历史档案馆编:《国民政府抗战时期厂企内迁档案选辑》(中),重庆:重庆出版社,2016 年,第 625 页。

[3] 郑洪泉、常云平总主编,曾妍、王志昆、袁佳红主编:《中国战时首都档案文献·战时科技》(上),重庆:西南师范大学出版社,2017 年,第 1037 页。

本较高。③该公司全面抗战期中建厂,必要器材设备暨房屋等,皆属因陋就简,勉强应用,致随时均需修理及添配,每月所耗费用甚大。④该公司主要用户,以各股东工厂为大宗,约占供电量90%。唯股东厂电费以八折计收,致公司收入大为减少。⑤该公司各用户每月付费,一部分用户较为迟延,当月电费须于下月始能收清,而物价不断上涨,一日千里,此项付费迟缓,对电价贬值极巨,严重影响该公司业务收入。[1]

3. 长寿电厂、万县电厂

鉴于当时燃料供应的困难,资源委员会曾计划开发水力发电,以供给重庆电力。龙溪河地处重庆下游40公里,资源委员会在1935年就派员黄玉贤等率队对该地进行勘测。当时勘测了高硐到河口,认为狮子滩坝址宜作水库,修引水道约3公里,到上清渊硐,可建设发电22000马力的电厂。在下游回龙寨及下清渊硐建电厂,利用水库蓄水,可发电8000马力和22000马力。总共可发电力52000马力。该地距离重庆仅60多公里,输电也便利。[2] 1937年,资源委员会再次对该地详细勘测,决定开发,并于7月成立了龙溪河水力发电厂筹备处。[3] 筹备处成立后就开始设计狮子滩工程,到1938年7月该工程完工。为慎重起见,该工程还聘请了美国古柏公司为顾问。[4] 在此基础上,1938年冬,资源委员会首先在与龙溪河为邻的桃花溪建设发电厂。桃花溪电厂1938年11月开工,1941年9月完成了桃花溪876千瓦水力发电工程,1943年完成土木工程。由于向美英订购的机器未能运到,资源委员会自行监造2座1000马力水轮机,并把1具旧变周率机改为发电机,于1943年安装完毕,开始发电。[5] 1939年春资源

[1]《资源委员会巴县电力公司概况》(1948年),重庆市档案馆、重庆师范大学合编:《中国战时首都档案文献·战时工业》,重庆:重庆出版社,2014年,第544页。
[2] 郑洪泉、常云平总主编,曾妍、王志昆、袁佳红主编:《中国战时首都档案文献·战时科技》(上),重庆:西南师范大学出版社,2017年,第1045页。
[3] 郑洪泉、常云平总主编,曾妍、王志昆、袁佳红主编:《中国战时首都档案文献·战时科技》(上),重庆:西南师范大学出版社,2017年,第1044页。
[4] 郑洪泉、常云平总主编,曾妍、王志昆、袁佳红主编:《中国战时首都档案文献·战时科技》(上),重庆:西南师范大学出版社,2017年,第1046-1047页。
[5] 郑洪泉、常云平总主编,曾妍、王志昆、袁佳红主编:《中国战时首都档案文献·战时科技》(上),重庆:西南师范大学出版社,2017年,第1035页。

委员会决定建设下清渊碉电厂,7 月开工,1942 年年底完成土木工程,1943 年 1 月正式供电。对于长寿附近工业的繁荣,作用很大。[1] 龙溪河水力发电计划原来包括 1 座水库、4 个电厂、容量 64000 千瓦,以长 70 公里的输电线与重庆火力发电厂相连。火力发电厂容量 16000 千瓦。全部建成后电网容量 8 万千瓦,以 50%计,全面可发电 3 亿 5000万度,足供当时重庆附近工商用电。[2] 惜限于人力、物力、财力,该项计划在当时未能实现。1946 年 1 月成立龙溪河电厂。之后又向美国订购立式水轮发电机组,安装于下清渊碉,1948 年 3 月安装完毕发电。1947 年改为长寿电厂。[3]

万县为抗战时期兴起的重要工业区。资源委员会鉴于工业需要,还与四川省政府合办万县电厂。万县电厂原为商办,原名万县电气公司,有发电容量 180 千瓦。1938 年 6 月,资源委员会与四川省政府订立合同,改为合办,改组为万县水电厂。[4] 经过详细勘测,1940 年 8 月着手仙女碉电厂工程,1941 年 3 月开始着手鲸鱼碉电厂工程。由于向美国购置的计件未能运到,乃向后方工厂订购小型水力发电机 2 座,合计 520 马力,分别安装供电。前者 1944 年 8 月完工发电,后者于 1944 年 3 月建成发电。[5] 1945 年,该电厂再改名为万县电厂。

[1] 郑洪泉、常云平总主编,曾妍、王志昆、袁佳红主编:《中国战时首都档案文献·战时科技》(上),重庆:西南师范大学出版社,2017 年,第 1035 页。
[2] 郑洪泉、常云平总主编,曾妍、王志昆、袁佳红主编:《中国战时首都档案文献·战时科技》(上),重庆:西南师范大学出版社,2017 年,第 1049 页。
[3] 郑洪泉、常云平总主编,曾妍、王志昆、袁佳红主编:《中国战时首都档案文献·战时科技》(上),重庆:西南师范大学出版社,2017 年,第 1089 页。
[4] 郑洪泉、常云平总主编,曾妍、王志昆、袁佳红主编:《中国战时首都档案文献·战时科技》(上),重庆:西南师范大学出版社,2017 年,第 1087 页。
[5] 郑洪泉、常云平总主编,曾妍、王志昆、袁佳红主编:《中国战时首都档案文献·战时科技》(上),重庆:西南师范大学出版社,2017 年,第 1048、1050-1051、1055 页。

第八章
————
结束语

一、跻身近代重要新兴工业城市之列

正如资料中所说：重庆在 20 世纪 30 年代末到 40 年代成为西南工业的中心，而重庆这种工业地位，完全是在全面抗战时期"跑步似的迁建起来的"[1]。经过全面抗战时期的发展，重庆成为一个"工商业并重之都市"[2]。重庆作为中国近代后起的工业中心城市，其迅速发展的原因主要有以下几点：

（一）重庆工业区兴起的内外因素

全面抗战爆发前，中国的现代机器大工业集中于东南沿海。全面抗战爆发前后，随着资源委员会重工业建设计划从 1936 年开始实施，特别是随着抗战全面爆发后沿海厂矿的内迁，数百家工矿企业迁到内地的重庆、四川、云南、湖南、陕西、广西、贵州等省，其中又以重庆为主要落脚地。以内迁工厂为骨干，重庆成为大后方最重要的工业中心区域。这个发生在全面抗战时期的社会经济变动，被学术界公认为中国近代以来生产力布局的历史性调整。[3]

抗战胜利后，兵工厂、资源委员会企业以及民营工厂的绝大部分，在复员的过程中基于各种因素留在了重庆，而不是迁回原址。这不仅因为迁回原址成本太高，在经济上并不合算，更重要的是重庆已经初步具备了发展近代工业的基础条件和外部环境。一些民营工厂在返回上海等地重建老厂后，以重庆厂为分厂继续经营，这种情况是不少的。

---

[1] 李紫翔：《胜利前后的重庆工业》（1946 年 12 月），《四川经济季刊》第 3 卷第 4 期，1946 年 12 月 31 日，第 4 页。

[2] 陪都建设计划委员会编：《陪都十年建设计划草案》，陪都建设计划委员会，1947 年，第 17 页。

[3] 周勇：《近代重庆工业中心初步研究》，孟广涵、周永林等主编：《一个世纪的历程——重庆开埠 100 周年纪念》，重庆：重庆出版社，1992 年，第 344 页。

（二）工业家和技术人员发挥了重要作用

作为兵工生产基地，重庆兵工业集中了国家最优秀的兵工专家，包括李承干、杨吉辉、庄权、丁天雄、杨继曾、李维城等，拥有当时能够掌握的最先进技术和生产设备，根据战场需要进行生产。"1940 年下半年开始的日机轰炸极大地破坏了重庆的工厂，尽管 1941 年城郊新建了许多任务厂，但工业上仍受很大损失。"[1]但是轰炸对于这些人并没有太大的作用。抗战时期的后方企业界对于坚持抗战与民族存亡、国家生存与工业生产的密切关系有充分清醒的认识，普遍认识到了"无国家即无工业"，"工业为独立国家之光荣事业，工业家为独立国家国民之神圣工作"。[2]

资源委员会同样是技术人才、工业人才荟萃的地方。1938 年到1943 年，经济部核准的专利案中，有三人特别引人注目，被称为"工矿业三巨子"，分别是资源委员会动力油料厂厂长徐名材、资源委员会与交通部合办的中央电瓷厂总经理任国常以及资源委员会甘肃油矿局总经理兼天府、全济等四家煤矿总经理的孙越崎。其中，徐名材主持下的动力油料厂获得普通专利 15 项，十年专利物品 4 项。任国常任总经理的中央电瓷厂取得专利 8 项。孙越崎负责的天府等四家煤矿，是重庆燃料的主要来源。[3]

1938 年前后，周茂柏被聘任为民生机器厂厂长。除周茂柏之外，卢作孚还先后聘请了其他为数众多的造船专家，如叶在馥、王超等，使民生机器厂的技术力量迅速提高。有关资料载：

> 民生厂工程人才之多可以说是极一时之盛：他有机械工程师，有电机工程师，而尤以造船工程师和轮机工程师之多，为民生厂的特色。民生厂的厂长周茂柏，自己便是一个有名的机械工程师，总工程师叶

---

［1］《年度报告（1941—1945）》，周勇、刘景修译编：《近代重庆经济与社会发展：1876—1949》，成都：四川大学出版社，1987 年，第 472 页。

［2］中国西南实业协会、迁川工厂联合会、重庆市国货厂商联合会：《工业界之困难与期望》，《中国工业（桂林）》第 6 期，1942 年 6 月 25 日，第 5 页。

［3］《新民报关于战时"工矿业三巨子"的报道》（1944 年 3 月 13 日），重庆市档案馆、重庆师范大学合编：《中国战时首都档案文献·战时工业》，重庆：重庆出版社，2014 年，第 257-258 页。

在馥,是江南造船所的台柱。在叶总工程师领导之下的技术室有工程师郭子桢、吴贻经、杨櫺三员大将。技术室里面的船舶设计课和轮机设计课,又有技术人员一二十人之多。主持实际的工务的工务处是由兼处长陈仿陶和兼造修总监王超领导的,里面有工程师刘学曾、陈鹤桐、陈民新、吴匡、麦乃登、张孟炎、朱福数人,分别主持七个工场的实际工务,每个工场又有技术人员三五人不等。民生厂整个技术阵容是相当雄厚的。

……民生厂的厂长(周茂柏)是机械工程师,副厂长(陈仿陶)是电气工程师,总工程师(叶在馥)是造船专家,修造总监(王超)是轮机专家,实在是配合得再好没有了。[1]

聚集在重庆的著名金融家、企业家、工业家还有刘鸿生、余名钰、吴羹梅、穆藕初、胡西园、胡厥文、胡光麃、胡子昂、吴蕴初、尹致中、潘仰山、薛桂轮、刘国钧、查济民、虞恰卿等。这些近代经济领域的精英人物深知工业生产的重要。穆藕初说:"只有持久战才能取得最后胜利,最重要的是增加后方生产,建立内地经济国防。"后方企业家奋起工作,既是为自己寻找出路复兴事业,也是充实抗战经济力量,"为中国民族争取生存"。[2] 新民机器厂经理胡厥文指出,中国工业界要藉抗战机会,"摧毁外人侵略中国之便利,进而与外人相竞争"。[3] 企业家薛桂轮指出,工业化是为国家谋独立生存和富强,是为大众提高生活水准增加福利,企业家"务必以国家利益在前,个人利益在后,决不可以私害公"。[4] 余名钰是后方民营渝鑫钢铁厂总经理,他经营的钢铁厂屡遭敌机轰炸,但是他不屈不挠,"炸了建,建了炸",同行无不为之起敬。[5]

---

[1]《后方最大的机器造船厂——民生机器厂》,《新世界》1944 年第 5 期,1944 年 5 月 15 日,第 48-49 页。

[2]穆藕初:《敬告企业家》,转自《经济动员》(半月刊)第 6 期,1938 年 8 月 31 日,第 261 页。

[3]胡厥文:《后方机器业当前之困难》,《西南实业通讯》第 6 卷第 6 期,1942 年 12 月 31 日,第 30 页。

[4]薛桂轮:《工业化运动》,《工业通讯》第 8 期,1944 年 10 月 5 日,第 2 页。

[5]徐盈:《当代中国实业人物志》,中华书局,1948 年,第 64 页。

二、形成了独特的资本和行业结构

作为人为移植和经济发展的双重结果,重庆近代工业表现出国家资本和民间资本、重工业和轻工业、机器大工业和半机器半手工甚至工场手工业、家庭手工业并存的局面。

(一)以兵工业为中心的工业结构

从《陪都工商年鉴》提供的材料看,重庆的基础工业主要有电力和电器,冶炼(含钢铁、有色金属、电化冶炼),机器制造(含交通器材),化学工业(含炼油、电化、橡胶、制药、玻璃、油漆、火柴原料等),再加上军事工业,共五大行业。轻工业有纺织(棉、毛、麻、丝)、食品(粮食加工、面粉、食品制造等)、造纸、印刷出版文具业等。从工业内部行业结构上看,重工业已明显地超过了轻工业,这在中国近代工业史上是第一次,也是唯一的一次,使得工业趋于重型化。尽管有的基础工业部门还很薄弱,但毕竟有了一个开端,整体上已开始趋于完整。[1]

以生产火炮为主的第 10 兵工厂以及由该厂改名而成的第 50 兵工厂忠恕沱分厂,从 1943 年到 1947 年主要产品的生产情况见表 8-1。

表 8-1 第 10 兵工厂主要产品生产情况(1943 年至 1947 年)

名称	单位	1943 年	1944 年	1945 年	1946 年	1947 年	合计
六公分迫击炮	门	400	950	1420	1525	2080	6375
六公分迫击炮弹	颗	90000	207500	447000	360000	638000	1742500
六公分迫击炮填砂弹	颗		13500	7000	25000	25810	71310

资料来源:《兵工署第十兵工厂沿革概略》(1948 年 5 月),重庆市档案馆、重庆师范大学合编,《中国战时首都档案文献·战时工业》,重庆:重庆出版社,2014 年,第 491-492 页。

---

[1] 周勇:《近代重庆工业中心初步研究》,孟广涵、周永林等主编:《一个世纪的历程——重庆开埠 100 周年纪念》,重庆:重庆出版社,1992 年,第 339-340 页。

（二）国家资本发挥主导作用

官僚资本是重庆近代工业资本的重要来源,主要投向军工、钢铁、机器、电力、电器、化学等重工业行业,控制着重庆工业经济的命脉。在全面抗战中后期,官僚资本有很大发展,快于民族资本。[1] 官僚资本在全局上居于垄断地位,主要分布在重工业行业。因此,它决定重庆工业中心的发展方向和速度。而民族资本占有90%以上的厂家,分布于每个行业之中。因此,它对于重庆工业中心的规模有决定性的意义。[2]

抗战时期后方企业发展的直接动力是庞大的军需。张公权说,抗战时期直接用于军队和重大战略建筑工程的费用,在1937—1939年占国民政府总支出的70%,战争中期占73%。[3] 供应军需最重要、最直接的生产部门——国营兵工企业因此成为抗战时期重化工企业最为发达的部门,这是抗战时期特殊的历史背景决定的。1940年1月坐落在重庆忠恕沱的第10兵工厂成厂典礼上,兵工署署长俞大维说:

> 现在兵工费用,统计起来,要消耗国家财富的百分之三十以上。诸位试想,国家所赋予我们的责任,是这样的重大。我们应该怎样努力于本位的工作。抗战四年以来,械弹毫不缺乏。所以兵工人员到处受人尊敬。就是政府对待我们,也是破格优待。最近因为米粮高涨,政府为了减轻兵工人员负担起见,就把米粮一项,无论价格是怎样高涨,总是把三元钱一斗卖给职工。各位受到政府这样的优待,应如何激发天良,本着良心,努力制造,报效国家?[4]

---

[1] 周勇:《近代重庆工业中心初步研究》,孟广涵、周永林等主编:《一个世纪的历程——重庆开埠100周年纪念》,重庆:重庆出版社,1992年,第340页。

[2] 周勇:《近代重庆工业中心初步研究》,孟广涵、周永林等主编:《一个世纪的历程——重庆开埠100周年纪念》,重庆:重庆出版社,1992年,第341页。

[3] 张公权著、杨志信摘译:《中国通货膨胀史》,北京:文史资料出版社,1986年,第19页。

[4] 俞大维:《本处成厂典礼署长训话》(1940年1月),重庆市档案馆馆藏。

（三）工业结构不平衡现象严重

李紫翔通过对重庆棉纺织业的考察发现，"重庆的棉织业几乎是各种生产工具和生产方法的博物馆，从古老的丢梭木机至电力铁机，从农家副业到资本主义的工厂都应有尽有，不过木织机或家庭工业的生产形态，是处在灭亡的最后阶段罢了"。[1] 实际上，这也是重庆整个工业的普遍特点。

后方布厂的情况与纱厂情况差别比较大，除极少数采用机器外，主要是手工业工厂。如重庆一地有大小织布厂 724 家，共有铁轮机约 5899 架，其中拥有铁轮机 10 架以上，产量、设备达到一定规模的有 173 家。[2] 生产军布的中小工厂有数百家，钟灵织布厂负责人田钟灵、裕服织布厂负责人李学民等人联合同业 10 多人发起组织同业公会，1943 年秋在重庆南岸弹子石成立了军布业联谊社，参加的同业有 300 多家布厂。

手工半手工的工业大量存在。徐崇林说："后方制革工业，无机械化工厂，仍停滞于手工业时代。在不合理管制下，为适应限价，使成品贱售，难免不有粗制滥造之弊，遂使整个制革工业，不能获得信仰（誉），营业乃无起色。"[3] 徐崇林又说，从统计数字上看，"足以证明渝市制革工业，与抗战前比较，进步速度无异缩短了数十年的行程，但是这个进步，还不免停滞于手工业阶段。我们现在尚无一较完备之机器制革厂，更说不上机械化"[4]。另一方面我们也应该看到，全面抗战时期，重庆制革业在技术上确实有巨大的进步，见表 8-2。

---

[1] 李紫翔：《抗战以来四川之工业》（1943 年 12 月），《四川经济季刊》第 1 卷第 1 期，1943 年 12 月 15 日，第 19 页。

[2] 张文毅：《重庆市一七三家大织户生产情况调查》，《四川经济季刊》第 2 卷第 3 期，1945 年 7 月 1 日，第 285 页。

[3] 徐崇林：《制革工业目前困难及补救意见》，《西南实业通讯》第 12 卷第 1、2 期合刊，1945 年 8 月 31 日，第 9 页。

[4] 徐崇林：《抗战以来之重庆制革工业》，《中国工业（桂林）》第 28 期，1945 年 7 月 20 日，第 26 页。

表 8-2　重庆市制革工业技术改进概况表

改进品名	改进者	改进经过
轮带革	徐崇林、周乃赓	1942 年经济部公告仿制最优良的轮带革
栲胶	华中化工厂	利用国产树皮仿制栲胶
鞣料	后方各制革工厂	以国产五倍子、青杠代替舶来树皮作鞣制重革、军用革的原料
五倍子、球皮	布云工厂	该厂用五倍子代替铬盐鞣制球皮等
纹皮	张炳勋	改进纹皮质量,匹敌舶来品
麂皮	光华制革厂、中美公司制革厂、大成制革公司	全面抗战前无国产鹿皮制品,全面抗战中重庆制革厂多有制造,以光华制革厂、中美公司制革厂、大成制革公司制造者为优
刷光浆	光华制革厂	战前不能生产,该厂生产后,各厂均采用
铁盐鞣料	周焕章	在重庆大学实验室研制成功,可代替铬盐
	周乃赓	成功试验出铁盐鞣料

资料来源:徐崇林,《抗战以来之重庆制革工业》,《中国工业(桂林)》第 28 期,1945 年 7 月 20 日,第 24-25 页。

但是到 1949 年 11 月,重庆全市皮革制品业开工的仅有 38 家。[1]

再如重庆"织布业大都是手工业,小织户是家庭手工业,军布、平价布织厂是工厂手工业"。[2] 资料载:经营土布业最久的工厂,如裕华布厂、蜀明布厂等,均开办于 1912 年。[3] 全面抗战爆发以后,因机布、洋布来源逐步断绝,使重庆市土布生产事业以及土布运贩事业更趋繁荣。经济部设平价购销处加以管制,到 1942 年该处改组,花纱布管制业务由财政部设立花纱布管制局主持。对于纱布管制,采以纱易布办法,另核给工缴利润等。军需用布,为量甚巨,军需署亦采取以纱易布办法,期增产量。因时势需要,织布工厂纷纷成立,极盛时计有织

---

[1] 重庆市地方志编纂委员会编:《重庆市志·第四卷》(下),重庆:西南师范大学出版社,2004 年, 第 96 页。

[2]《国民公报》关于织布业"小织户全部破产"的报道》(1946 年 1 月 20 日),重庆市档案馆、重庆师范大学合编:《中国战时首都档案文献·战时工业》,重庆:重庆出版社,2014 年, 第 310 页。

[3]《1944 年的重庆土布业》(1945 年),重庆市档案馆、重庆师范大学合编:《中国战时首都档案文献·战时工业》,重庆:重庆出版社,2014 年,第 629 页。

户 2100 余家,织机 16000 余台,工人约 2 万名。上述织户,均属重庆市土布工业同业公会会员。[1] 1943 年后,因为花纱布管制措施不当,重庆土布业受到打击,织户减少。据花纱布管制局渝处 1943 年年底调查,大小共约 700 家(实际远不止此数),织机约 5000 架,花纱布局每月配纱 1200 余件应得布 50000 匹左右,尽管实际并未收足此数,但生产能力巨大则不容怀疑。[2] 前述 173 家大织户则是土布业中规模较大者。全面抗战胜利后,花纱布管制局撤销,军需署停止以纱易布办法,重庆土布业再次受到沉重打击。1946 年,重庆土布业织户仍有 876 户,开工者约有织机 5600 余台。大多是小型织户,即家庭手工业或家庭副业性质。[3]

1939 到 1940 年,重庆附近的手工造纸厂有杨家沟造纸合作社、泰新造纸厂、川东造纸公司、裕华纸厂、南山纸厂等 10 多家。[4]

在这一时,重庆的机制、手工卷烟厂(坊)得到较迅速发展,到 1947 年重庆卷烟生产厂(坊)发展到 127 家(其中机制烟厂 48 家),有大型卷烟机 34 台,小型卷烟机 68 台,切丝机 70 台等,生产卷烟 13257 箱。[5]

三、对持久抗战发挥了重要作用

重庆近代工业史既是重庆近代工业产生、发展的历史,更是中国近代工业史上不可或缺的重要组成部分。一方面,没有沿海、沿江厂矿的迁渝和重建,没有以兵工厂、资源委员会厂矿为主体的国家资本

---

[1]《重庆市土布业调查报告》(1947 年 2 月),重庆市档案馆、重庆师范大学合编:《中国战时首都档案文献·战时工业》,重庆:重庆出版社,2014 年,第 634 页。
[2]《1944 年的重庆土布业》(1945 年),重庆市档案馆、重庆师范大学合编:《中国战时首都档案文献·战时工业》,重庆:重庆出版社,2014 年,第 629 页。
[3]《重庆市土布业调查报告》(1947 年 2 月),重庆市档案馆、重庆师范大学合编:《中国战时首都档案文献·战时工业》,重庆:重庆出版社,2014 年,第 635 页。
[4]《抗战时期四川的造纸工业》(1942 年),重庆市档案馆、重庆师范大学合编:《中国战时首都档案文献·战时工业》,重庆:重庆出版社,2014 年,第 567-570 页。
[5] 重庆市地方志编纂委员会编:《重庆市志·第四卷》(下),重庆:西南师范大学出版社,2004 年,第 360 页。

厂矿的迁建和发展，就没有重庆近代工业在全面抗战时期异乎寻常的发展。从这个意义上说，重庆近代工业在全面抗战时期的巨大发展，并非重庆自身工业演进的必然结果，而主要是由外部因素促成的。更确切地说，主要是由沿海、沿江厂矿的迁建和国家大量的人力、物力、财力的投入造就的；另一方面，全面抗战时期获得发展的重庆工业，以兵工业为核心，重工业、机械制造、化学工业等基础的崭新风貌，一扫中国近代以来工业发展以轻工业为主的经济利益目标，转以民族生存为首要目的。正如大公报记者黄克夫所说："就重庆一地来说，据不完全的统计，织布业约产布三亿匹，制革业年产皮革十万张，炼油业月产汽油六百吨，机油四万加仑，嘉陵江区二一五家煤业（矿），在三十二至三十四年，产煤二百廿四万吨，其他各地厂矿的生产当尚不止此数。像这些工业生产，支持了八年抗战，而卒获胜利，其贡献的伟大，论功行赏，应不在三军之下。"[1]这些做出巨大贡献的工厂中，有大中型厂，也有小型厂，甚至手工、半手工的厂。不要轻视那些小厂，"刺刀，水电配件，轮船铁锚，火柴机，面粉机，织布机，各样工作母机，他们都生产过的，战时维持着后方生产"。[2]"药物制造在外国是用机器，战前在上海是半手工，战时在大后方就全部用手工了。"[3]平时完全民用的水泥，在战时也发挥了特殊的作用，资料载：

　　暴日侵凌，政府决心抵抗，所有沿江、沿海、华北、华中各大兵工厂全部内迁，于是西南成为国防工业之重心。是时建厂工作络绎不绝，而建厂所必需之水泥，端赖于西南唯一之本公司制造厂供给，计先后供应各兵工厂共 15 万余桶，各厂得以迅速完成出产武器，抗御强敌，本公司与有力焉，此其一。日军到达湘鄂后，情势岌岌，城塞局奉令赶筑沿江防御工事，急如星火。本公司特饬制造厂漏夜加工增加生产，

---

[1] 黄克夫：《搁浅中的西南工业》，《西南实业通讯》第 14 卷第 5、6 期合刊，1946 年 12 月 30 日，第 42 页。

[2] 《〈国民公报〉关于"机器变成废铁"的报道》（1946 年 1 月 22 日），重庆市档案馆、重庆师范大学合编：《中国战时首都档案文献·战时工业》，重庆：重庆出版社，2014 年，第 312 页。

[3] 《〈国民公报〉关于制药业"名存实亡"的报道》（1946 年 1 月 23 日），重庆市档案馆、重庆师范大学合编：《中国战时首都档案文献·战时工业》，重庆：重庆出版社，2014 年，第 312 页。

以应迫切之需要。此后敌军舍鄂西湘西捷路,而绕道桂边以攻筑,或亦受此项工程之阻。计供应水泥 3 万余桶,方得完成各项工事,此其二。战时之空中防御,大半赖美空军之协助。但美机型巨而机重,降落普通机场时,每陷入泥土中,机毁人亡。于是后方各地赶筑特种机场,加强跑道,动员人工数十万,功成以后,卒博美方之赞誉。而供应水泥 8 万余桶,使机场及时而成,美空军得以出发应战,本公司尝尽其微力焉,此其三。作战之际,交通设施允为首要。本公司在抗战期间,供应各铁路工程公路工程之水泥,计滇缅铁路、叙昆铁路、宝天铁路、陇海铁路、成渝铁路、綦江铁路等共约 25 万余桶,计西南公路、川滇公路、川陕公路、汉渝公路、西北公路等共约 15 万余桶,此其四。除军事性质之国防工业后,资源委员会所属各国营工厂及其他基本工业之建厂工作,亦为配合战时需要之必要设施。本公司计供应资委会各发电厂各机器厂民营各纱厂以及油矿等用水泥共 24 万余桶,此其五。最后美军在华设司令部,尚购本公司水泥 2 万余桶,并有品质优良,足以媲美外货之誉,此其六。除此以外,不胜缕述。凡此皆与抗战有密切之关系也。[1]

    工业是现代国家立国的基础,是现代化的必由之路,在近代重庆的工业发展及其意义中得到显著的证明。

---

[1] 《抗战时期的四川水泥公司》(1946 年 7 月),重庆市档案馆、重庆师范大学合编:《中国战时首都档案文献·战时工业》,重庆:重庆出版社,2014 年,第 655-656 页。

主要参考资料

一、历史档案资料

1.重庆市档案馆馆藏档案

天府煤矿公司档案全宗

民生实业股份有限公司档案全宗

民生机器厂档案全宗

金城银行档案全宗

聚兴诚银行档案全宗

重庆轮渡公司档案全宗

川康平民商业银行档案全宗

大川实业股份有限公司档案全宗

重庆市粮政局档案全宗

立信会计师重庆事务所档案全宗

川康兴业特种股份有限公司档案全宗

交通银行重庆分行档案全宗

中国银行重庆分行档案全宗

和成银行档案全宗

川盐银行档案全宗

美丰商业银行档案全宗

川康兴业银行档案全宗

2.四川省档案馆馆藏档案

历史文件资料

3.上海市档案馆馆藏档案

上海社会局中国生产促进会上海分会卷

上海市联合征信所档案全宗

大业贸易总公司档案全宗

中国植物油料厂档案全宗

二、解放前期刊与报纸资料

《嘉陵江日报》《商务日报》《聚星月刊》《民生公司简讯》《中国建设》《社会调查与统计》《抗战与交通》《迁川工厂联合会第 7 届年会特刊》《西南实业通讯》《中国工业》《工业经济》《工业通讯》《工业中心》《工业问题丛刊》《工商调查通讯》《工商新闻》《经济周报》《经济导报》《新世界》《新中华》《新经济》《新华日报》《资源委员会公报》

三、资料汇编与学术论著

1. 中国第二历史档案馆编:《国民政府抗战时期厂企内迁档案选辑》（上、中、下册），重庆:重庆出版社,2016 年。

2. 重庆市档案馆、重庆师范大学合编:《中国战时首都档案文献·战时工业》，重庆:重庆出版社,2014 年。

3. 郑洪全、常云平总主编,常云平、郑洪泉、徐斌主编:《中国战时首都档案文献·战时交通》，重庆:西南师范大学出版社,2017 年。

4. 陈谦平编:《翁文灏与抗战档案史料汇编》（上、下册），北京:社会科学文献出版社,2017 年。

5. 朱汇森、瞿韶华等主编:《中华民国史事纪要（初稿）》,1931—1946 年各分册,国史馆 1984—1995 年刊印。

6. 周开庆编著:《民国川事纪要》,台北:四川文献研究社,1972 年。

7. (国民政府)经济部资源委员会编:《经济部资源委员会工矿产品展览会提要》,经济部资源委员会,1944 年。

8. 秦孝仪主编:《中华民国重要史料初编——对日抗战时期（第四编）:战时建设》,台北:中国国民党中央委员会党史委员会,1981 年。

9. 张朋园、林泉访问,林泉记录:《林继庸先生访问纪录》,台北:"中央"研究院近代史研究所,1983年。

10. 沈云龙、张朋园、刘凤翰访问,张朋园、刘凤翰纪录:《刘航琛先生访问纪录》,台北:"中央"研究院近代史研究所,1990年。

11. 胡西园著:《追忆商海往事前尘:中国电光源之父胡西园自述》,北京:中国文史出版社,2006年。

12. 许家骏、韩淑芳整理:《铅笔大王——吴羹梅自述》,北京:中国文史出版社,1989年。

13. 杜毅、杜颖编注:《还我河山——杜重远文集》,上海:文汇出版社,1998年。

14. 凌耀伦、熊甫编:《卢作孚文集》,北京:北京大学出版社,1999年。

15. 卢国纪著:《我的父亲卢作孚》,成都:四川人民出版社,2003年。

16. 刘念智著,中国人民政治协商会议全国委员会文史资料研究委员会编:《实业家刘鸿生传略——回忆我的父亲》,北京:文史资料出版社,1982年。

17. 胡世华、吕慧敏、宗朋整理:《胡厥文回忆录》,北京:中国文史出版社,1994年。

18. 钱昌照著:《钱昌照回忆录》,北京:中国文史出版社,1998年。

19. 卢广绵等编:《回忆中国工合运动》,北京:中国文史出版社,1997年。

20. 全国政协文史资料研究委员会、天津市政协文史资料研究委员会《化工先导范旭东》编辑组编:《化工先导范旭东》,北京:中国文史出版社,1987年。

21. 汪熙、杨小佛主编:《陈翰笙文集》,上海:复旦大学出版社,1985年。

22. 黄炎培著:《蜀道》,上海开明书店,1936年。

23. 《中国近代兵器工业档案史料》编委会编:《中国近代兵器工业档案史料》(三),北京:兵器工业出版社,1993年。

24. 重庆市档案馆、四川省冶金厅、《冶金志》编委会合编:《抗战后方冶金工业史料》,重庆:重庆出版社,1988年。

25. 《裕大华纺织资本集团史料》编写组:《裕大华纺织资本集团史料》,

武汉:湖北人民出版社,1984年。

26. 上海社会科学院经济研究所编:《刘鸿生企业史料》(上、中、下册),上海:上海人民出版社,1981年。

27. 上海社会科学院经济研究所经济史组编:《荣家企业史料》(上、中、下册),上海:上海人民出版社,1962年。

28. 重庆市档案馆、重庆市人民银行金融研究所合编:《四联总处史料》(上、中、下册),北京:档案出版社,1993年。

29. 中国银行总行、中国第二历史档案馆合编:《中国银行行史资料汇编》,北京:档案出版社,1991年。

30. 中国人民银行上海市分行金融研究室编:《金城银行史料》,上海:上海人民出版社,1983年。

31. 张肖梅编著:《四川经济参考资料》,中国国民经济研究所,1939年。

32. 周勇、刘景修译编:《近代重庆经济与社会发展:1876—1949》,成都:四川大学出版社,1987年。

33. 青岛市工商行政管理局史料组编:《中国民族火柴工业》,北京:中华书局,1963年。

34. 彭泽益编:《中国近代手工业史资料(1840—1949)》(全四卷),北京:生活·读书·新知三联书店,1957年。

35. 国民政府主计部统计局编:《中华民国统计年鉴》,中国文化事业公司,1948年。

36. 国民政府主计处统计局编:《中华民国统计提要》,国民政府主计处统计局,1947年。

37. 中国第二历史档案馆编:《中华民国史档案资料汇编》,南京:凤凰出版社,2000年。

38. 谭熙鸿主编:《十年来之中国经济》(上、中、下册),中华书局,1948年。

39. 中国工程师学会编:《四川考察团报告》,1936年。

40. 中国工程师学会编:《中国工程师学会三十周年纪念刊·三十年来之中国工程》,京华印书馆,1948年。

41. 重庆市档案馆编:《抗日战争时期国民政府经济法规》(上、下册),

北京:档案出版社,1992年。

42.中国人民抗日战争纪念馆、重庆市档案馆合编:《迁都重庆的国民政府》,北京:北京出版社,1994年。

43.荣孟源主编:《中国国民党历次代表大会及中央全会资料》(上、下册),北京:光明日报出版社,1985年。

44.陈禾章、沈雷春、张韵华编著:《中国战时经济志》,世界书局,1941年。

45.陈真、姚洛、逄先知合编:《中国近代工业史资料》(全四辑),北京:生活·读书·新知三联书店,1957—1961年。

46.章伯锋、庄建平主编:《抗日战争》,成都:四川大学出版社,1997年。

47.傅润华、汤约生主编:《陪都工商年鉴》,张研、孙燕京主编:《民国史料丛刊》(605册),郑州:大象出版社,2009年。

48.林继庸著:《民营厂矿内迁纪略》,新新出版社,1942年。

49.徐盈:《当代中国实业人物志》,上海中华书局,1948年。

50.赵津主编:《范旭东企业集团历史资料汇编——久大精盐公司专辑》(上、下册),天津:天津人民出版社,2006年。

51.上海市档案馆编:《吴蕴初企业史料·天原化工厂卷》,北京:档案出版社,1989年。

52.上海市档案馆编:《吴蕴初企业史料·天厨味精厂卷》,北京:档案出版社,1992年。

53.重庆市档案馆、重庆天原化工厂合编:《吴蕴初与中国天字化工企业》,重庆:科学技术文献出版社重庆分社,1990年。

54.陪都建设计划委员会编:《陪都十年建设计划草案》,陪都建设计划委员会,1947年。

55.重庆市地方志编纂委员会编:《重庆市志·第四卷》(上、下册),重庆:重庆出版社,1999年;重庆:西南师范大学出版社,2004年。

56.中国民主建国会重庆市委员会、重庆市工商业联合会合编:《重庆工商史料选辑》(1—5辑),中国民主建国会重庆市委员会、重庆市工商业联合会,1962—1964年。

57.中国人民政治协商会议西南地区文史资料协作会议编:《抗战时期

内迁西南的工商企业》,昆明:云南人民出版社,1989年。

58. 中国人民政治协商会议西南地区文史资料协作会议编:《抗战时期西南的科技》,成都:四川科学技术出版社,1995年。

59. 中国民主建国会重庆市委员会、重庆市工商业联合会文史资料工作委员会编:《重庆工商史料(第一辑)》,重庆:重庆出版社,1982年。

60. 中国民主建国会重庆市委员会、重庆市工商业联合会文史资料工作委员会编:《重庆工商史料(第二辑)——重庆近代工交企业选录》,重庆:重庆出版社,1983年。

61. 中国民主建国会重庆市委员会、重庆市工商业联合会文史资料工作委员会编:《重庆工商史料(第四辑)——民营工商企业经营管理之道》,重庆:重庆出版社,1986年。

62. 中国民主建国会重庆市委员会、重庆市工商业联合会文史资料工作委员会编:《重庆工商史料(第五辑)——抗战时期重庆民营工业掠影》,重庆:重庆出版社,1986年。

63. 重庆工商业联合会文史委员会编:《重庆工商史料(第八辑)——人物专辑》,重庆:重庆出版社,1992年。

64. 中国人民政治协商会议全国委员会文史资料研究委员会《文史资料选辑》编辑部编:《文史资料选辑》(合订本),北京:中国文史出版社,2000年。

65. 全国政协文史资料研究委员会编:《中华文史资料文库(第十二卷)——经济工商编》,北京:中国文史出版社,1996年。

66. 中国人民政治协商会议全国委员会文史资料研究委员会编:《工商经济史料丛刊》(1—4辑),北京:文史资料出版社,1983—1984年。

67. 全国政协文史资料研究委员会工商经济组编:《回忆国民党政府资源委员会》,北京:中国文史出版社,1988年。

68. 四川省政协文史资料委员会编:《四川文史资料集粹》(第3卷),成都:四川人民出版社,1996年。

69. 许涤新、吴承明主编:《中国资本主义发展史》(1—3卷),北京:人民出版社,1985年。

70.隗瀛涛主编:《中国近代不同类型城市综合研究》,成都:四川大学出版社,1998 年。

71.隗瀛涛主编:《近代重庆城市史》,成都:四川大学出版社,1991 年。

72.周勇主编:《重庆通史》,重庆:重庆出版社,2002 年。

73.周勇主编:《重庆:一个内陆城市的崛起》,重庆:重庆出版社,1997 年。

74.何一民主编:《近代中国城市发展与社会变迁:1840~1949 年》,北京:科学出版社,2004 年。

75.何一民主编:《抗战时期西南大后方城市发展变迁研究》,重庆:重庆出版社,2015 年。

76.长江航运史编写委员会编著:《中国水运史丛书:民生公司史》,北京:人民交通出版社,1990 年。

77.张忠民、朱婷著:《南京国民政府时期的国有企业:1927~1949》,上海:上海财经大学出版社,2007 年。

78.张忠民著:《艰难的变迁——近代中国公司制度研究》,上海:上海社会科学院出版社,2002 年。

79.陆大钺、唐润明编著:《抗战时期重庆的兵器工业》,重庆:重庆出版社,1995 年。

80.孙果达著:《民族工业大迁徙——抗日战争时期民营工厂的内迁》,北京:中国文史出版社,1991 年。

81.刘志英、张朝晖等著:《抗战大后方金融研究》,重庆:重庆出版社,2014 年。

82.张瑾著:《权力、冲突与变革:1926—1937 年重庆城市现代化研究》,重庆:重庆出版社,2003 年。

83.黄立人著:《抗战时期大后方经济史研究》,北京:中国档案出版社,1998 年。

84.翁文灏著,李学通选编:《科学与工业化——翁文灏文存》,北京:中华书局,2009 年。

85.翁文灏著,李学通、刘萍、翁心钧整理:《翁文灏日记》,北京:中华书局,2010 年。

86.李学通著:《幻灭的梦——翁文灏与中国早期工业化》,天津:天津古籍出版社,2005年。

87.李学通著:《书生从政——翁文灏》,兰州:兰州大学出版社,1996年。

88.李学通著:《翁文灏年谱》,济南:山东教育出版社,2005年。

89.孙越崎著:《孙越崎文选》,北京:团结出版社,1992年。

90.朱荫贵、戴鞍钢主编:《近代中国:经济与社会研究》,上海:复旦大学出版社,2006年。

91.郑友揆著,程麟荪译:《中国的对外贸易和工业发展:1840—1948》,上海:上海社会科学院出版社,1984年。

92.郑友揆、程麟荪、张传洪著:《旧中国的资源委员会(1932—1949)——史实与评价》,上海:上海社会科学院出版社,1991年。

93.赵廷鉴编著:《重庆》,上海:新知识出版社,1958年。

94.张弓、牟之先主编:《国民政府重庆陪都史》,重庆:西南师范大学出版社,1993年。

95.张国镛主编:《中国抗战重庆陪都史专题研究》,成都:四川人民出版社,2005年。

96.许维雍、黄汉民:《荣家企业发展史》,北京:人民出版社,1985年。

97.薛毅著:《国民政府资源委员会研究》,北京:社会科学文献出版社,2005年。

98.薛毅著:《工矿泰斗孙越崎》,北京:中国文史出版社,1997年。

99.谭刚著:《抗战时期大后方交通与西部经济开发》,北京:中国社会科学出版社,2013年。

100.韩渝辉主编:《抗战时期重庆的经济》,重庆:重庆出版社,1995年。

101.程雨辰主编:《抗战时期重庆的科学技术》,重庆:重庆出版社,1997年。

102.李滔、陆洪洲编:《中国兵工企业史》,北京:兵器工业出版社,2003年。

103.谢本书、温贤美主编:《抗战时期的西南大后方》,北京:北京出版社,1997年。

104.李平生著:《烽火映方舟——抗战时期大后方经济》,桂林:广西师范大学出版社,1995 年。

105.杨光彦、秦志仁主编:《跨世纪的大西南——近现代西南经济开发与社会发展历史考察》,重庆:重庆出版社,1999 年。

106.张圻福、韦恒著:《火柴大王刘鸿生》,郑州:河南人民出版社,1990 年。

后 记

　　感谢重庆大学出版社筹划出版这套"重庆近代城市历史研究丛书",使我个人得以有机会对重庆这个自己居住了近 20 年,看起来熟悉,实际上又相当陌生的城市的早期工业化进程,进行一个较为系统的梳理。这个梳理不是一件轻而易举的事情,本书稿是这一努力的一个成果。同时,本书稿也是国家社科基金项目"抗战大后方资料数据库"(15ZDB047)以及刘志英教授主持的"抗战大后方经济发展与社会变迁研究"(SWU1709122)项目的一个阶段性成果。

　　由于天时地利人和等因素的不断改善,抗战大后方历史文化领域及重庆城市史的研究不断拓展新领城,取得新成果。个人置身其间,深切感受到重庆学术界同仁奋发有为的猛进精神,时时受到鼓舞,受到推动和策励。虽自知学识谫陋,能力有限,但聊尽一点绵薄之力,也算是对自己的一个安慰。

　　重庆大学出版社张慧梓编辑在本书选题、出版上给予了大力支持,西南大学博士研究生徐建在资料核对方面付出极大的努力。正是由于他们的督促和大力帮助,本书才得以完成和出版。对上述各位的帮助和辛勤工作,谨致衷心的感谢之意。

张守广

2019 年 8 月